AF505246

MANUEL JOSÉ ARCE

"MORAZÁN, PEOR QUE ATILA"

ERANDIQUE
COLECCIÓN

"MORAZÁN, PEOR QUE ATILA"
MANUEL JOSÉ ARCE

©Colección Erandique
Supervisión Editorial: Óscar Flores López
Diseño de portada: Danny Velásquez
Administración: Tesla Rodas—Jessica Cordero
Director Ejecutivo: José Azcona Bocock
Primera Edición
Tegucigalpa, Honduras—Abril de 2026

A LA JUVENTUD SALVADOREÑA

Os presento, jóvenes, un libro que pocos de vosotros habrán leído. Uno que otro ejemplar se ha salvado de la insaciable voracidad del tiempo, que todo lo aniquila, y de la acción destructora de nuestras revoluciones.

Este libro es del primer Presidente de nuestra malograda República Federal de Centro América. Es obra de un compatriota vuestro, prócer de nuestra independencia, por la cual sufrió persecuciones y expuso muchas veces su vida en los campos de batalla.

Cúpole a don Manuel J. Arce la suerte de los grandes patriotas de la Grecia, de aquel pueblo maestro de la humanidad hasta en la ingratitud; sirvió a su patria con desinterés y buena fe y tuvo por premio el ostracismo.

Allí escribió esta Memoria para defenderse de esas acusaciones, que por lo regular se amontonan sobre el que cae de una gran altura; y para devolver con creces los cargos que se le fulminaban.

El autor la publicó en una época inadecuada para que se le escuchara. Eran tiempos de efervescencia, de agitaciones, de tumultos y de zozobras. A pocas manos llegó su libro, cuyo texto, plagado de errores tipográficos, tampoco convidaba a leerlo. Así es que la obra quedó casi olvidada; y el resultado ha sido que, no conociéndola, muchos jóvenes han aceptado sin reserva todo lo que contra Arce escribieron sus enemigos.

Leed atentamente este libro. En él se esclarecen y rectifican muchos hechos importantes. En él se descubre el hombre con todo su candor y buena fe, defendiéndose con brío, casi siempre, y cuando no, patentizando la recta intención que presidió a todos sus actos. En él hallaréis muchas enseñanzas, conociendo las causas generales y especiales del prematuro y doloroso despertar del sueño de nuestros mayores, en una República unida, libre, fuerte y próspera como la República del Norte.

Notaréis que Arce a veces es severo, duro, terrible con sus adversarios; escribió cuando aún estaban vivos sus resentimientos, cuando aún se le irritaba: siempre hay amargura en el lenguaje del proscrito; es la reacción del destierro, es el derrame de la copa de acíbar que se apura y con que se va a escupir al rostro del enemigo.

Muchos han leído la historia de la América Central, a partir de la época de la independencia; pocos han sacado de la lectura el fruto debido. La historia contenida en los compendios, que sirven de texto en las escuelas y en los colegios, por su propia índole, da muy ligera idea de los acontecimientos, omite detalles importantes para comprender mejor la vida política de los pueblos, no estudia, no juzga a los hombres. La historia en libros más extensos contiene informes de segunda mano de que, cuando no están apoyados en documentos irrefragables, es preciso desconfiar. Si la fantasía popular altera la verdad de la tradición, magnificando lo uno, empequeñeciendo lo otro, en la palabra escrita no pocas veces hace lo mismo, el interés o la pasión. Es bien sabido también que esos libros se escriben siempre por encargo o bajo el patrocinio de los Gobiernos; el escritor no goza de verdadera libertad.

Conviene, pues, si queréis conocer bien la historia de la patria, leer además las obras escritas en aquellos tiempos, por los mismos que intervinieron en los sucesos, comparar sus afirmaciones, estudiar sus tendencias y pesar sus actos y los de los demás protagonistas, en balanza justa, no movible, no inclinable por el afecto del sectario.

Para la mejor inteligencia de la Memoria de Arce, he intercalado en el texto anotaciones que le hice, consultando otros historiadores contemporáneos, no amigos del autor. También he añadido algunas reflexiones a que se prestan los sucesos que en aquella se narran. Me prometo publicar del mismo modo las memorias de don Manuel Montúfar y del General don Francisco Morazán.

Los partidos liberal y conservador que se formaron a raíz de la proclamación de la independencia van siendo ya puramente teóricos. En algunos países apenas se oyen estas denominaciones, cuando se trata de la lucha electoral. En otros, liberales y conservadores se confunden en el poder: un gobernante que se llama liberal se rodea de ministros conservadores, o de unos y otros que viven en fraternal consorcio; y viceversa. Se ve siempre que cuando se dice que está mandando un partido, nadie manda sino el Presidente; él encarna el partido: los demás son súbditos. Se ve también que dentro de un mismo partido, sea por elecciones o por guerra, frecuentemente hay vencedores y vencidos, unos en el poder, otros en el destierro. En otros pueblos, el partido político ha degenerado en luchas de predominio local. En una palabra, hay gentes con ideas más o menos liberales, con ideas más o menos conservadoras; partidos, no. Los partidos son organismos con su credo definido, funciones y medios distintos de acción para dirigir la marcha del Estado. Manda en ellos la mayoría, no un hombre, no un déspota. Van al poder y en él se sostienen por la opinión pública, no por la violencia, no por las bayonetas.

Ahora, pues, que al favor de esta confusión, que no aplaudo, parecen amortiguadas las pasiones sectarias y que pocos se creen herederos forzosos de las simpatías y odios de sus antepasados, ha llegado el momento de muchas reparaciones históricas. Especialmente, los jóvenes pueden volver la vista al pasado, limpio su corazón de rencores, para dar a aquellos hombres el puesto merecido en el concepto de la posteridad. Después del naufragio de una nave que muchos pilotos manejaron, pilotos improvisados, en un mar desconocido, surgieron las mutuas recriminaciones. Pero ha pasado ya mucho tiempo: la muerte ha reducido a polvo a todos los tripulantes. No venga el historiador a turbar la paz reviviendo animosidades y pendencias. Tócale otra tarea más noble, más digna: ser juez imparcial al par que equitativo. Para eso, antes de penetrar en el templo de la justicia, deje a la puerta su afecto, su interés y aun atávicas preocupaciones.

Allí, cerca del puente de la Vega, a orillas del humilde Acelhuate, un tiempo bullicioso y cristalino arroyo, en cuyas aguas la graciosa indígena contemplaba la imagen de su morena y rojiza faz, y hoy, turbia, sucia y silenciosa corriente, alzábase una casa, también humilde y solitaria. La pobreza la había tocado con su descarnada mano; no había para qué buscar en ella visitantes. Sin embargo, dentro de ella estaba quien fue promotor de la Independencia, pacificador de Nicaragua, esforzado defensor de esta plaza contra Arzú y contra Filísola, y primer Presidente de Centro América; quien gozó muchos y merecidos honores; quien tuvo numerosos amigos y no escasos bienes de fortuna; y obligó a muchas gentes con mercedes y dádivas. Allí estaba don Manuel J. Arce viviendo del cariño y la generosidad de humildes hijas del pueblo, de esas mujeres del mercado, de inextinguible ardor patriótico, y de gratitud que no marchita ni abate el viento de la desgracia.

Allí, en 14 de diciembre de 1846, espiraba acompañado solo de dos o tres amigos, hijos también del pueblo; espiraba abandonado, olvidado de sus demás conciudadanos. Para uno de nuestros próceres, para un grande y abnegado patriota, para un ciudadano probo, para quien fue bueno y generoso con todos, ¡silencio, abandono, olvido! He aquí la suerte de muchos hombres ilustres. No sé dónde está la tumba de Arce. ¡Si sus restos habrán ya desaparecido!…

Salvemos del olvido su libro, salvemos de la injusticia su nombre.

MODESTO BARRIOS

MEMORIA de la conducta pública y administrativa de MANUEL JOSÉ ARCE durante el período de su presidencia, escrita en defensa de las calumnias que contra su persona han vertido los mismos que se rebelaron contra el Gobierno y la Nación de Centro América. —México: 1830.— Imprenta de Galván, a cargo de Mariano Arévalo, Calle de la Cadena N. 2.

A LOS COSTARRICENSES:

Como un tributo de consideración por el comportamiento que ha tenido Costa Rica durante la cruda crisis de Centro América, y que hasta el día conserva en medio de la ruina que han sufrido y en que están anonadadas las instituciones de la República, yo dedico a los pueblos costarricenses la defensa que presento al Tribunal augusto de la opinión nacional.

Costa Rica, en donde verdaderamente han gobernado funcionarios que tienen virtudes republicanas; Costa Rica en donde únicamente se han obedecido las leyes; Costa Rica, que cuerdamente se ha eximido todo lo posible de los males de la revolución, y que se encuentra sin el oprobio de los bienes que han cogido los jefes revolucionarios, es la porción de Centro América que, en mi concepto, y según el juicio de las personas imparciales que conocen nuestras desgracias, merece los encomios que siempre acompañarán a los pueblos virtuosos.

Proscrito por los enemigos del orden, de la paz y de la prosperidad de la patria, nada me ha quedado que pueda ofrecer a los costarricenses en demostración de mi gratitud, por no haberse desviado del camino recto de la ley y de la razón: toda mi riqueza consiste en las sanas intenciones que me guiaron cuando goberné la República; y os las presento en este libro, cierto de que la ofrenda es digna de vosotros, porque soy testigo de que siempre habéis unido vuestros pasos a los esfuerzos que he practicado por evitar los desastres de la nación; y no dudo que en la actualidad dirigís, así como yo, fervorosos votos al trono del Altísimo por la mejora y felicidad de la hermosa y amada Centro América.

México, 18 de junio de 1830.
MANUEL JOSÉ ARCE.

Pulchrum est accusari ab accusandis. Es hermoso ser acusado por los que merecen las acusaciones. —Dicc. de sit. select.

La defensa que publico de la administración que ejercí en el supremo mando de Centro América debió ser presentada en julio de 1829 a los mismos que me han calumniado y que se sublevaron contra la República y contra el gobierno federal. La preparé en la prisión donde una mano audaz me encerró por el consejo de su ambición, que me consideraba como un óbice para sus proyectos, y se propuso deshacerse de mí. Los que desautorizadamente se apropiaron las facultades del Congreso para consumar la ruina de la patria obraban de acuerdo con el atrevido que osó acometerme, y me negaron el derecho que tiene el último viviente de ser oído cuando es debida o indebidamente aprisionado; y como temieran escuchar sus crímenes en la justificación de mis procederes, ya que no les fue posible asesinarme, me arrojaron a países extranjeros por un golpe de despotismo.

Este fue el único medio que les sugirieron sus manchadas conciencias para evadirse de la vergüenza y del comprometimiento a que debía reducirlos la franca y enérgica manifestación de un hombre que, con la prueba en la mano, les había dicho: «vosotros violasteis la ley; vosotros os revelasteis contra la patria; vosotros aniquilasteis el gobierno; vosotros habéis desterrado la virtud y habéis propagado el vicio; vosotros habéis, por último, dado la muerte a Centro América; yo, empero, soy inocente, porque soy el que se ha esforzado en contrastar vuestros inicuos pasos». He aquí la causa por qué ha sido preciso ocurrir a la imprenta para defenderme en el Tribunal de la opinión pública, puesto que los rebeldes de Centro América tuvieron la cobardía de no admitir mi alegato en el Tribunal de sus pasiones, triunfantes y sostenidas por las fuerzas de un vándalo.

Mi escrito está especialmente formado para sujetarlo al examen y al fallo de tales hombres. Los conceptos están expresados y los hechos referidos de la manera que debe hablar un alto funcionario que prefiere los peligros por salvar su honor, y que se ve rodeado de los que conocen sus principios y su carrera política, y de los que han presenciado los sucesos de que hace mención. Es natural que resalten estas circunstancias, y que se advierta igualmente que, no siendo un historiador, sino un magistrado que sostiene sus providencias, mi obligación exigía que me concentrase del todo en las operaciones relativas al tiempo que goberné, sin ingerirme en lo que ocurrió cuando ya no intervine ni en el gobierno ni en el ejército; y, en fin, que escribí en Guatemala, no previendo que llegaría a ser compelido a imprimir mi defensa lejos del teatro en que figuré.

Quizá hoy no existirán algunas verdades que asevero, pero ellas han existido y están muy vivas las pruebas de su existencia. El Estado de Nicaragua debe colocarse en esta línea. Desde que el Congreso ordenó en 1826 que el Gobierno retirase de aquel territorio la guarnición que sostenía el orden, volvió a caer en la anarquía que lo había deteriorado y que después lo arruinó del todo. Los impresos de Centro América cuentan que se ha tranquilizado y que el ciudadano Dionisio Herrera lo rige en paz; y aunque sea muy increíble que en tan breve tiempo y bajo la dirección de Herrera marche con regularidad, no por ello dejará de ser positivo lo que digo acerca de la posición lastimosa en que el desorden convirtió aquella parte privilegiada de la República.

Víctima de una Constitución que en vez de establecer un sistema político de libertad y orden ha sistemado la anarquía, cuya calificación no es propia de mí, sino de personas esencialmente liberales y muy instruidas que la han conocido en Norte América y en otras naciones de ambos continentes, y es igualmente la calificación de los resultados de nuestro movimiento por la senda que este código abrió, estoy proscrito por sus mismos autores con total violación de los más expresos y recomendados preceptos que contiene. A la facilidad que ofrece a espíritus imprudentes para que desplieguen todo el poder de sus inclinaciones inquietas y de sus pretensiones ambiciosas debe agregarse que la unión íntima de mi administración con el texto de la ley les daba ventajas exorbitantes sobre mí; siendo yo deudor al pueblo que me puso al frente de sus destinos del uso que hice de las confianzas y del carácter con que quiso condecorarme, habiendo rehusado los promovedores de los trastornos dejarme acercar al tremendo juicio de las ilimitadas facultades con que se invistieron, apoyados no por la ley ni por la nación, sino por los filos de la espada.

Comencé a imprimir esta memoria en Nueva Orleans, resuelto a remitirla inmediatamente a Centro América. Pero la situación penosa en que me encontré en aquel país se opuso a que tuviesen efecto mis miras; y todavía se pasaría algún tiempo sin que los centroamericanos recibieran mi defensa, si en México no hubiera encontrado un antiguo amigo, tan patriota como ilustrado, y muy conocido por sus servicios a la causa de la independencia y libertad, que me ha proporcionado recursos para concluir la impresión, persuadido de que no debo dilatarla más tiempo; pues, no habiéndose saciado con calumniarme y proscribirme la facción de los sublevados, continúa ultrajándome bajo el nombre del ciudadano José Barrundia, que se ha disfrazado con las apariencias de la primera Magistratura. Yo no espero ni deseo que mis calumniadores cesen de improperarme, y solo quiero que la Nación coteje sus imposturas e insultos con la exposición de mi conducta.

Observará en ella que, no obstante haber desaprobado la adopción del federalismo, fui el único funcionario federal que procuró sostenerlo, no incurriendo en infracciones y contrariando la revolución que iba a desquiciarlo y que completará su total exterminio. Observará asimismo que de los Estados que componen la Federación, o explicándome con más propiedad, que de los escogidos para componer el Gobierno de ellos, solamente las autoridades de Costa Rica han cumplido con el pacto de asociación; y que por más injurias y calumnias que la maligna y astuta detracción haya hacinado sobre mi persona y sobre mi conducta política, está rasgado ya el velo, y aparece la verdad sin atavíos y sin disimulos, para que, siguiéndola en todas sus fases, falle el hombre justo.

No pretendo por esto que mi narración esté absolutamente exenta de equivocaciones. Podrá tener algunas por un olvido involuntario, mas nunca serán en cosas de entidad, porque he escrito con los documentos a la vista, teniendo además la precaución de someterla a la censura de sujetos imparciales que la han comparado con las constancias de los acontecimientos; y también la he mostrado a testigos presenciales, y he corregido lo que unos y otros me han convencido de que era inexacto o impropio. Pero si, a pesar de esta escrupulosidad, encontrase alguno (sea del partido exaltado o del moderado) oscuridades, omisiones o inexactitudes, las rectificaré con mucho gusto al momento que se me presenten testimonios que comprueben la falta.

Al concluir me lamento con el célebre Jovellanos: «de levantar la pluma con una secreta pena en mi corazón que lo turbará en el resto de mis días. Yo no he podido defenderme sin ofender a otros, y temo que por la primera vez de mi vida empezaré a tener enemigos que yo mismo me haya excitado. Pero herido en lo más vivo y sensible de mi honor y no hallando autoridad que lo protegiese y salvase, era preciso buscar mi defensa en la pluma, única arma que ha quedado en mis manos».

«Examinad las ruinas que producen las pasiones en la sociedad. Cada una de ellas ciega sobre todo otro interés que el propio, y rompe los vínculos de la República, mirándose como objeto y centro único de todo. Separa el vicio unos ciudadanos de otros, a quienes la virtud juntaría y tendría unidos; divide los pueblos por odios, temores y sospechas. Nada hay sagrado para las pasiones: muertes, guerras, traiciones, violencias, injusticias y ociosidades son su corte y acompañamiento, mientras que la razón llama alrededor de sí a la paz, la buena fe y la felicidad». —Foción.

MANUEL J. ARCE.

CAPÍTULO I: ARCE ENTRA EN ESCENA

Motivo por el cual he tenido un lugar preferente en la revolución: mi nombramiento de individuo del S. P. E. —Expedición a Nicaragua. —Causa de la elección de Presidente de la República en mi persona. —Primeros pasos en el gobierno. —Uso que se ha hecho entre nosotros de la libertad de imprenta.

Una larga carrera en la empresa de la Independencia, comenzada desde el año de 1811[1], me fijó en el partido liberal sin que fuera posible que me separara de él. En el tiempo del gobierno español

---

[1] En 5 de noviembre de 1811, estalló en San Salvador una insurrección encabezada por los presbíteros doctor don Matías Delgado y don Nicolás Aguilar, los dos hermanos de éste, don Manuel y don Vicente, don Juan Manuel Rodríguez y don Manuel José Arce. Los autores de este movimiento contaban con apoderarse de 3000 fusiles nuevos que había en el cuartel y más de $200,000 que había en las cajas reales y con que este movimiento sería apoyado por la mayoría del país, a fin de llevar a cabo su independencia del dominio de España. Solo en Metapán, Chalatenango, Zacatecoluca y Usulután se manifestaron simpatías por la revolución. Las demás poblaciones se pusieron en armas para defender el régimen colonial, renovaron su juramento de fidelidad y vasallaje y declararon sacrílega la insurrección. Los promotores de ella, que no habían acordado un plan de operaciones, se desalentaron, y todo quedó reducido a la destitución del Corregidor intendente don Antonio Gutiérrez de Ulloa y de otros empleados inferiores, y a varios tumultos populares que bien pronto se calmaron. En 1814 apareció otra revolución peor combinada. Fue pronto sofocada y presos sus autores, entre los que se contaba el mismo Arce, quien estuvo seis años en una prisión. —Manuel Montúfar.— *Memorias para la Historia de la Revolución de Centro América.* —Pág. 3. Este libro es conocido con el nombre de *Memorias de Jalapa.* Marure. *Bosquejo Histórico de las Revoluciones de Centro América.* 2.ª ed., pág. 13.

jamás tuve empleo alguno de sueldo, y entré a la revolución sin otras ideas y sin más deseos que los de la libertad.

Cuando Guatemala y las otras provincias que componían el antiguo reino se pronunciaron por la unión a México, que se había erigido en Imperio, San Salvador se separó del todo a que antes pertenecía para proclamar los principios republicanos; hizo su proclamación, y yo fui encargado de sostenerla con las armas a pesar de todas las probabilidades contrarias. Estas circunstancias me condujeron naturalmente a representar en el nuevo orden de cosas un papel principal.

No siguieron el ejemplo de San Salvador los partidos de Santa Ana y San Miguel, que se adhirieron al Imperio. El Gobierno del Salvador había dado el mando de sus armas a don Manuel José Arce, que pasó a Santa Ana para someterla. Las tropas que allí habían sido enviadas por orden del Gobierno de Guatemala para apoyar la rebelión de aquel partido, y que fueron de Sonsonate a las órdenes del Sargento Mayor Abós Padilla, la evacuaron a la aproximación de Arce. Este las persiguió y sorprendió y derrotó a Padilla en la Hacienda del Espinal. Esa fue la primera sangre centroamericana derramada después de la independencia. Se ha censurado a Arce el hecho de haber ocupado a Ahuachapán, que con Sonsonate pertenecían entonces a Guatemala, así como el ataque a las fuerzas de Padilla, no habiendo precedido ninguna declaratoria de guerra. El autor de las *Memorias de Jalapa* dice que este primer acto de hostilidad determinó a Gainza a usar de represalia enviando fuerzas sobre San Salvador. Pero, indudablemente, el primer acto de hostilidad fue de parte de Gainza invadiendo a Santa Ana, territorio entonces, como ahora, perteneciente al Salvador, invadiéndolo para apoyar la segregación de la misma de su capital San Salvador. Véase a Montúfar, obra cit., pág. 11. Marure, obra cit., pág. 39.

El Salvador fue invadido por fuerzas de Guatemala a las órdenes del Coronel don Manuel Arzú. Este, después de haber ocupado las calles de la capital, fue derrotado. A los pocos días de esto se verificó la invasión de Filísola, quien después de varios combates ocupó la plaza. La defensa, tanto contra Arzú como contra Filísola, era dirigida por don Manuel José Arce, quien entonces confirmó su fama de jefe organizador, sagaz y denodado. Arce cayó gravemente enfermo y fue preciso sacarlo ocultamente en una litera para procurar en el campo su alivio. Cuando esto supo Filísola, abrevió su último ataque a la plaza. Vencedor Filísola, llamó a Arce ofreciéndole, lo mismo que al Dr. don Matías Delgado, las más amplias garantías. Ambos rehusaron. «Arce, dice Montúfar, marchó a los Estados Unidos del Norte y desde el establecimiento británico de Belice escribió a Filísola dándole gracias por su humano y generoso comportamiento; pero sin desmentir por sus expresiones la firmeza y dignidad de su carácter». Obra cit., pág. 18.

La carta a que se refiere Montúfar dice así: «Walíe, 25 de marzo de 1823.— Amigo y muy señor mío de mi estimación: no ha sido poco el sentimiento que he tenido de pasarme a país extranjero sin haber podido dar a U. un abrazo y significarle mis sentimientos personales; pero estoy satisfecho de que U. no los ignora, y que aunque la suerte de las armas nos haya puesto en situaciones diferentes, mi corazón es inalterable, siempre firme en sus principios y constante con las personas. Esta carta tiene dos objetos: el primero es dar a U. las más expresivas gracias por la generosidad con que trató a la tropa de San Salvador, y por la justicia con que celebró el tratado de 21 de febrero sobre los tres primeros artículos que le propuse de San Vicente; y el segundo es recomendarle a mi familia que he dejado en aquella Provincia bajo el amparo del derecho de la humanidad y de la ilustración que debe tener el Gobierno; mas como los subalternos suelen olvidarse o prescindir de sus obligaciones, quiero que U., no como Magistrado solamente, sino también como amigo, haga respetar en mi casa los sagrados fueros de la desgracia. Esta confianza es una prueba de que amo a U., y como tal tenga U. la bondad de recibirla de su afectísimo y apasionado amigo y seguro servidor q. b. s. m. | Manuel José de Arce». | Gámez, *Archivo histórico de Nicaragua*, pág. 313.

Por un resultado de la acción de 7 de febrero del año de 1823 me encontraba en los Estados Unidos de Norte América solicitando medios de reparar aquella desgracia, cuando la Asamblea Constituyente me eligió individuo del Supremo Poder Ejecutivo. En marzo de 1824 regresé a la República y tomé posesión de mi destino, que serví seis meses.

Como miembro del Gobierno me dediqué a los negocios con todo el interés de que soy capaz. Dos eran los grandes asuntos que ocupaban entonces a Centro América: redactar la Constitución y pacificar a Nicaragua. En el primero, yo emití mi opinión desde México en una carta dirigida al P. Obispo electo Doctor José Matías

Delgado; pero desde que vi las bases del proyecto publicadas por la Asamblea, me impuse el precepto de no contrariarlas, porque conocía que era imposible volver atrás, y que, si los pueblos querían aquí, como en México, imitar a los norteamericanos, era forzoso conformarse con su voluntad y pasar sobre todos los convencimientos del patriotismo y de la sabiduría.

Yo acababa de estudiar en Washington y en los principales Estados angloamericanos el sistema federal: había penetrado su origen; había pulsado sus enlaces; me enteré de sus ventajas, y me hice cargo de sus defectos. Me pareció, pues, que teniendo Centro América una suma deficiencia de elementos para adoptar este modo de gobernarnos, iba a ser el resultado de grandes catástrofes la consolidación del sistema adoptado o el tránsito a otro más sencillo y análogo a la educación y a los recursos políticos de las primeras generaciones, o por lo menos de la primera. Quien librase a la República de estas catástrofes, ese sería el bienhechor del primer lustro de la libertad; quien intentase librarla, sería el mejor patriota de la época.

Con respecto a la pacificación de Nicaragua, opiné constantemente en el Gobierno que debía ir una columna de San Salvador a recoger las armas de los dos partidos que se hacían la guerra; que era inútil mandar al Coronel Arzú[2] sin fuerza que lo sostuviera, porque necesariamente había de encontrarse comprometido. Los otros individuos que componían el Ejecutivo disentían de mis dictámenes, que consigné en el libro de votos reservados.

-----

[2] Arzú, a quien se refiere el señor Arce, es el mismo don Manuel Arzú de que anteriormente se ha hablado. Fue enviado a Nicaragua como pacificador, pero sin fuerza alguna para dar eficacia a sus providencias; pues 500 hombres que se mandaron situar en Choluteca para sostenerle en caso necesario quedaban distantes de León como 30 leguas. León estaba sitiado por fuerzas de Managua, Rivas y otros pueblos; contaba solo con el auxilio de las fuerzas de Granada, que con los que mandaban en León habían hecho causa común. Arzú no pudo lograr un avenimiento entre los contendientes. Antes, por el contrario, el jefe de las fuerzas sitiadoras, el oficial colombiano Juan José Salas, le amenazó de muerte y lo tuvo arrestado mientras daba un furioso ataque a la ciudad sitiada. Indignado, Arzú se entró a la plaza, tomó el partido de los sitiados, a quienes fueron altamente beneficiosas su pericia y su denuedo.

El Poder Ejecutivo Provisional de Centro América era compuesto por don Manuel José Arce, don José Cecilio del Valle y don Tomás O'Horán. «Arce y Valle se hicieron rivales en el Ejecutivo desde que éste no pudo dominar a aquel, a pesar de que procuró lisonjear sus intereses. Ambos eran candidatos a la Presidencia». Montúfar, obra cit., pág. 28. Valle observó respecto de los negocios de aquella Provincia [Nicaragua] una conducta verdaderamente parcial y aun contradictoria con las órdenes del Congreso Legislativo. Guiado por las inspiraciones de una pueril vanidad, se opuso constantemente a la marcha de la División auxiliar del Salvador, temiendo que ésta influyera en las elecciones de Presidente de la República que debían practicarse en Nicaragua y obtuviese los votos de esta Provincia a favor de su caudillo Arce. Tampoco quería dividir con éste la gloria de pacificar a los nicaragüenses: él por sí solo pretendía llevar a cabo esta grande obra, y al efecto empleó activamente todos los medios en que no fue necesaria la cooperación de su antagonista». —Marure— Obra cit., pág. 107.

Elogia don Manuel Montúfar a Arzú por esa defensa que podía llamarse desesperada; pero lamenta que «no haya obtenido victoria sino contra los amigos del orden y para completar el desconcierto y la desolación de Nicaragua». El mismo autor califica de anarquistas a los sitiados y de hombres de bien a los sitiadores. Pero es bien sabido que sitiados y sitiadores cometieron grandes excesos. Durante este horroroso asedio, dice Marure, se cometieron excesos de todo género. En el campamento de San Juan azotaban cruelmente a los prisioneros, a otros les cortaban las orejas; pasaron de 900 las casas quemadas y demolidas hasta sus cimientos [informe de Arce], después de haberlas entregado al pillaje; algunos barrios quedaron reducidos a cenizas, pereciendo entre ellas multitud de víctimas inocentes; los mismos templos sirvieron de teatro a las escenas más sangrientas; no se respetó sexo ni edad, y se vio algunas veces a los ancianos y damas vagando por los caminos públicos sin asilo ni pan». Marure, obra cit., pág. 106.

El Dr. don Pedro Francisco de la Rocha, oriundo de Granada, publicó en el «Nacional» de Comayagua varios artículos probando que Ordóñez y los suyos no cometieron las graves faltas que se les imputan, y como una de tantas justificaciones de Ordóñez y sus compañeros liberales aduce el hecho de que personas muy honorables de Granada le apoyaban. Véase a Gámez, *Historia de Nicaragua*, pág. 368.

Disgustos suscitados entre el Gobierno de San Salvador y el de la República me obligaron a dimitir el empleo que tenía: lo puse en manos de la Asamblea Constituyente, y admitida que fue mi renuncia me retiré de los negocios. Séame lícito aquí indicar la expedición que hice a Nicaragua para establecer el verdadero motivo de mi elección de Presidente de la República, pues se ha pretendido deducirla de falsas causas.

No obstante que acababa de estar en el mando superior, no rehusé servir en el Estado del Salvador como un subalterno, pues siempre me ha parecido que una de las ventajas del Gobierno popular es que los empleos se confieren según conviene a la Nación y no conforme al provecho de las personas. Fue así que tomé mi antiguo mando de armas al tiempo que estaba la plaza de León en los mayores apuros. Sitiada por las fuerzas de Managua y San Felipe, un solo muro dividía las líneas enemigas; los que atacaban tenían más gente y más recursos que los que se defendían; y unos y otros creían que eran apoyados por el Gobierno de la República. En tan difíciles circunstancias se me buscó para que me encargase de marchar con 500 hombres a hacer que el Gobierno fuese obedecido, a recoger las armas de los partidos y apaciguar el territorio. Arriesgada era la empresa, pero era necesaria: me encargué de ella[3].

---

[3] «En este estado de cosas, Arce, conociendo que su permanencia en el Ejecutivo, donde triunfaba el voto de Valle por la debilidad de O'Horán, podía perjudicar su crédito, renunció la plaza y se fue a San Salvador para organizar una fuerza y pacificar con ella a Nicaragua. Se sospechaba que la mira de este plan era conquistar los votos de aquel Estado para la Presidencia, y por la misma razón Valle procuró impedir, aunque inútilmente, la marcha de Arce. En San Salvador había órdenes anticipadas para enviar tropas a Nicaragua a disposición del Gobierno Federal, pero éste debía designar el jefe, el destino y los objetos; mas, a virtud de estas órdenes, Arce sacó las tropas y marchó con ellas a Nicaragua, y sin sujeción al Gobierno General de que acababa de ser miembro,

El primer obstáculo que sentí luego que penetré en el teatro de la guerra consistió en que algunas personas, que desde Guatemala jugaban con los partidos, habían procurado suscitarme desconfianzas en ambos. En «las Cruces» recibí enviados de las tropas que sitiaban, y en San Bernardo abrí mis comunicaciones con el Gobernador de León. Consecuencia de la entrevista que tuve con aquellos enviados fue la retirada de los sitiadores, que se replegaron a Managua. Pude así llegar sin resistencia a León, en donde me puse a las órdenes del funcionario del Gobierno, C. Manuel Arzú.

Este jefe me dejó la dirección de todo el negocio y antes de veinte días conseguí la paz de Nicaragua y concilié los partidos sin disparar un fusil. Se trató entonces de organizar el Estado, y yo dejé aquel país, quedando en él la tropa de San Salvador, necesaria en unos pueblos que acababan de pacificarse. Satisfechos los nicaragüenses de mi conducta, quisieron darme sus sufragios para la Presidencia: todas las juntas departamentales votaron por mí, y no puede darse una uniformidad espontánea.

Montúfar acusa a Valle de una política maquiavélica en Nicaragua, «entreteniendo y engañando siempre, y así abandonó a los buenos (los sitiadores de la plaza de León)». Montúfar, obra cit., pág. 29.

Ya vimos también que Marure inculpa a Valle de parcial en las disensiones de Nicaragua. Lástima que ni uno ni otro aduzcan pruebas de ese cargo.

Arce hizo su entrada a León a la cabeza de 500 salvadoreños el 9 de enero de 1825, sin disparar un solo tiro; los sitiadores se habían retirado a Managua, y los sitiados se apresuraron a reconocer al pacificador. Arce se encaminó a Managua y entró a esa población también sin resistencia, porque la Municipalidad cedió ante la amenaza que Arce les hizo si no entregaban las armas y se sometían al Gobierno General. Con esto terminó la guerra de Nicaragua. Arce, para asegurar la paz, hizo salir para Guatemala al señor Obispo doctor don Nicolás García Jerez y a Cleto Ordóñez, a quien se le asignó un

---

dirigió la campaña de que Arzú tuvo solo el nombre de jefe».
Montúfar, obra cit., pág. 39.

puesto en la Junta de guerra federal. Montúfar, obra cit., pág. 31. Marure, obra cit., pág. 106.

Luego que aquel Estado concluyó sus elecciones, la Asamblea Constituyente dedicó su atención a calcular los votos de toda la República para saber qué persona tenía la elección popular; se encontró que no la había, y en esta virtud procedió la Asamblea a nombrar por sí entre los sujetos que reunieron mayor número de sufragios: juzgó que yo debía servir la primera Magistratura, y me designó.

Ochenta y dos sufragios componían la votación total de la República. Se hizo el escrutinio de 79 que habían llegado a la Sria.: de éstos, 41 eran por Valle y 34 por Arce. Pero puestos ya de acuerdo los partidos liberal y moderado en elegir a Arce, resolvieron la cuestión conforme a este propósito, declarando que no había elección popular, porque ninguno de los candidatos tenía mayoría absoluta, es decir, la mitad y uno más de los 82 sufragios que debían emitirse. Marure, obra cit., pág. 138. Montúfar, obra cit., pág. 40.

Con esta defraudación del sufragio popular, hecha por los dos partidos en el Congreso de la República, empieza esa serie de faltas o crímenes contra la soberanía nacional, cometidos por los representantes del pueblo en Centroamérica, ya permitiendo las reelecciones, ya sancionando los golpes de Estado, que erigen las dictaduras, ya, en fin, anulando el voto nacional para elegir otra persona de sus simpatías.

Puedo decir que la expedición a Nicaragua me concilió con el partido moderado que había en la Asamblea, lo cual era muy natural, porque verdaderamente a nadie perseguí: fui un mero pacificador y no un miembro de facción; y resultó de aquí que este mismo partido juzgó que, puesto yo en el Gobierno, tampoco lo perseguiría. No tenía motivos de esperar de mí empleos ni ingerencia en los negocios; pero sí era un bien muy positivo tener seguridad de no ser molestado, con tal que no osase perturbar el orden.

Pero si por este lado no ofrecía embarazos un nombramiento en mi persona, sí los presentaba la famosa cuestión de la Mitra de San Salvador, en la que se me suponía interesado. Toda la República presenció la importancia que tuvo este negocio, y puede decirse que todos los hombres capaces de juzgar han tomado parte en él; porque los intereses que ha envuelto y el calor con que se ha disputado, a más de la novedad y naturaleza del suceso, todo ha concurrido a que sea un asunto de atención que se enlazó con los acontecimientos políticos. Con unos mismos materiales sostenían sus dictámenes los que disputaban: las Escrituras Santas, los Concilios, los Padres de la Iglesia, la Historia Sagrada y las leyes civiles concurrían en auxilio de la contumacia; y era por esto que todos estaban aferrados en conciencia y en derecho.

Cuando era individuo del S. P. E., externé siempre un parecer favorable en las distintas ocasiones que la Asamblea pidió informes al Gobierno y que por otras causas tocó el negocio de la Mitra con el Ejecutivo.

No se dudaba de mi opinión, pero se quiso acaso sondear mi firmeza, y fui citado a una conferencia por el ciudadano José Beteta. En ella me manifestó «que su partido estaba dispuesto a unirse con el partido liberal para elegirme Presidente, y lo único que se temía era que el Metropolitano pensaba que, colocado yo en el Poder, lo obligaría a que reconociese los decretos de la Legislatura de San Salvador sobre Mitra». Le hice presente que en mi sentir tenía facultades aquella Legislatura para erigir la silla episcopal y nombrar el Obispo, una vez que se llevara a efecto el establecimiento del federalismo, tal como está establecido por la Constitución de la República; que también era necesario que aun el mismo Metropolitano debía empeñarse en que los fieles salvadoreños no carecieran de los consuelos espirituales, pues que se habían pasado más de veinte años sin que se les administrase el sacramento de la confirmación, sufriendo otros muchos inconvenientes por falta de las visitas episcopales; con todo, que entendía que lo único que tendría que hacer el Gobierno Federal en el particular dependía de las providencias que el próximo Congreso dictase. Es en verdad que esta sería una cosa concluida, si el Congreso hubiera querido favorecer los derechos que San Salvador adquirió en virtud del sistema federativo y también desde que, separado de las provincias a que pertenecía, se gobernó por sí solo, en cuya época tuvo principio el Obispado.

Consideré que mi contestación dada al Diputado Beteta obraría un cambio en la elección de Presidente; mas no me era permitido proceder de otra manera, porque no podía hacer traición a mi convencimiento, ni podía engañar a los que resistían la Mitra. Pero, a pesar de una declaración tan expresa, a los dos días fui electo con la concurrencia de los dos partidos; y es de creerse que, habiendo puesto en la balanza el partido moderado mi adhesión a la Mitra y mi conducta imparcial en Nicaragua, pudo más esta circunstancia que aquella; en lo que se comprueba una observación de Voltaire: «de que los intereses espirituales han cedido siempre a los temporales». El ciudadano José del Valle rehusó la Vicepresidencia; entonces la Asamblea escogió para este destino al C. José Barrundia. Me interesé mucho con este sujeto a fin de que no se negase a servir en un empleo tan importante: varias personas nos reunimos en su casa a instarle para que lo admitiese, y nada quedó por hacer para domeñar su resistencia. Fue para mí un fatal presagio la obstinada oposición que Barrundia hacía a todos sus amigos, que le conminaban con mil anuncios tristes para la República y para la marcha del sistema adoptado, si renunciaba la Vicepresidencia; porque en verdad, ¿qué motivos tenía para no servir este empleo?

Ninguno expuso que tuviese persuasión, y por el contrario ocurrían muchos que lo obligaban a prestarse; pues si por cualquier accidente yo tuviese necesidad de separarme del Gobierno, recaería éste en sus manos; y nunca podría el partido libre recibir mal a este hombre que desde los primeros destellos de la revolución había aparentado austeridad. Pero la estrella del fatalismo parece que presidía en nuestras cosas; y las renuncias se hicieron de moda y de capricho; de suerte que el ciudadano Mariano Gálvez se negó también a servir en la Secretaría de Hacienda y el ciudadano Pedro Molina no quiso allanarse a desempeñar la de Relaciones Interiores y Exteriores, que posteriormente le propuse con vivas instancias. Estos tres sujetos son en la ciudad de Guatemala los personajes del partido liberal; a ellos tocaba facilitar la marcha de un Gobierno a cuya creación concurrieron muy eficazmente; y era en política una contradicción chocante que huyesen de su propia obra. Al observar esta conducta se elevaron a convencimientos las sospechas que al principio concebí.

En ninguna de las obras que se han escrito sobre estos acontecimientos y que tenemos a la vista, se explica el motivo por el cual los liberales que proclamaron a Arce para Presidente y le dieron su voto, haciendo triunfar su candidatura mediante una interpretación violenta de la ley de convocatoria a elecciones; en ninguna se explica, decimos, el motivo que tuvieron para negar a su Presidente el concurso de sus luces y patriotismo que les pidiera. Ni Barrundia, ni Gálvez, ni Molina, tres altas y principales personalidades del liberalismo triunfante con Arce, quieren acompañarlo... Después esos mismos liberales lo acusaron de preferir a sus contrarios para puestos inferiores al de Ministro, y por último de haberse echado en brazos del partido opositor.

Mi plan de administración se apoyaba en dos puntos cardinales: en cumplir exactamente las leyes y en rodearme de los hombres de más suposición en el nuevo orden de cosas que se estaba planteando. El primero estribaba únicamente en mí y me esforcé en llenarlo; pero el segundo dependía de otros que, por explicarme bien, anhelaron desbaratarlo. De todos los Secretarios que escogí consultando esta idea, solo el Coronel Manuel Arzú entró a la Secretaría de la Guerra. Este antiguo veterano gozaba en aquel tiempo de mucha aura popular, adquirida por su comportamiento en Nicaragua y por la influencia del doctor Gálvez, con quien lo unía una amistad estrecha; su hábito de obedecer contraído en la carrera militar no le permitió ocurrir a subterfugios para evadirse de un servicio que, aunque laborioso, era exigido por el patriotismo y por el deber.

Otras muchas incidencias, que han cooperado visiblemente al curso que tomaron las cosas, pudiera referir, si mi propósito fuera hablar como un historiador; pero debiendo limitarme a poner en claro lo esencial de mi régimen administrativo, las paso en silencio; que si algún día hubiere quien publique nuestra historia, el mundo las conocerá y podrá hacer las adjudicaciones que a cada uno pertenezcan.

El día 30 de abril de 1825 tomé posesión de la Suprema Magistratura: el día siguiente debían pagarse los sueldos de las listas militar y civil, y en la Tesorería, a todo haber, se encontraron 600 pesos. Me constaban las escaseces que estaba sufriendo, entre nosotros, la familia del doctor Molina, que en aquella sazón residía en Bogotá con el carácter de Ministro Plenipotenciario de Centro América, cerca del Gobierno de Colombia; y no siendo tolerable para mí esta situación en las personas del primer rango en la República, dispuse que, de la única cantidad que existía en el Tesoro, se entregase la mayor parte a la señora de Molina por cuenta de sus asignaciones.

Al momento adopté medios de regularizar las rentas; y los empleados públicos tuvieron constantemente sus sueldos satisfechos. Restaban aún algunos residuos de la anticipación del empréstito celebrado por el Gobierno anterior con la casa de Barclay, Herring y Ca., y de este caudal mandé asistir a los agentes de la República en las naciones extranjeras. Particularmente el C. Antonio José Cañas y su Secretario habían experimentado una penuria inexplicable, tanto que la Legación a Norteamérica estaba muy empeñada, y según las cartas del C. Cañas no podía funcionar por exhautez de fondos.

Lo mismo que la hacienda, ocupó mi atención el estado militar, cuyo ramo tenía un sumo atraso. Trescientos hombres, parte de ellos milicianos, era el total de las fuerzas que encontré, teniendo que ocupar muchos puntos litorales y fronterizos que no debían abandonarse; pero como el Gobierno no podía por la ley tener otros hombres para el ejército permanente que los que dieran los Estados en satisfacción de sus cupos, se perdía toda esperanza de formar las fuerzas federales en las dificultades que oponían los jefes respectivos para cumplir esta ley. Solo San Salvador concurrió con su cupo, aunque con el defecto de haber entregado los hombres más perdidos de aquel territorio; bien que había puntualidad en aprehender y remitir a los desertores: mas esta era una faena continua, que costaba mucho al Tesoro, porque se pagaban indispensablemente la aprehensión y remisión de ellos.

Por más que se trabajó en la formación de los batallones y escuadrones detallados por la ley, poquísimo se adelantaba; y finalmente, agotados los arbitrios de instancias y reclamaciones con los jefes de los Estados, se persuadió el Congreso de que no habría ejército si no se tomaban otras medidas para reclutar hombres. Autorizó, en consecuencia, al Poder Ejecutivo para poner banderas de recluta y para que tomara a servicio algunas milicias de los Estados. Así se pudieron cubrir en cierto modo las necesidades militares, pues el batallón de Chiquimula daba algunos destacamentos y Costa Rica franqueó 200 plazas que hicieron una fatiga activa y dilatada; con la circunstancia de ser esta una tropa que sirvió de ejemplo por su moralidad, exactitud y valor. Debo decir que las mejores fuerzas de la República se sacarían de Costa Rica.

Todo el año de 1825 fue de prosperidad, aunque la tranquilidad de que se gozaba era agitada, si puedo explicarme en verdad, porque al mismo tiempo que comenzó la marcha constitucional se desataron las animosidades por medio de los papeles públicos. Asomó un periódico titulado *Don Melitón* que dio sobre el Gobierno las primeras cuchilladas y que jamás se supo bien quiénes lo redactaban: este papel, muy antes de que se pudiera percibir que en la administración podía haber parcialidad y muy antes también de que pudieran notarse errores, atacó a los funcionarios del Ejecutivo, y parece que su único designio consistía en amargar los ánimos. Los primeros números se escribieron en un ridículo bastante bien desempeñado y por lo mismo se hizo más peligroso. Sus principales miras estaban dirigidas contra lo que llaman sus autores la nobleza y contra los abusos del clero, especialmente en lo que pertenece a los Regulares.

Más de una ocasión manifesté a algunos de los que se suponían autores de este papel que era innecesario atacar la nobleza, porque, propiamente dicho, aquí no la hay: que el reino de Guatemala, en toda la América española, era la única porción del continente que logró escaparse de esta plaga: que todo lo que podía señalarse en esta línea era un único marquesado, cuyo título estribaba en una pensión apocada: que tuvo su origen en la riqueza del fundador; que los acusados de nobles no podían citar en encomio de su alcurnia otro título que el de descender de españoles, lo mismo que toda la población blanca de Centroamérica; y que de estar dando sobre un ente de razón lo que iba a adelantarse era formar un embarazo, que si existiera debería combatirse con las armas del silencio y de la observancia rígida de la Constitución, en la que ninguna aristocracia era imaginable, y no con las de la importancia, las cuales le harían temible a la quietud pública y al progreso de las nuevas instituciones. Sin embargo de mis insinuaciones, el *Don Melitón* continuó llevándolo todo a fuego y sangre y llegué a presumir que sus autores lo escribían más por el gusto con que se leía que por improperar; pero como quiera que fuese, era un papel muy nocivo.

Al mismo tiempo se imprimían otros periódicos bajo diversos títulos, que respiraban espíritu de partido; y según el incremento de la efervescencia fue empeorando todo; los escritores, lejos de calmar, aumentaban la irritación. Por fin, salió el famoso *Liberal* para eterno oprobio de Centro América, en el cual se vieron no solamente imposturas y diatribas, sino apodos vergonzosos indignos de toda pluma; y como si no bastara la imprenta en la plenitud de una libertad ilimitada, se ocurrió a las paredes de las calles, en las que se estampaban letreros indecentes. Por manera que el sabio apuró su saber, el satírico apuró la invectiva, el detractor apuró la calumnia, el ambicioso apuró sus cavilaciones y el tabernero que escribía en las paredes apuró la grosería. Todo se empleaba y todo era dirigido a exasperar las pasiones de los partidos y a degradar al Gobierno.

Yo siento consignar esta página tratando de mi Administración. La borraría, si ella no fuese necesaria para que el hombre justo y sensato forme un juicio cabal de las oscilaciones que desde el principio y por todas partes han empujado al Poder. Reducido a las atribuciones de la ley, con pequeñas rentas y sin fuerzas suficientes, no podía este sostenerse cercado del movimiento convulso de facciones acaloradas, que, por la inexperiencia de sus miembros, hicieron consistir la libertad en las agitaciones públicas y en un perpetuo ataque contra el Gobierno.

Sin extenderme por ahora a otros lugares de la ley, el artículo solamente de la imprenta es bastante a suministrar convicciones irresistibles de la impotencia en que está el Ejecutivo en Centroamérica para contener las creces de las animosidades. Quiere la Constitución que el centroamericano piense con toda la soltura que el Creador ha concedido al hombre: quiere que escriba como puede hablar. Se han igualado estas cuatro facultades; y como sea incuestionable que solo Dios puede impedir que se piense, siendo la prensa tan libre como los pensamientos por nuestra Constitución, es de toda certeza que solo[4] Dios puede evitar las impresiones.

Después de la publicación de la ley fundamental cesó el Jurado, que antes conocía de los delitos cometidos por la imprenta, y debió cesar, porque ¿qué tribunal de los conocidos, ni otro cualquiera que se inventase, podría sin una contradicción legal ingerirse en este particular? Ninguno. No pueden el Congreso ni las demás autoridades coartar por pretexto alguno la libertad de la imprenta. Fueron escogidas con mucha meditación las palabras de este artículo, de forma que no le quedó el menor resquicio, pues no poder coartar por pretexto alguno vale tanto como decir que de ninguna manera se pueda rebajar, impedir o embargar, aunque se promuevan discordias y se conciten los ánimos contra la República o los funcionarios de ella. Y si se contestare que los pretextos no son motivos, que de aquellos habla la ley y no de éstos, repito: que no es así, porque ningún motivo ni poder humano pueden contener ni evitar que el

---

[4] No podrán el Congreso, las Asambleas ni las demás autoridades coartar en ningún caso ni por pretexto alguno la libertad del pensamiento, la de la palabra, la de la escritura y la de la imprenta. Constitución Federal, título 11, artículo 175, número 1.º

hombre piense; y pudiendo imprimir lo mismo que pensar, ningún motivo ni poder humano pueden dificultar la facultad pensativa, ni la de la prensa.

Después de la publicación de la ley fundamental cesó el Jurado, que antes conocía de los delitos cometidos por la imprenta, y debió cesar, porque ¿qué tribunal de los conocidos, ni otro cualquiera que se inventase, podría sin una contradicción legal ingerirse en este particular? Ninguno. No pueden el Congreso ni las demás autoridades coartar por pretexto alguno la libertad de la imprenta. Fueron escogidas con mucha meditación las palabras de este artículo, de forma que no le quedó el menor resquicio, pues no poder coartar por pretexto alguno vale tanto como decir que de ninguna manera se pueda rebajar, impedir o embargar, aunque se promuevan discordias y se conciten los ánimos contra la República o los funcionarios de ella.

Esta inteligencia se percibe mejor en el artículo 176 de la Constitución, que, poniendo excepciones a los títulos 10 y 11, consiente en que «en los casos de tumulto, de rebelión o de ataque con fuerza armada, se desarme a las poblaciones, se despoje a las personas de cualquiera clase de armas que tengan en su casa, o de las que lleve lícitamente; se impidan las reuniones populares; se dispensen las formalidades sagradas de la ley para allanar las casas, registrar las correspondencias o dictar prisiones; se formen comisiones o tribunales especiales para algunos delitos». Pero no dice que se coarten las libertades «de pensar, de hablar, de escribir y de imprimir aun en los grandes peligros de la patria». Se propuso el legislador formar de la imprenta el más poderoso apoyo de la libertad, y juzgó por mejor castigar las revoluciones que se concitaran y se impulsasen por medio de ella, que el que pudiera ser limitada por nadie ni por causa alguna.

En este concepto no se tendrá por aventurado asegurar que toda precaución es casi inútil, porque cuando los espíritus llegan a aquel grado de calor y de encono que producen los desahogos e improperios; cuando la respetabilidad del Gobierno se ha destruido y se le ha despojado del prestigio tan necesario para que sea obedecido; cuando los partidos ya procuran señalarse más por sus furores que por sus opiniones; y cuando el ambicioso, el holgazán y el hombre vengativo han calculado sobre la discordia para elevarse, para colocarse y para vengar injurias acaso imaginarias; entonces ningún poder alcanza a detener el torrente de las pasiones, que se precipitan en el desorden. La sociedad entera cae en un vértigo mortal: la ley desaparece; se entroniza la anarquía, y la guerra civil es inevitable.

Sé muy bien que en toda Nación libre ha de haber libertad de imprenta, y yo no viviría en Centroamérica si se aboliera esta libertad, que debe amarse como el defensor más seguro de los derechos del pueblo y de los particulares; pero sé también, por una experiencia muy penosa, que mientras goberné no pude evitar los resultados del abuso que hicieron los malvados y los tontos de un privilegio que se extendió tanto para provecho de la República y que ellos convirtieron en un veneno mortífero. Si alguno reclamaba contra la indiscreción con que escribían, se refugiaban a discursos tópicos, gritando que era servilismo pretender que se atenuase la escritura; que no había civilización, y que el remedio era contestar. Pero como ordinariamente se contestaba con injurias y calumnias, el remedio era tan de mala condición como el mismo mal: las pasiones se irritaban más. No se tuvo presente al formar la ley lo que ha dicho un sabio: que el libelo famoso, la calumniosa detracción, sería muy conveniente que se castigasen con la infamia y la pérdida perpetua de la libertad personal, y que todo ciudadano tuviera derecho a acusarlos; pero si probase el detractor en juicio que la detracción era verdadera, no debía sufrir esta pena. Filang. disc. prel., tom. 7, pág. 100.

CAPÍTULO II: TIERRA DE CAOS

Primeras desavenencias con las autoridades del Estado de Guatemala. Elementos de defensa que puse a la República: causa de que no tenga ésta alguna marina. —Ley Orgánica para el Ejército. Hacienda Pública. —Relaciones Exteriores. —Lo que practiqué para que nuestros puertos se cerraran a los españoles.

Apenas había dado los primeros pasos en el mando, se presentó desgraciadamente un lance muy desagradable, que si de intento se hubiera proporcionado, no habría sido más a propósito para preparar el desconcierto. Se aproximaba la fiesta cívica del 24 de junio, en que la ley previene que asistan al templo todas las autoridades residentes en la Capital, acompañando al Gobierno: para observar esta disposición se citaron a los funcionarios subalternos de Guatemala, pues que las primeras autoridades del Estado se mantenían en la Antigua. El Jefe departamental suscitó algunas dificultades de pura etiqueta, y valido de ellas se negó a concurrir a la asistencia. Para mí fue muy extraño que hubiesen puntillos en ocasión en que se celebraba uno de los aniversarios de nuestra mejoría política, y mandé suspender la función para informar de lo que ocurría al Cuerpo Legislativo.

El Congreso me previno por una orden terminante que hiciese cumplir la ley, cuando cabalmente las autoridades renuentes determinaron, por otra orden del Jefe del Estado, que conoció de este negocio, a virtud de partes que le dirigió el departamental, hacer una función particular en la Iglesia de Santo Domingo. Se habían agotado los recursos de la persuasión, y fue indispensable compeler al Jefe del Departamento y a los demás funcionarios a asistir a la Catedral en unión del Gobierno. Confieso que en un sistema nuevo, en que la administración está mal establecida y en que todos se creen dispensados de obedecer, habría sido quizá más conveniente desentenderse de la oposición que se hizo, pues que en verdad era una pequeñez el que unas autoridades concurrieran a un templo y otras a otro; pero no le es dado al hombre atinar siempre, y a mí me pareció que el asunto era digno a lo menos de manifestar firmeza, por la razón de que en todo Gobierno y principalmente en los nacientes las primeras infracciones de la ley son seguidas muchas veces de una total desorganización.

La verdad de la relación de Arce está confirmada por Montúfar, Marure y García Granados en sus *Memorias*, pág. 66. Aparece, pues, que abiertamente desobedecieron las autoridades del Estado de Guatemala al Congreso y al Presidente de la Federación, y que si éste se valió de la fuerza para hacer cumplir la ley, lo hizo en acatamiento a la orden del mismo Congreso. Sin embargo, como confiesa el mismo Arce, el asunto era una pequeñez, que no merecía la seria atención de un Presidente y de todo un Cuerpo Legislativo. Un poco de más prudencia, más previsión y menos capricho quizás habría prevenido las gravísimas consecuencias que trajo aquel paso. Mas si cabe alguna responsabilidad, debe dividirse entre todos: Jefe de Estado, Presidente, Congreso, autoridades subalternas; todos obraron sin la calma y circunspección debidas. ¡Qué mucho exigir de aquellos hombres que empezaban la vida republicana, cuando hoy, después de 82 años de esa vida, es la imprudencia la falta más leve que puede imputársenos!...

«Arce, desde entonces, dice Montúfar, quedó separado del partido de la exaltación (así llama a los liberales) que había entretenido o manejado, conduciéndose bien con el moderado (así llama a los conservadores), pero sin decidirse por él». Montúfar, obra cit., pág. 42.

La Asamblea del Estado de Guatemala determinó trasladarse a la Capital con el Consejo y el Jefe: esta determinación fue para mí de muy mal agüero, porque propiamente iban a encontrarse en un mismo punto dos potencias distintas, y en mil casos con intereses opuestos; y era como imposible que faltasen motivos de desavenencia. Yo me previne para no entrar en ninguna clase de contestaciones displicentes y por lo que a mí tocaba tuvo esto efecto hasta cierto punto; mas por parte del Jefe del Estado hubo quimera desde los primeros días de su residencia en la capital. Un milagro habría sido impotente para evitar disgustos, pues como Presidente era yo el órgano de las comunicaciones del Congreso, y debía además llenar por mí mismo deberes enlazados, casi todos, con las autoridades de los Estados.

La Asamblea mandó al jefe ciudadano Juan Barrundia que dispusiese los edificios en que funcionaran los cuerpos deliberantes y el Ejecutivo del Estado. En cumplimiento de esta disposición recibió orden el Jefe departamental de tomar las casas de unos ciudadanos particulares, que debían desocuparlas: los ciudadanos Francisco Aguirre y Juan Miguel Bustamante eran los poseedores de dichas casas; se juzgaron despojados de su propiedad; y ocurrieron al Congreso quejándose de violencia y reclamando el amparo de la ley[5].

El Poder Legislativo emitió una orden expresa previniendo que el Gobierno hiciera cumplir la ley y en virtud de ella amparara a los expresados Aguirre y Bustamante. Inmediatamente que recibí esta orden, tomé mi sombrero y salí a ver al Jefe de Estado: lo encontré con su hermano el Senador C. J. Francisco Barrundia y con el Vice-Jefe ciudadano Cirilo Flores. Me pareció que estos sujetos me ayudarían a cortar un negocio que ofrecía desagrados y malas consecuencias, y desde luego declaré el objeto de mi visita. Se entró en una discusión bastante animada por parte del Jefe y Vice-Jefe. Nada conseguí y tuve que despedirme con el ánimo de tomar alguna otra medida que me sacara del compromiso en que estaba.

Al salir insté de nuevo al Jefe para que meditase en la gravedad de aquella ocurrencia, haciéndole todas las reflexiones que eran a propósito para calmarlo, y le pedí que nada determinara hasta el siguiente día, que hubiera pensado con menos calor en el negocio: le pedí también que antes de determinar cualquiera cosa, me avisara su resolución: me ofreció hacerlo así, fijando las diez de la mañana para mandarme su respuesta. Pero cuánta fue mi sorpresa cuando al otro día, en lugar de la contestación prometida, supe que el ciudadano Barrundia solicitó de la Asamblea una plena autorización para disponer de los fondos públicos y para hacer un armamento con que contener el despotismo de un tirano que pretendía levantarse. Es en mi poder una copia de este mensaje; y si por hallarme preso no pudiere imprimirlo en unión de los demás documentos que tengo a la mano, lo publicaré después.

---

[5] (*) No podrán el Congreso, las Asambleas ni las demás autoridades tomar la propiedad de ninguna persona ni turbarle en el libre uso de sus bienes, si no es en favor del público, cuando lo exija una grave urgencia legalmente comprobada y garantizando previamente la justa indemnización. Const. Fed., art. 115, n.° 4.

Esta relación que demuestra otra hostilidad injustificable de los liberales hacia el señor Arce, no ha sido tampoco contradicha por ningún escritor. Marure la confirma omitiendo solo aquello del Presidente Barrundia de contener el despotismo de un tirano que pretendía levantarse. Marure dice que por parte del Gobierno del Estado hubo mucha arbitrariedad. Obra cit., pág. 144.

«La irritación contra Arce no tuvo ya límites, vociferando los liberales que era indispensable echar abajo al tirano. Hacía muy pocos meses que los liberales habían sentado en la silla presidencial a su candidato y héroe predilecto, y ya todos sus conatos se dirigían a arrancarlo de ella y declararle la responsabilidad. ¡Qué lección daba este solo hecho para prever cuál sería la futura suerte de la República!» García Granados, *Memorias*, pág. 67.

El desenlace del asunto en cuestión fue feliz; porque habiéndose trascendido en el público que se iba empeñando hasta la extremidad que he dicho, Aguirre y Bustamante prescindieron de toda protección y cedieron las casas al Estado. El Congreso, por otro lado, mandó que se franqueasen los edificios federales del tabaco para que funcionaran las autoridades de Guatemala.

Este suceso me contristó indeciblemente. Veía alrededor de mí, y no encontraba sino motivos de disgusto. Hubiera renunciado la Presidencia a no ser por temor de dar una muestra de apocamiento y dejar un mal ejemplo a mis sucesores: porque, a la verdad, en Centroamérica solo puede soportarse el ejercicio del Poder por un puro patriotismo, pues no tiene más que deberes muy difíciles y responsabilidades peligrosas; a menos que alguien lo convierta en una especulación: un tal hombre deseara ser Presidente de la República; pero las leyes serán olvidadas, los fallos de la opinión despreciados, los estímulos del honor desechados. Reuní, pues, mis esfuerzos y me resolví a continuar.

Deficiente la República de todo lo necesario para sostenerse, me apliqué con ardor a reunir los elementos. Las fuerzas eran mi objeto predilecto, porque Nación que no puede defenderse subsistirá mientras otras la dejen subsistir. Nosotros teníamos y aun tenemos algunos motivos más para estar siempre en guardia, y son que la España no ha reconocido la Independencia y que nuestras fronteras no están arregladas y sobre ellas hay algunas pretensiones de nuestros vecinos.

No pudiendo por mí mismo aumentar el ejército por ser ésta atribución del Congreso, procuré formar un depósito de armas, según los fondos de la Nación, para lo cual estaba autorizado. Quince mil fusiles puse en los armeros federales, comprados a los CC. García Granados, Bonilla y Alvarados, Meany y al holandés Rexemberg. La mayor parte del valor de este armamento se pagó con descuentos de derechos de alcabalas, y únicamente a Rexemberg se restaban algunas cantidades.

El contrabando y la indefensión de nuestras dilatadas costas se tuvieron presentes, tratándose de seguridad. Recabé del Congreso el debido permiso para hacer una contrata de buques. Lo obtuve, y traté con el señor Terrelonge, que hoy está empleado en la Comandancia de Omoa. La contrata se celebró en términos tan ventajosos, que si se hubiera efectuado, habría salido mal el contratista; pero se desgració, porque se disolvió la negociación del empréstito, de cuyo fondo habían de pagarse los precios de las embarcaciones. Para finalizar este negocio consulté a los inteligentes que se encontraran y hube del Cónsul inglés, Sr. O. Relly, una obra de construcción de marina en que están detallados los importes de toda clase de buques, armamento, etc. Con todos estos datos y con tanta exactitud procedí; y a pesar de ello hubo la imprudencia de calumniarme en el periódico titulado «La Tertulia Patriótica». En él se preguntó si la jarcia era de hilos de oro y plata, si los barcos estaban claveteados de lo mismo y si tenían embutidos de concha-nácar; concluyendo con declarar maliciosamente que eran unos ajustes muy subidos los que se dieron a los expresados buques.

De esta manera se roían las operaciones del Gobierno, y ni el ánimo más impertérrito, ni el más acendrado patriotismo alcanzaban a sufrir los tiros que disparaba el furor de las pasiones. Marchando por en medio de censuras e insultos, como el caminante que viaja por entre malezas y abrojos, el Gobierno continuaba su movimiento. Se ocupó del empréstito que corrió la misma suerte que todos los asuntos de esta clase, en consecuencia de las bancarrotas de Londres de que todos tienen noticia. Este asunto dio mucho que hacer y aún hasta ahora está por concluirse, sin embargo de que se nombraron dos Comisionados que exclusivamente entendieran en él.

Faltando organización y ordenanzas militares, propias de la República, que informasen la táctica y el mecanismo de la milicia, me dediqué a formar el proyecto de la Ley Orgánica del Ejército y el de los reglamentos militares. Como en estas materias puede decirse que nada nuevo es posible presentar, porque después de los prodigios que han hecho en la guerra Federico y Napoleón, ha subido la ciencia de los manejos, de los movimientos y del régimen a aquel grado de perfección que abraza todos los tiempos, todos los países y todas las circunstancias: se recogió de diversas obras lo más adaptable para nosotros, con presencia de la población heterogénea de que se compone la República, de las costumbres, del terreno variado en que habitamos, del clima y demás circunstancias de Centro América. Con todas estas previsiones se redactó el Proyecto de la Ley Orgánica Militar: en él se daban a los Estados todas las milicias activas: se calculaban estas fuerzas según los censos de cada Estado; y de ellas se debía sacar el número de hombres con que cada uno contribuyera para el ejército permanente. Este fue en lo esencial el plan del proyecto. Se presentó al Congreso para su examen y tuvo la desgracia de padecer una oposición invencible; por manera que jamás se aprobó, ni se desaprobó. Entre otras tachas que le ponía un Diputado era una la de que se había tomado mucho de la Ley Orgánica que dieron las Cortes de España; como si por esta razón se acreditara que lo que se tomó era malo.

La Hacienda, sin perjuicio de estos trabajos, recibía una atención asidua. El Congreso despachó al fin la ley que le dio una nueva planta y que tuvo su origen en la Asamblea Constituyente. Todos saben lo dificultoso que es establecer un nuevo orden de Administración: en el ramo de economía es muy más difícil para nosotros, porque no poseemos esta ciencia, que consiste muchas veces en la necesidad que hay de gastar más de lo que se tiene. Un Sully en este caso es necesario. Principiantes como somos, ofrecía precisamente grandes dificultades la observancia de la ley de que estoy hablando, siendo entre otras muchas, no la menor, el hábito que los empleados habían contraído de regirse por los reglamentos antiguos; y además ella tiene tanta oscuridad para mí que, aunque la extracté dos veces y la estudié siempre, se negó constantemente a mi penetración. No obstante, nada omití para plantearla y cumplirla.

Desde que se disipó la esperanza del empréstito de la casa de Barclay, Herring & Ca., el Gobierno Federal quedó entregado a sus propios recursos para cubrir los gastos de todas sus cargas. El contrabando de las costas del Norte disminuía sensiblemente estos recursos: los disminuía asimismo el feble desempeño de los rentistas, que por la causa inevitable de haberse aflojado todos los resortes de la obediencia, temían ejercer sus funciones, o a lo menos algunos de ellos eran contemplativos, a lo que se agregaba la habilidad del negociante, que ordinariamente es diestro en rebajar los desembolsos. Finalmente, eran un motivo de escasez las necesidades de los Estados para sostener su régimen interior, que muchos no podían llenarlas y por este motivo menos podían contribuir, y otros las satisfacían muy apenas, tomando las rentas federales. Esta posición de dificultades, que cerraba el paso en todas direcciones, era menester que no detuviese la marcha del Gobierno, y no la detuvo. Esto fue debido a lo mucho que se trabajaba en lograr que los impuestos se recaudasen con la exactitud posible y que los fondos se distribuyesen con todo orden y severidad. No se permitían protecciones ni gracias; pero todo se pagaba y aun había para hacer algunos gastos extraordinarios, que las leyes no vedan hacer.

En el cobro de los contingentes de los Estados nunca pude adelantar nada porque tal era la exhaustez de algunos, ya por falta de arreglo en su administración, ya por sus acaecimientos interiores, que en lugar de contribuir tenían necesidad de que se les socorriera. Únicamente Guatemala cumplía con una parte de su cupo en dinero, entregando con puntualidad el producto de la Renta de Tabacos, que por la ley estaba aplicado a este destino. Se verá adelante que el Gobierno fue privado de este recurso por miras hostiles. Me creo obligado a decir aquí que la Renta de Tabacos será, si se logra restablecer, pues con la guerra casi desapareció, muy poco útil a la Federación, lo mismo que todas las que se administren por funcionarios de los Estados; porque se exige una cosa impracticable y quizá injusta, obligándolos a que entreguen unos caudales que necesitan con urgencia, y que no tienen arbitrios para reponer cuando los toman; y siendo muy natural satisfacer primero las necesidades propias que las ajenas, las próximas que las remotas, siempre tendrán razón para valerse de estos fondos. De esto provienen continuas infracciones y frecuentes disgustos entre el alto Gobierno y los Jefes de los Estados, que debieran precaverse.

Estando el Tesoro administrado, como he referido, se levantó en el Congreso una tempestad de habladurías, que no tenían otra mira que los deseos de un Diputado de desopinar y mortificar al Ejecutivo. Para dar a estos deseos un colorido de negocio, se hizo de manera que se consiguió que el Legislativo emitiese una orden disponiendo que en falta de caudales para pagar las listas militar y civil se hiciese un prorrateo imaginado en términos de igualdad. No me acuerdo si tuvo lugar el cumplimiento de esta orden; pero me inclino a que no hubo ocasión de cumplirla, porque antes de que las convulsiones estallaran, no faltaron fondos para que todos los empleados estuviesen pagados.

En el departamento de Relaciones Interiores y Exteriores no había menos eficacia que en los de Guerra y Hacienda. Se proponían al Congreso los proyectos de ley que el curso de los negocios abonaba: se hacía todo lo que era posible para que en los Estados se conservara el orden y se cumplieran las leyes, y también se procuraba que entre las respectivas autoridades reinase la armonía, manteniéndose cada una en los límites de sus atribuciones. Si hubiere quien dude o niegue lo que digo, lo remito a los libros del Gobierno y a los expedientes archivados en las Secretarías.

Las Relaciones Exteriores son de una naturaleza tan delicada como que de ellas depende la amistad y buena correspondencia con las naciones extranjeras. No solo es menester ser puntual, justo y franco, sino que exigen mucha sagacidad en todo lo que tenga atingencia con los asuntos de que se trata. La finura y el aseo juntamente que el ceremonial, son cosas que, si se descuidan, pueden descomponer una negociación, o a lo menos excitan el desprecio de las personas. Ya se trate de palabra o por escrito, se ha de ir con el compás en la mano: es preciso no soltar prenda y aprovecharse de todo; teniendo siempre presente que los inteligentes en diplomacia saben servirse hasta de las palabras inadecuadas y de los movimientos descompuestos que notan. A más de esto, es menester estudiar a menudo lo mejor que se ha escrito sobre el derecho de las naciones. Sea para sostener los fueros y derechos del país, o para no permitir que otras potencias ensanchen los suyos con detrimento del decoro y de las conveniencias nacionales, se han de hacer valer con oportunidad, con arte y con firmeza los principios reconocidos. Sobre todo, se necesita un cálculo muy exacto para combinar las circunstancias, para saber hoy lo que puede aprovechar a la Nación, o lo que puede perjudicarla con el transcurso del tiempo; y se necesita igualmente una constante meditación y buscar el consejo de los hombres más advertidos, para tener delante todas las épocas, todas las utilidades, todos los perjuicios que pueden sobrevenir; porque la Nación debe ganar siempre y nunca perder.

He aquí las precauciones y las reglas que me guiaron en los negocios diplomáticos que dirigí. No los expongo por el gusto pueril de hablar, que en mí no cabe, sino porque estoy dando cuenta a la Nación del modo con que me he conducido. En los nombramientos de Agentes para la República, escogí a las personas de más cualidades entre nuestros hombres: fue así que nombré al Ciudadano José del Valle para Ministro Plenipotenciario cerca del Rey de Inglaterra; que otra vez nombré al Ciudadano Dionisio Herrera, porque nunca quise abandonar la idea de llamar con preferencia a los miembros del partido liberal, y esta fue la razón del destino que conferí al Ciudadano J. del Barrio a virtud de solicitudes de este partido. En las diversas contestaciones que se han suscitado con el Gobierno de México sobre límites, procuré mantener la armonía que reina entre ambas Repúblicas, sosteniendo al propio tiempo el decoro y las pertenencias de Centro América. De la misma manera se obró con Colombia alguna vez que se ha tocado el asunto de la Costa de Mosquitos. En las instrucciones que se han dado a los agentes públicos, se ponía el mayor cuidado, de suerte que se facilitara el objeto de ellas: en las que se dieron a los Plenipotenciarios que fueron a Panamá, me ajusté estrechamente a las bases que formó el Congreso. Se ha procedido en todos estos particulares con limpieza y buena fe, sin pensar siquiera en intrigas y manejos que deslustran a los gobiernos. Con los de Chile, Buenos Aires y Perú se han conservado los nudos de la buena correspondencia y amistad. En el examen de los tratados que la República ha celebrado con otras potencias apliqué un conato tenaz, y si hubiera podido lo habría duplicado, a efecto de penetrar con suma precisión los inconvenientes y ventajas de que debía informar al Congreso para que se concediesen o negasen las ratificaciones.

Observar las operaciones del Gabinete de Madrid, penetrar en todo lo posible sus intenciones con relación a la América y principalmente al Centro que está a las inmediaciones de la Habana, para preparar con anticipación el castigo que debe recibir el español que se atreva a echar una mirada de dominación sobre esta tierra, que debe ser clásica de libertad, era para el Gobierno una obligación sagrada y de toda preferencia. Para llenarla, tenía correspondencias confidenciales en Norteamérica, en Inglaterra y en Francia, y los Ministros de la República residentes en Londres y en Washington tenían prevenciones muy positivas de no omitir medios de escudriñar las intenciones del Rey de España: se procuraban los diarios de Europa y América y se registraban con diligente esmero, y por todas partes se indagaban noticias; porque a pesar de los juicios del autor de las discusiones del Congreso de Panamá, que escribió en México, que según el tiempo ha descubierto estaban dirigidos más por una política particular a la cual se hizo servir cuanto hubo de alucinante para el autor, que por los intereses de nuestro Continente; yo veía de una manera clara que cualesquiera que fuesen las ideas de la Santa Alianza en materias de Gobierno, las ventajas de Europa reclaman la Independencia de América así como la fijeza de sus instituciones políticas; y solo España, si su insuficiencia no la tuviera atada a la suerte que la han preparado largos años de errores, querría volver a encadenar el mundo que descubrió Colón.

Tratando de nuestro honor y de nuestra seguridad en este sentido, me pareció que se debían cerrar nuestros puertos al comercio de España, aboliéndolo en los mismos términos en que ha sido abolido en las otras naciones de América, porque la franqueza con que se introducían los españoles les proporcionaba nuestro dinero y un conocimiento exacto del Estado político de la República, y porque también era sonrojoso que únicamente Centro América estuviese en relaciones con una potencia que desconoce nuestros derechos. Yo opinaba que en el Gobierno residían suficientes facultades para dictar esta medida; pero se levantó la contradicción y fue indispensable consultar al Congreso, donde obtuve una decisión favorable, que no fue sancionada por el Senado.

He referido todo el fondo de mi administración, que puede, si se quiere, ser confrontado con los archivos. Me ha parecido necesario hacerlo así para que se vean mis intenciones, se conozca la aplicación con que trabajé y se juzgue con exactitud, si las pasiones, que desgraciadamente se han apoderado de una porción de hombres, lo permitieren. Paso ahora a hablar de los sucesos de la revolución.

CAPÍTULO III: UNA MALA HERENCIA DE LOS ESPAÑOLES

Provincialismo.—Disposiciones del Congreso Federal y de las autoridades del Estado de Guatemala con respecto al Estado del Salvador.—Elecciones de Diputados para el Congreso Federal del año de 1826.—Primeros acontecimientos del Congreso.

Todos saben que en Centroamérica existe desde hace mucho tiempo lo que se llama espíritu de provincialismo. Los españoles supieron arraigar en el Reino de Guatemala este mal, que puede compararse a la hidra del Lerna, a la cual, aunque se le cortaba una cabeza, le brotaban otras muchas. En él se encuentra la causa de la agregación que hicieron al Imperio Mexicano las Provincias de Honduras y Nicaragua, huyendo de quedar sujetas a la antigua Capital del Reino; y este espíritu de provincialismo ha inventado apodos degradantes y ofensivos para distinguir a los hijos de Guatemala de los salvadoreños, hondureños, nicaragüenses y costarricenses. Si se quiere buscar el origen de este mal, se encontrará en las continuas pretensiones de la Capital sobre las Provincias y en las amargas quejas de éstas contra aquélla, siempre desoídas en el tiempo del Gobierno Español: o más bien diremos que todo proviene de la torpeza y ferocidad de los conquistadores que, mientras duró su dominación, trataron al país necia y duramente. Es indudable que conseguida la independencia absoluta y erigida la República, debieron desaparecer las divisiones de que emanaban los resentimientos: solo centroamericanos debieron quedar en Centro América.

San Salvador, que se separó de Guatemala, cuando esta Provincia se unió a México, siéndole antes de este hecho una amiga constante y provechosa, tenía títulos para demandar la gratitud de la Capital, después que se logró la total libertad y que comenzó a ser la República; porque a los esfuerzos de los salvadoreños era debido el primer pronunciamiento de la Independencia del año de 1811 y los que posteriormente se hicieron: ellos contribuyeron eficazmente a que se generalizara la opinión contra el dominio español; y ellos por último sostuvieron con las armas los principios republicanos en 822 y 823. Sin embargo, todos estos oficios han sido olvidados y mal correspondidos en diversas ocasiones; y según va hoy la dirección de los negocios, es de temerse que antes de mucho se repitan las escenas que hemos presenciado hasta esta época. Es preciso, repito, que en Centro América todos sean centroamericanos.

La Asamblea de San Salvador estaba muy penetrada de la conducta que en Guatemala se ha observado con respecto a aquel Estado y así es que en 21 de abril de 1826 ha dicho: «mientras el Congreso exista en Guatemala este Estado nada tiene que esperar de las Autoridades Federales. Una triste experiencia le ha dado esta lección. El Congreso dominado por serviles le ha inferido males. El Congreso dominado por liberales guatemaltecos se los ha hecho igualmente».[6]

La Asamblea enumeró algunos de los males que ha causado al Estado el partido de los moderados, pero calló una multitud de que pudo hacer mención entonces, que le infirió o intentó inferirle el partido contrario.

La Asamblea del Estado de Guatemala, compuesta enteramente de liberales, pretendió despojar de los diezmos, reclamando al Congreso que pertenecían a la Catedral del Arzobispo; el Jefe del Estado, ciudadano Juan Barrundia, protegió a los Alcaldes de Santa Ana y a otros vecinos de aquella ciudad que emigraron de sus domicilios y se refugiaron en Guatemala para evadirse de contestar los cargos que les resultaban de un motín en que fue depuesto el Jefe Departamental, saqueadas varias casas y muertas algunas personas de la propia ciudad de Santa Ana; y aun el Congreso intervino en este negocio dando una ley en que fijó la manera con que se debían entregar los tránsfugas de un Estado a otro.

El mismo Congreso dictó una orden por moción del Diputado ciudadano Juan Manuel Rodríguez, disponiendo que el Gobierno

---

[6] Los corifeos de este partido, que acababan de disparar feroces tiros contra el Estado del Salvador, que habían escrito contra las autoridades y contra los redactores de papeles públicos, con plumas que aún destilaban la sangre en que las mojaran, han sido precisamente los que llevaron a aquel Estado las teas de la rebelión y de la guerra civil, y los que le han causado enormes males.

repusiese a F. Gerónimo Zelaya en el convento de S. Domingo de Sonsonate. Este religioso contravino las leyes que regían en San Salvador para el Ministerio Eclesiástico, y por este motivo se le expulsó del Estado en observancia de dichas leyes: mandar reponerlo era mandar a hacer la guerra, porque solo por la fuerza se podía dispensar al Padre Zelaya la protección que se le acordó.

Después se ocupó el Congreso del Montepío de cosecheros de añil, que se consideraba como caudal de la Federación: declararlo tal era el objeto de los Diputados. Yo me opuse fuertemente a semejante injusticia, porque en ningún concepto puede considerarse este establecimiento perteneciente a toda la Nación, pues a más de que no hay cosecheros de añil en toda ella que hayan concurrido con sus contribuciones a este fondo, es innegable que solo los añileros del Estado de El Salvador han formado las dos terceras partes de él. Hice asistir al Secretario de Hacienda a la discusión con prevención de que manifestase las opiniones del Gobierno; y cuando ya las había expuesto fue preguntado por su opinión particular, y tuvo la debilidad de decir que opinaba contra el Gobierno.

En este negocio se insistió con una constancia imperturbable, tanto que fue uno de los que el Senado señaló para las sesiones extraordinarias, que debieran abrirse el 1.º de octubre del año 826. Por esto dice la Asamblea de San Salvador en el documento que se ha citado de 21 del mismo mes y año: «Acaba de observarse esto mismo respecto del Senado de una manera bastante ostensible. Convoca extraordinariamente al Congreso, y como si fuera ordinario le llama la atención a negocios de poco momento y no urgentes, y no se olvida de colocar entre ellos el montepío de cosecheros de añil y las reclamaciones de algunos santanecos para separarse del Estado». (Dictamen de la comisión especial nombrada para examinar los documentos remitidos por el Supremo Gobierno de la Federación, aprobado por la Asamblea).

Estos pasajes son verdaderamente pequeños en sí, y yo los omitiría, si ellos no fuesen necesarios para llegar al punto esencial, en que se debe considerar mi persona, porque, hijo de San Salvador como soy, no podía exceptuarme de la displicencia con que se me veía, cuando todos los salvadoreños sentían los efectos del espíritu de provincialismo; documento n.º 1, mucho más habiendo los sucesos venido como a justificar posteriormente las odiosidades que se pueden ejercer en mí. Yo no hago esta manifestación como un medio a que me acojo en el día, para remover pasiones, ni para detener a los que me han de juzgar, pues no espero que se fallará en mis negocios siguiendo otras reglas que las leyes y los hechos; pero sí es necesario que no se desatienda una circunstancia que ha influido considerablemente en las cosas, tanto con respecto al partido liberal como con respecto al partido moderado.

Se percibe mejor lo que digo recordando lo que aconteció en las elecciones de Diputados para el Congreso del año de 1826. Puede asegurarse que desde este tiempo datan con más claridad los sucesos revolucionarios, porque el faccionismo se desató para buscarme desafectos y para elegir a los sujetos que más se habían pronunciado contra el Ejecutivo, o que tenían motivos para serle contrarios; no teniendo en consideración alguna la calma y tiento con que el Gobierno procedía. Yo, lejos de ingerirme en las elecciones, mantuve una indiferencia fría, aunque presenciaba las tortuosidades que estaban en ejercicio y preveía lo que iba a sobrevenir: no quise separarme de la máxima de que el gobierno que interviene en elecciones desquicia la moralidad y prepara el despotismo, porque es preciso que ocurra a los manejos y cábalas, y que abuse de las leyes para retribuir a sus paniaguados, que deben precisamente ser hombres prostituidos. Por otra parte, yo no soy capaz de conjurar las tempestades, valiéndose de medios ruines para echar del teatro a mis enemigos: esto sería ponerme atado de pies y manos bajo sus tiros. Siempre pienso que si mis contrarios son justos nada podrán en mi daño obrando yo bien, y si son injustos, ellos serán detenidos por la fuerza de la opinión, que puede vacilar, pero no perderse, cuando se alegan la verdad y la justicia.

Fueron elegidas las personas más exaltadas contra mí y entre ellas había algunas que solo por esta cualidad tuvieron a su favor la elección. Abrió el Congreso sus sesiones y ya nadie dudaba que se obraría un trastorno, pues tanto en esta Corporación como en la Asamblea del Estado de Guatemala fermentaban las pasiones: las conversaciones públicas lo anunciaban y por todas partes se predecía. La ley era la ciudadela en que se defendía el Gobierno de los asiduos ataques que se le daban: la hacía valer y en muchos lances salió bien esta clase de defensa; pero diariamente perdía algo de su virtud y era muy natural que llegara a inutilizarse. Entonces quedaba el Gobierno reducido a la triste alternativa de desaparecer o de pelear.

La absoluta libertad con que, a decir de Arce, no contradicho por ningún historiador contemporáneo, se practicaron las elecciones de Diputados al Congreso de 1826 y de las cuales resultó para él una gran mayoría que le era acerbamente hostil, es un timbre de honor para ese mandatario tan sinceramente republicano. Dignas del bronce son estas palabras de su memoria: no quise separarme de la máxima de que el Gobierno que interviene en elecciones desquicia la moral y prepara el despotismo; porque es preciso que ocurra a los manejos y cábalas y que abuse de las leyes para retribuir a sus paniaguados, que deben precisamente ser hombres prostituidos.

Gámez en su historia de Nicaragua, pág. 316, dice: «Naturalmente que el Ejecutivo hizo sentir sus influencias en favor de los moderados. Los liberales triunfaron a pesar de todo y el Congreso quedó por esto en su totalidad». Eso de las influencias es mera suposición del señor Gámez: no hay escritor contemporáneo que las afirme. El ejemplo de lo que después ha sucedido, cuando liberales y conservadores han estado en el Poder y se han practicado elecciones, puede haberle hecho equivocarse al hacer esa suposición.

La conducta del Ejecutivo fue revisada escrupulosamente por el Congreso: documento n.º 2. Multitud de informes se me pidieron sobre toda clase de asuntos en que se creía encontrar faltas; y siempre se evacuaron estos informes acompañando los documentos que justificaban las operaciones del Gobierno. Me detendré en este capítulo en tres negocios que son de suma importancia por las consecuencias que han producido y por las diatribas que sufrió mi reputación. El primero es la situación peligrosa en que apareció la América el año de 1826 y las diligencias que practiqué para poner la República en estado de defensa, de lo cual resultó que el Congreso nombrase al Coronel Raoul para comisionado en el Estado de Guatemala. El segundo es el abandono que se hizo del Estado de Nicaragua, por cuya causa se encendió de nuevo la guerra civil, que ha destrozado a los nicaragüenses. Y el tercero es la revisión de las cuentas de los gastos de la administración.

La Isla de Cuba se llenaba de tropas y otros muchos datos hacían temer una tentativa de los españoles sobre algún punto del continente: veinte mil hombres se reunieron en La Habana: se aprestaba la escuadra española, al mando de Laborde, compuesta de todas las embarcaciones que los esfuerzos del Gobierno de España pudieron reunir. Nada se podía penetrar de las intenciones de éstos al momento, en los cuales se colocaban hombres que habían hecho la guerra en América, relacionados en ella y de conocimientos topográficos. Debía temerse una invasión y debía prepararse la defensa.

Hice con este motivo exposiciones muy enérgicas al Congreso, solicitando que se pusiese la República en estado de resistir y de vencer: propuse la organización de un ejército de cuatro mil hombres, cuyo plan presenté, y el Cuerpo Legislativo se manifestó anuente a mis proyectos. Pero no siéndome permitido mandar hacer otras erogaciones que las detalladas por el mismo Congreso, puse en su conocimiento el presupuesto de gastos necesarios para levantar la fuerza referida, pidiendo que se decretara. Esto no tuvo éxito, y de consiguiente no se organizaron los cuatro mil hombres. Si la República hubiera sido invadida habría sufrido mucho, aunque jamás la hubieran subyugado los españoles. Del peligro que corría el país por una agresión de España, se tomó ocasión para proponer al Congreso que se nombraran comisionados que recogiesen la recluta con que habían de contribuir los Estados y persuadieran a los funcionarios locales de la necesidad que había de defender la Patria. La proposición se aprobó y uno de los nombrados para esta misión fue el Coronel Nicolás Raoul. Más adelante hablaré de este hecho, que merece ser examinado con detenimiento.

En Nicaragua permanecían algunos restos de la división que pacificó aquellos pueblos a principios del año de 1825. El Vice-Jefe C. Juan Argüello, que obtenía el Poder Ejecutivo del Estado, por ausencia del Jefe C. Manuel Antonio Cerda, instaba vivamente para que se retirara aquella tropa: yo lo resistí con toda firmeza, porque sabía las consecuencias que iba a traer el abandono de un país enfermo de guerra civil; pero Argüello logró favor en el Congreso; y el Gobierno ya no pudo sostener el bien de Nicaragua. Cuando avisé al Cuerpo Legislativo que evacuaría el territorio la pequeña fuerza de El Salvador, que mantenía la paz entre los nicaragüenses y que con palpable falsedad se vociferaba que los oprimía, dije: «que muy luego vería el Congreso arder otra vez la tea de la discordia en aquel Estado». A poco se encendió la guerra civil que ha destruido lo que pudo escaparse de las matanzas e incendios del año de 1824: Nicaragua ya no existe si no es para dar lecciones de temor, que deben estudiar todos los que deseen regir la República. Era el Estado más precioso de Centro América por todas sus cualidades y hoy es un país destrozado por el encarnizamiento más atroz, donde han fijado su trono los asesinatos, los robos y las violencias de toda especie. El emporio del Centro se ve regado de escombros. ¡Y más que por hombres es habitado por las fieras que ha amontonado un estupendo desorden! ¡Nicaragüenses! ¿Por qué no fuisteis socorridos, por qué fuisteis desamparados? ¡Ah!, se hizo de moda contradecir, desaprobar todo lo que el Gobierno hacía, y esta es la causa de vuestra ruina.

En el Estado de Nicaragua continuaba la lucha interior entre el Jefe y Vice-Jefe, que se sucedían en el mando, porque la Asamblea declaró que había lugar a formar causa al primero: se convocaron nuevas elecciones: la Asamblea desapareció de León y se reunió en otro punto para disolverse después. El Jefe Cerda mandaba en Managua y el Vice-Jefe Argüello en León: desapareció completamente el Poder Legislativo y la anarquía más espantosa volvió a sacar la cabeza en aquella Provincia desgraciada, no disimulándose más la distinción de colores y castas. Arce dispuso una reunión de tropas en Honduras, para restablecer el orden en Nicaragua: costó mucho la reunión de esta fuerza, compuesta en parte de caribes de Trujillo, porque el Jefe Herrera intrigaba en Honduras para impedir la expedición sobre Nicaragua, de acuerdo con los anarquistas de allí. Se suplantó la firma del Ministro de la Guerra Arzú, y por este medio se disolvió una división reunida en Honduras a costa de mil gastos y sacrificios. Así se inutilizaron a los principios del Gobierno de Arce todas las medidas tomadas para la pacificación de Nicaragua. Herrera, como hemos dicho, es pariente de Valle y este minaba por todas partes para vengarse de Arce. Montúfar, obra cit., págs. 43 y 44.

Don Antonio R. Vallejo, en su *Historia Política y Social de Honduras*, niega la verdad de los asertos de Montúfar, diciendo que el Jefe Herrera dio sus órdenes para prestar su apoyo y cooperación a Arzú. El señor Vallejo ha confundido la expedición de Arzú como pacificador en 1824, con la reunión de tropas que dispuso Arzú como Ministro de Arce, meses después de aquella expedición. Pero tampoco hemos encontrado en ningún autor, apoyado con firmeza, el cargo que Montúfar hace a Herrera. Marure dice (pág. 153) que para eludir el plan que suponían en Arce de tener un ejército que pusiese en sus manos y en las de los serviles (así llama a sus antagonistas que se titulan moderados) la situación de la República, los liberales «disolvieron la división que el Presidente había levantado en Honduras con destino a Nicaragua, e hicieron salir de este último

Estado los restos de las fuerzas salvadoreñas que lo pacificaron el año de 24». Pero al pie de esa misma página dice: «que sobre ese particular ha habido distintos pareceres; que los serviles atribuyeron a los liberales la disolución: que la coincidencia de este suceso con la conjuración monárquica de Zamora en Costa Rica, hizo pensar a otros que ella era obra de los monarquistas, y que es cierto lo de la suplantación de la nota en que se ordenaba al Comandante Arbeu la disolución de las tropas y la entrega en los almacenes de Comayagua de los pertrechos de guerra que hubiese reunido». El haberse verificado la disolución de las tropas y la entrega del armamento a vista y paciencia de Herrera, de quien no se sabe que haya tratado de impedirla, no obstante su carácter de Jefe del Estado, hace muy verosímil la relación de Montúfar.

De todo se hacía un cargo contra el Ejecutivo: las imposibilidades que están más allá del poder del hombre eran motivos suficientes de acusaciones. En esta clase es preciso colocar la cuenta de los gastos de la administración, y por no haberse presentado oportunamente sufrí las calumnias más injustas. Yo hice cuanto de mí dependía para llenar este deber: dicté, mucho antes de la reunión del Congreso, órdenes muy estrechas, previniendo a la Tesorería que formase el correspondiente estado. Tiempo había que se ocupaba la Contaduría en reparar las cuentas particulares, que debían comprobar la general: reiteré órdenes sobre órdenes para que ésta se concluyese y examiné yo mismo la aplicación de los empleados de Hacienda. Hice presente al Cuerpo Legislativo todo lo que se practicaba para cumplir la ley, en cuya exactitud nadie era tan interesado como yo; pero que, a mucho trabajar, se resistía a mis deseos la conclusión de la expresada cuenta. Al fin, llegaron a superarse las dificultades: se puso en corriente, y la revisión de ella fue uno de los asuntos que presenté al Senado para que se incluyese entre los que debían ser objeto de la convocatoria extraordinaria del Congreso.

Supóngase una cuenta difícil y extensa por su naturaleza, que tiene enlaces con los documentos del tiempo del S. P. E., especialmente en lo que pertenece al empréstito. El recurso indispensable a que tantas veces se ocurrió de dar libramientos sobre los derechos de Aduana complicaba las operaciones: los pagos de los Diputados, que se suplieron varias ocasiones en la Federación, por órdenes del Congreso, y que se pagaban de distintos fondos por las urgencias de los interesados, y juntamente la irregularidad de los ingresos, todo esto hacinó dificultades, que no pudieron vencerse y en que el Presidente ninguna culpa tenía. Mi deber era trabajar y cumplir las leyes, y trabajaba y las cumplía: velar en que los empleados trabajasen y las cumpliesen, y así lo hacía. ¿Qué más se podía pedirme? Si en las cosas más comunes los principios son dificultosos y es raro salir bien en los primeros ensayos, ¿qué será en lo respectivo a un gobierno nuevo, que contrariando los hábitos y el saber de los hombres, se establece sobre bases desconocidas? ¿Y qué será en lo relativo a la Hacienda, ciencia que se posee poco o nada entre nosotros?

Pero se quiso muy voluntariamente atribuir a falta culpable la demora de la cuenta y se profería maliciosa y falsamente que mis sueldos estaban adelantados, con otros dislates que no son dignos de este escrito, y que solo podían verterse con el ánimo de desopinar al Gobierno. Yo presento mi actual situación como la prueba más convincente de mi integridad.

Marure reconoce que no podía racionalmente inculparse al Presidente por no haber rendido su cuenta general en el estrecho término de la ley, mas dice: que es difícil encontrar excusa a la indolencia con que miró ciertos cargos, como el de haber dado una inversión ilegal a los fondos del préstamo extranjero, de haber comprado dos buques a precios exorbitantes, de haber pagado más de $30,000 de deudas no reconocidas, y de estar íntegramente pagados sus sueldos y los de algunos adictos, mientras los demás empleados carecían de los suyos. —Marure, obra cit., págs. 156 y 157.

Aquí notamos con pena que este ilustre escritor no ha podido sustraerse a la influencia del sectario apasionado; pues esos cargos de que habla no fueron hechos a Arce por ninguna persona responsable ni dentro ni fuera del Congreso, sino por los periódicos *La Tertulia Patriótica* y por *El Liberal*; especialmente este último, de quien dice el mismo Marure en la pág. 123: «tuvo, pues, poca aceptación *El Liberal* y lejos de llenar su objeto, sirvió para deslucir la causa que se quiso defender en él». A la altura de la posición que ocupaba y de su fama de integérrimo no podía exigirse a Arce que descendiera a contestar o desvanecer cargos estampados en un periódico que él mismo califica de «eterno oprobio de Centro América, en el cual se vieron, no solamente imposturas y diatribas sino apodos vergonzosos, indignos de toda pluma». Dada la animosidad que había contra Arce en el Congreso, y el deseo de separarlo del Poder, si algún fundamento hubiera tenido alguno de esos cargos, de seguro que se le hubiera hecho por cualquiera de los Diputados que lo detestaban.

CAPÍTULO IV: UN CORONEL FRANCÉS

Razón por que no renuncié la Presidencia en consecuencia de los sucesos referidos. —Grado de exaltación a que llegaron los ánimos durante las sesiones del Congreso el año de 1826. —Acontecimientos ocasionados por la persona del Coronel Nicolás Raoul.

Por todos los sucesos que he referido me resolví decididamente a renunciar el destino de Presidente, pues era imposible dudar que el edificio social se iba a conmover y que cualquiera que fuese el éxito del sacudimiento que ya comenzaba, yo había de quedar envuelto en las ruinas; pero antes de dar este paso juzgué que era necesario comunicarlo a los que en San Salvador sostenían con más entusiasmo las nuevas instituciones y eran los patriarcas de la Independencia absoluta; porque veía que debía evitar que más adelante se atribuyera mi renuncia a pusilanimidad, o a otra causa ajena de los intereses públicos. Me pareció que debía contar con aquellos que otras veces contaron conmigo para salvar la Patria: en ellos encontré una oposición muy firme contra mi propósito de renunciar, y me conjuraron con que convenía a la República que continuase en el mando; de suerte que me convencí de que tenía obligación de seguir gobernando. ¡Triste ha sido el error en que todos incurrimos!

Con pleno conocimiento de la posición peligrosa en que me encontraba, me determiné a no abandonar el puesto que me señaló la Patria. En efecto, todo estaba en movimiento, todo se agitaba, la acción horrorosa de los odios y de las aspiraciones innobles se sentía en todas partes: el bramido de estas pasiones anunciaba una terrible explosión: la República se conmovía por sus cimientos; y el hombre de cálculo, lo mismo que el estúpido, no atinaba con la dirección que tendría la llama que iba a consumirlo todo. Centro América era un vórtice: Costa Rica y El Salvador eran las únicas tablas en que podía escaparse del naufragio. En Guatemala se declararon contra el Gobierno Federal la Asamblea y el Jefe del Estado y trataban de armarse. —Documento n.º 1.— En el seno del Congreso y en el del Senado reinaban las discusiones: el Gobierno era atacado por todas partes: en las discusiones de los cuerpos deliberantes, en los papeles públicos, en las tertulias y en las paredes de las calles se le injuriaba, se le acometía y se daban golpes de maza sobre su estabilidad. Por doquier que se echase la vista se encontraba una atmósfera cargada de electricidad. En todo lo que acaecía observaba yo con una tristeza aflictiva que se iba a comprobar entre nosotros lo que Madame Staël ha escrito con respecto a la Francia: que nada es más agradable durante algún tiempo que la declinación de un gobierno cualquiera que sea; pero la caída que se sigue es terrible.

Sucedió, pues, que el edificio se desplomó: salió de sus quicios; y solo la Nación misma con la omnipotencia de su poder podrá llevarlo de nuevo a sus niveles.[7]

La voz pública y los presentimientos generales, que raras veces salen fallidos, comenzaron a predecir desde marzo de 1826 una revolución, que era dirigida a quitar el Presidente del puesto en que la Nación lo colocara. Yo tenía avisos de que con este objeto se celebraban juntas nocturnas y se concebían planes; y estas denuncias no llegaban hasta mí porque hubiese establecido el espionaje, medio ruin que yo detesto, ni porque con ellas se me inclinase hacia algunas personas, ni en favor ni en contra de los partidos, sino porque en Guatemala, como todos saben, no hay ni puede haber cosa reservada, y puede decirse que es el país de las confianzas.

El Ejecutivo marchaba inmóvil en medio de las maquinaciones y de las injurias: su único refugio eran las leyes, con las cuales procuraba identificarse todos los días para cubrirse con ellas como el soldado se cubre con la coraza. Los acontecimientos tomaban diariamente un carácter más serio: yo tuve la advertencia, porque así me pareció debido, de informar a los Gobiernos de los Estados de todas las ocurrencias de gravedad que se presentaban, y estos informes iban siempre acompañados de los documentos que los acreditaban.

Vivía en observación continua del lado por donde comenzaría a manifestarse la crisis para conjurarla en tiempo, formando diques que contuviesen el torrente que iba a precipitarse. Todo el mundo señalaba al Coronel de Artillería Nicolás Raoul como el hombre

---

[7] Madame Staël, *Consideraciones sobre los principales acontecimientos de la Revolución Francesa*, título 1.º, cap. 29, pág. 124.

destinado a ponerse al frente de la revolución; y ciertamente que no era infundado el concepto en que cayó, pues siendo un militar federal se conexionó tanto con sujetos pertenecientes al Gobierno del Estado de Guatemala, y se unió tan estrechamente con el partido de la oposición, que ninguna prudencia habría alcanzado a salvar su crédito.

Este militar era individuo de la Junta de Guerra, a cuyo destino le llamaba el grado que tenía en su arma: en dicha corporación se descubrió abiertamente contra el S. P. E., por haberse dictado órdenes que desaprobaban una providencia tomada por Raoul con notable exceso. El Subteniente de infantería C. Pedro Molina fue destinado por el Ministerio de la Guerra a traer el cupo de hombres de Costa Rica, que debía venir a la capital; y sin que se le eximiera de esta comisión lo agregó Raoul a la artillería, de su propia autoridad. Era indispensable desaprobar este hecho ilegal y temerario; y resentido Raoul por la desaprobación, se produjo en la Junta de Guerra en los términos siguientes: Juan de Dios Zea, Secretario de la Junta Consultiva de la Guerra, certifico: que en la sesión del 17 de marzo del corriente año, en la acalorada discusión sobre las órdenes del Supremo Gobierno, con respecto a la agregación del Subteniente Molina a la Brigada de Artillería, el Coronel N. Raoul públicamente dijo, entre los individuos de la Junta: «que se opondría a las órdenes de un Presidente tirano». Esto mismo puede certificar el C. Francisco Taboada. Guatemala, 25 de marzo de 1826.—Juan de Dios Zea.

Y no era posible dudar de este hombre: se dio a luz de una manera muy positiva; y en la Nación más degradada le costaría caro su pronunciamiento. Él daba sobrado mérito para instruirle un proceso, puesto que no era N. Raoul quien había injuriado a M. J. Arce, sino un militar que insultaba al S. P. E. de la República y lo insultaba por motivos oficiales de que el mismo súbdito quiso hacerse culpable desbaratando los mandatos de su Gobierno. Y en tiempo de disturbios intestinos, ¿quién podría ser tan imprevisor que no pensase en detener los pasos del atrevimiento?

Aunque no hubiera otro dato que la disposición que un súbdito declara tener para resistir a su superior, es sobrada causa para irle a la mano y evitar que cometa nuevos atentados. A esto se agregaba que en aquel tiempo se tenían, como se ha dicho antes, noticias de que los españoles intentaban algo sobre algún punto de nuestras costas del Norte; y por todo se hubo por conveniente mandar a Raoul a hacer un reconocimiento de Izabal y del Golfo. Lo dispuso así el Gobierno y se libró la orden correspondiente. Al siguiente día de comunicada al que debía cumplirla, se recibió en el Ministerio de la Guerra una nota de los Secretarios del Congreso, que literalmente dice: «Secretaría del Congreso Federal. | Orden n.º 34. | Habiendo nombrado la Comisión de Guerra del Congreso Federal al Coronel don Nicolás Raoul para auxiliar suyo; puéstose en conocimiento del mismo Alto Cuerpo este nombramiento; y comunicándosele por medio de la Secretaría, contestó que no podía servir el encargo que se le confiaba por haber recibido el día de ayer una orden en que se le previene que pase a reconocer Izabal y el río del Golfo y a levantar un plano de aquel punto. Enterado el Congreso de esta contestación, y por moción de un Ciudadano Representante, se ha servido acordar el día de hoy se diga al S. P. E.: que el mismo Congreso necesita de los conocimientos del Cnel. Raoul en su Comisión de Guerra: que si es absolutamente necesario el reconocimiento que va a practicar, lo manifieste el Gobierno expresando sus objetos y si no hay otro que pueda hacerlo; y que entre tanto se suspenda la marcha del nombrado para aquel destino. Cumpliendo con el acuerdo lo comunicamos a U., esperando se sirva dar cuenta al Presidente de la República y contestarnos en su oportunidad. | D. U. L. Guatemala, 30 de mayo de 1826. | Joaquín Durán. | Francisco Benavent. / Ciudadano Secretario de Estado y del Despacho de la Guerra».

Yo me prohíbo hacer reflexiones que no sean de derecho acerca de esta medida del Cuerpo Legislativo: las hará el lector, y sacará de ellas las deducciones que le sugiera su buen juicio, o las que le dicten sus pasiones si él fuese de los que intervinieron en estas penosas desavenencias y no se hubiese enfriado aún el ánimo que las promovió. Me limito únicamente a tratar el asunto según la ley.

Dice la Constitución en el artículo 119: El Presidente de la República dirigirá toda la fuerza armada de la Federación. Es decir, mandará a los hombres de armas y los destinará; porque fuerza armada son dos ideas que suponen hombres en quienes resida la fuerza y armas con que armar estos hombres: Raoul es un hombre, y un hombre que la Nación había armado; luego era fuerza armada. Yo, y solo yo, debía mandar y dirigir ésta; luego solo yo podía disponer de Raoul y no el Congreso.

Se objetó en el tiempo de esta diferencia que un Jefe no es fuerza armada y que por esta razón podía el Legislativo emplearlo sin despojar al Presidente de sus atribuciones. Ya se ve lo muy mezquina que es esta objeción, pues si un Jefe no es fuerza armada, no lo será ninguno; y quitándose al Gobierno todos los jefes, uno después de otro, vendría a quedar sin uno siquiera de que valerse. La ley sería destruida.

Por otra parte, si el Jefe no es fuerza armada, menos lo será el sargento, el cabo y mucho menos el soldado, porque en las masas, que para servir con utilidad, necesitan dirección, la fuerza se calcula más por la parte moral que por la parte física. Turena y Condé ciertamente podían más mandando dos regimientos, que lo que podrían dos, tres o cuatro de estos cuerpos obrando solos, o mandados por jefes inexpertos. En Leuthen tenía el Gran Federico 50,000 hombres menos que los austriacos y ganó la batalla con pérdida de 5,000 hombres entre muertos y heridos: los austriacos perdieron 7,400, tres Generales, 21,880 prisioneros, 117 cañones y 51 banderas. ¿Quién era más fuerte, Federico o los austriacos? Federico ciertamente; y lo fue por su saber, por su fuerza moral, que pudo más que la fuerza física en una proporción casi increíble como lo es la de 50,000 hombres de aumento en la superioridad numérica. Es, pues, innegable que Raoul, Jefe científico, debía reputarse por más fuerza que la brigada que mandaba: de ésta es inconcuso que solo el Gobierno, y nunca el Congreso, podía disponer; luego con más razón solo el Gobierno y nunca el Congreso podría disponer de Raoul.

Sobre la palabra dirigir también hubo disputas; pero altérquese cuanto se quiera, ella significa emplear las cosas y los hombres según sea conveniente y a propósito. Estas serán siempre las sentencias del buen sentido.

Debe también notarse que en todo Gobierno, y principalmente en aquellos en que el derecho no es el gusto, la conveniencia, el capricho del que manda, cada funcionario está estrictamente ligado a sus funciones: para que las desempeñe le paga y le honra la Nación; y no es lícito quitarlo de sus deberes para que llene obligaciones ajenas. Centro América pagaba a Raoul para que evacuara operaciones militares: Centro América tiene Diputados para que dicten leyes militares; valerse de la autoridad para que aquel preparara, arreglara o dispusiera lo que se ha de preparar, arreglar o disponer por éstos, es invertir la esencia de las cosas, es hacer que el derecho se convierta en el gusto, en la conveniencia, en el capricho del que manda.

Yo convengo en que un militar que no tiene atenciones del momento está muy bien que con sus conocimientos auxilie a una Comisión de la Legislatura; mas si se arranca de sus precisas ocupaciones y se le destina a otras, se comete una ilegalidad, una injusticia.

La comisión que se dio a Raoul era urgente y solo él podía ejecutarla, porque de los tres militares científicos que había en la República, el uno regenteaba la Academia por disposición de la ley, en la cual estaban algunos alumnos pagados por la Nación para que se instruyesen, y el otro servía el Ministerio de la Guerra, empleo de mucho rango que no podía encargarse a cualquiera.

La orden del Congreso tenía sobre todos estos vicios, otro de una entidad suma: a saber, que no estaba sancionada por el Senado, y sin este requisito era inválida. Ocurrí al cuerpo moderador consultándole si el Gobierno obedecería un acuerdo del Legislativo que debiendo estar sancionado, no lo estaba; entonces pasó la orden a la sanción sin recogerla, y el Senado no la sancionó. Pero el hecho solo de someterla al trámite de la ley acreditó que necesitaba de la fórmula constitucional al Poder Ejecutivo, para que fuese obligatoria; y el no habérsela puesto el Senado acreditó que era ilegítima la providencia del Congreso. Apoyado en estas verdades de primera magnitud, hice salir a Raoul para Izabal y el Golfo, como era debido.

No pretendo deslustrar al Congreso, pues soy interesado en el honor de Centro América más que en mi vida: solo intento esclarecer los hechos para defenderme. A ello me obliga la mano desautorizada, que válida únicamente de la superioridad del triunfo dictó con la espada la orden de mi prisión, degradando la dignidad del puesto a que la Nación me ascendió. Se me ha encarcelado, y se me ultraja de muchos modos: mi honra se ha puesto en asta pública, sujetándome a recibir los golpes de la atroz calumnia.

Debo, pues, defenderme para hacer ver que la República no eligió Presidente a un hombre incapaz de corresponder a tamaña distinción. No me reputo sabio, ni quiero parecer un varón ilustre: mi única cualidad es la de un patriota, que ha procurado con todas sus fuerzas servir en la adquisición de la libertad de su país. Sé que tengo insuficiencia y que tengo defectos; pero no tengo vicios ni he cometido delitos: el mundo es preciso que lo entienda para que no se piense que Centro América encargó sus destinos a quien no podrá merecer su confianza.

El peligro en que estábamos de ser invadidos por los españoles me hacía pensar continuamente en los medios de resistirlos. Había propuesto al Congreso que se levantara un ejército de 4,000 hombres, idea que admitida por el Cuerpo Legislativo debía tener efecto. Fue así que, estando para cerrarse las sesiones, propuse al Congreso que para recabar los cupos de hombres de los Estados, nombrase comisiones de su seno compuestas de aquellos diputados de mejor opinión en los pueblos, los cuales les persuadieran a empeñarse en defender la Patria, reanimando el valor santo de la libertad. Como el mérito de esta medida estaba principalmente en que las comisiones se confiriesen a personas conocidas en cada Estado, que pudiesen inspirar confianza, que fuesen creídas y que para esto tocasen los resortes que ofrece el conocimiento de las localidades, me propuse que Diputados de Guatemala se comisionaran para este Estado, que Diputados salvadoreños se comisionasen para El Salvador, y así para los demás; y solo el Congreso, haciendo por sí mismo los nombramientos, podía dar todo el lleno a este pensamiento. Pero en vez de admitirse conforme se concibió, se le dio un vuelco y se acordó que se nombrasen las comisiones de fuera del seno del Congreso, reservándose este Alto Cuerpo la facultad de designar las personas que debían obtenerlas.

Es visto que para una medida tan común yo no necesitaba y hubiera sido impertinencia ocurrir al Congreso pidiéndole lo que el Gobierno sobradamente podía hacer.

Esta providencia, tal como fue dictada, se separó totalmente del objeto a que debió dirigirse: pecaba contra todos los principios de derecho y contra las leyes fundamentales. En lugar de hombres aparentes fueron escogidos los que no eran para el caso y que tenían el gran defecto de haberse manifestado enemigos del Gobierno. El C. Juan Manuel Rodríguez, Director del Crédito Público, tuvo la comisión de marchar a Honduras: para verificarlo era preciso que abandonara sus importantes ocupaciones. El C. Cleto Ordóñez, Coronel de Infantería y Vocal de la Junta de Guerra, tuvo la comisión de marchar a San Salvador: para verificarlo era preciso que la Junta dejase de funcionar, pues que, separado este individuo, no quedaba número con que pudiera reunirse.

El ciudadano N. Campere, Comandante nombrado para el fuerte San Carlos, tuvo la comisión de marchar a Costa Rica: para verificarlo era preciso que quedase sin Jefe la guarnición importante de un punto por donde los españoles podían atacar. Y el Coronel Nicolás Raoul, que, como se ha visto, se hallaba ocupado por Izabal y el Golfo, tuvo la comisión de venir a Guatemala, y para verificarlo debía dejar el destino en que estaba, desobedeciendo las órdenes del S. P. E. Con respecto a este sujeto había una razón más para no pensar en comisionarlo, y era que se le quitaba de lo que podía hacer y se le encargaba que practicara lo que era imposible que hiciera; porque en aquel tiempo Raoul acababa de llegar del extranjero: ignoraba nuestro idioma y mucho más el idioma del pueblo, ¿y a quién persuadiría este hombre que defendiera la patria sin poder explicarse? Documento n.º 2.

Si el Congreso no juzgaba conveniente que miembros de su Corporación fuesen a los Estados con el objeto que se ha dicho, pudo muy bien aprobar la medida y mandar al Presidente que hiciese los nombramientos; pero avocárselos el Legislativo era opuesto a los principios. Un célebre escritor del día dice, hablando de la materia: «El Cuerpo Legislativo debe obrar siempre por una ley y no por providencias singulares». Rousseau, en el *Contrato Social*, libro 2.º, capítulo 6.º, dice: «Toda función que se dirige a un objeto individual no puede pertenecer al Poder Legislativo». Ciertamente, no soñaba Rousseau cuando habló así, porque al Poder Legislativo solo toca establecer las reglas generales: las decisiones sobre individuos son actos de Magistratura; y unir en unas mismas manos la formación de la ley y la aplicación de ella es abandonar los ciudadanos a la violencia y arbitrariedad del Cuerpo Legislativo, contra la cual se estableció la división de los poderes. (*Examen de los delitos de infidencia*, cap. 30, pág. 366, nota 9, pág. 372.).

El Gobierno reconoció que empleando el Congreso tres militares, que estaban destinados el uno al Golfo e Izabal, otro al fuerte de San Carlos y otro en la Junta de Guerra, había una inaudita transgresión del artículo 119 de la Ley Fundamental, que atribuye al Ejecutivo únicamente la facultad de dirigir la fuerza armada, con la cual no solo se paralizaban las medidas gubernativas, sino que se le despojaba de sus atribuciones, pues quien puede disponer de tres, puede disponer de mil, y quien quita de una parte para poner en otra destruye lo que está hecho. Cierto el Presidente de que envilecería el puesto que ocupaba, si consintiese en el desprecio de su autoridad, puso por respeto al Cuerpo Legislativo la fórmula constitucional a la orden en que se le comunicaron los nombramientos, en la que, sin haber pasado al Senado para la sanción, se le manda llamar a los nombrados a que desempeñen las comisiones; cuya segunda parte, por ser una resolución que se introducía en las facultades que tiene el Ejecutivo para destinar a los militares, estaba sujeta a lo que dice el artículo 77: [8]es decir, que para ser válida necesitaba la sanción del Senado, pues que no es de los casos terminantemente exceptuados en el mismo artículo.

El Gobierno representó al Congreso todos los vicios que tenía la providencia, que, según se advierte, eran tales que no podían ser desconocidos, y esta conducta se tomó como una ofensa. Se le previno que manifestara haber ordenado el cumplimiento de la orden y que luego arguyese. Dijo entonces el Gobierno que estaba diligenciada desde el día de su recibo y reiteró su representación diciendo que era abusivo que el Congreso emplease a los militares. Ninguna resolución posterior recayó sobre este asunto. Documento n.º 2.

Cuando todo esto pasaba, se agitaban los ánimos de los mismos Diputados sobre una cuestión de mucha entidad, como es la de que los Representantes de los Estados del Salvador y de Costa Rica sostenían que el Congreso estaba organizado ilegítimamente, por haber introducido en él unos cuantos suplentes, que por la Constitución no debían funcionar, y objetaban también que la mayoría del Cuerpo Legislativo estaba compuesta de Representantes del Estado de Guatemala y que los otros Estados casi no tenían Representación. Documento n.º 2.

De los veintiocho individuos que entonces componían el Congreso, sin contar a los suplentes, 16 representaban a Guatemala,

---

[8] Todas las resoluciones del Congreso dictadas en uso de las atribuciones que le designa la Constitución necesitan para ser válidas la sanción del Senado, exceptuándose únicamente las que fueren sobre su régimen interior, lugar y prórroga de las sesiones, sobre calificación de elecciones, y renuncias de los elegidos: sobre concesión de cartas de naturaleza: sobre declaratoria de haber lugar a formación de causa contra cualquier funcionario. Const. Fed., artículo 77.

7 a San Salvador, y 5 a los Estados de Honduras, Nicaragua y Costa Rica. —Marure.— Nota a la pág. 157. Obra cit. Harta razón, pues, tenían los Representantes de los demás Estados para estar quejosos del modo de composición de un Congreso en que daba la ley un solo Estado. También la tenían alegando que era inconstitucional el llamamiento de suplentes, no habiendo muerto ni estando imposibilitados de concurrir los Propietarios; pues el art. 57 de la Constitución Federal dice: «Los suplentes concurrirán por falta de los Propietarios, en caso de muerte o imposibilidad, a juicio del Congreso».

He aquí los primeros acontecimientos que ocasionó la persona del Coronel Nicolás Raoul en el Congreso Federal: se va a ver ahora los que se verificaron en el Gobierno del Estado de Guatemala por este mismo hombre.

Por este tiempo fue admitido al servicio de la República, en la clase de Coronel de Artillería, el francés Mr. Nicolás Raoul, a quien Molina recomendó desde Bogotá y Arce admitió confiriéndole la Inspección de Artillería. El partido de la exaltación no tenía un militar.

Raoul fue lisonjeado y atraído por dicho partido. Al principio parecía agradecido al Presidente Arce y unido a sus intereses: bien pronto se quitó la máscara colocándose en las filas de los enemigos del Gobierno. Montúfar, obra cit., págs. 46 y 47.

Raoul se manifestó poco reconocido a las consideraciones que le había dispensado el Presidente. Pocos días después de habérsele admitido al servicio de la Nación, tomó partido uniéndose a los liberales, sin procurar siquiera disimular su defección con aquellos miramientos que la civilidad exige; comenzó a hablar injuriosamente de Arce, sin embargo de que poco antes se había expresado con furor contra los que le disputaron la legitimidad de su nombramiento: aun en sus contestaciones públicas con el Gobierno su lenguaje fue siempre irrespetuoso. (Marure, obra cit., págs. 151 y 152).

En extremo censurable indudablemente fue la conducta de Raoul respecto al Presidente de la Federación; pero también no parece cuerda la providencia de Arce de enviarlo a lugares mortíferos, como son el Golfo e Izabal, tanto más nocivos cuanto que Raoul era un europeo recientemente llegado a países tropicales, y de consiguiente más expuesto a morir por el veneno miasmático de aquellas bien conocidas insalubres regiones.

La alegación de que los servicios de Raoul eran indispensables en esos puntos, no se compadece con la creencia que el mismo Arce tenía de que Raoul era revolucionario, decidido enemigo de su Gobierno. A un hombre tal, no se le coloca en un puesto importante y de confianza.

CAPÍTULO V: LAS REVOLUCIONES

Convocatoria para que el Congreso se reuniera a sesiones extraordinarias. —Procedimientos del Coronel Raoul, y sucesos que por su persona tuvieron lugar en el Gobierno del Estado de Guatemala.

Las revoluciones son adversas para unos y propicias para otros: tienen mil modificaciones; y en cada una de ellas gana el uno o el otro partido de los que contienden. En 1826 cayeron los liberales y se levantaron los moderados, y en 1829 perdieron estos y ganaron aquellos, pero yo he perdido siempre. En 1826 se dirigió la revolución contra mí; otro tanto me sucedió en setiembre de 1827 y en febrero de 1828; y en 829 he sido la víctima. Esto proviene de que, siendo el Presidente de la República, no quise, porque era indebido, pertenecer a ninguno de los partidos y obré siempre como creía que convenía a la República, aunque para mí fuera inconveniente. Fue así que, no obstante las lecciones que me dieron los miembros del Congreso que formaban la oposición, yo ocurrí al Senado manifestándole que era necesario que convocara al Cuerpo Legislativo para sesiones extraordinarias; porque había una porción de negocios que quedaron pendientes y cuyo despacho era importante. Uno de ellos era el examen de la cuenta de gastos, en que yo me interesaba en extremo por los motivos que antes he expresado: quizá otro no hubiera preferido la terminación de los negocios públicos al reposo propio; pero esto no debía obrar en mi conducta. Yo siempre he querido hacer lo que debo, sin reparar en las consecuencias; y esta verdad será más palpable, a medida que se lea este papel.

Se ha dicho atrás que la Asamblea y el Jefe de Estado de Guatemala eran opuestos al Gobierno Federal y se va a poner en claro esta aserción. Ya fuese que Raoul supiera privadamente que el Congreso le nombró comisionado, o fuera que sin este pretexto se resolvió a dejar el destino en que lo empleó el S. P. E., es cierto que este militar abandonó su puesto y se trasladó a Gualán, desde donde dirigió a la Secretaría de la Guerra la representación siguiente:

«Es notorio entre los individuos del Gobierno Federal que casi inmediatamente que entré al servicio de esta Federación, tomé la resolución de retirarme del servicio y cada día este proyecto adquirió más madurez, sea por el conocimiento más íntimo de las personas y de las cosas, sea por circunstancias favorables a mis intereses: no he conceptuado decente retirarme cuando creía ver una borrasca sobre una de nuestras fronteras. A una época más acá iba a dar curso a un proyecto en que soy muy apurado, cuando he sabido que mi familia, a pesar de mis órdenes contrarias, estaba para juntárseme y había naufragado en su tránsito para acá: esta ocurrencia exigió de mi parte un nuevo sacrificio hasta que sepa las consecuencias pecuniarias de esta desgracia.

En fin, había llegado el día de separarme del servicio, cuando el odio, sobreponiéndose a las leyes, me dio una comisión homicida; la he admitido para acreditar que no temo a la muerte, sea que esté al cabo de un puñal, sea que la inocule el veneno de la atmósfera, y que un viejo soldado como yo, que ha hecho frente a las balas 15 años de su vida, no puede temer a los hombres tan altos que sean o que estén colocados. Mi situación en el ejército tiene un carácter particular. Un Ministro Plenipotenciario me rogó que viniera a servir en la Federación, ofreciéndome que nunca tendría que arrepentirme de mi resolución. No fue para hacerme servicio ni tampoco por empeños, pues que no conocía a aquel Ministro y que estaba viviendo a 900 leguas de su residencia, pues que él ha creído que mis conocimientos y mi experiencia en los ramos facultativos de la guerra podían ser útiles a su país. Y si con preferencia acepté sus ofertas fue que esperaba hallar todas las conveniencias que son el fin de los esfuerzos de todos los hombres, pues tuvo una contrata tácita; pero toda contrata es nula cuando una de las partes contratantes no cumple con todas sus obligaciones: no presumo que los procedimientos del Gobierno para conmigo sean los que se me ofrecieron: no los califico; servirán de adorno al artículo biográfico del señor Presidente; pero aquellos procedimientos me libran de toda obligación; de un otro lado sé que mi religión política, hija de mi juramento, me trazará mi camino en que toparé contra proyectos que conciben intereses personales: por consiguiente no puedo sino entorpecer los negocios públicos en vez de ayudar a elevarlos a buenos fines: bajo este aspecto la contrata que me ata al servicio también es nula.

Por tanto, estando en el caso de pedir mi licencia, pero haciendo mi admisión, hago dimisión de mi empleo de Coronel Inspector del Cuerpo Federal de Artillería: entonces no podrá más decir el C. Presidente: "el pan que come, la cama sobre que duerme, me lo debe él todo". ¡Válgame Dios! ¡Qué pan tan amargo! ¡Qué cama tan dura! Pero, gracias a Dios, no hay tal cosa. Mi afecto para el señor Presidente es el termómetro de lo que le debo.

No sabré encargar a Ud. bastante la necesidad de que se me dé sin demora un documento que justifique mi separación del servicio de la Federación; porque soldado, hasta el último del mes, el 1.º del entrante no seré otra cosa sino el jefe de mi familia, cuya suerte es bastante comprometida y que la demora inútil de un solo día podrá hacerme perder las proporciones que tengo de volver a mi patria. Las consecuencias de una larga persecución caerían sobre mi inocente familia, pues mi alma es templada de modo que hombres como mis enemigos no alcanzarán nunca a mortificarla.—D. U. L.—Gualán, 22 de mayo de 1826.—N. Raoul.—Ciudadano Srio. de Guerra y Marina».

Tan audaces desacatos esencialmente dirigidos al S. P. E. no podían disimularse: se habían tolerado los que vertió en la Junta de Guerra, tolerancia que debiendo inspirarle gratitud lo hizo más atrevido. Había asimismo despreciado con notable desobediencia la orden del Gobierno para que permaneciera en su destino; y solamente estimando muy poco a Centro América cabía un nuevo disimulo. Mandé, pues, que los documentos de su inobediencia y de sus insultos pasaran al juez competente para que en su vista se procediera conforme a las leyes. En seguida dirigió el propio Raoul, al Secretario de la Guerra, otra exposición, si es posible, más insolente que la primera, y su tenor a la letra dice:

«Con fecha 22 y 25 del mes pasado he tenido el honor de dirigirle en duplicado mi dimisión del empleo que tenía en la Federación de Coronel Inspector del Cuerpo Federal de Artillería: si pudiese extrañar alguna cosa, después de las miras homicidas de que fui blanco, sería sin duda el no haber recibido contestación a mis oficios, dejando mi desgraciada familia en una irresolución, que agota sus recursos. ¡Qué noble venganza hacer padecer una mujer y tiernos hijos!

En obsequio a mi respeto por las leyes del país a que debo mucha gratitud, había resuelto esperar el correo del 7, y no habiendo recibido contestación, me hubiera ciertamente expuesto a Las violencias del Magistrado, que no tiene sino sus furores por máximas de Estado, si las calenturas no me hubieran puesto en la precisión de buscar asilo en una casa segura, a más que, ciudadano, me faltan toda especie de recursos, pues que el Gobierno me ha privado de mis sueldos.[9] Hago un nuevo sacrificio al orden y a las leyes: aguardaré el próximo correo y si me negaren justicia, me la haré e iré a dar el nuevo cambalache que están sin duda organizando. | D. U. L. | Chiquimula, 1.º de junio de 1826.—Nicolás Raoul».

El hombre imparcial, el justo, pronuncie sobre estos hechos: yo apelo a las conciencias de los gobiernos y de los hombres para que juzguen esta causa: a los mismos protectores de Raoul apelo, si sus pasiones se han enfriado: apelo al honor de la República, que se interesa en que las leyes sean cumplidas y los magistrados atendidos conforme a sus dignidades. Sean estos los jueces y digan si Raoul delinquió y si yo obré bien.

El proceso que mandé instruir a este militar produjo consecuencias de mucho tamaño; y me parece que es muy a propósito publicar cuanto ocurrió, con el fin de que puedan ser examinados los hechos a toda luz.

De los documentos que se ponen al fin bajo el n.º 3 resulta probado que la autoridad creada por la ley conoció de los descomedimientos que Raoul tuvo con el Gobierno Supremo, y que con suficientes comprobaciones dictó el auto de arresto, pasando el aviso correspondiente a la Comandancia General de las Armas de la Federación para que se mandara ejecutar: que el Comandante General comisionó al Capitán Espínola para el cumplimiento del auto judicial: que en consecuencia marchó este oficial para el pueblo de Jalapa, a donde se había trasladado el tratado como reo: que sabedor Espínola de que Raoul se hallaba en casa del Ciudadano Solís, recibió la información que previene el artículo 168 de la Constitución, para tener así facultad de buscarlo en la expresada casa: que en el propio Jalapa se intentó quitar al reo de manos de la justicia, lo cual envalentonó a Raoul hasta el extremo de tratar a Espínola de intruso: que este ocurrió al auto de prisión y a la ley para satisfacer el cargo que se le hacía, y en su vista Raoul enmudeció: que el comisionado tuvo noticia que por parte del Gobierno del Estado se le procesaba y

---

[9] Es falso: el Ciudadano José Mariano Batres era apoderado de Raoul para tomar sus sueldos, y se le entregaban.

en efecto se le acechó para aprehenderlo: que posteriormente fue avisado que se preparaba tropa en Chiquimula para verificar su prisión: que el Alcalde Quiñones tuvo orden de apresarlo: que con estos acontecimientos se agitaban los pueblos: que la señora que entonces era esposa de Raoul amenazó al juez de la causa con una revolución: y finalmente que el Gobierno Federal interpeló al Jefe del Estado para que se remediaran estos escándalos y se observara la ley, cuya interpelación no fue atendida ni contestada.

Tampoco lo fue otra nota que se le pasó diciendo que, si Espínola había infringido la ley, se formase la debida comprobación y se dirigiese al Gobierno para mandar que el Tribunal competente juzgara al infractor con arreglo a derecho; pero que nunca sería permitido que lo redujera a prisión y conociera de su causa ninguna autoridad del Estado, porque tal procedimiento atentaba contra todas las leyes y contra el Supremo Poder Ejecutivo.

Un célebre autor que ha escrito sobre las revoluciones de América dice: «Que verificada en Francia la caída de la monarquía se ensayó el sistema republicano y aquí fue donde los extranjeros pusieron en acción todas sus fuerzas; lo constituyeron por blanco y dirigieron a él todos sus tiros: ganaron a Robespierre y a los que estaban en el Gobierno, al mismo tiempo que hicieron morir por medio de los jacobinos a los hombres más ilustres de la Francia. Así fue como el influjo de los extranjeros inundó aquel país en sangre, hizo odioso el sistema de libertad por los desórdenes de todas clases y tamaño que sostuvo y promovió, y causó una reacción funesta que hasta el día se están sintiendo sus perniciosos efectos». Lo mismo deben decir los centroamericanos de varios extranjeros y especialmente de Raoul, que en carta de 10 de julio de 1826 ha reconocido que su presencia en Guatemala acaloraba los espíritus.

Este era el estado de las cosas cuando llegó a mis manos la carta siguiente:

«Ciudadano Presidente. | Pronto hará dos meses que he tenido el honor de dirigir al Gobierno la dimisión de mi empleo: no he tenido contestación, teniendo mi grado derecho a consideraciones: no puedo atribuir este silencio más que a una falta grave que he cometido y que debo reparar tanto cuanto yo soy capaz, porque mi orgullo, que es el de un soldado sin miedo ni tacha alguna, no es tan vano que sostenga un paso inconsiderado y que me atrevo a calificar de involuntario. Se halla U. ofendido del estilo de mi carta del 1.º del pasado, y con razón:

yo quisiera por el interés mismo de mi reputación poder borrarla con la última gota de mi sangre, porque no ha podido ser concebida por un cerebro sano: en efecto, después de haber dirigido mi dimisión, creído de obtenerla regresaba a Guatemala, cuando he sabido en Zacapa lo que pasaba entre el Gobierno y el Congreso. Mi delicadeza me advirtió no ir a acalorar los espíritus con mi presencia, y tanto por inclinación como por necesidad vine en casa de un amigo que tengo aquí, en donde llegué creo el 26 de mayo; inmediatamente caí enfermo y no se me quitó la fiebre hasta pasados ocho días. La influencia del físico sobre el moral, la irritación de mi honor que creí ultrajado, el sentimiento penoso de ver escapar la ocasión que se me presentaba de ir a Norteamérica como Ingeniero del Canal de Nicaragua, han producido lo que no dudo desconocer, como no pudiendo ser un efecto de mi sana voluntad, pues quien quiere una cosa ha de querer los medios de obtenerla, y por la fatalidad de las circunstancias que han dictado mi carta, le he dado a U. el derecho de suspender lo que me pareció que U. no podía rehusar. Un hombre que con detenimiento escribiese semejante carta, debía tener una grande confianza en la generosidad de la autoridad a quien la dirigiese. Ciudadano Presidente, no intento desarmar a U.: castigue U. y si he ultrajado las leyes que sean satisfechas; pero me tomo la libertad de hacerle notar que un destierro de cuatro meses [*] *y las mortificaciones que estoy sufriendo hace dos, quedan sin utilidad para la causa pública. Hiera U... hiera fuerte, pero hiera pronto. El éxito de los debates entre U. y el Congreso le ha probado que jamás ha habido plan ninguno contra el Gobierno, y cuando hubiera habido alguno, esculque U. mi vida, vea U. quién soy yo: siempre los grandes crímenes están preparados por otros pequeños. Un hombre que a la edad de 27 años, sin protección ninguna, se había hecho paso hasta el grado de Jefe del primer cuerpo de Francia, de un cuerpo sabio, en el cual se gloriaba de llegar a ser Capitán, el que había encanecido en el servicio, un tal hombre digo, instruido en la escuela del infortunio, no puede conspirar en Guatemala. Un mortal virtuoso no se vuelve en un día solo un traidor, un pérfido: los traidores, los pérfidos no tienen mi indiscreta franqueza. Ciudadano Presidente, me lisonjeo de que en el interior de su corazón me hace U. justicia y que su conciencia está en mi favor: mi carta inconsiderada ha sido la crisis de mi resentimiento: ya no existe: no me queda más que el deseo y la firme voluntad de probar mi conducta y mi sacrificio a la*

Patria, que ha sido un error poner en la obligación de retirarse de las filas del ejército un oficial de honor, que bien empleado prestaría servicios en todo tiempo. Desearía en el interés mismo de la causa pública se me concediese mi retiro, porque la pérdida de un empleo como el que tengo, que considero como el más honrado del ejército, es un castigo bastante severo de mi culpa. Ya se ha hablado demasiado de mí; quisiera no estar obligado de remover materias que ya han fermentado; sin embargo, puesto ante las leyes no puedo prescindir de mi defensa. [] Tengo el honor de ser, Ciudadano Presidente, con un profundo respeto, su humilde y obediente servidor. | N. Raoul. | Chiquimula, 10 de julio de 1826».

Es falso: no hubo tal destierro; estaba destinado al servicio; mas Raoul[10] da este nombre a todo lo que no era vivir en Guatemala atizando la discordia. Obsérvese con cuidado su conducta para conocer esta verdad.

¿Cómo, pues, desertó del ejército federal sin defenderse? ¿Por qué se pasó a las filas revolucionarias de Prado y atacó al Gobierno Federal en su propio asiento en marzo de 1827? Acaba de decir que no es traidor, que no es pérfido. ¿Qué entiende por traición y por perfidia?

Esta carta me había arrancado un perpetuo olvido de los excesos de su autor, de la misma manera que posteriormente tuve el gusto de dar un decreto salvándole la vida, si hubiera estado en mi poder la concesión de semejante gracia, porque jamás nadie ha perdido conmigo la ocasión de ser perdonado; pero no me era permitido en ésta suspender un asunto que estaba en el conocimiento del tribunal de justicia, en cuyas atribuciones y actos la ley dispone que el

---

Sin embargo, si Arce hubiera hecho algo más que compadecer a Raoul, procurando con la influencia y prestigio de su autoridad que este incidente hubiese quedado terminado, permitiendo que Raoul saliese del país, se habrían prevenido los gravísimos sucesos que ocasionó tal asunto. ¡Cosas del destino! No prevé Arce lo que más tarde hará Raoul; no estudia, no comprende al hombre. Raoul fue después el Consejero de Morazán en los combates, aquel a quien reconoce este como maestro suyo en el arte de la guerra.

Gobierno no se mezcle, aun en negocios comunes, mucho menos en el presente que había tomado un aspecto muy serio por el carácter revolucionario que manifestaba. Lo único que podía e hice fue compadecer la suerte de este hombre, que con una cabeza débil y un genio versátil, se encharcó en lances de pésima naturaleza para él y para la República, reduciéndose a la extremidad de no quedarle otra acogida que los disturbios políticos.

Mis conatos por evitarlos partían de una voluntad muy fuerte: pensar en los medios de conseguir el acierto era mi única ocupación; y del mismo modo que un náufrago, en medio del Océano agitado por los huracanes, forcejea y lucha para salvar la vida, que mil veces las olas contrarias le hacen retroceder el espacio que había adelantado; pero que sin desmayar reitera todos sus esfuerzos para volver sobre el rumbo de la deseada ribera; yo solicité, busqué, inquirí la paz por todas partes, y con este objeto me llegué al Senado que en semejantes ocasiones debe extender al Gobierno una mano de sabiduría, de calma y de ayuda. Dirigí a este respetable Cuerpo las notas que copio.

«Al Secretario del Senado. Las copias adjuntas impondrán al Senado de los nuevos incidentes que han ocurrido en Gualán y en el Golfo por la captura y prisión del Coronel Raoul.

Persuadido sin duda el Juez de su causa de que los ataques que se disponían por el Jefe de este Estado [el de Guatemala] contra el Capitán Espínola, encargado de guardar la persona del preso, se dirigían principalmente a extraer y a vengar al mismo Raoul y que acaso se evitaría la ejecución de las órdenes del Jefe del Estado quitando a Raoul de Gualán, había dado órdenes anticipadas, como dice ahora el Comandante General de la Federación, para que en el caso de que el Capitán Espínola conociese algún peligro, lo trasladase al Golfo. Bien se conoce que Espínola ha procedido con madurez, pues que sin embargo de los primeros movimientos que observó y de que supo con anticipación que el Alcalde Quiñones tenía orden de aprehenderlo, no se creyó todavía en el caso de verificar la traslación, hasta que últimamente supo que el Jefe Departamental de Chiquimula marchaba contra él.

Aunque el Presidente ha procurado cuidadosamente obrar con la mayor delicadeza en el negocio de Raoul, absteniéndose enteramente de indicar lo más leve acerca de su persona, sin embargo de los muchos datos que tiene para creerlo un hombre perjudicial a la República, en el día se ve precisado a dirigirse al Senado manifestándole que la llegada de los dos franceses procedentes de New Orleans es peligrosa, y que muy fácilmente será comprometida la tranquilidad pública, si tales hombres y otros que quizá le seguirán tienen un acceso libre a Centroamérica.[11] Esto necesita alguna explicación porque el Gobierno quiere prevenir oportunamente males que amenazan; y si esto no fuese posible, a lo menos quiere que jamás se le pueda atribuir el menor descuido e imprevisión.

Ocasionó esta consulta el art. 12 de la Constitución Federal que dice: "La República es un asilo sagrado para todo extranjero y la patria de todo el que quiera residir en su territorio." Con todo, hemos visto en la administración que se estableció después que capituló Guatemala, que según prometían los que se han apoderado de los negocios, en ella iba a ser observada la ley; hemos visto que en providencia de 3 de setiembre se ha mandado que se cierren los puertos para que ninguno entre ni salga del país. Esto se ha practicado a pesar de la Constitución, sin facultades ni autoridad alguna; pero los hombres que me han calumniado de infractor de la ley, ni siquiera saben cubrir las apariencias de sus prevaricaciones.

«Debe notarse que Raoul entró al servicio de la República acomodado en Colombia por el ciudadano Pedro Molina, a virtud de una ley especial que autorizó al Gobierno para tomar a sueldo en el

———————————————

[11] Era el C. José Francisco Barrundia, hermano del Jefe del propio Estado, quien se interesaba tanto en sostener sus providencias, como era natural, que prescindía de las leyes y del bien general por su sostenimiento. Examinando con imparcialidad los motivos que obraban en los que se oponían al Gobierno en aquella época, se encuentra que todos son como éste.

Los hombres que en el año de 1826 acaloraron los partidos, promovieron la revolución e hicieron la guerra contra mí, no sabían los más de ellos ni la inteligencia de las palabras más comunes. Repeler la fuerza con la fuerza solo puede decirlo el que es invadido con respecto al invasor, pero éste nunca: el Gobierno del Estado iba a invadir al Supremo Poder Ejecutivo; yo era, pues, el que debía repeler la fuerza.

servicio militar cierta clase de oficiales del extranjero. Por esta ley y por las consideraciones que tuvo el Presidente al procedimiento del ciudadano Molina por su carácter y opinión pública, fue Raoul incorporado en el ejército de la República. Cuando el señor Alvarado dio a luz su famoso escrito sobre nulidad de elección de Presidente, Raoul dio parte al que obtiene este destino de haber asegurado en una conversación que, si el Gobierno le daba orden para poner al autor del papel una corona de plomo en la cabeza, él con su espada y sus artilleros se la pondría en la plaza. Raoul recibió por este parte la reprensión que merecía, y el Presidente desde entonces juzgó que era un hombre a propósito para auxiliar y concluir la ruina de la República, y en consecuencia se puso en perspectiva de sus procedimientos.

»Cuando esto acontecía y un poco después, Raoul era reputado por adicto al Gobierno, pero muy luego este hombre se convierte contra el Ejecutivo; se mezcla en el partido de oposición; se hace un furioso, y lo insulta traspasando las leyes, tanto en el desempeño de sus funciones como en su comportamiento con el Gobierno. Pública fue, y el Senado debe acordarse, la conducta que Raoul observó con el oficial Molina, comprometiendo a este centroamericano hasta el extremo de ocasionarle un proceso. También es pública la sagacidad con que supo promover y empeñar las ruidosas desavenencias por su persona entre el Congreso y el Gobierno, abusando de la sencillez y buen carácter de algunos Diputados para formar disturbios que pudieron tener consecuencias muy serias y que nos han puesto en ridículo con las naciones que nos han visto desunidos y que han notado amagos de la mayor gravedad, como fue el de deponer al Presidente de la República por un hombre extraño a nuestros intereses. Pública es, por último, la conducta de la Asamblea y del Jefe del Estado de Guatemala, dirigida por los agentes de Raoul, con los cuales está en continua correspondencia, quienes para sostenerlo ajan las leyes, las pisan y se las echan al pueblo que representan sobre el rostro, estropeadas y sucias; y su calor llega hasta el grado de organizar una guerra civil entre los centroamericanos, que nos traerá muerte y destrucción, cuyos sacrificios se van a ofrecer en holocausto en las aras del extranjero Raoul. ¡Ciudadanos Senadores! La Patria os reclama y os pide que la defendáis de la muerte y del oprobio: si hemos de hacernos pedazos, que sea por los intereses de Centro América o por el ínfimo centroamericano, pero que no sea,

Senadores, por un extranjero que se vale de nosotros mismos para destrozarnos!!!! ¿Y qué concepto merece el extranjero que se porta así?

»Tenidos en consideración estos procederes, debe fallarse que los franceses que han llegado al Golfo, procedentes de New Orleans, llamados por el Coronel Raoul, son hombres malos, que no pueden ser admitidos en la República, si no es queriendo que vengan a obrar como ha procedido Raoul. Como se ve en los partes de los ciudadanos Polanco y Nufio ya se ingieren en nuestros negocios, vertiendo ideas condenadas en la Constitución y propias únicamente para acalorar los partidos. El Presidente consulta al Senado si, anunciándose estos hombres de tal manera, puede permitirles su internación y residencia en la República; y ya sea que el Senado opine por la afirmativa o negativa, el Gobierno Supremo espera que en uno y otro caso le diga cómo debe proceder, porque en la Constitución y en las leyes no encuentra una guía segura que concilie todas las dificultades que se pulsan en este negocio. Antes de acabar esta nota quiere satisfacer el Presidente el reproche que alguno podía hacerle, porque declara el parte que le dio Raoul sobre la corona de plomo, pues una triste experiencia lo tiene convencido que frecuentemente se equivocan las ideas por sostener un capricho o un designio. Debe tenerse presente, pues, que el Gobierno y la persona en que reside no puede ni debe admitir secretos de esta clase: que si los admitiera haría una traición horrible a los deberes que se ha impuesto cuando admitió las confianzas de la Patria; y que a estos deberes están subordinados todos los actos humanos que comprometen o atacan las libertades públicas. La Patria hace confianza de sus funciones: les encomienda sus más caros intereses; y solo haciéndose traidores pueden estos funcionarios recibir secretos que ofenden estos intereses. Todo lo que tengo el honor de decir a U. para conocimiento del Senado, de orden del Supremo Gobierno. Dios, Unión, Libertad. Agosto 31 de 1826.— Manuel de Arzú.—Secretario de la Guerra.

»Al ciudadano Secretario del Senado.—Di cuenta al Presidente de la República con la nota de U. de 21 del corriente, en que se ha servido transcribir la proposición de un Senador por el Estado de Guatemala, () *pidiendo que el Senado haga informar al Ejecutivo "cuál es el objeto de la fuerza que ha marchado a Chiquimula y cuáles son los motivos que pueden ocasionar un paso tan extraordinario." El Presidente, en su vista, me manda contestar en los términos siguientes: Examinada la Constitución en las atribuciones del Senado y en los deberes del Gobierno, no se percibe la autorización con que este alto cuerpo exige un informe de la naturaleza del presente. El artículo 99 le atribuye el cuidado de sostener la Constitución: de velar sobre el cumplimiento de las leyes generales y sobre la conducta de los funcionarios del Gobierno Federal: es decir, no quiere la Constitución que el Senado vele sobre la conducta del mismo Gobierno, porque este encargo lo ha puesto en otras manos. De aquí es que los informes que al Gobierno le obliga a dar el artículo 123 nunca pueden ser sobre su propia conducta; por el artículo 125 manda que cuando los informes sean necesarios para exigir la responsabilidad al Presidente, no podrán rehusarse por ningún motivo ni reservarse los documentos, después que se haya declarado haber lugar a formación de causa. Así es que, si el Senado intenta ahora hacer una acusación contra el Gobierno por la tropa que se dice haber marchado a Chiquimula, no puede pedirle informe con este objeto y sobre un asunto que solo puede producir responsabilidad; porque no puede obligarle a que coopere a su acusación. Lo contrario sería ofender la ley natural; y la Constitución, respetándola, ha querido que los informes y documentos que pueden formar el proceso del Presidente de la República no puedan rehusarse, después que esté separado del Gobierno; que es lo mismo que decir: los dará otro y no el mismo Presidente. Es, pues, inconcuso que ni el Senado puede exigirle informaciones sobre hechos gubernativos, ni el Gobierno está obligado a exhibirlas. Pero estas verdades que se manifiestan solamente con el designio de que cada autoridad respete la línea que le ha trazado la ley, no impiden al Presidente contestar en el negocio por una mera consideración al Senado y también porque su conducta contenida perpetuamente en la esfera de sus deberes, no teme presentarse en el salón del Senado, ni en parte alguna de la República. Contrayéndome, pues, a la proposición del ciudadano Senador por el Estado de Guatemala, digo: que no ha salido tropa alguna para el pueblo de Chiquimula y que sin la menor duda la noticia de este ciudadano padece equivocación. Aquí pudiera hacer punto mi exposición; pero habiendo llegado la nota de esa Secretaría al mismo tiempo que meditaba el Presidente consultar al Senado sobre los incidentes que actualmente ocurren por un destacamento de tropa de la Federación que hay en el pueblo de Gualán, aprovecho esta ocasión para buscar el consejo del Senado. Es posible que al Coronel de Artillería Nicolás Raoul se le instruye un proceso en el tribunal de 1.ª instancia por insultos de gravedad que hizo al Gobierno Supremo en repetidas veces. También es público que la captura de este hombre se ejecutó por el Capitán Espínola de orden de Juez competente: igualmente es público que está arrestado en el pueblo de Gualán, previas las formalidades de la ley, porque así conviene al orden y al mejor servicio, en cuyo arresto lo custodia un piquete de tropa al mando del mismo Espínola. El Gobierno está enterado de que la conducta de Espínola en el desempeño de su comisión ha sido arreglada, y aunque algunos rumores le han imputado descomedimientos, no se ha ocurrido a donde debía con las justificaciones necesarias para mandarlo juzgar. Con todo, este oficial ha dado repetidos partes de que el Jefe de este Estado, ciudadano Juan Barrundia, ha librado órdenes para aprehenderlo y se sabe con toda certeza que una comisión del seno de la Asamblea de este Estado presentó ha pocos días un dictamen, que en la parte resolutiva contenía en substancia los puntos siguientes: 1.º Se autoriza al Jefe del Estado para que lleve adelante la prisión del Capitán Espínola: 2.º Para esto pondrá sobre las armas toda la fuerza que crea necesaria: 3.º En caso de resistencia repelerá la fuerza con la fuerza: ()* 4.º Si continuare la negativa y resistencia del Presidente de la República, lo desconocerá el Jefe del Estado; siendo autorizado para ello aunque la Asamblea haya entrado en receso. [12]

"Este dictamen, que merece la atención del cuerpo moderador, fue indudablemente desechado en todas sus partes, y sin embargo el Gobierno ha tenido avisos de que salió de esta ciudad el 21 del corriente el Capitán Cayetano de la Cerda, de orden del Jefe del

---

[12] Aquí se advierte bien la avilantez con que procedían los autores de este dictamen y se descubre el espíritu que dominaba a los promovedores de aquella revolución. ¡Desconocer al Gobierno Nacional porque hacía cumplir las leyes! Fue así, y los que entonces incitaban y sostenían estos procederes son los mismos que encarcelaron al Presidente y lo han expatriado negándose a oír su defensa.

Estado, a ejecutar la prisión de Espínola y asimismo la del Capitán Zea, a quien todavía ningún rumor lo ha acusado de descomedimientos. Zea no ha intervenido en cosa alguna en la prisión de Raoul: condujo únicamente un poco de tropa a Gualán; y el estar comprendido en la orden de prisión, según se ha avisado, es una circunstancia muy agravante que da luz en el negocio. La tropa que condujo Zea fue destinada a reforzar a Espínola por disposición del Gobierno, para contener cualquier atentado que se intentara contra la autoridad y fuero de los funcionarios de la Federación, porque se haría altamente responsable, si viendo venir atentados que ofenden la majestad de la ley, que ha fundado esta autoridad y este fuero, fuese un espectador pasivo de unos procederes que ejecutados, convertirían en escombros la mejor obra del Pueblo Centroamericano. Hablo este lenguaje porque me escuchan los autores de la Constitución. Cuando el Capitán Espínola dio el parte de que se ha hecho mención, dispuso el Presidente que se pasase al Jefe del Estado la nota que se lee en la copia adjunta y todavía no se ha obtenido una respuesta sobre su contenido.

En tales circunstancias, deseoso el Gobierno de que se evite el escándalo que se daría procediendo a la prisión de los Capitanes Espínola y Zea por una autoridad desconocida, que la ley ha limitado para estos actos, el Presidente ocurre al Senado en solicitud de su consejo en este asunto grave de Gobierno interior de la República, porque dejando bien puesta la observancia de la ley, que ha hecho independientes de los Estados las Autoridades Federales, quiere y pide al Senado un expediente que evite un lance desastroso. Y de su orden tengo el honor de decirlo a U. para que se sirva ponerlo en conocimiento del cuerpo moderador. Dios, Unión, Libertad: Guatemala, agosto 23 de 1826.—Manuel de Arzú.—Secretario de la Guerra».

Mientras se versaban tan desagradables ocurrencias entre el Gobierno Federal y el Jefe del Estado de Guatemala, otras de igual temple preparaba la Asamblea del propio Estado, porque cuando la fatalidad comienza a funcionar no se limita a un punto ni a un objeto solo, sino que cunde generalmente sin perdonar lo más sagrado.

[*] En esta nota se reclamaba al Jefe Barrundia la observancia de la ley y se le inclinaba a moderar sus pasos hostiles: el Gobierno protestó que, si Espínola había delinquido, sería juzgado por el

Tribunal competente. Pero nada atendía aquel hombre; la voz de sus pasiones escuchaba únicamente.

La Renta de Tabaco es designada por la ley a los gastos de la Federación: los Gobiernos de los Estados deben administrarla, y el Gobierno de la República debe invertirla. La Asamblea de Guatemala decretó la retención del producto de este ramo; yo reclamé, como era de mi deber, esta arbitrariedad. Se me contestó que estaba completada la cantidad que correspondía al Estado por cuenta de su cupo pecuniario, pretendiendo que únicamente en este caso había obligación de dar esta contribución: reiteré el reclamo, comprobando la falsedad de estos fundamentos tanto con el texto de la ley como con las partidas de la administración, de las cuales resultaba que se adeudaba aún una cantidad de pesos considerable. Tampoco fue atendido el Gobierno esta segunda vez. Yo podía entonces, autorizado por la ley de 15 de diciembre de 1825, usar de la fuerza para hacer cumplir la de 15 del propio mes del año de 1824; pero, muy ajeno de emplear el rigor en las medidas gubernativas que dictaba, tomé el partido de consultar con el Senado, rogándole que interpusiera sus respetos para obviar estos disgustos y que aconsejase al Gobierno cómo debía proceder. La nota adjunta fue remitida a este Cuerpo.

«Al Ciudadano Secretario del Senado. Por el parte que en copia se acompaña con el n.º 1.º se impuso el Presidente de la República de que las Autoridades de este Estado han mandado retener los productos de la Renta de Tabaco perteneciente a la Federación por la ley de 15 de diciembre del año pasado de 1824.

»La copia del n.º 2 contiene el requerimiento que se le hizo por parte de este Gobierno al Jefe de este Estado, Ciudadano Juan Barrundia, a virtud de la ley de 10 de diciembre del año próximo pasado. Su contestación consta en la copia n.º 3 y la n.º 4 acredita que se han llenado todos los trámites que la expresada ley establece para evitar la defraudación de los fondos designados al Gobierno para sus precisas erogaciones.

»Inutilizadas estas medidas porque la Asamblea no ha contestado, el Presidente se encuentra en la dolorosa necesidad de ocurrir al Senado manifestándole: que es llegado el caso de dar el último cumplimiento a la propia ley: de poner las cosas en el estado que ésta quiere que tengan, para que pueda permanecer la obra que los Representantes del Pueblo Centroamericano concluyeron el 22 de noviembre del año de 1824.

»Para que el Gobierno entre en esta cuestión con la superioridad que debe darle la conducta que ha observado con los otros Estados, recuerda al Senado que en 21 de abril le consultó sobre la manera en que deberá ejecutar la orden del Congreso Federal de 15 del mismo mes que original se pasó a esa Secretaría. Esta orden y la nota con que fue remitida convencen a todo pesar que aunque el Presidente de la República tiene el honor de ser hijo del Estado del Salvador, nada ha omitido para que allá tenga la administración y las rentas el orden y la inversión que ha señalado la ley.

En el año de 1826, que ocurrían estos sucesos, nada se perdonaba para exaltar las pasiones: los mismos hombres que tuvieron la destreza de inflamar los espíritus en San Salvador y de extraviar la opinión de aquel pueblo, sorprendiendo a los que lo gobernaban y principalmente al Vice-Jefe Prado, de cuya poca capacidad y penetración se aprovecharon, me acusaban en Guatemala de que no hacía que el propio San Salvador llenara sus deberes. Por esta razón me veía precisado en la mayor parte de los negocios a manifestar que en este respecto ningún cargo se podía hacer al Gobierno Federal.

»Es verdad que dijo en aquella consulta que las tropas que se hallen de servicio apenas llenan por su corto número los objetos a que el Gobierno las tiene designadas; porque al Senado no puede ocultarse que para emplear la fuerza contra cualquiera de los Estados, distantes de donde residen las Autoridades Supremas, es precisa una columna proporcionada a la resistencia que pueda hacer el Estado que va a experimentar la coacción sin desatender al servicio indispensable de la Corte, que como el Senado sabe tiene períodos de ser de la más alta y urgente necesidad. Esto proviene de la naturaleza de las cosas, que ni el Presidente ni el Congreso con toda la plenitud de su autoridad pueden variar; y así es que si las Autoridades Federales residiesen en San Salvador, por ejemplo, jamás se hubiera hecho la consulta citada; porque su presencia y las tropas que hicieran la guarnición habrían sido bastantes para obrar de la manera a que hubiese dado ocasión. En tal caso, si Guatemala hubiera procedido como procede ahora, la consulta se habría hecho con respecto a este Estado y se habría dicho lo que se dijo con relación a El Salvador.

»El Senado recordará que en 26 de noviembre del año pasado de 1825 ha dicho al Gobierno: "Que resultando de disposiciones legislativas de la Asamblea Constituyente del Estado de Honduras que ha autorizado a su Jefe para que use con calidad de reintegro de los productos de algunos fondos pertenecientes a la Federación, el Gobierno Supremo como encargado del cumplimiento de las leyes le manifiesta que no pudo dictar providencias de esta clase sea cual fuere el motivo que las produjo, pues en ningún caso tienen facultad las autoridades de los Estados para contravenir a las leyes generales; y que ocurriese con el expediente de la materia al Congreso Federal, tanto para que se auxilie con la cantidad posible al Estado de Honduras si fuere la necesidad tan urgente como se asegura, cuanto para que se sirva conceder la aprobación y dispensa que se solicita.”

»El Gobierno adoptó la opinión del Senado, menos en la parte que quiso se indultara la infracción de la ley que cometió la Asamblea de Honduras, no obstante que reconocía que su procedimiento fue arrancado por la necesidad; y hablando de este negocio al Congreso le dijo en 11 de diciembre que sus principios son diversos de los del Senado; que creía justo auxiliar al Estado de Honduras para que pudiera constituirse, y opinaba que no podía darse la dispensa de una ley infringida. Lo primero acreditaría que las Autoridades Supremas dan su protección a los Estados: lo segundo probaría que el Cuerpo Legislativo no excede los límites de sus facultades descritas por la Constitución; porque en efecto es prohibido todo indulto que exceda la valla del artículo 69, parágrafo 24 de la Carta Fundamental.

»Cuando esto acontecía no teníamos aún la ley de 10 de diciembre, que fue dictada en consecuencia de estos acontecimientos, y si el Senado entonces se penetró de que Honduras había faltado a sus deberes hasta el grado de necesitar un indulto, que nunca le fue concedido, porque no podía serlo, y que en su lugar dispuso el Legislador que emplease la fuerza en semejantes ocasiones, parece indudable que en el negocio del día es preciso obrar sobre la base del exacto cumplimiento de la Constitución y de las leyes de la materia.

»Hechos los debidos requerimientos por el Gobierno Supremo al del Estado de Honduras, éste volvió sobre sí: reconoció su error y protestó poner las cosas en el estado de la ley; y aunque hasta ahora no ha tenido la Federación ingresos de aquellas rentas, ni se han rendido las cuentas de su inversión, ha confesado constantemente sus deberes, excusándose de no llenarlos por las circunstancias particulares de aquel Estado, cuya remoción está más allá del poder que la Constitución ha conferido al Gobierno Supremo.

»Pero finalmente, para no omitir cosa alguna que conduzca a la buena administración del Tesoro, el Presidente dispuso en 22 del mes próximo pasado que el Ciudadano Vicente del Águila marche a los Estados a examinar el método administrativo de los funcionarios de la Federación, a establecer los que todavía no estén funcionando, a reclamar de los jefes respectivos los productos de las Rentas Federales que manejan sus dependientes y a observar todo aquello que merezca corrección o reforma para que informe al Gobierno, y éste, obrando en todo según sus atribuciones, ocurra a remediar los males que actualmente se sienten.

»Detallada así la conducta imparcial del Gobierno, no se pensará que tiene deferencias por ningún Estado y que al hablar al Senado el lenguaje enérgico de la ley, su único objeto es que esta Patria sacada de en medio de la oscura esclavitud en que el americano gimió más de trescientos años, se conserve en los derechos que ha conquistado y no exponga el interés más caro que tienen los hombres a la disolución y perdición. Porque supóngase que celebrado el pacto y dada la constitución que debe asegurarlo, varias partes de las pactadas no cumplen con las obligaciones que se impusieron; no es posible deducir de aquí que las otras no deben cumplir y que el pacto debe disolverse. Nadie ignora que al constituirse una Nación se padecen repetidos defectos de esta naturaleza y si por ellos debiera deshacerse la Constitución, abolirse el Gobierno y volver cada ciudadano o cada pueblo al estado natural, el mundo no conocería otras naciones que las que hubiese formado la espada de un déspota vibrada sobre la cabeza de los hombres. ¡Triste humanidad si tal cosa pudiera decirse! La sana política y la experiencia de todos los siglos enseñan que el contrato social se sostiene por el patriotismo y por el cumplimiento de la ley, vario en los principios según las circunstancias de los gobiernos y de los pueblos, constante y exacto cuando se llega a su consolidación, siendo en este punto cuando se desarrollan y se gozan los bienes del sistema adoptado. De aquí es, pues, que las sinrazones de una parte de los asociados, sus descuidos o errores no disminuyen el vigor de la ley Fundamental y solo provocan los rigores con que mutuamente se han penado los hombres en garantía de la constante fe con que debe observarse la estipulación.

»En la aplicación de las penas hay siempre desigualdad cuando los gobiernos están en la infancia, bien porque sea preciso disimular algunos extravíos en consideración a ser originados de causas inevitables, o bien porque el Gobierno no es bastante poderoso para reprimir a los que no cumplen; pero cuando faltan estos motivos, es decir, cuando el Gobierno puede sostener la ley y cuando la infracción es un acto voluntario y de malicia, la autoridad que opinase por la impunidad decretaría la disolución del pacto social, el trastorno y la anarquía de los pueblos; y si esto debe entenderse con respecto a cualquier parte de las que constituye la asociación, debe precisamente aplicarse con suma escrupulosidad a aquella que forma el tesoro; porque así como ningún ser puede existir sin los jugos de que se alimenta, las naciones no pueden formarse ni permanecer sin el tesoro que las sostiene.

»De otro modo el Gobierno protesta al Senado que no responde de las consecuencias, y se cree en el deber de hablar a la Nación directamente, informándola del proceder de las autoridades de este Estado, que hace tiempo que con hechos muy marcados ataca el orden público y la existencia del mismo Gobierno; pues es el silencio con que hasta ahora se ha comportado por un mero efecto de su patriotismo, que le ha aconsejado prescindir de repetidos ataques a beneficio de la consolidación del sistema adoptado, se le obliga a romperlo; sitiándolo de tal manera que se le pone en la dura alternativa de publicar la conducta de las autoridades del Estado, o de permitir que la República sea precipitada a un caos de desórdenes. No querría el Presidente recordar aquí que la revolución del 14 de setiembre tuvo lugar por la falta del prez de la tropa. Notoria es la ineptitud e insignificancia del autor de aquella revolución y solo el descontento del soldado que carecía de su haber pudo dar facultades a un hombre que en cualquiera otra situación no era capaz de pensar en lo que hizo; y no se diga que ahora no habrá Arizas, porque las circunstancias los producen siempre, aunque los hombres de revolución nacen raras veces.

»La guarnición de la frontera se paga con los productos del tabaco: lo mismo sucede con el presupuesto militar y civil de esta ciudad, tanto que para cubrirlos este mes fue preciso echar mano en calidad de depósito de varios fondos que tienen otra aplicación: los sueldos del Encargado de Negocios cerca del Gobierno de los Estados Unidos, que ya ha marchado a su destino, es indispensable proporcionarlos de manera que pueda permanecer sin deshonor de la República en la Corte de Washington: si la casa de Barclay no ha habilitado a nuestro Ministro residente en Londres, es indispensable acudir de aquí con las sumas de su dotación; y en fin debe sostenerse todo lo que constituye el Gobierno si es que lo ha de haber, y si no se intenta llevar la República a la desorganización.

»El Presidente suplica al Senado en nombre de la Patria que interese sus respetos, que interponga su patriotismo y que en el último caso use de sus facultades para remediar los males que amenazan. Esta súplica es la expresión de los deseos más sanos: la hace en el ardor de su patriotismo porque anhela que la República avance en sus destinos y no retrograde a las desgracias y espera que el Senado la atenderá con toda la plenitud de sus virtudes.

»Y de su orden tengo el honor de decirlo a U. para que lo ponga en conocimiento de ese Alto Cuerpo. | D. U. L. | Guatemala, 3 de setiembre de 1826. | Francisco Gómez de Argüello.»

Marure contradice abiertamente lo asegurado por Arce a este respecto. Reconoce que la Renta de Tabacos era del Gobierno de la Federación; pero dice que los otros cuatro Estados de la Unión no habían pagado su contribución al Gobierno Federal: que Arce, no obstante las órdenes del Congreso, no había puesto en observancia la Ley de Tabacos respecto de ellos: que si esa ley era impracticable, no había derecho para hacerla efectiva en Guatemala únicamente, aun supuesto el caso de ser cierto que dicho Estado debía aún $34,000 y que, sin embargo, para obligar a Guatemala a dejar libre la Renta de Tabacos, Arce llegó hasta amenazar con el uso de la fuerza, para lo cual le autorizaba la misma Ley de Tabacos. Se ve aquí siempre asomar el localismo, en nombre del cual se acusaba a Arce de preferencias indebidas hacia el Salvador. En la nota que dirigió Arce al Senado, inserta en su Memoria, y que acaba de verse, Arce se ha anticipado a contestar esos cargos, explicando por qué no había podido valerse de la fuerza para hacer cumplir la ley en los demás Estados, cómo, de acuerdo con el Senado, procedió respecto de Honduras, e informando de la comisión que había dado al Ciudadano Vicente del Águila para organizar las Rentas Federales en los Estados y reclamar sus productos de los jefes respectivos. Marure no se fija en que ninguna Asamblea de Estado, salvo la de Honduras, que pronto volvió sobre sus pasos, se había atrevido como la de Guatemala a infringir abiertamente y con pertinacia la Ley Federal de Tabacos, y esto enfrente del mismo Congreso y del mismo Ejecutivo de la Federación y calificando la conducta del Presidente «de parcial y escandalosa, que ataca la independencia y soberanía del Estado, usurpa sus propiedades y por tanto es digna de una severa animadversión». Marure, obra cit., págs. 163 y 164.

Como la mayoría de los miembros del Senado era partidaria del Jefe Barrundia y se había propuesto efectuar la rebelión contra el Supremo Gobierno, se formó en esta Corporación un enredo horroroso para sacar de ella a un individuo, que hacía contrapeso en las resoluciones, y sin reparar en las leyes ni en miramiento alguno, se acordó su expulsión antes de resolver sobre las consultas expresadas, lo cual motivó que se separasen otros dos Senadores: el cuerpo quedó disuelto por esta separación, y ella comunicó un movimiento más veloz a las operaciones de los conjurados: el Gobierno se encontró repentinamente sin consejo ni apoyo, y por doquier que echaba la vista encontraba revolución y golpes.

El Presidente en un informe que dio al Senado sobre el envío de tropas al Departamento de Chiquimula acompañó documentos comprobantes de la obstinación del Jefe de Guatemala en pretender capturar al Oficial Espínola, porque iba a cumplir la orden del Presidente de arrestar a Raoul. El Senador Córdova abrió dictamen aconsejando se previniese a dicho Jefe suspendiera su ilegal procedimiento, so pena de ser acusado ante la Asamblea. Esta proposición alarmó a los liberales, y para impedir su progreso promovieron la salida del Senado del Representante de Honduras señor Milla, por haber vencido su período constitucional. Se acaloró el debate. Uno y otro partido en el Senado protestaba abandonar su asiento, si se aprobaba una resolución contraria a sus opiniones. Habiéndose abstenido de votar el señor Milla, en la cuestión que con él tocaba, triunfaron los que pedían su salida, y entonces Córdova y Zelaya abandonaron sus asientos, protestando contra ese acuerdo, que infringía el tenor expreso del artículo 17 del Reglamento Interior del mismo Senado. La disolución se verificó el 2 de septiembre de 1826. | Marure. | Obra cit., pág. 164.

CAPÍTULO VI: SIGUEN LAS REVUELTAS

Resolución del Jefe Juan Barrundia de atacar con fuerza armada la tropa del Gobierno Federal para quitar al Coronel Raoul de la autoridad legítima que lo juzgaba.—Cómo se efectuó esta resolución. —Aviso que tuvo el Gobierno de que este ataque era una parte del plan de revolución que se estaba ejecutando. —Providencias dictadas contra Barrundia por esta causa . —Fundamentos legales de estas providencias.

El Capitán Mayor Cayetano de la Cerda había salido de Guatemala con orden secreta del Jefe Barrundia de dirigirse a Chiquimula, ponerse allí al mando de una fuerza y obrar contra la tropa Federal hasta reducir a prisión a Espínola. Yo mismo vi esta orden, y ya no era posible dudar que iba a haber un rompimiento, y que Raoul sería arrancado del Poder Judicial para colocarlo al frente de los trastornos públicos, que era la principal mira de Barrundia.

Para no dar lugar a este atentado y evitar los males que de él resultarían indefectiblemente, se dispuso que Raoul fuera trasladado a Omoa y se le previno al Comandante General que, al momento que este hombre estuviera más allá de donde Cerda pudiera apoderarse de su persona, regresara Espínola para Guatemala, procurando no encontrarse con la fuerza destinada a atacarlo.

De los documentos n.º 4 consta que la Municipalidad de Gualán, enterada de que el referido Espínola estaba para ser invadido por Cerda, acordó en pleno cabildo interesarse a fin de que el primero desocupase aquel punto; y que celebrada una Junta entre los Oficiales de la Federación, se resolvió convenir con los deseos de los gualantecos. Pocos días antes de estos acontecimientos, y puedo decir que al prepararlos, solicitó del Gobierno el Capitán Jonama que se le permitiese dejar la carrera militar en las tropas Federales y pasar a servir en las de Barrundia. Cuando presentó esta solicitud ya estaba nombrado sargento mayor en el batallón del Estado. Varias cosas hay que advertir en esta conducta: la primera es que siendo Jonama Oficial de la Federación no podía ser empleado por ninguno de los Jefes de los Estados sin obtener previamente su licencia o pase del Presidente de la República; la segunda es que Jonama admitió el destino dado por Barrundia sin este requisito y después de admitido lo procuró; y la tercera es que Jonama no era entonces ni es hoy ciudadano de Centro América y no podía por tanto dársele ni él obtener algún empleo; si él estaba empleado en la Federación, era en virtud de una ley particular dada por la Asamblea Constituyente, autorizando al primer Poder Ejecutivo para traer del extranjero unos pocos militares científicos: fue colocado antes que yo fuese Presidente, lo mismo que Pierson, de quien será preciso hablar más adelante. Jonama es español: en su país perteneció al rito masónico que trajo a tierra la Constitución del año de 1823, porque la exaltación era su principal carácter, era su alma, y puede decirse que aquellos partidarios no tenían absolutamente cabeza sino solo un corazón de fuego. Ellos quisieron o afectaron querer afirmar la libertad de su patria, pero eligieron la vía más absurda para llegar a su fin, y el resultado fue que en vez de libertad obtuvieron una esclavitud perpetua. Hicieron la guerra más ciega a cuanto no era exaltado, a todo lo que partía de la meditación y del juicio: sus armas eran la detracción y la calumnia, la maledicencia y la infamia, hasta que lograron separar a los hombres de bien y disgustar a la Nación. Entonces triunfó el absolutismo y los exaltados deben señalarse como la causa principal de la ruina de la Nación Española. De aquí se deduce que el Jefe Barrundia había reunido todos los elementos que estaban a su alcance para poner en práctica los trastornos y volcar la República. Yo, a pesar de sus medidas tan desorganizadoras, conservaba la esperanza de que habiendo recibido Espínola la orden de regresar a la capital, podía muy bien ser que no se encontrase con Cerda, que había salido secretamente de Guatemala a tomar fuerzas a Chiquimula para irle al encuentro y atacarlo. En esta expectativa estaba el día 5 de setiembre cuando llegó el parte oficial de que Espínola fue acometido por Cerda con una fuerza muy superior y de que se vio en la necesidad de solicitar un acomodamiento. He aquí el parte: «En el pueblo de Acasaguastlán, a 3 de setiembre de 1826.— El Capitán Mayor C. Cayetano de la Cerda, Comandante de la fuerza unida del Estado y el Capitán José María Espínola, Comandante de la fuerza de la Federación, considerando que un rompimiento de armas entre las divisiones del mando de uno y de otro sería la señal terrible de discordia civil en la República, que esto no haría más que sacrificar a los ciudadanos de la misma Patria, y que este mismo pueblo en que se hallan no podría menos de sufrir menoscabos y padecimientos funestos, han convenido en los artículos siguientes: 1.º Habrá suspensión de armas absoluta a toda operación hostil entre la fuerza del Capitán Cerda y del Capitán Espínola, hasta que los Gobiernos resuelvan sobre el particular, atendidas las circunstancias expresadas: 2.º Que para el efecto se oficie por uno y otro Comandante a sus respectivos Gobiernos, dando cuenta del estado de las cosas para su resolución: 3.º Los cuales artículos han celebrado y firmado ambos Jefes, obligándose por su propio honor y en obsequio de la Patria a ejecutar y cumplir fiel y exactamente. | Cayetano de la Cerda | José María Espínola».

No es necesario ser muy reflexivo para convencerse de que si hubo suspensión de armas, hubo indispensablemente un rompimiento o a lo menos tenía órdenes de romper una de las partes que contrataban. No era ciertamente Espínola quien estaba autorizado para pelear, pues que lejos de eso se le previno que regresara procurando evitar un encuentro, ni podía ser que se le diesen semejantes órdenes, porque apenas se componía su fuerza de 50 hombres. Cerda, por el contrario, va a buscarlo, se sitúa militarmente y llevaba 300 hombres; parece, pues, claro que este oficial iba dispuesto a cometer la agresión y que así lo ejecutó, una vez que redujo a Espínola a la alternativa de ser derrotado o de capitular, ¿y habrá alguno tan iluso que niegue que este fue un verdadero ataque con fuerza armada contra el Gobierno Supremo de la Federación? Podrá suceder que los que lo hicieron y que aquellos que han sostenido tan antisocial hecho pretendan negarlo; pero los imparciales, el mundo que ha de juzgar de estos acontecimientos, sí confesarán que el Jefe del Estado de Guatemala Juan Barrundia se sublevó contra el Poder Supremo de la Nación y que debía ser contenido y juzgado.

El propio día 5 de setiembre en que se recibió el parte de la capitulación de Espínola, vino a mis manos una carta de la Antigua Guatemala, en que se decía respecto a un sujeto muy instruido en los secretos de Barrundia e interesado en el buen suceso de este funcionario: que había un plan para apoderarse de los cuarteles de la Capital en que estaban las tropas Federales y también de mi persona: que el proyecto era atacar a Espínola por Gualán con la mira de hacer que se le auxiliase y quedara por esto debilitada la Guarnición de Guatemala: que estaba dispuesto a hacer la bendición de banderas el día 3 próximo: que con este pretexto se pondrían sobre las armas 500 hombres de la tropa del Estado; y que al tiempo de la función de banderas se echaría sobre los cuarteles y sobre el Palacio el batallón de milicia activa, en el concepto de que a esta hora andarían los soldados federales por las calles, puesto que nada se sospechaba en lo interior de la ciudad y no habría que sufrir otra resistencia que la de las pocas guardias que cubrían las cárceles y algunos otros puntos.

El parte de Espínola daba un carácter de verdad a esta denuncia, que se palpa al primer golpe de vista. ¿Cómo era posible dudar de un aviso cuya principal operación estaba ya practicada? ¿Quién podrá decir: yo no lo hubiera creído? Las gentes se burlarían del que profiriera tan ridículo dislate y lo calificarían de un loco o de un embustero. El batallón de milicia activa tenía orden de estar dispuesto a reunirse al primer toque de caja y de antemano había Barrundia mandado acuartelar 200 plazas de este cuerpo en el convento de San Agustín. Este indicante corroboraba todas las noticias que se tenían acerca de la revolución. El Gobierno se encontraba en un conflicto de desesperación. Considérese que la autoridad del Supremo Poder Ejecutivo había recibido un ataque con fuerza armada: piénsese que era amenazado en su propio domicilio; que el Jefe del Estado se conducía con una arrogancia y un aferramiento insufribles, porque la capitulación de Espínola lo enorgulleció y cerraba la puerta a toda esperanza de conciliación; reflexiónese que los Ministros residentes en esta República y los extranjeros que habitan entre nosotros darían a sus países la idea más triste y risible del primer funcionario de Centroamérica; y por último téngase presente que el principal deber de un Gobierno es conservar el orden y mantener las leyes. ¿Podía, debía yo ser indiferente, ser tibio para proceder viendo que el lugar de aquel y de éstas era ya ocupado por la anarquía y por la guerra civil? Yo estaba obligado a perder la vida antes que consentirlo, y de lo contrario no cumpliría las obligaciones que me impuso la ley, ni llenaba los deberes del patriotismo; a pesar de que no se me ocultaba que siendo las mismas autoridades las que promovieron y hacían la revolución, mis esfuerzos podían quedar perdidos por la esencia de las cosas.

En las monarquías este desorden [el de las revoluciones] es más raro, o a lo menos puede con más facilidad prevenirse, pero en las repúblicas es más frecuente y el impedirlo más difícil. En las primeras la autoridad del monarca es bastante fuerte para apagar en sus principios estas centellas, que rodeadas de materias combustibles producen después grandes incendios. Una facción alimentada en una monarquía es señal de la mayor negligencia del Gobierno... Pero no puede decirse lo mismo de las repúblicas. En éstas el poder se halla en las mismas manos de los que componen la facción. Los primeros Magistrados de la República pueden ser los primeros faccionarios. El Soberano mismo, sea el Senado o el pueblo, está dividido entre los partidos opuestos. La ley, que es muy diferente de la administración, es poco poderosa para prevenirla... puede castigar a los faccionarios, si llegan a las manos: puede castigar la guerra privada, pero no las facciones. Su imperio solamente se dará a conocer cuando el mal ha llegado al extremo, pero entonces el remedio es por lo regular inútil. Filang., tom. 7, pág. 97, edición de Madrid de 1813.

La influencia de tan poderosas consideraciones aumentaba el natural anhelo que en mí había de conciliar el trance en que se me puso. Fue por tanto que inmediatamente indagué del Presidente del Senado si este Cuerpo estaba reunido y funcionando otra vez: me contestó «que se hallaba disuelto, y que aunque había mandado citar a sus miembros, reprodujeron los Senadores Zelaya y Córdova sus protestas de inasistencia, que habían hecho en la última sesión». No funcionando el Senado, cuya respetabilidad hubiera podido acaso detener a Barrundia interponiéndola para que alzase la mano de la obra que tenía comenzada, era inútil intentar cualquier otro medio de conciliación. ¿Y cuál era el que podía adoptarse? En vano hubiera sido reiterar las instancias que antes se le hicieron para que reconociese sus atribuciones y se limitara a ellas conforme la ley; mas en vano ocurrir a la Asamblea, puesto que esta Corporación quiso que el Jefe del Estado procediera como obraba: lo autorizó; lo auxilió; y de ella partió todo, principalmente el acaloramiento que se percibía en los ánimos de su facción. Nada ignoraba ni podía ignorar; y si hubiera querido, una sola palabra suya hubiera disipado la tempestad y el sol benéfico de Centroamérica no se habría oscurecido.

Yo me encontraba en una alternativa muy cruel, o dejaba ajar y destruir el Gobierno Federal, o contenía al Jefe Barrundia: debía determinar por mí mismo, y resolví conservar el Gobierno, haciendo los esfuerzos posibles para que la ley se cumpliera. Entre otros muchos apoyos que me indujeron a tomar esta resolución tenía el de que el Gobierno de San Salvador me expuso en nota oficial del mes de agosto de 1826 que era llegado el caso de obrar con las armas pues estaban agotados los recursos de armonía y prudencia. El Salvador era el único Estado que en aquella época podía tomar parte en los acontecimientos de Guatemala, pues Honduras y Nicaragua estaban demasiado ocupados en sus revueltas interiores, y Costa Rica había dado ya todos los auxilios que podía suministrar. La providencia que se dictara debía ser indispensablemente decisiva, porque de otra manera era indudable que desde entonces comenzaba a correr sangre; evitar este terrible mal ha sido todo el objeto de mis deliberaciones. No podía éste lograrse si no se afianzaba la tranquilidad pública, si no se sostenía la ley, si no se vedaba que una autoridad inferior debelara a otra superior, si no se aclaraba, en fin, la línea que separa el poder de los Jefes de los Estados del poder del Jefe de la República y se aseguraba la respetabilidad y la obediencia que se debe a éste. Con estas solas intenciones dicté el decreto siguiente:

«Palacio del Gobierno Federal en Guatemala, a 5 de setiembre de 1826.—Visto el parte de la Comandancia General de la Federación a que acompaña la capitulación habida entre el Capitán José María Espínola y el Capitán Cayetano de la Cerda, en el pueblo de Acasaguastlán a 3 del corriente mes y año, y los demás documentos pertenecientes a este negocio: visto asimismo el oficio del expresado Espínola de la propia fecha, en que manifiesta que la tropa que conducía Cerda es en número de 300 hombres y la de él apenas tiene 50: visto, por último, que por nota del Presidente del Senado con data de este día, se sabe que este Alto Cuerpo se ha disuelto, sin resolver la consulta que el Supremo Gobierno le hizo sobre los acontecimientos anteriores entre las tropas de Espínola y Cerda. Visto también que las providencias del Jefe de este Estado para impedir el libre ejercicio de las tropas, que están al servicio de la Federación, son terminantemente opuestas a los artículos 94, atribución 5.ª, y 146 de la Constitución del propio Estado: visto por otra parte que el Presidente de la República está facultado: 1.º Para cuidar de la observancia del orden público (artículo 113 de la Const. Fed.) 2.º Para contener insurrecciones (art. 120). 3.º Para dar órdenes de arresto e interrogar a los que se presuman reos, poniéndolos a la disposición del Juez respectivo, cuando sea informado de alguna conspiración [Art. 127]. 4.º Para recoger las armas en caso de tumulto o rebelión, o ataque con fuerza armada a las autoridades constituidas [Art. 176]. Visto que el ataque que Cerda ha hecho al Capitán Espínola es directo a la autoridad del Supremo Gobierno por cuyas órdenes obraba:—El Presidente de la República meditando: 1.º Que hace tiempo que el Jefe del Estado, unido a una facción que hace la más viva resistencia a la independencia de la Nación, hollando todas las leyes y procurando por todos los medios que están a su alcance alterar la tranquilidad pública. 2.º Que habiendo dado órdenes expresas para atacar las tropas de la Federación, el Gobierno Supremo le ofició para que se abstuviese de tales procedimientos, cuyo oficio no ha contestado hasta ahora, ni ha querido prestarse a obrar de un modo legal y pacífico. 3.º Que consultado el caso al Senado este cuerpo no ha resuelto la consulta y antes bien se ha disuelto por el empeño con que los Senadores partidarios de aquel Jefe han querido tergiversar los hechos y han manifestado una intención decidida contra el Supremo Gobierno y a favor de la facción perturbadora. 4.º Siendo de la mayor entidad en las circunstancias que rodean a la República mantener a todo trance la tranquilidad y el orden público, sofocando en sus principios el germen de la guerra civil que ya ha comenzado: habido todo en consideración:

»El Presidente de la República con el único designio de llenar sus deberes y el de cumplir con la Patria, ha tenido a bien disponer: 1.º Que el Comandante de las armas de la Federación con la mayor reserva acuartele esta noche toda la fuerza con su respectiva oficialidad. 2.º Que haga preparar municiones competentes para que obren los cuerpos de artillería, infantería y caballería. 3.º Que puesto todo en el mejor estado para hacer cumplir y ejecutar a viva fuerza las providencias del Gobierno en caso de oposición, proceda a las seis y media de la mañana o a la hora que pueda a arrestar al Jefe del Estado C. Juan Barrundia, reteniéndolo en la Comandancia General hasta nueva orden. 4.º Que al mismo tiempo que se ejecute el arresto o inmediatamente que sea ejecutado, recoja con la fuerza todas las armas que tenga el Gobierno del Estado con sus pertrechos y municiones; trasladándolas con la debida separación al parque y sala de armas. 5.º Que mientras ejecute estas órdenes dé partes por medio de sus ayudantes de todo lo que ocurra. 6.º Que en el caso de resistencia obre fuertemente hasta concluir el arresto y ocupación de las armas. 7.º Que cumplida esta orden se mantenga sobre las armas hasta nueva orden.—Arce.—El Secretario de Estado y del Despacho de la Guerra.—Manuel de Arzú.»

La ejecución de este decreto fue muy feliz a pesar de que la tropa del Estado se encontró prevenida para batirse, mas las medidas que se tomaron para desarmarla tuvieron tanto acierto que no pudo oponer la menor resistencia, con lo que se consiguió que no hubiese la menor desgracia. El pueblo vio este suceso con entera alegría; porque no obstante que hoy ha cambiado todo como debía ser, siempre será una verdad innegable que a las autoridades de Guatemala acompañaba en aquel tiempo la desopinión y el descontento general, frutos necesarios de sus locuras y faccionismo: no faltaron algunas personas parciales de Barrundia que fogosamente censuraron por la imprenta el procedimiento del Gobierno, entre quienes se distinguió el Senador José Barrundia, hermano del Jefe que fue arrestado, lo cual solo sirvió para probar que en medio de una revolución mantuve yo la libertad de imprenta; pero los centroamericanos y con especialidad los guatemaltecos calificaron el proceder del Gobierno Federal por el triunfo y seguridad de su bienestar.

«El contento de la capital por la prisión de Barrundia se manifestaba en todos los semblantes. Estaba Barrundia muy desconceptuado, tanto como la Asamblea y el Consejo de Estado, y la opinión de Arce ganó mucho en esta vez, no solo en la Capital, sino en todo el Estado de Guatemala». Montúfar, obra cit., pág. 53.

«En el Estado de Guatemala casi todos los pueblos estaban a favor del Gobierno Federal, y el descontento contra el del Estado estalló en Verapaz contra el Jefe Político don Balbino Alvarado y contra el Comandante Militar, que reunían tropas contra el Presidente; las tropas reunidas en Salamá se sublevaron y llevaron presos a Guatemala a los dos funcionarios, poniéndose las tropas a las órdenes del Presidente». Montúfar, obra cit., pág. 54.

Sin pérdida de instante se puso en el conocimiento del Vice-Jefe Ciudadano Cirilo Flores el arresto del Jefe Barrundia, previniéndole que tomase el mando del Estado por ser el llamado por la ley a ejercerlo en casos semejantes; franqueándole al propio tiempo la tropa veterana para que la emplease en la conservación del orden y en el servicio de su persona y de la Asamblea. También se le previno que mandara desarmar al Capitán Mayor Cayetano de la Cerda que permanecía en el Departamento de Chiquimula alborotando los pueblos y perturbando la tranquilidad pública con la tropa con que atacó a Espínola: Flores se encargó de la Jefatura; pero se negó a obedecer al Gobierno en todo lo demás, y particularmente en el punto tan esencial de desarmar a Cerda, que continuó sus correrías hasta el extremo de amenazar la Capital situándose a diez leguas de distancia, en donde se le disolvió la fuerza por haber entendido que se intentaba emplearla en atacar al Gobierno Supremo. Documento n.º 5.

A los Jefes de los Estados se comunicó todo lo acaecido. Documento n.º 6.

Fueron respetados los cuerpos deliberantes del Estado; y lejos de tocar a ningún miembro de la Asamblea ni del Consejo, se les dejó en total libertad de funcionar: ellos estaban en el estricto deber de manejarse en aquellas circunstancias con circunspección e imparcialidad, pues de otro modo iban a empeorarlas, como sucedió: estaban obligados a mantenerse serenos en el lugar de su residencia y a juzgar al Jefe del Estado por las vías de derecho. Absolverlo si era inocente y castigarlo resultando culpable debió ser su conducta. Con respecto al Gobierno Federal era necesario que se condujeran de la misma manera: acusarlo ante el Congreso, si se había excedido, mas era preciso reconocer y conformarse con sus mandatos. Pero ¿es dado a los miembros de una facción tener esta regularidad? No por cierto, pues solamente la razón y nunca el espíritu de partido puede guiar los pasos que dirigen al desierto.

Suspendo aquí la narración de los hechos para tratar la célebre cuestión que se promovió con motivo del arresto del Jefe Barrundia, pretendiendo establecer por máxima que el Gobierno Federal ninguna autoridad podía ejercer en los Jefes de los Estados. Este es un aserto que no pudiera sostenerse en un tiempo menos calamitoso que el que ha tenido Centroamérica y que por desgracia aún no acaba de pasar; mas cuando los resentimientos y las aspiraciones son las balanzas en que se pesan las acciones del hombre, ¿cuál es el error que a su vez no se hace lugar? Debo combatir tan chocante doctrina por la República, por mí y por los que posteriormente sean Presidentes bajo la actual Constitución Política: sacaré mis fundamentos de fuentes puras, a donde no pueda llegar el contagio revolucionario; y si se atreviere a insultarlas, se estrellará. Como en tiempos de revolución todo es delirio, no ha faltado entre nosotros quien se atreva a proferir la blasfemia política de que los Jefes de los Estados no son súbditos del Presidente de la República, y es así que me veo en la necesidad de hablar hasta sobre esta impertinencia. La Constitución en el art. 128 dispone: que el Presidente prevenga a los Jefes de los Estados lo conveniente en todo lo que concierna al servicio de la Federación; y siendo innegable que se debe obedecer esta ley, lo es igualmente que tienen una obligación perfecta de obedecer al Presidente en toda la extensión de sus atribuciones que no tienen otro objeto que el servicio de la Federación; de lo que resulta, a pesar de esas almas perturbadoras que han puesto a Centroamérica en el borde del sepulcro, que son súbditos del Gobierno Supremo.

El Vattel en el párrafo 273, página 348, dice: «¿Quiénes son los rebeldes? Llámanse rebeldes a todos los súbditos que toman injustamente las armas contra el caudillo de la sociedad, ya sea que pretendan despojarlo de la autoridad suprema, ya sea que se propongan resistir a sus órdenes en algún negocio particular y de imponerle condiciones». El Jefe Barrundia tomó las armas para resistir al Gobierno Supremo de la Nación en el negocio de Raoul, luego cometió una rebelión. Esto es tanto más cierto, cuanto que no solamente se armó contra el Supremo Gobierno, sino que lo atacó con las armas. Pero como pudiera oponerse que aquella operación no fue injusta, en cuyo único caso sería un rebelde, es menester probar que sí lo fue: 1.º Porque yo le ofrecí que si Espínola había delinquido se le instruiría un proceso: 2.º Porque era un exceso de facultades mandar aprisionar a un oficial en quien ninguna autoridad tenía: 3.º Porque obrando como obró, quebrantó, a más de otras leyes, la Constitución del Estado de Guatemala en los artículos 94 y 146. Luego fue injusto su procedimiento y de consiguiente se rebeló.

Mas supongamos que cuanto mandaba el Gobierno Supremo era injusto, aun cometió Barrundia un delito de Estado tomando las armas contra la primera autoridad de la República. Oigamos otra vez al Vattel, que hablando de las asonadas, sublevaciones y sediciones dice en el párrafo 290, pág. 350: «Todas estas violencias turban el orden público y son crímenes de Estado, aun cuando se funden en justos motivos de queja, porque la vía de hechos se interdice en la sociedad civil y los que se creen ofendidos deben dirigirse a los magistrados y si no les hacen justicia pueden elevar sus quejas al trono». Ahora bien: yo prometí, yo insté a Barrundia para que admitiera la justicia de sus quejas y no quiso oírme, no quiso atenderme, sino que tomó las armas para resistir las providencias del Supremo Poder; luego turbó el orden y cometió un crimen de Estado, que en mí era un deber imprescindible reprimir.

La Constitución dice en el artículo 113: «El Presidente de la República publicará la ley: cuidará de su observancia, y del orden público». ¿Y qué se entiende por orden público? La existencia de la ley, la permanencia del pacto social, la quietud de las facciones, el ejercicio pacífico de la autoridad y que la fuerza no se oponga al derecho. Platón enseña que el que intenta destruir el poder, el que procura sustituir el arbitrio del hombre al vigor de las leyes, el que intenta subyugar la Patria con facciones y oponiendo a las leyes la fuerza, llena la ciudad de sediciones y rebeldes y este es el mayor de los enemigos de toda la sociedad. Barrundia, atacando con armas al Gobierno Supremo, llenó la República de sediciosos, quiso sustituir su arbitrio al de la ley, destruyó el pacto social y pervirtió el orden público. La ley exigía de mí que lo conservara, que cuidara de él; debí, pues, reprimir al perturbador.

El que quisiere convencerse mejor de esta verdad, que reflexione que la Constitución de Centroamérica establece esencialmente la conservación del orden y puede decirse con Filangieri, que tiene su influencia inmediata a no turbar ni violar la justicia pública, la tranquilidad pública, el derecho público, o sean las leyes fundamentales que regulan el gobierno. Es así que consultando a que no fuese fácil alterarlo, puso grandes excepciones a los títulos 10 y 11 en que están contenidas las garantías de la libertad civil: y por tanto cuando se presente una rebelión o hubiere un ataque con fuerza armada, pueden ser dispensadas las formalidades sagradas de la ley para desarmar las poblaciones y recoger toda clase de armas. Barrundia, pues, al frente de una facción trastornó el orden, dando al Gobierno Supremo un ataque con fuerza armada, ¿qué debía yo hacer? Desarmarlo para restablecer la quietud pública y lo desarmé.

Constitución Federal de Centro América, art. 175.: Previene la Constitución en el artículo 127: que «cuando el Presidente sea informado de alguna conspiración o traición a la República, y de que la amenaza un próximo riesgo, podrá dar órdenes de arresto e interrogar a los que se presuman reos; pero en el término de tres días los pondrá a disposición del Juez competente». Es preciso notar que el Presidente puede con una simple información mandar arrestar y que basta la presunción de que alguien sea reo para que sea arrestado, según el texto de esta ley: luego cuando la conspiración y el riesgo de la República están efectuados y son tan positivos que es preciso que el Gobierno Supremo repela la fuerza con la fuerza, con mucha más razón puede mandar arrestar a los que son reos. Barrundia conspiró y puso a Centroamérica en los peligros que ha corrido en tres años escasos de guerra civil, luego debió ser arrestado. Debió serlo indispensablemente porque abusó de la autoridad que tenía para revolver su Patria; y así es que Filangieri enumerando los grandes delitos que pueden cometerse en esta línea pone entre ellos, «el servirse del depósito de las leyes para violarlas y servirse de una autoridad conservadora del orden público para turbarlo».

Sin embargo, los mismos que han pretendido sacar a los Jefes de los Estados de la clase de súbditos del Supremo Gobierno, han intentado sembrar el error de que sus personas no pueden ser arrestadas por la autoridad del Presidente de la República aun en el caso de que sean traidores, conspiradores o sediciosos; pero por más que semejantes hombres se fatiguen, no podrán jamás encontrarlos excepcionados en la ley. ¿Y quién pudiera encargarse del Gobierno Federal con tal condición? Es ciertamente imposible que hubiese alguno que con sinceridad tomara sobre sí la regencia de la Nación, habiendo en ella personas que pudieran revolucionar sin que el Gobierno Supremo tuviera facultad de reprimirlas. Era entonces muy risible que en la ley se le diese la atribución de cuidar del orden público, que es el primer deber de todos los gobiernos, o por mejor decir, es lo que constituye su esencia. Por otra parte: si en los negocios particulares el honor del hombre se compromete, si no van bien por falta de arreglo y de regularidad, es evidente que en los negocios públicos, que son de un carácter sagrado, se pierde la reputación de los funcionarios si por negligencia o por otro motivo culpable se desordena la sociedad.

Para no dejar el menor resquicio a los patronos de la revolución, satisfaré también a otro error que han querido hacer valer en apoyo de Barrundia. Este se reduce a pretender que cuando el Jefe de un Estado cometa una rebelión o ataque al Gobierno con fuerza armada, el Gobierno Supremo debe ocurrir a su Asamblea para que lo contenga. Pero yo pregunto: si la Asamblea no está funcionando, ¿qué se hace? El Jefe revolucionario continúa entonces su revolución sin que nadie le embarace. Mas suponiendo que esta Corporación tenga abiertas sus sesiones. ¿Es imaginable buscar en ella el remedio de un mal que está tal vez autorizando? Así lo hizo la Asamblea de Guatemala el año de 1826 y lo mismo han hecho otras en Centro América: han autorizado o sido indiferentes en las rebeliones que han ejecutado sus Jefes y Vice-Jefes.

En fuerza de todo lo expuesto es preciso confesar: que si por la ley son los Jefes de los Estados súbditos del Gobierno Supremo; que si los rebeldes son aquellos súbditos que toman las armas contra el caudillo de la sociedad, ora se propongan resistir sus órdenes en algún negocio particular, ora se propongan despojarlo de la autoridad suprema, o de imponerle condiciones; que si el Jefe Barrundia tomó las armas contra el Gobierno Supremo, sin embargo que este le propuso mandar hacer justicia contra Espínola; que si en su conducta infringió Barrundia, a más de otras leyes de la República, los artículos 94 y 146 de la Constitución del Estado de Guatemala, que debiera observar; que si empleó las armas, que la ley le confiara para mantener el orden, en atacar las tropas del Gobierno Federal; que si todas estas violencias son crímenes de Estado aun cuando se funden en justos motivos de quejas; que si con semejantes procederes puso la República en todos los riesgos que son inherentes a una guerra desastrosa de casi tres años; que si el objeto esencial de la Constitución es conservar la tranquilidad y el orden público, a cuya conservación ha hecho fuertes excepciones en los títulos 10 y 11 en que se fijan las garantías de la libertad civil; que si todas las disposiciones legales que quieren asegurar la tranquilidad pública, evitar los tumultos, impedir las rebeliones, desterrar los ataques con fuerza armada contra las autoridades constituidas, precaver las conspiraciones, las traiciones y los riesgos próximos de la República, son generales y no exceptúan ni privilegian a ninguna persona, sea del rango y condición que fuese; y por último, si hay una grande implicancia, una contradicción ridícula pretendiendo que el Gobierno conserve la quietud y el orden de la Nación, no pudiendo detener a los Jefes de los Estados cuando osen perturbar esta quietud y este orden, cuando empleen contra el Gobierno Federal sus fuerzas; es preciso confesar que no falté a la ley, que usé de mis facultades y que llené mis deberes. ¡Ciego es el que no ve la luz, y estas verdades son más claras que la luz!

Marure en la obra citada, páginas 166 y 167, dice: que Arce creyó que le autorizaba para el arresto de Barrundia la disposición del artículo 127 de la Ley Fundamental, según el cual el Presidente, cuando sea informado de alguna conspiración o traición contra la República y de que le amenaza un próximo riesgo, puede dar órdenes de arresto e interrogar a los que se presuman reos. Pero que los partidarios de Barrundia sostenían que esa disposición era aplicable solo a los particulares; pues si se entendiera sin limitación, se llegaría al absurdo de que el Presidente pudiera aprisionar a las autoridades de todos los Estados y reducirlos a la nulidad y aun a los demás altos funcionarios de la Federación y así convertirse en el Poder único omnipotente en la República; y que para robustecer más este argumento basta fijarse en que igual autorización de arrestar en caso de conspiración tienen los Jefes de los Estados según el artículo 145, y éstos de la misma manera podrían llegar hasta poder aprisionar al primer Magistrado de la República, siempre que lo creyeran traidor al Estado. Marure no se pronuncia por ninguno de los contrincantes, sino que dice que lo que puede asegurar es que el Presidente dejó pasar el término de ley sin poner a la disposición de la Asamblea a su prisionero; que aunque después de algunos días y cuando ya le había puesto en libertad bajo fianza, invitó a aquel Cuerpo para que le juzgase, nunca pasó la información justificativa del delito. «Arce, dice, ha pretendido excusar esta omisión con el temor de que se perdiesen comprobantes de tanta importancia; tal temor habría desaparecido pasándolos en testimonio, que era fácil compulsar». Tampoco Montúfar se pronuncia en favor ni en contra de la legalidad del arresto de Barrundia, limitándose a decir: que «en la exposición documentada que publicó el Presidente, todo era conjeturas, razones de congruencia y documentos diversos: débiles unos, ridículos otros, y todos capaces de persuadir en lo privado que existía una conspiración; pero no para convencer en juicio». M. Montúfar, obra cit., pág. 54.

El señor García Granados, contemporáneo, aunque muy joven, de aquellos sucesos, dice: «En cuanto a la prisión del Jefe del Estado, bien que Arce había sido altamente provocado a ello, y esto hasta cierto punto lo justificaba, no se puede desconocer que obró extralegalmente, puesto que la Constitución no le daba esas facultades. Fue un verdadero golpe de Estado para el cual Arce no tenía tamaños. Arce era atrevido para emprender, pero sus capacidades no estaban en la relación con su atrevimiento». *Memorias*, pág. 74.

No hay justificación ni mucha ni poca cuando se procede contra la ley. Si, por tanto, Arce obró ilegalmente, no se le puede suponer hasta cierto punto justificado. Esto es contradictorio.

También esa facultad a los particulares, un Presidente caprichoso y tiránico, puede hacer sufrir a muchos inocentes; y ni lo uno ni lo otro ha querido el Legislador. Esa atribución tan absoluta, tan desnuda de reglamentación, es indudablemente mala, es uno de tantos ejemplos de la festinación y de la inexperiencia que caracterizaron la conducta del primer Congreso Federal compuesto de hombres enteramente nuevos en la vida pública y cuyo cerebro estaba lleno de las ilusiones de los hombres del 89 y de las fantásticas teorías del *Contrato Social* de Rousseau. Pero era una ley; y ella favorecía a Arce. Mas para justificar el procedimiento de este no hay necesidad de buscar artículos especiales en la Constitución. Era el Presidente de la Federación: no reconocía más superior que el Congreso y el Senado; tenía derecho de emitir órdenes no contrarias a la ley, y de consiguiente en los demás había la obligación de acatarlas; tenía derecho de hacerlas cumplir y de consiguiente era un delito en los demás resistirlas, el valerse de la fuerza para impedir su cumplimiento; y en tal caso tenía derecho, era deber suyo, repeler la fuerza con la fuerza, so pena de ser el Presidente una sombra, una irrisión. Esto es lo que él hizo capturando a quien en verdad no conspiraba, porque esto se hace secretamente, sino que abiertamente se rebelaba contra la autoridad. La cuestión no era de precaver un mal, de prevenir una rebelión; era de reparar ese mal, de debelar esa rebelión: era cuestión de ser o no ser. ¡Qué sería del orden público, de la paz y tranquilidad de un pueblo, si un gobierno estuviese impedido de sofocar una facción solo porque la encabezaran personajes revestidos de inmunidad constitucional!

CAPÍTULO VII: EL ASESINATO DE CIRILO FLORES

Conducta del Vice-Jefe Cirilo Flores y de la Asamblea del Estado de Guatemala, después del arresto de Barrundia.—Muerte del Vice-Jefe y disolución de la Asamblea y Consejo.—Decreto de Pierson.—Vuelve Barrundia a tomar el mando y se esconde luego abandonándolo.—El Congreso citado a sesiones extraordinarias no puede reunirse, no obstante los esfuerzos de algunos diputados.— Decreto de 1.º de octubre de 1826.

Puesto Flores en el Gobierno del Estado de Guatemala, después del arresto de Barrundia, todo debió ser concluido con respecto a operaciones militares y debieron dejarse todos los negocios para que se decidieran por el tenor de la ley; pero lamentablemente no fue así y el primero que se negó a tomar una actitud pacífica fue el mismo Flores, rehusando desarmar a Cerda y previniendo secretamente elementos de guerra. Si no se hubiera obrado de esta manera, yo habría devuelto las armas que tomé a Barrundia, porque en verdad nada quería menos que el que continuaran las desavenencias, y me propuse no hacer más que lo muy necesario para contener al Jefe de Guatemala; de suerte que los cívicos que no fueron empleados en la revolución, mandé que conservaran sus armas, y varios trozos de ropa que estaban fuera de la ciudad también las conservaron. La Asamblea que debió abrir los ojos con el suceso de Barrundia y tomar una dirección distinta de la que hasta entonces había llevado, lejos de entrar en juicio, acabó de enloquecerse; y no solo no previno como debiera al Vice-Jefe Flores que mantuviese el Estado en paz, sino que todo lo agravó y fue causa de la muerte trágica de este infeliz hombre.

En medio del aturdimiento y sofocación en que se pusieron los miembros de aquella Corporación, de la que hacía mucho tiempo estaban desterrados los círculos justos y metódicos de un Legislador, su primera medida luego que Barrundia fue arrestado se dirigió a mudar de residencia sin examen ni previsión alguna; pero los Diputados estaban demasiado complicados en los desaciertos del Jefe, o más bien diré, que ellos eran los autores principales de estos desaciertos; y a manera de unos niños tímidos y espantadizos, no se acordaron de otra cosa que de ocultarse. Decretaron su traslación a la ciudad de Quezaltenango y la verificaron al momento con la mayor precipitación y sin ninguna apariencia que indicara su carácter, pues todos llevaban unas trazas de hombres perdidos, poniéndose dos en un mismo caballo y marchando otros a pie: de modo que puede asegurarse que más huían que se trasladaban. Ellos no advertían que su situación era muy delicada: que necesitaban de mucha circunspección en todo su comportamiento; y que la menor falta los exponía a los desacatos de unos pueblos que muy de antemano estaban mal dispuestos contra sus personas. Llegaron a Chimaltenango y de este pueblo pasaron a San Martín, donde se fijaron por las solicitudes reiteradas del Vice-Jefe Flores, que era hijo de Quezaltenango, tenía allí sus arraigos y relaciones, y conocía que iban a sufrir un descalabro; se empeñó cuanto pudo en evitarlo.

La Asamblea desde que comenzó a funcionar en su nueva residencia, no se propuso otra cosa que arruinarlo todo: concitó el Estado al mayor desorden: facultó a su Gobierno con una plenitud ignorada hasta entonces, pues que el Vice-Jefe no solo podía mandar despóticamente sin sujeción a la ley ni a miramiento alguno, sino que estaba autorizado para comunicar a los Jefes departamentales todo su poder. Bajo estos auspicios se reunieron tropas, se armaron, y por todo el Estado de Guatemala se hizo resonar el clarín de la guerra civil. El Presidente observaba estos pasos con sumo dolor y se conducía con prudencia y aun con sufrimiento. Conforme a la ley puse al Jefe Barrundia a disposición de la Asamblea, no obstante su criminal conducta y que no se me ocultaban cuáles serían sus ulteriores procedimientos: mas para mí la ley era un baluarte en que resolví hacerme fuerte.

«Flores negó su obediencia al Presidente, especialmente en cuanto a mandar que Cerda depusiese las armas en Chiquimula: la Asamblea mandó levantar fuerzas en todo el Estado, autorizó extraordinariamente al Vice-Jefe para ocupar todos los fondos de cualquiera clase; para deportar y aprisionar, para proveerse de armas y de municiones de cualquier modo, y para delegar estas facultades en sus agentes inmediatos. Todo esto era proclamar la insurrección contra el Gobierno Federal y organizarla; y todo esto se hacía con el pretexto de sostener la soberanía del Estado».—M. Montúfar, obra citada.—Pág. 54.

Tan luego como se presentó Barrundia en San Martín, la Asamblea lo absolvió sin esperar que el Gobierno Supremo le pasara los documentos en que constaban sus delitos; los que no fueron al mismo tiempo que la persona del Jefe, porque de ella quiso encargarse gratuitamente el ciudadano Pablo Matute, con la única mira de que pasara a su casa a reponerse algo del abatimiento en que estaba; y salió de Guatemala con una prisa que a nadie dio tiempo. Absuelto Barrundia ya no convenía poner en manos de la Asamblea unos comprobantes muy graves, que se habrían perdido seguramente, y me pareció mejor dejarlos en el archivo de la Secretaría de la Guerra, donde paraban hasta el mes de agosto de 1829. La Asamblea ofreció a Barrundia el mando, pero no se atrevió a admitirlo, y continuó Flores en él. Permítaseme en este lugar hacer a los hombres que componían aquella Corporación esta pregunta: ¿Podía darse una demostración más patente de que estaban en una abierta insurrección que el haberse negado a juzgar a Barrundia? O sabían que era inocente o sabían que era criminal: si lo primero, daban un golpe sobre el Gobierno Supremo, acreditando su inocencia; si lo segundo, ¿quién los autorizó para perdonarlo? ¿Era para estos hombres la responsabilidad de los funcionarios que establece la ley una palabra sin significación? Éralo en efecto, y lo que más era fue que ellos no podían reconvenir a Barrundia porque les hubiera contestado: nada he hecho que vosotros no me hayáis mandado o aconsejado.

«El Presidente, que, sin datos para juzgar culpable de conspiración al Jefe Barrundia lo había anunciado así en sus proclamas y en sus comunicaciones oficiales, en vez de pasar al reo con la causa a la Asamblea del Estado en el tiempo que previene la Constitución, resultó con el parto de los montes; puso en libertad a Barrundia enviándolo a San Martín bajo la fianza de don Pablo Matute».—M. Montúfar, obra y pág. citadas. Si, como dice Arce, la Asamblea no podía reconvenir a Barrundia porque él les habría contestado: nada he hecho que vosotros no me hayáis mandado o aconsejado, no se explica por qué puso a Barrundia a la disposición de ese Cuerpo para que lo juzgase. Convencido Arce de la solidaridad de Barrundia con la Asamblea, a ambos debía haber comprendido su providencia. Arce se excusa de esta incoherencia, con la ley que así lo prevenía. Pero si Jefe y Asamblea habían perdido el amparo de la ley, haciéndose culpables de insurrección, no era lógico considerar a uno de ellos como Juez de lo mismo de que era responsable. Esta falta a la lógica debía traerle a Arce, como veremos, consecuencias harto desagradables.

Yo no perdía la esperanza de lograr que entraran en reposo los ánimos exaltados de los individuos de la Asamblea y meditaba día y noche en los medios de alcanzar un resultado feliz. En medio de mis meditaciones concebí el proyecto de mandar a San Martín una persona allegada a los facciosos y en quien tuvieran confianza por ser de su mismo partido: con esta idea comisioné al ciudadano Antonio Rivera Cabezas para que fuera a hablar con los Diputados y con el Vice-Jefe Flores y les manifestara los males que estaban causando y que en adelante ocasionarían con su indiscreta exaltación: que les propusiera que todos nos pusiéramos bajo el poder de las leyes, porque solamente de ellas y nunca de las armas debíamos confiar. Flores se avino a mis indicaciones, pero los miembros de la Asamblea cerraron los ojos a todo lo que era racional, y contestaron con altanería, porque supusieron que aquel era un paso de debilidad. ¡Qué error! ¡Y qué desgracia la de un Estado tener su suerte en manos de unos hombres que no pueden o no quieren reconocer lo que es prudencia, lo que es lenidad!

Después de este hecho se presentó otro suceso que comprobaba la verdadera insurrección en que estaban las autoridades de Guatemala. El Teniente Coronel José Pierson, Comandante de un escuadrón de la Federación, se mantenía destacado en San Marcos: el Supremo Gobierno dispuso que el Coronel Manuel Montúfar tomara el mando de dicho Cuerpo y que Pierson viniera a Guatemala a contestar algunos cargos que el Juez militar le encontró en el proceso que se instruía contra el Capitán Manuel Jonama. Yo sabía que Pierson podía resultar sin complicidad en esta causa, mas no me era permitido prohibir al Juez el uso de sus atribuciones: lo llamé, pues, con el designio de que en satisfaciendo los cargos, se quedara en Guatemala con la Comandancia del escuadrón de Montúfar y que este Jefe permaneciera en San Marcos. Esta medida era muy política y Pierson la malogró, desertando del servicio Federal: burló la administración de justicia, porque rehusó responder ante el Juez; y pasó a servir en la milicia del Estado, reunida de orden de la Asamblea, por Flores, en San Martín y en Passun. Muy bien; tanto la Asamblea como el Vice-Jefe sabían que la ordenanza general del ejército y una ley particular vedan que los militares de todas clases y graduaciones de la tropa veterana puedan ir a servir a las milicias sin obtener primero su licencia o permiso del Gobierno Supremo, y cooperaban al delito de Pierson recibiéndolo en sus banderas; pero ¿qué digo cooperaban? Autorizaban un crimen que en la carrera de las armas es de los mayores: con todo, lo admiten, lo hacen Comandante en Jefe de las fuerzas revolucionarias, sustituyendo su propio arbitrio a la voluntad de la ley. ¿Y puede darse una mayor prueba de sedición? Pusieron las armas que debían sostener al Gobierno Supremo en manos de un hombre, que por un grave delito que quiso cometer, tenía necesidad de pelear contra el mismo Gobierno.

Pierson, con una actividad verdaderamente admirable, reunía tropas, las disciplinaba y se preparaba todo lo que podía para hacer la guerra: se dio ocasión que veinticuatro horas anduvo treinta leguas, lo que parece increíble teniendo idea de lo que son nuestros caminos.

La descompostura con que vivían en San Martín los Diputados y algunos consejeros que llegaron allí, disgustó mucho a los habitantes de aquel pueblo, que comenzaron a dar muestras de su desagrado; lo que siendo advertido por la Asamblea decretó segunda vez trasladarse con los otros funcionarios a Quezaltenango. Flores contrariaba fuertemente esta disposición, fundado en que en aquella ciudad estaban en extremo desconceptuados: hizo todo lo que pudo para impedir que tuviera efecto, y no lo logró. Tuvo que ceder a un destino inicuo, que llenó de escándalo a toda la República. Se adelantó esta víctima de la imprevisión y del furor de las pasiones a preparar los edificios en que habían de funcionar las autoridades que iban de San Martín; y no habían llegado aún todos los Diputados, cuando estalló un horrible levantamiento de toda la población contra los miembros de la Asamblea y contra el mismo Flores. Nunca se ha visto un pueblo más furioso que el de Quezaltenango en esta ocasión; y en la historia apenas podrá encontrarse una semejanza de lo que allí se hizo: las mujeres se amotinaron con un despecho imponderable: el Vice-Jefe se refugió en el templo huyendo de ellas: la santidad del lugar y la formidable presencia del sacramento de la eucaristía no alcanzaron a contener a este sexo naturalmente dulce y piadoso. Supóngase a este desgraciado hombre metido dentro del púlpito bajo los hábitos de un sacerdote que tenía en sus manos el copón de las hostias sagradas, y que las gentes traen escalas para subir y sacarlo a darle la muerte más oprobiosa y cruel: murió a palos y a pedradas, con la particularidad de que ningún hombre tocó su persona y las mujeres fueron únicamente las que lo mataron. Se le encontraron en la faltriquera un par de pistolas de las que no se valió para defenderse. Los hombres atacaron la tropa que estaba al mando del Oficial Corzo, a cuyas imprudencias fue debida en gran parte la muerte de Flores: la vencieron y desarmaron. Documento n.º 7. Los Diputados fueron perseguidos, buscándolos con furor increíble, y el Ciudadano Mariano Vidaurre recibió una herida en el cuello de que curó con suma dificultad. Los otros se escondieron y lograron salir de aquel lugar aciago disfrazados y con la ayuda de varios sujetos que se dolían de su desgracia.

La Asamblea del Estado reunida en San Martín era un objeto de desconcepto: la conducta particular de los Diputados y Consejeros igualaba al furor e impolítica de sus providencias, todas violentas y alarmantes». M. Montúfar, obra cit., pág. 55.

«La conducta poco decorosa que observaron algunos funcionarios del Estado durante su mansión en Jilotepeque, y las vejaciones que hicieron sufrir a los pueblos en sus frecuentes traslaciones, deben considerarse como una de las causas que más influyeron en la ruina y descrédito de los liberales». Marure, obra cit., pág. 172.

Montúfar dice que es una suposición injusta la de atribuir a influjo del Presidente Arce y a los frailes la sublevación de Quezaltenango. Reconoce, sí, que los frailes tuvieron la imprudencia de decir en público: que supuesto el pueblo los dejaba atropellar, iban a retirarse a su convento de Guatemala y que esta voz alarmó a la multitud, especialmente a los indígenas. Obra cit., pág. 58.

Marure dice que el partido liberal la consideró como el resultado de una combinación particular de Arce y sus partidarios; pero que él, después de un escrupuloso examen de todos los documentos que podían dar luz sobre este asunto, no encuentra que haya habido una combinación especial para hacer perecer a Flores; pero que sí debe estimarse en gran parte como el resultado de los resortes puestos en juego por el Presidente y sus adictos contra las Autoridades del Estado. Reconoce, sin embargo, que las contribuciones, préstamos forzosos y requisiciones de armas y caballos, realizados con violencia y atronamiento, dieron un pretexto especioso para la insurrección y los desórdenes. Dice que los religiosos franciscanos tenían muy indispuesto al pueblo con los rumores que esparcían de que los liberales eran masones, que acabarían con los conventos, se tomarían el oro y plata de las iglesias, proscribirían el culto externo, etc.; y que también les ayudaban algunos vecinos en esta ingrata tarea. «Estaba, pues, preparada la mina; y estalló el día siguiente en que las tropas de Pierson desempeñaron con imprudencia y escándalo su comisión de recoger caballos en la ciudad, allanando varias casas, forzando a sablazos las puertas del convento y entrando de mano armada a sacarse las cabalgaduras de los religiosos». Entonces: «Fray José Antonio Carrascal, Fray Juan Ballesteros y Fray Manuel Carranza impusieron de esas ocurrencias a las mujeres y ociosos que concurrían al templo; les dijeron que iban a abandonar la ciudad, porque ya no les era dado tolerar el despotismo de los fiebres e hicieron su despedida con muestras de tanto sentimiento, que algunas mujeres lloraron, llenándose todos de indignación».

De modo patético y con todos sus detalles refiere Marure el asesinato de Flores, haciendo notar la circunstancia de que cuando Flores juraba a la multitud que al momento saldría de la ciudad «los frailes Carranza y Ballesteros inspiraban dudas a la misma sobre el cumplimiento de las ofertas del Vice-Jefe». No dice, sin embargo, quiénes presenciaron esto último que parece inverosímil haberse notado en un tumulto donde, fuera de los frailes, no ha de haber habido más que las gentes enfurecidas que pedían la sangre de Flores. Los adictos al Vice-Jefe o los imparciales deben haber estado a una distancia tal que les garantizara de ser también víctimas de la desenfrenada turba.

Hay que desconfiar de la certeza de ciertos detalles que muchas veces inventa la pasión de partido o tergiversa conforme a su interés. Esto mismo que dice Marure ya lo hace más grave Gámez, afirmando que los dichos frailes «azuzaban a la multitud, diciendo que eran mentiras todas aquellas promesas». *Historia de Nicaragua*, pág. 380.

«De este modo, continúa diciendo Marure, terminó sus días a la edad de 40 años el primer Vice-Jefe del Estado de Guatemala, Ciudadano Cirilo Flores: patriota distinguido por sus acreditados conocimientos en la ciencia médica, por su laboriosidad infatigable, por su carácter dulce y humano, y especialmente por su amor a la independencia y a la causa de la libertad. Estas prendas le crearon enemigos y envidiosos que al fin lograron hacerlo perecer en medio de un pueblo que lo había adorado, en cuyo seno había fijado su domicilio, y que por espacio de muchos años había sentido la influencia de sus virtudes benéficas. Flores fue el padre de Quezaltenango; en el desempeño de los cargos públicos, Flores dedicó constantemente sus desvelos al bien de aquella ciudad; en lo privado, los infelices hallaron siempre favor y protección en su alma generosa. Con sus talentos, con su persona y sus intereses, Flores acreditó al pueblo quezalteco que lo amaba y que deseaba sinceramente su felicidad. Flores no carecía de presencia de ánimo; él la había manifestado muy grande, cuando el 14 de setiembre de 1823 el faccioso Ariza hizo oír, por la primera vez, en el recinto pacífico de Guatemala, los ecos temibles de la guerra. Solamente la sorpresa que le causó la ingratitud de un pueblo que tanto le había querido, pudo anonadarlo en los últimos instantes de su vida». Marure, obra cit., págs. 179 a 185.

Desde este acontecimiento quedaron disueltas las autoridades del Estado de Guatemala, pues el Vice-Jefe era muerto y los individuos de la Asamblea y del Consejo, lejos de presentarse a funcionar, se dispersaron en distintas direcciones: atemorizados del riesgo que habían corrido, su único anhelo era ocultarse. Nada quedó, nada se encontraba que pudiese ser autoridad: los representantes del Estado lo dejaron acéfalo, y todas las miradas de los guatemaltecos se dirigieron al Gobierno Federal: todo se concentró en este poder. El Comandante Pierson fue el único que se mantuvo al frente de las tropas que se habían reunido en Passun con el destino de hacer la guerra a la Federación. Este oficial marchó contra Quezaltenango a castigar a aquella ciudad con todo el ardor de su resentimiento: los quezaltecos lo esperaron en Salcajá, donde hubo una acción bastante sangrienta que se decidió por Pierson. Al momento que se apoderó de la plaza hizo publicar el memorable bando con que Murat aterró a los madrileños el 2 de mayo de 1808.

«Cualquiera reunión de dos personas sería disuelta a fusilazos: cualquiera que se encontrara en la calle con palo o piedra, sería fusilado; cualquiera que llevase arma cortante o de fuego de cualquiera clase, sería fusilado; cualquiera que tuviese estas armas en su casa, sufriría la misma pena». Esta terrible amenaza contristó a todos los guatemaltecos que nunca habían oído tan fulminantes decretos; y el Gobierno Supremo no debía permitir que un extranjero revolucionario cometiese atrocidades en los centroamericanos. Pierson ya de nadie dependía: era un Jefe de cuadrilla y no un militar, por cuyo motivo mandé tropas contra él. Sus partidarios lo han convertido en un héroe, lo que prueba muy bien cuánta razón tuvo Montesquieu para decir «que el espíritu del hombre todo es contradicción»: porque ¿cómo es que se ha zaherido tanto al Supremo

Gobierno por haber desarmado al Jefe Barrundia que cometió un crimen de sedición atacando a la primera Autoridad de la República y se aplaude a Pierson que ejerce violencias sobre un pueblo entero sin exceptuar a nadie? ¿Obró en justicia Pierson, porque se rebeló Quezaltenango? Pues obré yo en justicia porque se rebeló Barrundia. Yo jamás aprobaré el procedimiento de Quezaltenango, y si hubiera podido habría castigado los móviles de él; pero jamás tampoco podrá justificarse la ferocidad de Pierson con toda una población. Por tanto dicté contra éste y los demás extranjeros que lo acompañaban una orden severa para que los aprehendieran cualesquiera personas de la manera que pudiesen, mientras tuvieran las armas en la mano. La tropa de la Federación marchó contra aquellos hombres que en Malacatán se dispersaron, después de un pequeño tiroteo que sostuvo el Capitán Saget.

«Arce se ha empeñado en probar que las autoridades del Estado se disolvieron por sí, y que él no tuvo parte en su desorganización; dando también a entender que las tropas que mandó a los Altos no marchaban para obrar contra dichas autoridades, sino con el único objeto de castigar a Pierson por los excesos que había cometido en Salcajá y Quezaltenango y en el supuesto de que aquel extranjero de nadie dependía y era más bien un Jefe de cuadrilla que un militar. Pero estas aserciones se contradicen con la intimación que hizo el mismo Arce a la Asamblea para que se disolviera cuando funcionaba libremente en San Martín, y no estaban en armonía con las órdenes que al propio tiempo dictó, despojándolos de todas sus rentas, a pretexto de reintegrarse de los productos de tabaco que se le habían retenido. Por lo que hace al castigo de Pierson por los excesos cometidos en Salcajá, es muy chocante que desde el 15 de octubre estuviesen ya en marcha las fuerzas federales para castigar delitos que no se perpetraron sino tres días después». Marure, obra cit., pág. 189.

No es de extrañar que Arce, que veía ya en la Asamblea un enemigo declarado, se lanzaba a la guerra civil, hubiera querido que se disolviese; pero indudablemente, sus providencias a este respecto no produjeron tal resultado. La intimación de que habla Marure, si la hubo, y la ocupación de rentas por deuda a la Federación, no impidieron a la Asamblea continuar funcionando. Lo que de hecho disolvió todo el Gobierno fue la muerte del Vice-Jefe Flores; entonces los Diputados ya no pensaron más que en su propia salvación. Es innegable que Arce mandó fuerzas contra Pierson que ya en insurrección se organizaba y fortificaba en Patsum; y así no es chocante que desde el 15 de octubre tales fuerzas estuvieran en marcha, pero, como dice don Manuel Montúfar, permanecieron en Mixco hasta el 19 que tuvieron noticia de la revolución de Quezaltenango. Es probable que sabedor entonces Arce de los excesos de Pierson en Salcajá haya hecho que las tropas siguieran su camino para aprehenderlo o batirlo. Véase a M. Montúfar, obra cit., pág. 58.

Pierson fue el primero en huir, de forma que abandonó todos sus papeles, y por ellos se supo que después de la muerte de Flores volvió a tomar el mando el Jefe Barrundia y que nombró su Secretario a Simón Vasconcelos: que tan pronto como las tropas federales se movieron de Guatemala, Barrundia se ocultó, y que Pierson quedó facultado por él para hacer la guerra, pudiendo tomar los caudales públicos y disponer de todo. Era propiamente un Jefe de Estado con facultades omnímodas (Los papeles de Pierson existían en el archivo de la Secretaría de la Guerra hasta el mes de agosto de 1829).

Mas yo requiero la buena fe de los hombres instruidos para que con ella decidan, si podía Barrundia procesado volver a funcionar antes de indemnizarse: si el Gobierno Supremo podía reconocerlo, y si tenía facultad para delegar la Magistratura del Estado en un extranjero que no era ciudadano, o sea para autorizarlo como lo autorizó. Estas cuestiones son muy graves y no es posible callarlas. No es preciso conocer nuestras Constituciones para fallar en este negocio; basta saber los principios generales del derecho civil, y según ellos resolver; pero como no ha de faltar entre nosotros algún entusiasta que imprima en el *Boletín* o en otro periódico de Centro América una diatriba para convencer que sí podía Barrundia recobrar el Gobierno del Estado, muerto que fue Flores, me es preciso reiterar que requiero a los hombres de buena fe, y no a los miembros de facción, ni a los que han hecho su fortuna a la sombra de la revolución, ni a aquellos que si desmoralizando al pueblo habían de medrar, lo desmoralizan. Para no dejar, en fin, ningún resquicio a las cavilaciones, creo conveniente decir que, aun suponiendo que pudiera Barrundia tomar otra vez el mando sin embargo de las prohibiciones legales, era indispensable para que el Supremo Gobierno lo reconociera, que participara oficialmente y en debida forma su nuevo rango, porque el Presidente no tiene obligación de adivinar estas metamorfosis de las revoluciones.

Se cruzaban todos estos acontecimientos puntualmente al tiempo en que el Congreso debía reunirse y abrir sus sesiones extraordinarias de 1.º de octubre del año de 1826. La convocatoria se dio a solicitud mía en el Senado, como he manifestado antes; y sin embargo de que era la misma Corporación en que, hablando ingenuamente, tuvo el primer origen el trastorno público, yo me encontré en Palacio el día designado con todas las autoridades para ir al edificio de sesiones a abrirlas. En este acto me había propuesto hacer al Cuerpo Legislativo una relación exacta del estado de la República e indicarle los remedios que a mi juicio podían curar los males de la Patria. Ciertamente hubiera propuesto al Congreso el decreto de 1.º de octubre de 826 como único medio de evitar las catástrofes que hemos presenciado: para mí es indudable que el Congreso no lo hubiera admitido; pero al menos habría yo llenado mis deberes sin ningún compromiso. Las divisiones en que estaban los Diputados entre sí impidieron más que nada que tuviese efecto la convocatoria: testigos de ello son muchos de los Diputados actuales, que empeñaron todos sus esfuerzos para completar el número de representantes que por la Constitución es necesario para que haya Congreso, y por más que se fatigaron no lo consiguieron (Cuando escribí esto estaban funcionando aquellos mismos Diputados, que son los que han decretado la proscripción mía).

Se apeló a las facultades que da la ley de 29 de junio de 1826, en cuya virtud se hicieron todas las compulsiones que estuvieron al alcance del partido exaltado, y ni por esto se logró que se prestaran a concurrir muchos Representantes propietarios y suplentes. Por último vino a aumentar las dificultades una disposición de la Asamblea del Estado del Salvador, en que previno a los miembros del Congreso que representaban aquel Estado: que concurriesen a las referidas sesiones con el único objeto de acordar la traslación de las Supremas Autoridades Federales a un punto distinto de Guatemala y más en contacto con los otros Estados de la Unión. No quedaba, pues, la menor esperanza de que el Congreso funcionara, y los apuros del Supremo Gobierno eran muy crecidos y urgentes. Rodeado de tan tremendas circunstancias y de otras más graves aún, que he de desenvolver, dicté el benéfico decreto de 1.º de octubre, llamando a la Nación a que viniera ella misma a poner las manos en las llagas de que adolecía y que solo ella podía curar. Esta medida en nada se opuso a que el Congreso ordinario abriera las sesiones extraordinarias, si el número de Diputados llegaba a completarse, como que permanecieron las juntas preparatorias todo el tiempo que gustaron asistir al edificio los Diputados que las componían: por último se cansaron de una faena, que la experiencia les acreditó cuán inútil era, y cesaron dichas juntas.

Marure inculpa a Arce por no haberse reunido el Congreso, fundado en lo siguiente: 1.º Sus adictos y amigos se oponían a ello; 2.º El Gobierno del Salvador, con quien estaba íntimamente ligado, previno a sus Diputados que no concurriesen al Congreso sino era para acordar la traslación de las Autoridades Federales a un punto distante de Guatemala y más en contacto con los otros Estados. 3.º Arce elogió esta providencia en circular de 7 de setiembre de 1826, calificando de patriótica la conducta renuente de los Diputados serviles. 4.º Aseguró en su decreto de 1.º de octubre que una de las causas para emitirlo era el deseo de que su conducta fuese examinada por Representantes imparciales que no estuviesen complicados en los sucesos que lo habían estrechado». Marure, obra cit., pág. 173. «Era infalible que al reunirse el Congreso declaraba haber lugar a formación de causa contra Arce, y que si éste se resistía, las hostilidades comenzaban dentro de la misma Capital y de todas suertes San Salvador haría la guerra a Guatemala para sostenerlo. Así es que muchos Diputados por afecto a la persona de Arce, y otros por evitar la guerra, no querían la reunión del Congreso, y la impedían, negándose a concurrir». M. Montúfar, obra cit., pág. 16.

Pero entretanto hicieron todo el mal posible acerbando los ánimos con sus papeles públicos, con sus correspondencias privadas, y particularmente, reprobando el decreto, porque sabían bien que reunida la Nación estaban perdidos; y prefirieron sus intereses personales a la conveniencia pública. Yo presento hoy el expresado decreto, en comprobación de que él únicamente pudo salvar a Centro América.

«El Presidente de la República se ha servido expedir el decreto que sigue:

»El Presidente de la República de Centro América,

CONSIDERANDO:

»1.º Que la Constitución Federal lo hace responsable de la conservación del orden público: que éste es la primera necesidad de los pueblos, y que sin él no existen las garantías individuales y sociales.

»2.º Que los atentados contra la Ley Fundamental, que desde principios de este año amenazan trastornos y provocan la guerra civil, han tomado origen en muchos de los funcionarios encargados de los poderes públicos; y que cuando se encuentra la división de las autoridades, y éstas complicadas en las facciones domésticas de los ciudadanos, no tiene medios la Constitución para salvar la libertad y el gobierno establecido.

»3.º Que el Estado de Honduras se halla desorganizado, habiéndose disuelto por la imposibilidad de funcionar su Asamblea Legislativa, no existiendo el Consejo representativo ni Corte de Justicia.

»4.º Que en el Estado de Nicaragua la grande oposición que existe entre los Representantes que ejercen el Poder Legislativo y el funcionario encargado del Ejecutivo, ha renovado la antigua división de aquellos pueblos, exaltado las pasiones de partido y armado las poblaciones que se amenazan mutuamente y procuran su ruina.

»5.º Que el Gobierno del Estado de Guatemala, conspirando contra el General de la República, ocupó Rentas Federales, levantó fuerzas y organizó la guerra civil en auxilio de un extranjero criminal, para impedir el ejercicio de las facultades gubernativas y de las judiciales de las Autoridades de la Federación, atacando a sus tropas, y protegiendo el crimen de desobediencia y de insubordinación, bajo el pretexto de sostener las leyes fundamentales; cuando contra ellas mismas se obraba de un modo directo, y la Asamblea y el Jefe destruían la Constitución Federal y la particular de Guatemala, arrogándose y ejerciendo un poder discrecionario e ilimitado. Que el mismo Gobierno, perseverando en sus planes de conspiración, continúa levantando fuerzas contra las prohibiciones constitucionales, y de un modo arbitrario y violento: administra los caudales del Estado privadamente sin orden ni regla: ataca la propiedad particular, haciendo exacciones forzosas, sin ser generales ni estar proporcionalmente distribuidas; y por fin, pone las armas del Estado en manos de extranjeros y desertores, con solo la mira de destruir al Gobierno Nacional; contrariando con esta conducta la opinión de los pueblos, manifestada con hechos positivos, especialmente en varios de ellos que han resistido las órdenes de sus autoridades.

»6.º Que el Congreso Federal, al terminar sus sesiones ordinarias de este año, no tenía la representación completa de los Estados; y de su mismo seno partían las dudas y las contradicciones sobre la validez con que ejercía el Poder Legislativo; que por este motivo se retiró la Representación del Estado del Salvador y la de Costa Rica; que el de Nicaragua con una representación supletoria e incompleta, lo mismo que el de Honduras, no podían contrabalancear la representación del de Guatemala, que sola excede a la de los demás Estados y tiene una preponderancia indestructible en las deliberaciones. Que estas circunstancias unidas a los negocios a que el Congreso dedicó su atención, debilitaron su fuerza moral en los Estados de la Unión, alentando al mismo tiempo al Gobierno de Guatemala para tomar una actitud hostil contra el Poder Ejecutivo de la República, al que por todos medios se procuró imposibilitar para el desempeño de sus atribuciones. Que el Congreso convocado a sesiones extraordinarias no ha podido reunirse hasta ahora, cuando debió abrirlas desde el 1.º del corriente mes: que no ha concurrido la representación de los Estados que se retiró en las sesiones ordinarias, y que su renuencia a concurrir persuade la imposibilidad de la reunión del Cuerpo deliberante: que aun cuando fuera posible que ésta se verificase, sería en fuerza de medidas ilegales y violentas, que adoptan los mismos representantes, cuyas operaciones anticonstitucionales y arbitrarias motivaron anteriormente la separación de los del Salvador y Costa Rica: que no concurriendo más que un representante por el primero de estos Estados, tres por el de Nicaragua y dos por el de Honduras; el de Guatemala con su representación completa de diecisiete Diputados decidiría de la suerte de la República, sin que toda ella esté representada, anulando así el derecho y representación de los otros Estados: que el Congreso se compondría de la misma mayoría de Representantes complicada con las autoridades de Guatemala en las infracciones de la Ley Fundamental; y que en medio de tales circunstancias el Cuerpo Legislativo sería impotente para restablecer la paz y quietud pública, refrenar el desorden y remediar todos los males que amenazan a la Nación.

»7.º Que el Senado de la República no existe funcionando por la no concurrencia del número de Senadores que requiere la Constitución; y que en consecuencia el Poder Ejecutivo se encuentra aislado, sin consejo y sin la cooperación de aquellas Supremas Autoridades para restablecer el orden constitucional.

»8.º Que la opinión pública está decidida y clama porque se adopten medidas bastantes para asegurar el logro de objetos de tanto interés: que estas medidas son superiores a las facultades con que obra el Ejecutivo; y que en tal concepto los mismos pueblos deben ser informados de la actual situación y de las circunstancias que rodean a los depositarios de los poderes públicos, para que en su vista puedan obrar con la plenitud de facultades anexa a la soberanía que reside solo en ellos.

»9.º Que no hay sino el Tribunal imparcial de la Nación, por medio de sus representantes nueva y libremente electos, que pueda juzgar de las causas de sus delegados, cuando existen acusaciones recíprocas fundadas en la infracción de la ley; y que un primer pronunciamiento es necesario para que los mismos pueblos pongan en ejercicio sus derechos.

»10.º Que la situación de la República, así por los últimos acontecimientos, como por las actitudes de Europa y los intereses de Centro América en la posición de las demás Repúblicas continentales, exigen un examen detenido y más providencias legislativas tan escrupulosas como extensas.

»11.º Que en este concepto es necesaria e indispensable la reunión de un Congreso Nacional plenamente autorizado por los pueblos para restablecer el orden constitucional y proveer a todas las necesidades de la República en circunstancias tan urgentes.

»12.º Que de lo contrario las mismas circunstancias y la necesidad de alejar los males con que la desorganización, la anarquía y el desenfreno de las pasiones amenazan a los pueblos, acumularían sucesivamente sobre el Ejecutivo un grado de poder y autoridad, tanto más peligroso para las libertades públicas, cuanto que la Suprema Magistratura está confiada a una sola persona.

»Habiéndolo todo en consideración; y no queriendo el Presidente arrogarse plenas facultades: deseando que su conducta sea examinada por representantes imparciales no complicados en los sucesos que la han estrechado: hallándose en la necesidad de asegurar la paz interior, y de destruir las facciones que han tomado las armas para atacar al Poder encargado de la conservación del orden: con el objeto de satisfacer el voto público, y cumplir con los deberes de su cargo, correspondiendo a la confianza de la Nación;

DECRETA:

«1.º Se convoca un Congreso Nacional extraordinario, plenamente autorizado por los pueblos para restablecer el orden constitucional, y proveer por todos los medios propios de su poder y sabiduría a las necesidades de la República.

»2.º Se compondrá de representantes libremente electos por los pueblos con arreglo a la Constitución, en razón de dos por cada treinta mil habitantes.

»3.º Se instalará en la villa de Cojutepeque, luego que se haya reunido la mayoría absoluta de los Representantes de toda la República; y después de instalado designará él mismo el lugar de su residencia.

»4.º Entre tanto el Ejecutivo protegerá con todo su poder el libre uso de la propiedad y garantizará la seguridad y libertad individual, sin desviarse de la Constitución Federal y de las leyes vigentes: conservará el orden; y responderá de su conducta y de todas las medidas que exija la conservación de la tranquilidad pública ante el Congreso Nacional extraordinario.

»5.º Este decreto se comunicará a la Comisión permanente del Congreso Federal, a la Suprema Corte de Justicia, al Presidente del Senado y demás autoridades y funcionarios de la Federación y a los Jefes de los Estados; a cuyo efecto, imprímase.

»Dado en el Palacio Nacional de Guatemala, a 1.º de octubre de 1826.—6.º—4.º—Manuel José Arce.—El Oficial Mayor encargado del Ministerio de Relaciones Exteriores.—Francisco M. Beteta.»

Marure censura fuertemente el decreto de Arce, que considera atentatorio a la ley. Pero no es tanto por esto que lo critica acerbamente, cuanto porque juzga que lo que se proponía el partido servil era centralizar el Gobierno, darle más Diputados al Salvador y poner el Congreso bajo la influencia de este Gobierno, uno de los más empeñados en que no se declarase la responsabilidad al Presidente.

La centralización de que habla Marure y a la que aludió también la Junta preparatoria de Congreso, habría sido uno de los remedios más eficaces para curar a Centroamérica de revoluciones y asegurar la estabilidad de la República. El dar más Diputados al Salvador, así como a los otros Estados, era cabalmente un acto de estricta justicia hacia ellos, a quienes se tenía en ridícula minoría en el Congreso Federal, siendo Guatemala quien daba la ley, por constituirse la mayoría con solo sus Diputados. En cuanto a la responsabilidad del

Presidente, si él contaba con la mayoría del Congreso, como naturalmente habría de suceder, pues todavía no se ha dado caso de que esta clase de Congresos declare responsable al mismo que mandó elegirlo, no se necesitaba de que la reunión se verificase en El Salvador para resultar absuelto.

Al convocar la Nación para un Congreso extraordinario, mis miras se dirigieron a reunir todas las ventajas posibles y a remover todos los males posibles. Yo había meditado muy detenidamente en la posición política de Centro América y estaba bien penetrado de que las atribuciones que la Constitución de la República confiere al Congreso ordinario eran insuficientes para obrar como en aquella época correspondía. Esta Corporación no puede ensanchar dichas atribuciones porque al momento se convierte en una autoridad que abusa del depósito de las leyes para violarlas: era indispensable que obrase con entera sujeción a sus facultades, desentendiéndose de la política. Por tanto, todo lo que legalmente podía hacer estaba reducido a decretar una amnistía que pusiera en perpetuo olvido las acusaciones mutuas que había entre las autoridades, en las que tenía el peor lugar una gran parte de los mismos Diputados que formaban la Legislatura; pero para poder emitir semejante decreto, debía salir la iniciativa del Presidente de la República; y el honor exigía de mí que nunca diera un paso de esta naturaleza, porque, aunque falsamente se hería mi reputación por el partido revolucionario, como acontece siempre en las revueltas intestinas, debía sujetar mi administración a un examen rígido a la faz de los centroamericanos. Todo esto ha de entenderse suponiendo que el Congreso no estuviera enfermo de faccionismo y de anarquía, porque de lo contrario muy ajeno de hacer el menor bien, lo llevaría todo a fuego y sangre hasta consumirlo.

La experiencia ha acreditado con cuánta exactitud juzgaba yo así con respecto al Congreso que funcionaba en 1826, pues que reunido en 829 ha destruido hasta asociarse en destrucciones.

Tres fueron los ataques que dieron contra el decreto de 1.º de octubre, los que lo desaprobaron. El primero consistió en ocurrir al talismán del federalismo, inventando a pesar de la verdad, que se proyectaba destruirlo. El segundo se redujo a vociferar que era obra de algunas personas, que por ser las principales en el partido moderado parecería odioso lo que de ellas procediera; y el tercero fue apelar a la fruslería de que solo el Senado puede por la Constitución convocar. Nada de esto era cierto ni hubiera sido posible sostenerlo, procediendo con integridad y escuchando la razón: porque ningún sistema se procura destruir, manteniendo la tranquilidad y el orden público y haciendo que en él prosperen los pueblos. Yo querría esto, pues que me esforzaba en que terminasen las agitaciones en las que no puede encontrarse ninguna ventaja y solamente se recogen por fruto de ellas desastres que aniquilan los hombres y las cosas. Para que las instituciones políticas lleguen a fijarse, es preciso que hagan la felicidad de los pueblos, que es el único y esencial objeto de todos los gobiernos; pero si en vez de hacerlos felices los llenan de desgracias, es de necesidad variarlas porque no corresponden a su objeto. Consultando los principios, el pueblo es el soberano y el que únicamente puede dictar la forma de la administración cuando lo tenga por conveniente: en las transiciones políticas el pueblo se propone pasar de lo malo a lo bueno; y como no puede negarse que la guerra civil y la anarquía no solo son malas sino pésimas, es indispensable convenir en que el que trabaja por librar a la sociedad de tan crueles azotes, es el que se propone consolidar un sistema de gobierno. Discurriendo en sentido opuesto, debe decirse lo contrario de los promovedores de la revolución y de los trastornos públicos, porque atrayendo perjuicios incalculables sobre la Nación, la fatigan de tal manera, que a ocasiones la ponen en el extremo de preferir el dominio de un déspota para descansar de los estragos de hombres pérfidos, que bajo la máscara del patriotismo son unos verdaderos asesinos nacionales. Yo sé muy bien que hay algunas revoluciones benéficas y por tanto necesarias, como la que ha hecho la América para recuperar sus derechos y librarse del dominio español; pero sé también que hay otras muchas perversas y que es un crimen promoverlas, como es la de Centro América en 1826, que no tuvo otro fin que saciar las ambiciones de sus autores, la mayor parte de ellos sin ocupación, sin talento, ni moralidad.

Las personas a quienes se atribuyó el referido decreto, puedo decir que más lo desaprobaron que influyeron en su emisión: conocían que era la única medida que salvaría la Patria, pero temían que sus consecuencias no fueran muy favorables a sus intenciones; así lo expuse en aquel tiempo en un Manifiesto que hice publicar bajo el título de *Verdaderos resultados del decreto de 1.º de octubre*.

Es cierto que la Constitución confiere al Senado la facultad de convocar el Congreso, citando los suplentes de los representantes que hubieren fallecido durante el receso: art. 101. Mas de este mismo texto se advierte con toda claridad que habla del Congreso ordinario, pues llama a los supernumerarios en falta de los Diputados en propiedad. Esta es una cosa muy distinta de mi decreto, en el que propiamente llamé a la Nación y no a sus representantes del Congreso ordinario: ella debía deliberar si los nombraba y autorizaba de la manera que se proponía, y su voluntad no debió oprimirse con las armas. Supóngase que cualquier centroamericano, considerando que su Patria está en un inminente peligro, levanta la voz para convocar a sus compatriotas a que elijan unos apoderados que examinen su estado y le apliquen los remedios adecuados. ¿Infringe este hombre la ley? No por cierto. ¿Puede decirse que le era vedado dar este paso? Tampoco, puesto que es miembro de la República y como tal tiene interés directo en su bienestar y tiene igualmente un perfecto derecho para procurarlo. ¿Y es posible que lo que es lícito en el último individuo de Centro América le esté prohibido al primer Jefe, a quien las leyes encargan y hacen responsable del orden y prosperidad nacional? Yo recuerdo, que con igual motivo decía el Abate Sieyes en la Asamblea de Francia: «No se pregunte quién puede convocar sino quién no puede convocar».

La Nación y solo ella podía deliberar sobre su estado político, que era peligroso a par de la muerte: solo ella podía abrazar todos los inconvenientes, prever todos los riesgos: solo ella podía dispensar las leyes comunes para contener males extraordinarios: solo ella podía perdonar a unos, reprender a otros, y castigar a los que fuesen incapaces de enmienda sin sujeción ni traba alguna: solo ella con su pleno poder tiene facultad para separar de los negocios a los malos y reponerlos con personas de calma y de justificación: solo ella, en fin, podía decretar con acierto y prontitud su bien y su propia existencia, que ya desfallecía. Sí, desfallecía por un desconcierto general provenido de intereses opuestos y de pretensiones desarregladas, de que había resultado la furiosa exaltación de las pasiones, y de esta el movimiento convulso de todo lo malo y la parálisis de todo lo bueno. Una medida que conciliara los intereses y satisficiera las pretensiones cuanto fuese posible: que calmara las pasiones y aquietase las convulsiones sin abrir nuevas llagas: que diese acción a lo bueno y suspendiera la acción de lo malo, era la única que debía aplicarse a Centroamérica; y tal fue la que contenía el decreto de 1.º de octubre de 826. Yo pregunto si se hubiera adoptado, ¿lloraría hoy la Patria la pérdida de diez mil personas que han perecido por la guerra y por sus consecuencias? ¿Lloraría el incendio de los pueblos, los saqueos de las ciudades, el robo de los campos, el aniquilamiento de las fortunas, la desmoralización pública y ese tremendo encarnizamiento de odios, que tenemos por fruto de la revolución? Puede contestarse que no. Pues si tales hubieran sido sus resultados, ¿cómo era posible decir que el Presidente no podía dictarla?

Hoy muy al revés puedo yo decir lo mismo que un escritor francés, que recogió las lecciones de la Revolución de Francia para enseñanza de los hombres de Estado: las copio porque deseo vivamente que los que se han puesto al frente de los negocios de mi país recobren el juicio que hace tiempo perdieron, y que no lo pierdan los que les sucedan, para que la hermosa Centro América escape en lo venidero de los efectos terribles de los bandos. Estas son sus palabras:

«Tiempo es de descubrir una verdad dolorosa, no obstante que puede irritar contra el escritor por demasiado atrevido, por revelarla a aquellos hombres que tienen más celo en hacer pruebas del poder y dominio, que en adquirir las luces necesarias que enseñan a usar bien de él; pero no importa, pues que ya lo exige el bien común, voy a descubrirla. Admirados de que la felicidad que nos anunciaron, solo haya sido un sueño que al despertarnos se ha desvanecido, preguntamos, que ¿cómo a pesar de cuantos sacrificios tenemos hechos y de las amplias facultades que dimos a los que nos gobiernan para que cumpliesen sus promesas, no obstante estamos luchando contra toda clase de calamidades, sin que podamos esperar de lo futuro, sino un estado más desastroso que el actual? He aquí la causa de este triste fenómeno. Nuestras desgracias nacen de que ha cinco años que los bandos son los que nos gobiernan. Toda la República dividida en varios partidos, no debe esperar ningún orden ni dicha, porque las leyes se hacen a favor de los vencedores y no por el bien general; y los que más se rigen por parcialidades que por leyes justas necesariamente se ven en un continuo estado de división: por lo que ni aun el partido dominante puede defenderse del origen que fue causa naciesen los poderes divididos entre sí, que él mismo creó para su propia conservación. Vemos renovarse cinco años ha las lamentables escenas que en el siglo XV trastornaron una República de Italia y acabaron de exterminarla. Se vio en Florencia suceder los Güelfos a los Gibelinos: arruinarse unos y otros, y dividirse la ciudad en blancos y negros. Acabados ambos partidos dieron entrada a los Ricci y a los Albizi; y habiendo estos últimos ganado a los primeros, también llegó tiempo en que se dividieron».

CAPÍTULO VIII: GOLPES MORTALES

Comportamiento de las autoridades del Estado del Salvador al principio de la revolución. —Se cambia repentinamente el Gobierno del propio Estado. —Causas de este cambio.—Convocatoria dada por el mismo Gobierno para que se reuniese el Congreso ordinario en Ahuachapán. —El Supremo Poder Ejecutivo convoca al Estado de Guatemala para que elija sus autoridades propias.

He manifestado anteriormente que comunicaba a los Jefes de los Estados de la Unión todos los acontecimientos de gravedad que ocurrían en la administración interior de la República. Esta práctica me pareció siempre justa y necesaria: justa, porque aquellos funcionarios son unos miembros principales en la organización de nuestro sistema de Gobierno; y necesaria, porque ellos ciertamente tienen grandes medios para resistir, cuando quieran, las providencias del Poder Supremo. Así es que estaban muy instruidos del principio y progresos de la revolución de Guatemala en el mes de setiembre de 1826. Ya se ha visto que el Jefe de San Salvador, ciudadano Juan Vicente Villacorta, me representó en el mes de agosto del mismo año: que ya era tiempo de emplear la fuerza de las armas, porque estaban agotados los medios de armonía y prudencia. Tanto la Asamblea de aquel Estado como el referido Villacorta aprobaron las medidas dictadas por el Gobierno Federal para reprimir a Barrundia (Documento n.º 8), en cuya consecuencia marcharon 300 hombres de las tropas de San Salvador con el único designio de sostener el Gobierno Supremo y de contener el desorden. Esta pequeña fuerza hizo la guarnición de Guatemala mientras la de la Federación se ocupó de Pierson. El comportamiento que tuvieron en aquella ocasión estas autoridades nació de que conocían a fondo los acontecimientos de la época. No se puede omitir lo que en el particular dijo la comisión que nombró la Asamblea para que se dedicara exclusivamente a depurar la certeza de los hechos. «La comisión especial nombrada para examinar los expedientes remitidos por el Gobierno relativos al estado interior y exterior de la República y para dar a este Cuerpo Legislativo su dictamen sobre todo, los ha examinado con la detención que ha permitido la premura del tiempo: ha oído al Secretario del Gobierno (Jefe de Estado), en sus conferencias: ha acumulado las luces de las personas que pudieran dárselas: ha visto los papeles públicos que dicen relación a uno y otro objeto, y ha reunido las noticias y documentos que pudo haber». Por manera que los individuos de la comisión, y por tanto la Asamblea y el Jefe de San Salvador, acopiaron y revisaron todos los materiales de que se puede sacar una certeza moral; y era totalmente imposible que el Presidente pudiera hacerles proceder por engaño o seducción, estando tan al corriente de todo lo que podía suministrarles las mejores nociones. El decreto de 1.º de octubre fue celebrado por la referida Asamblea y autorizó al Jefe del Estado para que lo admitiera con acuerdo del Consejo: y para no alargar este escrito, diré por último que todo en San Salvador respiraba entusiasmo por el Presidente de la República y contra Barrundia y sus parciales. Mas ¿cómo pudo obrarse una mudanza tan repentina y absoluta de parte de los que ejercían el Gobierno cual la ha presenciado toda la República y que incendió las mejores porciones de Centro América? Varias causas concurrieron a producir este fenómeno, que es menester desenvolver.

La principal está en nuestras propias instituciones, que han hecho del Gobierno, que ellas llaman Supremo, un ente sin movimiento ni poder, nulo y ridículo; y como si no bastaran la insuficiencia y degradación de este ser ideal, lo rodearon de otros gobiernos inferiores en la nomenclatura, pero realmente superiores porque abundan de medios para avocarse facultades discrecionales, a que no puede resistir el Jefe de la Nación. En una combinación tan monstruosa del sistema gubernativo, un milagro parecería, que en tiempo en que las pasiones rompen todos los diques y se desencadenan con más furor la ambición, la avaricia y la negra envidia, permanecieran quietos unos súbditos que pueden rebelarse fácilmente y conseguir sus miras a favor de una hipocresía patriótica, que no es conocida por los pueblos hasta después que ha ocasionado los mayores males: en este caso nada importan la consecuencia y el pundonor: se desprecian los sentimientos decentes; y lo único que se proponen en los trastornos es ganar abusando de la sencillez y poca versación de los centroamericanos. De aquí proviene que sea tan laudable la conducta que ha tenido el Estado de Costa Rica: él, apegado siempre a la ley, jamás ha querido traspasar sus deberes; y en la revolución solo se ha mezclado para mediar, conservando en todas sus intervenciones una constante cordura y regularidad. Esta especie de prodigio se debe a las buenas costumbres de los habitantes de Costa Rica y de los funcionarios que los han regido; pero en donde los pueblos son gobernados por hombres sin aptitudes y sin virtud, que obtienen los empleos por la ceguedad con que se procede generalmente en épocas de inexperiencia y de confusión, no es posible que dejen de ser envueltos en las revoluciones, porque sus mandatarios no pueden resistir los estímulos de elevarse más, de enriquecer y de arruinar a las personas que con su mérito hacen resaltar sus defectos. Los gobiernos se constituyen por la voluntad de la Nación, pero se sostienen por la fuerza: un Gobierno que no tiene lo que es necesario para mantenerse, no merece el nombre de tal, porque solo durará mientras falte alguno que quiera destruirlo; y como debe haber muchos que lo deseen e intenten porque no está o porque no se dirige conforme a sus opiniones o a sus intereses, tampoco puede ser que subsista, y de consiguiente no es Gobierno. He aquí la esencia del Supremo Poder Ejecutivo de Centro América, y la persona que lo ejerza ha de ser siempre víctima de su impotencia. De dos clases es la fuerza que apoya los gobiernos, moral y física: aquella es la mejor por ser la más análoga al bienestar de la comunidad; pero en la infancia de las naciones en que la ilustración y la fuerza de las costumbres no han convencido aún a la masa general de que su propia conveniencia exige que no permita ni se preste a que los genios inquietos destruyan el poder creado por el pueblo para su conservación y prosperidad. Es preciso obligar con la fuerza física a los demagogos a que no derroquen el Gobierno, infeccionando el espíritu público con planes venenosos en que se proponen hacer su suerte personal a costa de arruinar la Nación. «Tal es el orden establecido en las cosas humanas, decía Foción, que la prosperidad de los Estados es la cierta y constante recompensa de sus virtudes y la adversidad el castigo infalible de sus vicios. La historia de los siglos pasados instruye al nuestro de esta verdad, y pasando el tiempo también nosotros serviremos de lección a nuestros nietos. Es menester que un pueblo sepa estimar la virtud para dar a sus magistrados el ánimo y constancia que necesitan en el ejercicio de sus funciones. Debe amar la justicia para desear un magistrado que sea siempre justo, firme y tan inflexible como la misma ley. Los ciudadanos viciados lo repugnarán y su probidad les servirá de carga: preferirán un Cleón que halague sus vicios, cuyo corazón esté abierto al interés y cuya mano descuidada deje torcer desigualmente la balanza de la justicia». (*Entretenimientos de Foción*, págs. 31 y 42).

En la América antes española se ha sentido más este mal, porque el régimen colonial fue en extremo duro y bárbaro, como que se apoyaba principalmente en no consentir que los americanos saliesen de la ignorancia y del fanatismo a que los redujo la conquista, y no es por esta razón extraño que en las nuevas Repúblicas de nuestro continente carezcan las masas todavía de las virtudes que han de afianzar sus verdaderos bienes, distinguiéndolos de los intereses de los hipócritas políticos. En Centroamérica hay un óbice más que enerva la fuerza moral y que detiene el progreso de las virtudes, cual es que todo el mundo está autorizado para calumniar principalmente al que manda, para verter a buen seguro las más horrorosas detracciones; y se ha venido a formar una manera de patriotismo el más extravagante y nocivo de la calumnia y de la detracción: a esto debe agregarse que la poca fuerza física que la ley ha querido dar al Gobierno es casi ilusoria por las dificultades que se presentan siempre para organizarla.

Muy al contrario acontece con los Jefes de los Estados: ellos tienen un poder real y positivo en todos los habitantes del territorio: mandan por sí mismos sin el estropiezo de tocar con otros funcionarios que puedan enfrentar sus órdenes; y aunque las asambleas deben velar en sus acciones y declararlos responsables por la infracción de la ley, han encontrado el secreto de dominarlas, ora sea porque pueden influir inmediatamente en las elecciones y sacar los Diputados de entre sus amigos y familiares, ora sea porque pueden disolverlas empleando la fuerza si son opuestas a sus procederes. Así lo han ejecutado el Vice-Jefe de Nicaragua y el Jefe de Honduras en el año de 1826; y aunque en San Salvador no ha sucedido otro tanto, es porque la Asamblea ha observado una prudencia rara; pero muy claramente se ha quejado de las violencias de Prado. En la contestación que dio a las amenazas de este Vice-Jefe en 17 de diciembre de 1828, se explica en estos términos:

«Las protestas de obedecer la ley y hacerla respetar no tienen otro objeto que amenazar e intimidar a la Asamblea, y más oportuno hubiera sido que categóricamente lo expresase, o de hecho atentase contra el Poder Soberano, que usar de frases que indican lo mismo».

La Constitución no creó las autoridades que debieran estar respecto de los Jefes de los Estados en la misma proporción que están ellos respecto del Gobierno Federal: esta es una falta grave de la ley, pues que no supo enlazar con igual fuerza todas las partes de la máquina. Las atribuciones del Presidente de la República son tan febles que nada puede por sí: si se trata de conferir empleos, los ha de proveer a propuesta del Senado y de las otras autoridades por una terna rigorosa; si éstos se comportan indebidamente, no puede separarlos sin pruebas justificativas de ineptitud o inobediencia y con acuerdo, en vista de ellas, de las dos terceras partes del expresado Cuerpo. Para todo lo que concierna al servicio de la República debe entenderse con los Jefes de los Estados; y de ellos ha de recibir los hombres para la tropa federal y el dinero para los gastos de la administración. El Senado es una autoridad que ha extirpado el dogma de la división de los poderes, porque reúne los tres; el Legislativo, porque tiene la sanción de la ley; el Ejecutivo, porque puede pedir informes al Gobierno y debe aconsejarlo sobre la inteligencia de la ley, en los negocios diplomáticos, en los del gobierno interior de la República y en los de guerra e insurrección; interviene en el nombramiento del Jefe de armas y de todos los oficiales del ejército de Coronel inclusive arriba; y ha de declarar la responsabilidad a los Secretarios del Gobierno Supremo, al Comandante de las armas, a los de los puertos y fronteras y a los Ministros de Hacienda Pública; y por tanto es una verdad que dependen más del Senado los funcionarios del Gobierno Federal, que del Presidente de la República. En fin, está investido del Poder Judicial, porque ha de juzgar a los individuos de la Corte Suprema de Justicia un Tribunal compuesto de los Suplentes del Senado y del Congreso, y en apelación juzgará también al Presidente y Vice-Presidente. Resulta de aquí naturalmente que siendo tan insignificante el Jefe de la República es muy fácil que los Jefes de los Estados se subleven contra él, y que es un interés mutuo en estas autoridades ayudarse recíprocamente en las sublevaciones para que nunca pueda ser destruida su supremacía.

Las elecciones que se celebraron en Guatemala para Diputados al Congreso extraordinario y para las autoridades del Estado fue otra causa del cambio de San Salvador, porque los más de los electos eran sujetos decididos en el partido moderado y había muchos que pertenecían a lo que los exaltados llaman nobleza. No era fácil que sucediese de otro modo; porque habiéndose sublevado Barrundia con los corifeos de la facción de los Fiebres, y habiendo caído todos ellos por los diversos acontecimientos que provocaron, lo natural era que les sucediesen los del partido opuesto. Con todo, yo no aprobé que se colocaran en los primeros empleos.

El edicto o pastoral con que la publicó el Arzobispo resultaba excluido del jubileo el Estado del Salvador, porque allí no se reconocía la autoridad del Metropolitano. Delgado hubiera querido que en Guatemala no se publicase el jubileo, porque en El Salvador no se indispusiesen los pueblos contra el nuevo Obispo que no podía comunicarles estas gracias espirituales. Por otra parte, los nuevos Diputados de la Asamblea de San Salvador no estaban por el Episcopado, ni por sus escándalos, y a Delgado le convenía llamar la atención de todo el Estado a un asunto más grande. Estas son las causas que han influido en las anomalías de San Salvador, durante el curso de la revolución. Siempre la mitra de Delgado sobresalía en todos los intereses. Molina tenía los suyos y sus opiniones, y diestro en aprovecharse de todo, sacó partido de todos los elementos que encontró en El Salvador».—M. Montúfar, obra cit., pág. 60.

«Los liberales de Guatemala que conocían el carácter de sus vecinos, dice Marure, volaron a San Salvador, despertando el localismo con la aserción de que se iba a establecer un Gobierno central y que por él iban a quedar sujetos a su antigua Metrópoli: que los principales destinos estaban en manos de nobles: que más de 200 españoles antiindependientes prestaban servicio militar en las tropas de Arce, y que los serviles habían pedido auxilio a La Habana y que, en fin, nada era más fácil que triunfar de Arce que estaba completamente desopinado».—Marure, obra citada, pág. 13, tomo 2.

Los que con más calor y mejor suceso emplearon este resorte con el doctor Delgado fueron el Secretario del Jefe Villacorta, ciudadano Ignacio Marticorena, hombre perdido en toda su conducta, y el Dr. Pedro Molina, Ministro Plenipotenciario en la gran Asamblea Americana, que regresaba de Panamá con los tratados celebrados entre las potencias reunidas y debía entregarlos personalmente en la Secretaría de Relaciones. Este funcionario del Gobierno Federal se quedó en San Salvador promoviendo la revolución: él traía dispuesto un papel que iba a publicar por la imprenta, convocando a la Nación para que se constituyese en un régimen central, y a más de esto era enemigo de la Mitra; mas como las circunstancias le ofrecieran un campo espacioso para revolucionar, abandonó su proyecto, y haciendo traición a sus convencimientos, tomó la máscara de los federalistas y episcopales. Molina ha aspirado siempre a ser el primero en Centro América; y si lo lograre, el mejor sistema de gobierno será aquel en que tenga él menos trabas y pueda su familia representar más. Otros también intrigaron de la misma manera que los antedichos, pero eran gentes en lo general de poco valer, que por sí únicamente nada habrían podido y por tanto debemos considerar autores principales de los males pasados a los sujetos que he nombrado; los cuales no solo pervirtieron al Dr. Delgado, que tenía una influencia definitiva en San Salvador, sino que al mismo tiempo abusaron de la decrepitud del Jefe Villacorta para convertirlo contra el Supremo Gobierno: dirigieron sus maquinaciones sobre el flanco débil de aquel pobre anciano que era meterle en la cabeza que solo de él esperaba la Patria su salvación y libertad por su carácter fuerte y constante, inculcándole igualmente la doctrina anárquica de que el Presidente no puede poner las manos en las personas de los Jefes de los Estados, sea cual fuese su proceder. En fin, no quedó patraña ni astucia que no emplearan para pervertir los ánimos en San Salvador, y tuvieron la cruel complacencia de conseguirlo. En tal estado, se hizo aquella ciudad un punto de acogida para todos los enemigos del Supremo Poder Ejecutivo que por los acontecimientos de Guatemala andaban dispersos por los pueblos, ya porque la execración pública los perseguía y ya porque no podían soportar la vergüenza de sus desaciertos. Semejante reunión de hombres acabó de empeorarlo todo, y ni la Asamblea ni el Consejo del Estado, que continuaron consecuentes con el Gobierno Supremo, pudieron detener el torrente que se precipitó a su presencia.

Bien fuese que Villacorta conociera la gravedad de los empeños que contrajo con los revolucionarios, o bien fuese que su avanzada edad y sus continuas dolencias no pudieran resistir los sucesos, él se desprendió del mando y lo puso en manos del Vice-Jefe ciudadano Mariano Prado, con lo que llegó a su último término lo malo de las cosas. Este sujeto reúne una porción de cualidades muy a propósito para obrar mal: tiene un cerebro pobre e indigente y necesita siempre ser dirigido; tiene un corazón insano que abriga constantemente odios y venganzas; está dominado por la ruin avaricia, y nunca se sacia con lo que posee, ansiando siempre poseer más; su ambición es del tamaño de su insuficiencia, y su carácter se distingue por una terquedad brusca. Es sumiso con los poderosos y arrogante con los infelices. Colocado en el Gobierno de San Salvador, se abandonó a los hombres más malos y bajo su dirección ha dado horribles puñaladas a su Patria. Comenzó su administración reprobando el decreto de 1.º de octubre de 1826; enseguida emitió por sí otro decreto convocando al Congreso ordinario, que no pudo reunirse en el mismo octubre de aquel año, para que fuese a abrir sus sesiones a la villa de Ahuachapán; lo que en verdad era una positiva infracción de la ley, porque, como se ha visto, solo el Senado tiene facultad de convocar a los miembros de esta Corporación y solo ella puede señalar el lugar de sus sesiones. [13]

Así daba golpes mortales sobre la tranquilidad y el orden público, porque congregar a unos hombres, que puede decirse fueron los primeros que encendieron el fuego revolucionario, cuando todo zozobraba en la República, era lo mismo que abrir el cráter de un volcán, cuyos fuegos convertirían en pavesas a Centro América. Se puso en el conocimiento del Supremo Gobierno esta medida de destrucción, quien se abstuvo de aprobarla,

pero tampoco quiso desaprobarla, para dejar en libertad a los Diputados de concurrir a Ahuachapán si gustaban reunirse, y a los pueblos de reconocer aquel Congreso, si les convenía. Los Representantes de Guatemala, aquellos que más se habían declarado contra el Presidente de la República y que por tener mayoría en los acuerdos invalidaron la Legislatura, introduciendo en ella cuatro suplentes que no eran llamados por la ley, se presentaron primero en Ahuachapán: a mi presencia prepararon su viaje y lo emprendieron; no quise detenerlos.

«Villacorta se había retirado del mando por enfermedad, y entró a ejercerlo el Vice-Jefe don Mariano Prado, verdadera máquina dispuesta a dejar que jugasen todos sus resortes los perversos que le rodeaban. Molina sacó provecho de todo: inspiró el pensamiento de que el Gobierno de El Salvador convocase el Congreso Federal para la villa de Ahuachapán, y la convocatoria se expidió».—M. Montúfar, obra cit., pág. 61.

«Prado era el hombre que necesitaban los liberales, porque estaba dotado de un carácter decidido, de una firmeza a toda prueba y de un

---

[13] Constitución Federal, artículos 101 y 64.

valor civil que jamás se desmintió en medio de los más grandes apuros. Durante su Gobierno, Prado desplegó tanta actividad como rigor y siempre gobernó por las inspiraciones de sus Ministros y consejeros bajo cuya dirección obraba ciegamente».—Marure, obra cit., pág. 15, tomo 2.

Después de su decreto de convocatoria, Prado se ocupó de levantar tropas y San Salvador parecía una plaza de guerra. Se vociferaba que el destino de aquellas fuerzas era sostener las deliberaciones del Congreso de Ahuachapán, y con este pretexto se acantonaron en Santa Ana. Yo, sin embargo de tanto desconcierto, me mantenía con solo la tropa federal, que no pasaba de 500 hombres, porque me propuse alejar las desconfianzas que pudieran afectar los enemigos del Gobierno Supremo. Fui avisado de que intentaba Prado invadir el departamento de Chiquimula, que pertenece al Estado de Guatemala y situé en aquel punto 200 hombres. Me dediqué a observar las operaciones del Vice-Jefe de San Salvador, que se pronunció abiertamente contra el Supremo Poder Ejecutivo y en favor de los facciosos, que antes lo habían atacado; y en medio de tantos cuidados volví mi atención hacia los guatemaltecos, que estaban sin autoridades propias.

La Asamblea de San Salvador decretó en 28 de octubre de 1826: que se excitara al Gobierno de la Nación para que convocase una nueva Asamblea Legislativa en el Estado de Guatemala, por sí mismo, en caso de no existir el Senado. Había disuéltose esta Corporación y me pareció que era digna de considerarse la insinuación de la Legislatura de San Salvador. Encargado el Presidente de la República de conservar el orden, era en mí una obligación proveer a Guatemala de autoridades que desempeñasen las partes de la administración que la ley les ha encomendado: si yo me encargaba de las atribuciones que a ellas corresponden, el orden estaría alterado; y si me desentendía de que los pueblos guardasen el régimen debido, lejos de llenar mis deberes, delinquía. No se encontraba fuera del Supremo Poder Ejecutivo autoridad alguna que debiese convocar, porque solo a este Poder atribuye la Constitución la vigilancia sobre la conservación del orden, que ciertamente consiste en que existan todos los funcionarios y estén expeditas sus respectivas funciones: las Municipalidades únicamente habían escapado de la jornada sangrienta de Quezaltenango, pues los Jefes departamentales fueron quitados y perseguidos en muchos pueblos por ser adictos a Barrundia, y ni eran aquellas Corporaciones las que habrían sido escuchadas, si ellas hubieran dado la convocatoria. Fundado en estas razones llamé a los pueblos de Guatemala a que se congregaran para elegir sus representantes en el Estado y el Jefe y Vice-Jefe de él: mi llamamiento fue admitido con las mayores demostraciones de gozo y de gratitud, porque, en verdad, estaban los guatemaltecos resueltos a no admitir otra vez a los hombres que los condujeron a la revolución; y si el Gobierno Supremo se hubiera propuesto compelerlos a que continuaran obedeciéndolos, lo habrían desconocido sin remedio.—Véanse los documentos n.º 9.

Es puntualmente de lo que más se han quejado los que cesaron de mandar el Estado de Guatemala el año de 1826, y han querido suponerse despojados de sus destinos con conocida injusticia; y de aquí proviene que han llamado y reputan en la actualidad intrusos a los hombres que fueron escogidos por los pueblos en defecto de ellos. Pero yo aseguro que en sus conciencias tienen otra cosa, porque es imposible que desconozcan que fueron disueltos por sus mismos comitentes, que conforme a los principios políticos que ellos profesan, gozan del imprescriptible derecho de insurrección. A más de que es innegable que abandonaron el Estado, puesto que después de la muerte del Vice-Jefe Flores no se presentaron a funcionar en parte alguna, ni era posible que se presentaran, solo renunciando la existencia, porque si antes de la catástrofe de Quezaltenango eran aborrecidos, en lo de adelante fueron a más despreciados, y la menor indicación de pretender entrar de nuevo a los negocios, los exponía a desacatos e insultos que les serían muy costosos. De contado perdieron, desde que se dispersaron, cualquier carácter que tuviesen porque se pusieron en la imposibilidad de llenar sus deberes, y recibieron sus empleos de los pueblos para que los administraran y no para que anduviesen escondidos. Barrundia, por ejemplo, que estando en Sololá acompañado de los consejeros ciudadano Gregorio Salazar y ciudadano José María Santacruz, se fugó sin que estos lo pudieran entender y sin dejarles aviso del punto a donde se dirigía, ya no podía gobernar el Estado, porque huyendo y ocultándose no se gobierna. El derecho de mandar solo se conserva manteniendo la aptitud de mandar, porque el gobierno no es una quimera sino una cosa real y cierta que demanda operaciones de presente y asiduas: si uno se pone en incapacidad de obrar, cae en la incapacidad de gobernar. Cuando el funcionario es despojado de sus funciones por la astucia o por la fuerza y tan luego como está expedito se presenta a funcionar, conserva el derecho de ejercer su empleo; pero si en vez de hacerlo así, huye y abandona a los mismos que debiera regir, los dispensa de obedecerlo y se despoja de todo derecho. Solo loco pudiera reclamar el carácter que perdió por su cobardía y apocamiento. Mucho pudiera escribirse sobre esta materia, mas no es fácil llegar a decir lo que en pocas palabras enseña un escritor célebre del día: oigámoslo:

«El hombre considerado en el estado de la naturaleza, es independiente: considerado en el estado de la sociedad es súbdito del Gobierno que puede dirigirlo y defenderlo, pero si este gobierno lo abandona ya no puede dirigirlo ni defenderlo y el hombre no está obligado a obedecerlo. La sociedad contrata con el Gobierno, ofreciendo obedecerlo para que la gobierne, si no puede gobernarla ningún derecho tiene a exigir obediencia. Los oficios de un gobierno no son una cosa especulativa y abstracta, que pueden hacerse en cualquier lugar como las meditaciones de un filósofo: son acciones de presente: son operaciones que han de ejecutarse sobre el mismo pueblo. Desde el momento pues, en que el Gobierno se halle separado y sin comunicación con la sociedad, cesa su acción y cesa por consecuencia la sumisión correspondiente de los súbditos. Cualquiera que sea el origen, cualquiera que sea el sistema de que se derive la obligación del pueblo de obedecer a su Gobierno, cesa todo el tiempo que éste le desampara, porque la dominación se funda o en la fuerza, y faltando ella cesó la necesidad de obedecer, o en un establecimiento legal, cuyos efectos también han cesado en el acto de la separación. Faltando el Gobierno, sea por necesidad o voluntad, al empeño a que se había obligado y abandonando el pueblo a sí mismo o a sus enemigos, cesan los efectos del contrato y los ciudadanos quedan libres de sus obligaciones. Cuando los pueblos dictan la forma de su Gobierno y nombran el Jefe o Jefes que han de desempeñarlo, el depositario del poder es un oficial del Estado, y en el momento que se inhabilite para desempeñarlo, cesan los efectos de su nombramiento. En este sistema, los ciudadanos, faltando el príncipe, entran a la igualdad que les dio el contrato primitivo, según el cual ninguno tiene derecho de exigir de otro lo que el mismo no hace. De dos modos puede faltar el Gobierno, por exceso o por defecto del uso del poder: falta por exceso, cuando por intereses particulares pasa los justos límites de su autoridad, hollando las leyes y los pactos de su institución: falta por defecto cuando nada manda ni obra, abandonando el pueblo a sí mismo. En ambos casos el pueblo está dispensado de obedecer».

Aplicando esta doctrina a las autoridades de Guatemala del año de 1826, es menester convenir en que dejaron de ser los Jefes del pueblo desde que infringiendo las leyes y hollando el pacto, se excedieron en el uso del poder; y a más de esto, habiendo abandonado los pueblos, fugando y dispersándose en varios puntos, nada podían mandar ni obrar y de contado dispensaron a sus súbditos de que les obedeciesen. En tal concepto era preciso que otros funcionarios repusieran a los que acabaron, porque los pueblos no pueden existir sin quien los gobierne: era justo y urgente darles sucesores, y los que entraron por defecto de ellos, nombrados con los requisitos de la ley y por la voluntad del pueblo, eran los mandatarios legales a quienes se debía obedecer.

CAPÍTULO IX: EXCUSAS PARA INVADIR A HONDURAS

Motivos que tuvo el Gobierno Supremo para poner una guarnición en el departamento de Gracias, del Estado de Honduras. —Comportamiento del Jefe de este Estado. —Rebelión del Vice-Jefe de San Salvador contra el Supremo Gobierno. —Comienza la guerra. —Raoul. —Muerte de Pierson. —Éxito de la primera campaña. —Indulto de Raoul.

Restablecida en Guatemala la tranquilidad pública y el orden legal, era un deber del Gobierno velar sobre los demás ramos de la administración, especialmente en lo que tocaba a la Hacienda, porque sin fondos de qué disponer en las circunstancias difíciles en que se encontraba la República, sería inevitable su total ruina. Reiterados avisos se tenían de que los tabacos almacenados en los Llanos de Santa Rosa iban a ser tomados por el Jefe de Honduras ciudadano Dionisio Herrera, que estaba en continuas agitaciones. En efecto, Honduras sufría un fuerte sacudimiento, por el choque en que estaban entre sí las primeras autoridades y por las escisiones de los pueblos. La Asamblea declaró accidental la Jefatura de Herrera y decretó que se procediese a nuevas elecciones: este funcionario desconoció el decreto de la Asamblea y conservaba el mando. Al mismo tiempo sostenía una especie de guerra con el Provisor Irías que refluía funestamente en los pueblos; porque se dividían mutuamente, unos a favor del Provisor y otros por el Jefe; y los escándalos llegaron al punto que Irías excomulgó a Herrera y éste dictó fuertes órdenes para reducir a prisión a su enemigo. Entre tanto, los departamentos desconocían al Jefe del Estado y uno de los más pronunciados fue el de Gracias que ocurrió al Gobierno Federal, poniéndose bajo su protección y manifestando las causas que lo obligaban a no obedecer más al Gobierno de Honduras. Como he declarado arriba, se encontraba el Gobierno Supremo con una fuerza muy corta, pues que en mis combinaciones no entraba invadir ni quería provocar malignas sospechas; y fue necesario disminuirla más para mandar 200 hombres a situarse en los Llanos de Santa Rosa con el destino de que guardaran los tabacos que estaban en aquel punto. El Teniente Coronel Justo Milla fue encargado de la Comandancia de este destacamento. En las instrucciones que se le dieron, se le previno que se situara en Los Llanos y custodiase los tabacos: que mantuviera el orden en aquella población: que reclutara más tropa del país, si la creía necesaria para desempeñar su comisión; y que si Herrera lo atacaba primero, batiese sus tropas. Después de lo que he expuesto acerca de la ocupación de las armas del Jefe Barrundia y del arresto de su persona, sería fastidioso reiterar las pruebas de derecho que justifican la última parte de estas instrucciones. Es de necesidad desengañarse; si ha de haber Gobierno Federal, si ha de regir la Constitución que lo ha creado, es inevitable que cuando los Jefes de los Estados tomen las armas para atacar y rebelarse contra este Gobierno, sean reprimidos con las armas, porque el poder que se quiere conservar es preciso que repela la fuerza con la fuerza.

El Jefe del Estado de Honduras muy luego dirigió tropas contra el destacamento de Los Llanos, y esta agresión prueba cuánta razón hubo para prevenir a Milla que no permitiera ser atacado impunemente. Entonces, a más de que el Gobierno Federal hubiera llegado a un grado vergonzoso de abatimiento, habría sido consecuencia necesaria de la invasión de Herrera apoderarse de los tabacos y con su producto continuaría haciendo la guerra al Supremo Poder Ejecutivo; y en tal caso debiera evitarse la custodia de aquellos caudales, porque era un menor mal que se perdieran, que el dejar ajada la respetabilidad de este Poder, y violadas las leyes que lo han establecido. Milla batió la tropa del Jefe Herrera, y en seguida marchó sobre Comayagua, en donde aquel funcionario se fortificó, insistiendo en desconocer al Gobierno y agitando desde sus trincheras la guerra civil por todas partes, hasta que al fin la entregó por una capitulación el mismo Comandante de la plaza, de la que se apoderó la fuerza de la Federación.

En las Secretarías de Guerra y de Relaciones quedaron los documentos de todo lo que queda expuesto.

Los objetos con que se le había enviado a aquella Provincia; objetos que pusieron enteramente a descubierto las órdenes que poco después se comunicaron a aquel Jefe, mandándole que acelerase sus operaciones sobre la plaza de Comayagua, y que, rendida ésta, se moviese sobre el departamento de San Miguel para flanquear por este rumbo al Estado del Salvador».—Marure, obra cit., págs. 30 y 31, tomo 2.

El General don Francisco Morazán, en sus memorias, lejos de afirmar que en Yamaranguila fueron sorprendidas y atacadas las fuerzas de Honduras, da a entender lo contrario, explicando, sin embargo, que siendo ellas tan reducidas no podían haber sido destinadas por Herrera sino como una fuerza de observación, pues para combatir a Milla tenía en Comayagua 600 hombres que podía haber movido; hace observar que Milla se internó a Yamaranguila, 28 leguas distante de los Llanos, y a Intibucá que dista 30 de los mismos Llanos; y que siendo esto así, la colisión de esa escolta hondureña con las federales que se introducían desautorizadamente, no podía ser una provocación de Herrera, quien en uso de sus facultades podía dirigir las milicias a cualquier punto del Estado. En comprobación de que Arce fue el agresor, cita una nota reservada que dirigió a Milla en 7 de marzo el Jefe de Estado Mayor, Coronel Manuel Montúfar, en la que le previene sustancialmente que ponga término a los males que causa el Jefe Herrera, haciendo uso de las armas, y que proteja a los que éste perseguía; nota, dice, que se tomó con la en que se previene, con fecha de octubre, al mismo Milla pase a custodiar los tabacos, de resultas de la derrota de Milla en la Trinidad. Los enemigos de Herrera contaban en Guatemala con el apoyo de los moderados que rodeaban a Arce. Milla pudo, estimulado por aquéllos, traspasar los límites de su comisión, internarse más allá de los Llanos, y después del choque con fuerzas de Honduras, hacer comprender a Arce la necesidad de obrar sobre Comayagua.

La nota que cita Morazán está escrita cinco meses después de la expedición de Milla a los Llanos, cuando ya la guerra estaba encendida en Honduras. Es muy posible que los nuevos amigos que rodeaban a Arce y que a cada paso le contrariaban, hayan tergiversado sus órdenes haciéndole aparecer en Honduras como un injusto agresor. Al menos, no conozco un documento en que conste que Milla recibió orden de internarse más allá de los Llanos, para poder creer que Arce, bajo un pretexto fútil llevó la guerra a aquel país. Tanto cree Arce que fue agredido Milla injustamente, que llega a presumir un convenio entre Herrera y Prado por haber coincidido este hecho con la agresión de Prado.

Por otra parte, Arce bien sabía que Herrera no era Jefe legítimo de Honduras. Había concluido su período interinario; la Asamblea mandó reponerlo, y Herrera desobedeció su decreto y continuó mandando. Podía Arce, conforme al espíritu de la Constitución Federal, intervenir para restablecer el régimen de la ley, como intervino el Gobierno Federal en Nicaragua en 1824. Si él, pues, hubiera desde un principio abrigado ese propósito, no había razón para que buscara un pretexto en la guarda del tabaco de los Llanos, ni se hubiera ruborizado de confesarlo en sus Memorias. Su carácter franco y leal, que sus mismos enemigos le han reconocido, no se avenía con un proceder equívoco o doble.

Es de presumirse que hubiese una combinación entre Herrera y el Vice-Jefe de San Salvador Mariano Prado, porque aquél cometió su agresión cuando puntualmente éste hacía otra más atrevida y más criminal.

Se habían reunido en Ahuachapán los Diputados de Guatemala y comenzaban a llegar algunos de San Salvador, los más de ellos conocidos por el furor que desplegaron contra el Gobierno Supremo en las últimas sesiones del Congreso Federal; de forma que parecía ya indudable que el decreto autorizado del Vice-Jefe Prado convocando esta corporación iba a tener un cumplido efecto, cuando las tropas acantonadas en Santa Ana, con el designio aparente de sostener la reunión y las deliberaciones del referido Congreso, se movieron repentinamente y con tanta celeridad sobre la capital de la República, que muy poco faltó para que el Supremo Gobierno fuese sorprendido y disuelto. Era muy peligrosa la posición del Presidente, porque estando casi inerme y siendo la agresión de Prado tan alevosa, no se encontraba la manera de organizar una defensa: todo indicaba la destrucción del Gobierno, en la que anticipadamente se complacían los perturbadores del orden; mas si la tropa arreglada que había en Guatemala era insuficiente por su número para contener a los invasores, se encontraba en los pueblos, sin exceptuar al mismo San Salvador, un entusiasmo decidido por defender al Jefe en la República y por escarmentar la audacia y la perfidia de Prado. Fue por esto que en cuatro días arreglé varios cuerpos de patriotas, que inexpertos y tales como salían de la masa general los saqué a la campaña y los puse delante de los soldados preparados con anticipación para dar los últimos golpes sobre el Supremo Gobierno y arruinar la República. Habiendo yo tomado el mando del ejército, se encargó del ejercicio del Supremo Poder Ejecutivo el señor Vice-Presidente Mariano Beltranena: su primera operación fue oficiar al que mandaba las tropas de Prado, exigiéndole que declarara las causas y las pretensiones de la agresión que estaba ejecutando: lo interpelaba para que reconociese la autoridad Suprema, y le prevenía que suspendiera su marcha hasta recibir nuevas órdenes del Vice-Jefe de San Salvador. La contestación que obtuvo el Vice-Presidente fue enteramente negativa y ni siquiera se prestó a declarar el Comandante invasor cuáles eran las solicitudes del hombre que lo lanzaba como un rayo para aniquilar el Poder Nacional. Documento No. 10. Ya no restaba esperanza alguna de conciliación y era preciso combatir. Los salvadoreños comenzaron la acción y fueron deshechos en el primer encuentro en la llanada de Guadalupe: se retiraron entonces a Arrazola, que es una posición fuerte, y en ella los acabó de romper la milicia bisoña y los pocos veteranos que defendían la causa de Centro América. El 23 de marzo de 1827 se selló en nuestros anales por el triunfo de Arrazola, conseguido sobre el rebelde y pérfido Vice-Jefe Mariano Prado.

"Más de dos meses se perdieron en vanos esfuerzos sin que pudiera verificarse la instalación del Congreso. Entre tanto, el Gobierno del Salvador hacía grandes preparativos de guerra y reunía tropas en Santa Ana y Ahuachapán. Estas tropas se estaban reuniendo con el preciso objeto de hacer cumplir las determinaciones del Congreso y Senado, de darles respetabilidad y la seguridad necesaria para que pudiesen deliberar libremente y fuera de la influencia del Presidente; mas cuando después de esperar muchos días, se vio que era imposible la reorganización de las Autoridades Nacionales, se acordó destinar contra Guatemala las fuerzas que estaban acuarteladas en Ahuachapán." Marure, obra cit., págs. 16 y 17, tomo 2.

"Ni el Gobierno de San Salvador ni el ejército dieron un manifiesto, ni hicieron el menor requerimiento al Gobierno Federal ni al de Guatemala: la empresa de tomar la capital les parecía tan justa como fácil." M. Montúfar, obra cit., pág. 62.[14]

---

[14] Cuenta Montúfar que Arce, aprobando su opinión (la de Montúfar) con quien conferenció, sobre no invadir al Salvador, envió a éste a proponerlo al Vice-Presidente y al Jefe de Estado Aycinena: que Beltranena estaba de acuerdo: que Aycinena opinaba por continuar la guerra y atacar y destruir en San Salvador el germen revolucionario; mas sujetaba en todo su opinión a las resoluciones del Presidente; pero que, sin discutir de nuevo y sin fijarse en estas contestaciones, resolvió Arce continuar la guerra al ver

Marure trata de explicar el procedimiento del Vice-Jefe Prado, diciendo que no influyeron poco en su determinación los fundados motivos que se tenían para creer que Arce meditaba una incursión sobre la Provincia: que esto se sospechó, porque Arce acumulaba fuerzas en Chiquimula y se confirmó después enteramente "por el contexto de algunas comunicaciones que se interceptaron a los serviles". El documento más notable para Marure es una carta de don Manuel Montúfar fechada en Quezaltenango el 19 de enero de 1827, en la que entre otras cosas, dice que decía a un amigo: "va a haber dos expediciones: saldrá una el 2 y a U. le será difícil escapar". ¿Dónde estaba ese amigo? ¿Para dónde eran esas expediciones? ¿El 2 de qué mes debía salir esa expedición? Nada de esto explica la carta, ni dice Marure. Es probable que ese 2 sea el de febrero, puesto que Montúfar escribía en enero, y transcurre ese día y el siguiente 2 de marzo y sin embargo no hay la supuesta expedición. Débil nos parece, pues, el fundamento de la carta que se aduce, aun suponiendo que hubiese sido escrita con autorización del Presidente; pero no constando tampoco esto, y siendo posible que la amenaza de Montúfar haya sido con el objeto de retraer a ese su amigo de la causa contraria, puede comprenderse cuán inconsistente es la prueba que se aduce. En cuanto al otro motivo de la acumulación de fuerzas en Chiquimula, el mismo Marure se encarga de refutarlo en los párrafos siguientes diciendo: que "Arce y sus partidarios vieron con desprecio los preparativos hostiles de Prado, confiados en que la Asamblea y Consejo del Salvador estaban de su parte, o que los liberales no se recobrarían en mucho tiempo, y que las fuerzas federales estaban diseminadas: una en Quezaltenango, otra en Honduras y la otra en Chiquimula según se decía con el destino de proteger los intereses de los comerciantes guatemaltecos contra cualquiera sorpresa; la que ya

---

que le llegaban las armas y refuerzos que había pedido. M. Montúfar, obra cit., pág. 65.

Es probable que con tales armas y refuerzos Arce se haya sentido más animado para su expedición; pero hay que observar que, como dice Marure (obra cit., pág. 33, tomo 2), la vacilación de Arce era en Guatemala criticada por sus mismos partidarios que, enorgullecidos con el triunfo, creían cosa muy fácil vencer al Salvador; y así, no es aventurado suponer que Arce, a quien como salvadoreño suponían siempre más amigo del Salvador que de Guatemala, estimulado por esa crítica se haya resuelto al fin a dar el paso que su natural circunspecto le hacía temer.

habían intentado los salvadoreños, aunque sin éxito." Marure, obra cit., pág. 17, tomo 2.

Desde esta época la República fue envuelta en la atroz guerra civil que la ha destrozado, ocasionándole inconmensurables daños y una retrogradación de muchos años, pues que la discordia germinó en casi todos los ángulos de la República, y a la voz de la ley se sustituyó el trueno del cañón. Prado fue el agente de este funesto cambio y él debe responder de las ruinas que ha producido; porque si bien es cierto que otros dieron principio a las sublevaciones, nadie practicó un plan de destrucción combinado de tal suerte, que el Supremo Gobierno se viera comprometido a no impedir su realización. Bajo los auspicios de reunir la representación nacional y de restablecer el orden imaginaron los directores de este funcionario formar las fuerzas necesarias para consumar la revolución; el Presidente no quiso oponerse a una medida, que aunque ilegal, no descubría el veneno que en ella estaba oculto, porque deseaba que el Congreso funcionara y no ser causa de su disolución; pero los perversos abundan siempre en disfraces y simulaciones que las almas rectas no conocen a las veces. Conseguida la victoria de Arrazola se dispersaron los Diputados que se habían reunido en Ahuachapán; y pudiera decirse que Prado destruyó su misma obra, si de buena fe y con una intención sana hubiera convocado el Congreso para aquel punto. Yo sé muy bien que la persona que proyectó la convocatoria tiene una honradez a toda prueba; mas tampoco se me oculta que el Vice-Jefe de San Salvador y los que lo dominaban se valieron de ella para esconderse y herir al Supremo Gobierno sobre seguro.

Este crimen se cometió en unión de otro que no se puede pasar en silencio porque descubre la maldad con que se procedía en todos aquellos acontecimientos. Raoul fue uno de los Jefes que condujeron la tropa de San Salvador que invadió la capital de la República y que atacó al Gobierno de Centro América. Él estaba en Omoa según quedó indicado en el lugar correspondiente: se quejaba con amargura de la prisión, del clima y de todo lo que puede merecer y aun de lo que no mereciera la pena de quejarse: la señora que entonces era su esposa se interesó con muchas gentes para que se le enviara a otra parte y pidió que fuese a San Salvador; no siendo mi ánimo mortificarlo, sino impedir que agitase la revolución, ningún embarazo tuve en que el Juez de su causa mandara trasladarlo a donde se solicitaba y se dictaron al efecto las órdenes convenientes. Prado lo recibió en calidad de preso, sujeto a las disposiciones del Supremo Poder Ejecutivo y le asignó un cuartel para prisión. Al comenzar a descomponerse las cosas en San Salvador reclamé vivamente a Raoul para que continuara su proceso y respondiera a los cargos que tenía, puesto que el Juez Militar estaba expedito para finalizar el juicio; mas Prado se negó a entregarlo como debiera y se burló de las leyes y de su propio honor. Lo puso en las tropas que destinaba contra el Supremo Gobierno, sin temor ni vergüenza de cometer una acción tan depravada y ruin. Con la única mira de que no hubiesen motivos de rompimiento me interesé con el Dr. Delgado para que se devolviera a Raoul, diciéndole que no se hiciera en San Salvador con este hombre, lo que en Guatemala se hizo con Pierson; su contestación fue en estos términos: "Aquí no se hará con Raoul lo que se hizo en Guatemala con Pierson, porque San Salvador no es Guatemala." Pero su equivocación fue suma porque se procedió peor respecto a aquél que respecto a éste. Raoul, obrando como un hombre de bien, no hubiera admitido una colocación en que se infringían todas las leyes, y se faltaba al honor, y en que él personalmente cometía una deserción asquerosa y daba una prueba de que nunca podrá evadirse de tener un espíritu innoble y bullicioso.

La invasión de Prado fue un crimen de Estado como quiera que se examine. Se rebeló contra el Poder Supremo, de quien era súbdito. En su rebelión incidió en una manifiesta inconsecuencia, porque estaba aprobada por el Gobierno del Estado del Salvador la conducta del Presidente de la República relativa a las Autoridades de Guatemala en el mes de septiembre de 1826. Dio un decreto inconstitucional convocando el Congreso ordinario para que se reuniese en la Villa de Ahuachapán. A pretexto de sostener la reunión y las deliberaciones del referido Congreso puso tropas sobre las armas y las acantonó en la Ciudad de Santa Ana. Asechó la ocasión en que el Gobierno Federal estuviese más indefenso, para sorprenderlo y atacarlo con las armas. Procedió en esto por sí solo, sin noticia de la Asamblea ni del Consejo del Estado. No declaró la guerra ni descubrió el motivo que tenía para hacerla. El Jefe a quien encargó las operaciones militares, se negó a declarar sus pretensiones; y para colmo de la enormidad del delito, se levanta con la persona de un preso que recibió en calidad de depósito, lo arranca de manos de la justicia, favorece sus atentados y lo coloca en las tropas que lanza contra la Primera Autoridad de la Nación. ¡Gobiernos! cualesquiera que sean vuestras formas: ¡hombres de todas clases! decid: ¿delinquió Prado? ¿pudiera el Presidente de Centro América disimular sus crímenes, sin faltar a los sagrados deberes que le impusieran la Patria y su propio honor?

Ciertamente es el Vice-Jefe Prado un funcionario criminal, que abusando de su empleo se sublevó contra el Poder Supremo, abolió las leyes y entregó su país a los horrores de la guerra civil. Colocado en esta categoría era necesario reducirlo a sus deberes para que no pudiera perpetrar ulteriores males: solamente así serían satisfechas las leyes que ha fundado el Gobierno, cuya existencia ha de ser positiva y nunca es posible que dependa de las pasiones e intereses de hombres facciosos. Pero si suponemos que no hubieran leyes, que arreglando el pacto social, hayan calificado de crímenes las rebeldías, las traiciones y sublevaciones, todavía era una obligación del Gobierno Federal y de los habitantes de Guatemala proveer a la propia seguridad en lo sucesivo. Dice el Vattel: la injuria da este derecho, quitando al injusto los medios de hacer daño, y es no sólo permitido sino laudable asistir a los que son oprimidos e injustamente atacados (*) Tal debía ser mi resolución respecto a Prado, y tal fue la del Supremo Gobierno y la de la opinión pública. El impugnador de los asuetistas de San Salvador ha escrito: que si después de la invasión de Prado no hubiera el Gobierno Federal hecho marchar las tropas federales contra él, la Asamblea habría exigido la responsabilidad al injusto agresor. Esta es una mera paradoja porque en aquel tiempo Prado dominaba en San Salvador como un conquistador de Asia, de quien refiere la historia que reconvenido en estos términos: Si eres Dios haznos el bien: si eres el Profeta enséñanos la ley; si eres Rey defiéndenos; contestó: no soy Dios para haceros bien, ni el Profeta para enseñaros, ni Rey para defenderos. Yo soy un hombre a quien Dios ha mandado para castigo de vuestros pecados. Esta calificación no es voluntaria ni emana de resentimientos que jamás han tenido cabida en mi pecho: es la misma que ha consignado al tiempo la Asamblea de San Salvador en 17 de diciembre de 1828. Dice entre otras cosas: es preciso ya hablar con desembarazo en obsequio de la verdad... La Asamblea ha investido al Gobierno de cuantas facultades él ha querido y se ha llegado a término en las épocas anteriores que no ha hecho sino lo que a él mismo ha parecido.

Conseguida la victoria de Arrazola, lo más oportuno era marchar al alcance de los derrotados y tomar a San Salvador para reducir al

Vice-Jefe a la obediencia de la ley; pero no fue posible ejecutar esta operación, porque no había fuerza bastante para pelear si llegaba el caso de encontrar resistencia y se iba a correr el peligro de sufrir las consecuencias de un azar, que es común en las vicisitudes de la guerra. La prudencia dictaba formar antes tropas suficientes y capaces de concluir la empresa de restablecer el orden en casi toda la República y ponerla en el estado de que los perturbadores no pudieran en lo venidero volver a trastornarla con las facilidades que en aquella época alcanzaron entronizar la anarquía. Me dediqué pues a levantar un ejército que mediante la cooperación general estaba formado y ocupando la ciudad de Santa Ana a la mitad del mes de abril: todos anhelaban defender al Supremo Gobierno, todos querían ver a Prado contenido y todos por esto tomaban las armas en el ejército federal. El Departamento de Sonsonate se separó del Estado del Salvador y sólo reconocía al S. P. E. Los mejores jefes y oficiales de las milicias del mismo San Salvador se me presentaron a servir bajo mis órdenes; no en verdad porque ellos fuesen desertores ni militares en quienes se apreciara menos la constancia y el honor, sino porque instruidos en las leyes de su patria y testigos de todos los sucesos, estaban convencidos de que Prado violaba la Constitución rebelándose contra el Poder Supremo de la Nación, y ellos no querían ser cómplices en un delito de Estado que tanto comprometía su reputación. Se condujeron estos valientes como buenos centroamericanos.

Después de esta acción, el Presidente ganó mucho en el afecto de los guatemaltecos; se vio como una virtud heroica haber combatido en persona a sus propios paisanos; se olvidaba el empeño y el interés personal del Presidente para acordarse de que había salvado a Guatemala, a cuyos intereses se le creía unido para siempre: pocos previeron que no podían ser constantemente iguales los intereses, ni confundirse las causas por que cada uno peleaba. M. Montúfar. Obra cit. pág. 63. Estas palabras de Montúfar que hemos subrayado, revelan claramente la difícil posición en que Arce se hallaba colocado respecto de los guatemaltecos; no eran iguales para ellos sus intereses y su causa con el interés y la causa de Arce. Más claro: Arce era salvadoreño; los guatemaltecos no le contarían nunca como suyo: el abismo regional los dividía; Arce era liberal, ellos conservadores: un abismo político los dividía también.

"Nunca hubo una guerra más justa, pero no por eso fue política. Después del triunfo de Arrazola, el Presidente y el Estado de

Guatemala debieron transigir, y pudieron hacerlo con ventajas, con honor y conservando una reputación que se perdió después con la unión y buena armonía que proporcionaron la victoria." M. Montúfar. Obra cit. pág. 63.

Obcecados en la rebeldía, Prado y sus directores, y muy ajenos de aprovechar la lección que recibieron el día 23 de marzo, se aprestaban para seguir empleando las armas en sostén de sus crímenes: se fortificaron en San Salvador; compelieron con toda clase de apremios a los habitantes del Estado a que se presentaran a servir en la guerra civil: publicaron por la imprenta las calumnias más atroces y ridículas contra el Presidente de la República: ningún medio, por vil que fuese, omitieron para concitarle enemigos; y como si Raoul fuese un Ney lo hicieron General en Jefe de sus tropas. No hubo aventurero, no hubo holgazán, no hubo perverso que no tuviese lugar en estas filas. Estaba el ejército federal próximo a moverse de Santa Ana sobre San Salvador, cuando el ciudadano Carlos Antonio Meany me remitió una carta del nuevo Jefe Raoul, en que me hablaba de los motivos por qué tomó partido con los sublevados y me proponía que se hiciera la paz. Me abstuve de contestar a este hombre, pero permití al Coronel Manuel Montúfar que entrase en comunicaciones con él para escudriñar sus intenciones. El ejército evacuó a Santa Ana y el cuartel general se estableció en el pueblo de Nejapa a 4 leguas de San Salvador: en las inmediaciones de este lugar hubo una entrevista de Montúfar y Raoul, y fue resultado de ella dar principio a una negociación, que a los dos días propuso el Vice-Jefe Prado. Siendo el decreto de 1° de octubre la causa ostensible que alegaban los agresores para haberse sublevado, me allanaba a derogarlo y a emitir otro conforme a la Constitución: fueron varias las contestaciones que hubo en el particular: al fin se admitió por parte de Prado lo que yo proponía: mas a la hora misma en que debió extenderse el tratado, recibí su retractación, como un nuevo documento de perfidia y mala fe. Las consecuencias de este negociado fueron funestas para Raoul porque se le despojó del generalato y pasó del campo a la cárcel. Es preciso no defraudar nada: Raoul se condujo bien en esta ocasión y fue preso injustamente, lo cual acredita cuánta era la sevicia y sed de sangre que tenía Prado, pues que lo trató tan mal por haberse empeñado en que se hiciese la paz.

Mientras yo me hallaba del todo dedicado a estos acontecimientos, en Guatemala se representaba la escena de la muerte de Pierson, que ha influido de un modo muy eficaz en los sucesos posteriores de la revolución. Este primer agente de la anarquía huyó al Estado de Chiapas en la República Mexicana después de la jornada de Malacatán. Son muy inconformes las relaciones que hacen de su vuelta a Centro América; el partido exaltado vocifera que se le obligó a volver por una intriga dispuesta para apresarlo y ponerlo en el patíbulo: otros aseguran que llamado por su compañero Saget se determinó a introducirse en San Salvador para continuar haciendo la guerra contra el Supremo Gobierno; y otros dicen que, cansado de la indigencia y sabedor de que el Gobierno de México trataba de expulsarlo del territorio, se aventuró a regresar a Centro América, con la esperanza de que penetraría con felicidad a San Salvador al favor de los disfraces con que se había desfigurado. Lo cierto es que animado por la buena acogida que daba Prado a todos los extranjeros, enemigos de la tranquilidad pública y que buscaban en los desórdenes su buena suerte, Pierson se determinó a pasar a San Salvador, en donde conseguiría graduaciones y sueldos que lo sacaran del abatimiento y miseria en que yacía. El Gobierno entendió que se preparaba para introducirse en la República por aviso que tuvo del Gobernador de Chiapas, que lo observaba cuidadosamente, temiendo que en su territorio alterase la tranquilidad. Tomó entonces las correspondientes providencias para capturarlo y sus órdenes fueron cumplidas. Murió por una sentencia en que se omitieron las formalidades del juicio. Este hecho fue ruidoso y de él hizo la oposición una arma, que empleó contra el nuevo Jefe y las demás Autoridades de Guatemala. Si Pierson hubiera sido juzgado conforme a las leyes, el convencimiento de sus delitos lo hubiera llevado al cadalso, pues que atentó directamente contra el orden público, desertándose de sus banderas con este objeto, y tanto la Constitución Federal como la Ordenanza del ejército le imponían esta pena. Sufrió la muerte con valor y decoro.

Marure, después de varias conjeturas sobre la causa de la captura de Pierson, y de referir la suposición de los liberales de que Pierson fue traidoramente inducido por los serviles a internarse en Guatemala, quienes le enviaron dinero y suplantaron la firma del Diputado Vidaurre, dice: que «prescindiendo de tales conjeturas, lo cierto es que el Gobernador de Chiapas dio parte anticipado a las autoridades de Guatemala del rumbo que Pierson había tomado».

«El valor heroico que ostentaba este hombre desgraciado en medio de todos los aparatos de la muerte: la viva expresión de sus miradas que las volvía indistintamente a todas partes, como en ademán de despedirse y un no sé qué de melancólico y aterrador que se difundía sobre toda esta escena lúgubre; el acompañamiento militar y el ruido de los instrumentos bélicos: todo esto produjo en el ánimo de los espectadores una conmoción profunda». Marure, obra cit., págs. 38, 39 y 40.

Montúfar enumera crímenes, graves muchos, de que se acusaba a Pierson y dice que todos pedían la muerte y que si Aycinena se hubiera resistido habría perdido el prestigio que tenía en Guatemala como lo perdió después, por el indulto de Rivera Cabezas. «Se cometió, sin embargo, continúa, la falta de no haber hecho juzgar a Pierson por las formas legales: sus respuestas al interrogatorio que sufrió, hacen honor a su firmeza y a su talento: murió con el valor de un soldado y la serenidad de un filósofo». M. Montúfar. Obra cit. Pág. 71.

Aun observando las formas legales, esa ejecución debía tener consecuencias funestas para sus mismos autores. El cadalso político suprime un enemigo y cría centenares; la sangre derramada hace germinar odios y rencores profundos; el horror hace adversario al indiferente, enardece al enemigo pasivo y da valor y bríos al tímido. En la guerra, el temor de ser uno víctima del Jefe de un bando, le obliga a tomar resueltamente un puesto en el contrario; despéjase un campo de gentes inofensivas o cuando más, sospechosas de mala voluntad; mas el otro se acrecienta de enemigos decididos que combatirán con valor desesperado.

Así sucedió a Aycinena, pues según refiere Marure, desde aquella fecha emigraron muchas personas de Guatemala y vinieron a aumentar el número de los defensores de San Salvador. Marure. Obra cit. Pág. 41. Tomo 2.

Es posible que, como dice Montúfar, el ahorramiento de la sangre de Pierson hubiera producido en algunas gentes el descontento; porque desgraciadamente en nuestras guerras hay siempre un núcleo de hombres exagerados, intolerantes, sanguinarios, que rodean al Gobernante y le azuzan constantemente procurando lanzarle a medidas extremas, rigores inmotivados e innobles y viles ultrajes: son regularmente los que nunca van a la guerra, y en la hora del desastre se ocultan, se evaporan para aparecer al poco tiempo ensalzando al vencedor. Pero se engañan los que creen que esos constituyen la opinión pública; y el Gobernante que sabe cómo se pueden sujetar, no les debe nunca temer.

Entre esas gentes debe haber producido desanimación y frialdad, como dice Montúfar, el indulto de Rivera Cabezas, no en el público sensato en quien la compasión no está divorciada del patriotismo, ni la generosidad del valor. Cuando el indulto de Rivera Cabezas, ya Aycinena estaba desprestigiado, como lo reconoce Montúfar. Pág. 114. Su inconsecuencia con Arce, sus medidas de excesivo rigor, sus persecuciones, su intolerancia, los empréstitos forzosos continuos, y sobre todo, los reveses que había experimentado el ejército en la campaña contra el Salvador, le hicieron perder el prestigio que le habían dado los primeros triunfos. El triunfo: la popularidad; la derrota: el desprestigio; y con él la desgracia, la crítica de la buena intención como mala, del error como falta y de la falta como crimen. Esa es la historia de nuestras guerras civiles.

Estaba el ejército federal situado en Apopa y yo preparaba el ataque sobre uno de los flancos de Milingo, que era la parte débil de las fortificaciones de San Salvador, cuando fui informado de aquel acontecimiento: él demandaba acelerar las operaciones militares y restablecer el orden para que no se repitiesen los motivos de semejantes escenas. Mi plan consistía en llamar la atención por el frente de la línea y cargar por la derecha, continuando un movimiento circular que me colocara a la espalda del enemigo. Un día antes de ejecutar esta operación se presentaron las fuerzas de Prado en las cercanías del reducto de Apopa. Era cosa en extremo extraña que tuviesen tanto atrevimiento unos hombres que desde Arrazola tomaron por costumbre no pararse delante de los soldados del Gobierno Supremo, y desde luego me persuadí de que aquella salida era una consecuencia del aturdimiento y desesperación en que estaban. El ejército se formó con el entusiasmo que lo caracterizaba y a punto ya de cargar, llegó un parlamentario haciendo proposiciones de paz. Cometí un error en escucharlas, porque la victoria era indudable, pero ¿pude yo dejar de tener un corazón centroamericano? No es posible. El Jefe de las tropas de Prado pasó a mi campo: le propuse que se reuniesen los dos ejércitos bajo las órdenes del S. P. E.: que juntos entraran a San Salvador: que restauradas las leyes y la tranquilidad pública, a nadie se perseguiría: y que estas deliberaciones se habían de tomar sin la anuencia de Prado. Se retiró a su línea para conferenciar con los otros Jefes y oficiales sobre mis propuestas, obligándose a dar una contestación en media hora. En vez de cumplir su palabra retiró aceleradamente las tropas, de suerte que, aunque los escuadrones marcharon sobre ellas, no pudieron darles alcance. Un oficial se presentó de nuevo excusando aquella falta y protestando que a las seis de la mañana del día siguiente se daría la respuesta prometida; pero ya no era posible creer a los que no querían pelear ni someterse, sino engañar y entretener. Mi intento al proponer que Prado no interviniera en la negociación, se dirigía a evitar nuevas felonías, porque de él no esperaba yo nada bueno, pero era un engaño mío pensar que los que sostenían derramando la sangre de sus hermanos podían ser mejores. Se faltó también a la promesa de contestar al otro día, y no se veía otro medio de tranquilizar la República que pelear.

Marure dice que por consejo del Padre Delgado se presentaron las fuerzas salvadoreñas en las cercanías del reducto de Apopa. Pág. 44. Tomo 2. Pero no dice cómo sabe que Delgado dio ese consejo tan desacertado que según el mismo Marure era un motivo para desconfiar de las intenciones de quien lo había dado. «Cómo es que los salvadoreños cometieron la torpeza de salir de sus atrincheramientos y presentar batalla al ejército federal, es lo que no tiene explicación; y la única que yo me doy, es que en nada comete la inexperiencia mayores desaciertos y torpezas que en la guerra». García Granados. Memorias. Pág. 73.

«Cuando los dos ejércitos estuvieron a la vista, los salvadoreños se creyeron perdidos, y lo estaban realmente: se recurrió a la perfidia; engañaron al Presidente con proposiciones de paz... Desde entonces comenzaron a disgustarse la oficialidad y tropa guatemalteca: creyeron que el Presidente había renunciado a la victoria por ahorrar desgracias de sus paisanos». M. Montúfar. Obra cit. Pág. 67.

«Arce se condujo como un militar inexperto dejando que el enemigo se retirase tranquilamente, cuando sus tropas manifestaban el más vivo deseo de batirse: cuando toda la oficialidad solicitaba la señal del combate: cuando todas las probabilidades del vencimiento estaban a su favor. Empero, esta falta militar hace honor a sus sentimientos, pues no es improbable que sólo un resto de consideración hacia sus paisanos pudo contenerlo en tan propicias circunstancias. La ambición le había cegado, pero nunca pudo olvidar que había nacido en el suelo salvadoreño». Marure. Obra cit. Pág. 46. Tomo 2.

El 18 de mayo de 1827 desplegó el ejército sus columnas delante de Milingo y todo anunciaba un próximo triunfo. El ardor de las tropas era sin ejemplo: los Jefes, los Oficiales, cada uno en su lugar respectivo, llevaban en sus semblantes las imágenes del patriotismo y del valor: atentos todos a cumplir con sus deberes, eran admirables el orden y la disciplina que reinaban. Solo se aguardaba la señal de pelear para comenzar el combate; y parecía perdido el tiempo que se empleaba en dar las disposiciones previas. Las fortificaciones disparaban incesantemente su artillería y las balas y metrallas que lamían las puntas de nuestras bayonetas infundían en el soldado una especie de furor que lo arrojaba.

En este estado mandé que la línea guardara su posición, y que no se rompiera el fuego, a menos que saliesen de las trincheras las fuerzas de San Salvador. La tropa ligera comenzó un movimiento de flanco para principiar el ataque sobre la derecha del enemigo; yo me encontraba a una distancia considerable dirigiendo esta operación, cuando vi que por nuestra parte se hacía un fuego vivo en el mismo foso de las trincheras. Regresé aceleradamente, pero siempre tarde, porque la acción había comenzado a pesar de mis órdenes contrarias y el número 2 de línea estaba en sumo grado comprometido. El Comandante de este cuerpo, hombre valeroso pero inconsiderado, empeñó el combate desobedeciendo a su Jefe, y él hubiera tenido el castigo correspondiente, si una bala de cañón no hubiera escarmentado su temeridad, quitándole la vida.

Entre un momento la acción se hizo general; los cuerpos marcharon formados bajo de un fuego mortífero y se apoderaron de los fosos, cuya anchura y la de los parapetos los separaba únicamente del enemigo. Obraron como en una parada, y los salvadoreños empezaban a retirarse asustados y confundidos, cuando nuestras municiones faltaron. Sobre uno de los parapetos había un puente resguardado por una batería y tomándolo se reparaba aquella falta: la caballería penetraba las fortificaciones y nada era capaz de resistirla. Mandé cargar y los dragones ejecutaron la carga con una bizarría digna de elogio. Subieron a galope por una cuesta bastante inclinada y que no permitía presentar más frente que el de tres caballos: la adversidad estaba entre nosotros, y por ella fue que habiendo caído algunos, cerraron el paso a los demás y el movimiento se retardó algo.

De aquí provino que pudieron, los que defendían el punto, retirar el puente, y, sin embargo, los dragones llegaron hasta la orilla del foso. Ellos eran acreedores a la victoria!! ya no era posible seguir peleando porque no teníamos fuegos; lo que advertido por los contrarios, recobraron alguna entereza y volvieron a sus puestos. Nuevas víctimas se iban a sacrificar sin utilidad, y para evitarlo resolví replegarme.

Montúfar, testigo y actor de ese sangriento combate, nada dice respecto a ese Comandante que, según Arce, empeñó la acción desobedeciendo a su Jefe; pero por lo mismo que era actor, desempeñando el puesto de Comandante de Caballería, no podía conocer todas las órdenes del General en Jefe ni cuál de ellas había sido desobedecida. García Granados, Memoria, pág. 95, dice a este respecto: «Sin embargo, algún tiempo después, hablándome Arce del ataque a Milingo me dijo: que su plan era flanquear aquel puesto, pero que el Comandante Sánchez comprometió el ataque sin orden para ello, y agregó: Si Sánchez no hubiera muerto de su herida yo lo habría hecho juzgar en Consejo de Guerra y fusilar». Pero este aserto carece de verdad. Todos los Jefes y oficiales de aquel ejército con quienes yo he hablado, están de acuerdo en que Sánchez fue herido por una bala de cañón, cuando a menos de tiro de fusil estaba formando su batallón en batalla; y la bala que le llevó la mano y parte del brazo, le voló la cabeza a un guía a quien Sánchez estaba alineando. Este, después de herido, se retiró del puesto, tomando el mando del cuerpo su segundo, el Sargento Mayor. Él no ha podido, pues, comprometer la acción o ataque sobre Milingo y debemos más bien creer que Arce procuró disculparse con la supuesta desobediencia de aquel digno Jefe, quien estando ya muerto, no podía defenderse del cargo que gratuitamente se le hacía».

Sin embargo del respeto que me inspira este escritor por la imparcialidad que muestra en sus Memorias debo observar: que Marure, que escribió cuando aún no había transcurrido mucho tiempo de esos acontecimientos y que no puede ser sospechoso de parcialidad en favor de Arce, está de acuerdo con las afirmaciones de éste. «Arce, dice, parecía disponerse a repetir su tentativa por el mismo Chagüite, cuando la vanguardia de su ejército, alentada por el Teniente Coronel Sánchez, se precipitó temerariamente sobre las fortificaciones de Milingo, sin haber hecho antes el más ligero reconocimiento». Marure. Obra cit. Pág. 46 y 47. Tomo 2.

No es verosímil que todos esos oficiales que hablaron con el señor García Granados hayan estado presentes cuando Sánchez alineaba su tropa en batalla. Algunos o muchos de ellos han de haber sido de otros batallones; pues muchos de los del batallón de Sánchez, perecieron en Milingo; pero no dudo que todos ellos le contaron al señor García Granados que habían visto lo que aseguraban; pues ya sabemos el prurito de muchos oficiales de contar, después de un combate, como si lo hubieran visto todo, hasta el último detalle de lo ocurrido. Mas es bueno fijarse en que, según esa relación, Sánchez estaba a menos de tiro de fusil formando sus tropas en batalla, y no sería remoto que al presenciar que el Jefe había sido herido, enardecidas las tropas se hubieran lanzado sobre las fortificaciones de Milingo y que Arce naturalmente supusiera que Sánchez había sido herido en el combate y que de consiguiente lo había empeñado desobedeciendo sus órdenes. Resultaría entonces, pues, que el cargo de Arce, si no enteramente justificado, no era tampoco hecho gratuitamente.

Se practicó el retroceso con sangre fría cubriendo la marcha los mismos dragones que acababan de acometer y un cuerpo de infantería: el ejército no recibió heridas por las espaldas, pues aunque el enemigo intentó perseguirnos, fue obligado a meterse en sus trincheras: se dirigió a la ciudad de Santa Ana a paso regular; las tropas de Prado no se atrevieron a insultarlo, sin embargo de que seguían de cerca nuestra retaguardia y que no ignoraban que toda nuestra defensa consistía en las bayonetas. El día 23 de mayo se situaron los salvadoreños en las alturas de San Antonio; la caballería arrolló las partidas que se atrevieron a bajar, y los batallones se desplegaron en la llanura resueltos a combatir a bayonetazos. El enemigo estaba cierto de que en el ejército federal no había municiones, y con todo temió dejar la guarida a que se había acogido desde muy temprano. En fin, al anochecer se concentraron nuestras tropas a Santa Ana para confeccionar municiones, o para seguir aproximándose a un punto más inmediato a Guatemala; y apenas advirtieron los salvadoreños esta operación, se dispersaron abandonando su artillería y en un total desorden: sintieron todos los efectos de una derrota con la presencia solamente de los soldados de la Federación. Varias circunstancias que sobrevinieron aquella noche me obligaron a mandar que continuase la retirada sin saber nada de lo que acontecía en San Antonio, por la defección de los espías. El cuartel general se estableció en el pueblo de Cuajiniquilapa y recibió auxilios de Guatemala, que repararon las bajas del ejército.

Conociendo Prado que se iba a abrir una nueva campaña y desconfiando de ser tan feliz en ella como lo había sido en la anterior, conceptuó que debía interponer una negociación que le proporcionara el tiempo suficiente para aprestarse: la inició dirigiendo al Supremo Gobierno proposiciones de paz, concebidas en términos que produjeran largas discusiones. Esencialmente eran inadmisibles, porque si bien ofrecía renunciar la intervención que de su arbitrio pretendió tener en los negocios de Guatemala violando el principio constitucional de no injerirse un Estado en el régimen interior de los demás, proponía igualmente irracionalidades, que a concederlas, habría alcanzado tanto como si por un triunfo decisivo se hiciese dueño de la contienda. El S. P. E. le remitió por respuesta las observaciones más razonables, manifestando con persuasión y veracidad la inexactitud de sus aserciones y la demasía de sus demandas. Llamo con particularidad la atención de los lectores al documento N° II. Prado se negó, como siempre, a convenir en lo que era de razón y de justicia, porque su ánimo estaba endurecido y porque solo quería tomarse algún tiempo.

El ejército estaba enteramente repuesto, tanto en hombres, como en caballos, equipos, municiones y trenes; y se disponía a ocupar otra vez el Departamento de Sonsonate, cuando solicitó el Coronel Raoul un perdón de sus faltas, porque no podía sufrir más tiempo el desorden de San Salvador: se encontraba a la sazón sobre las márgenes del Río de Paz, formando planos de fortificación en servicio del mismo que en días anteriores lo depuso del mando de armas y lo encarceló. Sus protestas de arrepentimiento y de enmienda eran tan ardientes, que me pareció un hombre desengañado de la clase de revolución en que se había metido, y le concedí la gracia que pedía, librándolo de la pena de muerte que mereciera por sus perfidias. Raoul volvió a aparecer en la misma ciudad que acababa de invadir y fue recibido con tanta generosidad, que lejos de perseguirlo o de insultarlo, encontró toda clase de protección en las gentes de quienes ha sido después más enemigo, y un enemigo atroz.

CAPÍTULO X: ¿HABRÁ PAZ?

Se abre de nuevo la campaña. —Mi separación del ejército.—
Vuelvo a tomar el Gobierno.—Decreto de 5 de diciembre de 1827.—
Combate de Santa Ana el 17 del mismo mes y año. —Organización
de un nuevo ejército. —Se abren otra vez las negociaciones de paz.

La mala suerte que corrió en Milingo el ejército federal, no atenuó
su valor, ni le atrajo el menor descrédito: las tropas enemigas se
asustaron de verlo pelear atacando sus fortificaciones y del denuedo
con que las esperó en la llanura de San Antonio reducido a batirse a
la bayoneta. Estaba en posesión de ahuyentar las fuerzas de Prado,
donde quiera que las encontrara; fue así que habiendo en Santa Ana
800 hombres de guarnición, cuando se abrió de nuevo la campaña, se
retiraron a San Salvador antes que los cazadores se movieran de
Chalchuapa.

Me dediqué al momento a organizar los cuerpos de Sonsonate e
Izalco, los de Santa Ana y Ahuachapán, cuyos soldados eran
decididos por el Supremo Gobierno y valientes como los mejores.
Entre tanto una columna de San Salvador se atrevió a salir de sus
trincheras y llegó hasta el pueblo de Quezaltepeque, y el General
Francisco Cáscara marchó contra ella y la forzó a meterse otra vez
dentro de sus parapetos. El Teniente Coronel Agustín Prado estaba de
guarnición en Izalco con una fuerza muy corta que más servía para
observar al enemigo, que para defender aquel puesto: las partidas de
San Salvador, conociendo la poca tropa que había en el destacamento,
dieron en molestarlo; pero Prado se reatrincheró y las esperaba a pie
firme. Por mis espías estaba yo cierto de que el enemigo no tenía todo
el armamento necesario para atacar el cuartel general que se había
fijado en Santa Ana, y por otra parte el invierno era tan crudo que
parecía imposible intentar una acción decisiva, porque el menor
accidente adverso comprometería en medio de los fangos y bajo unas
lluvias deshechas al que tomase la iniciativa. No obstante estas
circunstancias, se recibieron partes de Prado de que se aproximaba a
Izalco una división fuerte que amenazaba aquel punto. Calculé que el
designio de este movimiento era dar un golpe de mano sobre la poca

tropa del destacamento, que distaba 12 leguas del cuartel general, apoderarse de sus armas y demoler las fortificaciones: si se lograba batir aquella división, San Salvador no se sostendría más tiempo, pues que venía a convertirse toda su defensa en un piquete reducido que quedaba de guarnición en la plaza y en algunos dispersos que escapasen de la derrota. El ejército federal tenía una gran superioridad peleando en campo abierto, porque constantemente había vencido, mientras que los salvadoreños solo se paraban al abrigo de los fosos y de las trincheras; no porque sean soldados de poco valor, sino porque carecían de Jefes y Oficiales instruidos y denodados. La menor desgracia hubiera en aquellas circunstancias perdido al Vice-Jefe Prado que no contaba para hacer la guerra con la opinión del pueblo, y sus medios eran extraídos por el despotismo que ejercía. Resolví con presencia de estos datos forzar una marcha y colocarme a la espalda del enemigo, en la inteligencia de que si se conseguía ejecutar bien el movimiento, la victoria era indefectible sin disparar un fusil. Con la mayor reserva se dieron las disposiciones previas y todo estuvo listo entre pocas horas.

El Coronel Manuel Montúfar llevaba la vanguardia con orden de tomar el camino de Guaimoco a un lado de Coatepeque: yo me detuve hasta tanto que el grueso del ejército pudo moverse, y ya marchaba siguiendo la dirección dicha, cuando me encontré con el oficial Méndez, que estaba apostado de orden de Montúfar para darme parte de que había variado de ruta: fue preciso seguir la vanguardia, porque tenía más de una hora de distancia; y el motivo que obligó a aquel Jefe a extraviarse de la vía designada provino de informes que recogió de ser más breve la una que la otra. Por esta equivocación se encontró el ejército en un camino escabrosísimo, que en partes era necesario pasar sobre los pretiles de una laguna, y no fue posible rendir la jornada el mismo día. Bien fuera que las tropas de Prado entendieron nuestro movimiento y se retiraron, o que no habiendo salido dispuestas para atacar habían regresado a sus posiciones, el ejército federal no pudo encontrarlos y malogró su marcha. Aun era fácil sacar ventajas de aquella operación destacando una fuerza a Coatepeque capaz de cubrir nuestra izquierda y sostenida por otra que en Santa Ana evitase que el enemigo pudiera asechar nuestras espaldas: de este modo se podía tantear una entrada repentina a San Salvador por un camino antiguo que pasa por entre el Guarumal y la falda del volcán. Se fijó el cuartel general en Izalco para adquirir los conocimientos necesarios a fin de asegurar este golpe, que hubiera sido decisivo. Era una parte de mi plan de campaña fortificar Coatepeque, Santa Ana e Izalco para que el ejército tuviera en todo evento puntos de apoyo en que hacerse fuerte. Meditaba también obligar a los salvadoreños a combatir lejos de sus trincheras, lo cual solo podría alcanzarse incitándolos a que acometieran algunas de nuestras posiciones con la esperanza de que no pudiera resistir a todas sus fuerzas. En consecuencia de estos cálculos se dictaron las providencias conducentes a examinar el camino dicho y a que se levantaran las referidas fortificaciones.

Las fuerzas federales adquirían por estos preparativos una aptitud más imponente, porque la guerra se iba a hacer teniendo una base de operaciones de donde se sacasen víveres y toda clase de recursos y en que sería fácil reponer cualquiera desgracia que sobreviniera. Los directores de Prado conocieron que sobre sus cabezas se levantaba una tempestad, tanto más temible, cuanto que en San Salvador no había un hombre medianamente capaz de dirigir las armas, y llegó el caso de encontrarse en la necesidad de sacar de los talleres artesanos que las mandaran. Estaban en un extremado conflicto de que era difícil escapar sin proponer una conciliación. En efecto, hicieron proposiciones de paz, manifestándose dóciles a entrar por un avenimiento con las modificaciones que se les impusieran. Los Capitanes Francisco Gómez y Timoteo Menéndez se presentaron en los puestos avanzados con pliegos que contenían las propuestas de Prado, e insinuaron a varios oficiales que el pueblo y la tropa de San Salvador estaban resueltos a convenir en todo con el Supremo Gobierno, sin exceptuar el decreto de 1.º de octubre. Era natural que tuviesen todos esta disposición y que trataran de buena fe, porque estaban débiles y sabían que reportarían menos males de cualquiera negociación con el Presidente de la República, que de un encuentro de armas.

Es necesario advertir que pocos días antes de que el cuartel general evacuara a Santa Ana, recibí una nota del Supremo Gobierno, en que contestando otra en que expuse que el ejército tenía pocos fondos pecuniarios, se me indicó que regresara a Guatemala a ejercer el Supremo Poder Ejecutivo: yo repuse que estaba pronto a servir en el destino que se me considerara más útil a los negocios de entonces, y que esperaba una resolución. Entre algunos Jefes del ejército hubo una repugnancia muy pronunciada a tratar con San Salvador, porque en tiempos de disturbios intestinos son raras las personas que no se afectan de las ofensas y de los intereses que se cruzan y en quienes no tiene lugar el espíritu de partido: se consideraba próxima la rendición de Prado y de todos los que componían su facción, y no se pensaba en otra cosa que en vencer y en recoger los frutos de la victoria. Dimanó de aquí que los que repugnaban un acomodamiento disputaron sobre si yo podía ajustar el tratado de paz, y se remitieron a Guatemala, para impedirlo, cartas que contenían especies equívocas e inciertas. Yo consulté al Supremo Gobierno con las proposiciones que condujeron Gómez y Menéndez haciendo todas las reflexiones que juzgué adecuadas para fundar que no debía dejarse pasar la oportunidad de transigir nuestras desavenencias: el Vice-Presidente resolvió con presencia de todo, que yo volviese a reasumir el Gobierno para que en él proveyera a las necesidades de la Nación. La Asamblea de Guatemala, que tuvo conocimiento de estas ocurrencias, dio un decreto declarando que el Estado no pasaría por ninguna conciliación en que sus derechos no obtuvieran una total seguridad. Esto era desconocer y agraviar de una manera bien expresa al Supremo Poder Ejecutivo que por defender el propio Estado y por sostener el orden constitucional hacía la guerra contra los que se sublevaron e invadieron a Guatemala. Habiendo meditado muy detenidamente en estas circunstancias dispuse que tomase el mando militar el Brigadier Francisco Cáscara, con el propósito de ir a encargarme de nuevo de la Administración de la República con arreglo a lo dispuesto por el Gobierno.

Según Montúfar, Marure y García Granados, todos escritores guatemaltecos, desde la desgracia de Milingo perdió Arce el prestigio que tenía en el ejército y en el pueblo de Guatemala, y fueron preparando su ruptura con el Gobierno de aquel Estado, el desvío, reserva y desconfianza con que miraba a los Jefes guatemaltecos; su preferencia con los Oficiales salvadoreños que le rodeaban, sus manejos impolíticos y arrebatados respecto de aquellos y sus inteligencias secretas con amigos del Vice-Jefe Prado. Es también cierto que los Jefes guatemaltecos murmuraban de Arce, le espiaban, le interceptaban su correspondencia, y a cada paso le mal informaban con las autoridades de Guatemala. En poco estuvo para que le acusasen de traición. "La separación de Arce, dice Marure, hacía tiempo se meditaba por los aristócratas y era objeto de las intrigas de los primeros Oficiales del ejército y asunto de la activa correspondencia que mantenían con los gobernantes de Guatemala. Copia en seguida párrafos de cartas auténticas que fueron recogidas después de la toma de Santa Ana, y publicadas en San Salvador en 1827. Y dice: "Añadían muchas cosas que no sería decoroso referir".—M. Montúfar.—Obra cit.—Págs. 73, 74 y 75.—Marure.— Obra cit. Págs. 61 a la 65.—Tomo 2.—García Granados.—Memorias, citando a Montúfar.—Págs. 118, 119 y 121.

El Presidente de la República que manda en Jefe el Ejército; teniendo en consideración:

1.º Que el Gobierno Supremo en carta de 28 del próximo pasado se ha servido decirme:

"La posición actual de la República convence cada día más al Vice-Presidente, de la necesidad que la estrecha a tener a su cabeza a su primer Magistrado. Ella demanda conocimientos militares en el Gobierno y una actividad y energía que apure todos los arbitrios para su existencia y conservación. El Vice-Presidente, por esto ha visto con particular satisfacción la nota de U. fecha 21 del presente, en que expresándose con su natural decisión en favor del bien de la Patria, se manifiesta dispuesto a servir el destino en que el Supremo Gobierno lo considere más útil. No es ahora cuando el Gobierno ha resuelto el problema, de si resulta mayor bien a la República de los servicios de U. en el mando general de ella, que en el ejército solamente. U. en el primero, sin dejar de dirigir el ejército, proveerá también a las demás necesidades de la nación con la energía y actividad que lo ha hecho otras veces; siendo indudable que de esta suerte sus servicios serán mucho más útiles y provechosos a la República, que si solo se contraen a las operaciones militares. Tales consideraciones, unidas al convencimiento que de sí tiene el Vice-Presidente, le obligan a resolver como U. desea, terminantemente, que el bien de la Nación demanda que dejando U. el mando del ejército a quien corresponda, vuelva al ejercicio del S. P. E. Tengo la honra de manifestarlo a U. de orden del Vice-Presidente de la República, y de renovarle mis expresiones de aprecio y respeto. Dios, Unión, Libertad. Palacio Nacional: Guatemala, 28 de setiembre del 27.—Manuel Zea."

2.º Que mi primera obligación es obedecer a la autoridad legítima.

3.º Que además de esto, no debo fiar de mis juicios únicamente cuando se trata del bien de la Patria.

4.º Que todos mis conatos son dirigidos al solo objeto de que se restablezca el orden perdido, de que la República sea feliz, y de restaurar mi antigua cualidad de ciudadano privado; he resuelto:

1.º Restituirme a Guatemala, y encargarme del ejercicio del Gobierno, tan luego como restablezca mi salud.

2.º Que el ciudadano Francisco Cáscara, Brigadier del ejército y Comandante General de la Federación, tome el mando de las fuerzas federales.

3.º Que en este concepto sea enteramente obedecido, sin otra sujeción que la que debe tener al Gobierno de la República.

4.º Que este decreto comience a ser observado desde el día de su publicación, sin que puedan suspenderse ni dilatarse sus efectos.

5.º Se publicará por bando con toda la solemnidad que sea posible en este cuartel general.—Izalco, 12 de octubre de 1827.—Arce.—Manuel Montúfar."

Dejé en Izalco un ejército capaz de emprenderlo todo, tanto por su fuerza numérica como por la disciplina y entusiasmo que tenía: lo dejé con sentimiento, porque estaba cierto de que mi separación iba a producir una mudanza en San Salvador y que el estado de debilidad en que se encontraba el Vice-Jefe Prado, se convertiría en una situación fuerte, que le diera la iniciativa. El General Cáscara no revocó las órdenes dictadas por mí para que se fortificaran Izalco, Santa Ana y Coatepeque; pero solo en este último punto se hicieron fortificaciones, después que el cuartel general de aquel Jefe se situó en él.

Cada día se complicaban más las cosas por la exaltación de las pasiones, que era mayor a medida que se prolongaban los acontecimientos de la revolución. El paso que dio la Asamblea de Guatemala descubría bien el estado de los ánimos, y era muy perceptible la influencia que recrecía las dificultades del Gobierno para proseguir la guerra con imparcialidad. De momento a momento se hacía más necesario poner término a los desórdenes públicos, que por la continuación de la guerra, tomaban un aspecto más amenazante. Someter la facción del Vice-Jefe Prado al cumplimiento de las leyes y a la obediencia del Supremo Poder Ejecutivo era muy justo y conveniente; pero si las autoridades de Guatemala comenzaban a desregularizarse y a desconfiar de la dirección que tenían los negocios, indicando estar en disposición de avocárselos el Estado, todo variaba; y ya no sería el Gobierno Supremo quien empleaba las armas para poner un súbdito en sus deberes, sino dos súbditos que contendían entre sí, y que con relación al Gobierno Federal, se encontraban casi en un mismo paralelo. Para tomar un giro que terminara los males públicos concebí la idea de inquirir con toda certeza cuáles eran las pretensiones de San Salvador después que me separé del ejército. Con esta intención me trasladé a Santa Ana, en donde hice que el Sr. Bonifacio Paniagua se dirigiera al P. Obispo Delgado instándole a que se conformara aquel Estado con el decreto de 1.º de octubre, o a que declarara con franqueza el sesgo que podía darse a los asuntos de aquel tiempo. El doctor Delgado contestó a Paniagua negándose, como siempre, a la admisión del predicho decreto, y le afirmaba que emitiendo el Gobierno de la República otro en que se convocara al Congreso con arreglo a la base de población fijada en la Carta Fundamental y sin más atribuciones que las que esta ley le atribuye, San Salvador lo adoptaría y la guerra sería concluida. Esta medida era la misma que propuse a Prado antes de la acción de Milingo; y si entonces me pareció preferible a los estragos de las armas, con doble motivo conceptué que no debía perderse la proporción de transigir nuestras desavenencias por medio de ella, que mientras más se dilataban, adquirían un carácter más temible. Inmediatamente partí para Guatemala a reasumir el mando, para dictar el decreto de 5 de diciembre, que es como sigue; pero antes de insertarlo debo prevenir una réplica que pudieran hacer los de la oposición, aunque no fuera con otro designio que el de poner en duda la consecuencia del Supremo Poder Ejecutivo. He dicho que el Vice-Jefe de San Salvador convocó el Congreso ordinario a la Villa de Ahuachapán inconstitucionalmente, y es una verdad demostrada en los artículos 101 y 64 de nuestra Carta: de aquí pudieran valerse para decir que el mismo defecto se observa en mi decreto; y es necesario hacer notar la diferencia de ambos actos. El Presidente de la República dictó una medida que tenía por objeto restablecer el orden en un tiempo en que la Constitución no existía, porque la habían abolido Barrundia, Herrera y Prado, sobreponiéndose a ella y organizando la guerra civil: a su voz sustituyeron la fuerza de las armas, y era un deber del Presidente no omitir medio alguno para revocar este estado de cosas, haciendo que callasen las armas y se escuchara la ley. No así Prado: su providencia fue un ardid para levantar tropas y sublevarse, o a lo menos la convirtió en tal; y por otra parte, la Constitución nunca ha dejado de existir para él ni para

Barrundia, ni para Herrera, porque la violación de la ley, en ningún caso puede favorecer a los perjuros que la violan. Si pudiera favorecerlos sería una conveniencia infringirla; y los perversos, que son siempre los más audaces en las sociedades, tendrían una garantía para ejercer sus crímenes.

MINISTERIO DE RELACIONES

«El Presidente de la República se ha servido expedir el decreto siguiente:

»El Presidente de la República de Centro América.

»Habiendo visto que el decreto que emitió en 1.º de octubre del año anterior no ha sido aceptado por todas las Autoridades de los Estados de la Unión; y que, embarazada la reunión del Congreso Nacional extraordinario, el trastorno y desorganización que sufría la República se han aumentado: no habiendo sido su intención hacer efectivo dicho decreto por medidas violentas; y

CONSIDERANDO:

»1.º Que aunque subsistan y aun se hayan incrementado las causas que lo motivaron; una vez que no ha surtido los efectos que el Gobierno se propuso al dictarlo, por las dificultades que se han opuesto a su ejecución no hay inconveniente en adoptar otro medio para lograr el restablecimiento del orden constitucional:

»2.º Que ninguno queda más a propósito para conseguir este objeto, que la convocatoria y reunión, con arreglo a la Ley Fundamental, del Congreso Federal ordinario y del Senado, renovados ambos Cuerpos en la totalidad de sus miembros; porque esta medida ha sido solicitada por las autoridades que resistieron el decreto de octubre, y porque no han manifestado oposición a ella los pueblos que lo aceptaron:

»3.º Que la convocatoria del Congreso Federal y del Senado debe además producir el efecto de poner término desde luego a la guerra civil que aflige a la República, volviendo el reposo a los pueblos y disminuyendo el peso de los males que han sufrido durante un año de hostilidades:

»4.º Que debiendo formarse ambos cuerpos de miembros nuevos que sean nombrados con conocimiento de las agitaciones y trastorno actuales, porque ha expirado o está para expirar el período constitucional para que fueron electos los Representantes y Senadores que funcionaron el año de 26; es de esperarse que puedan acertar en la elección de medios para corregir los males que han sufrido los pueblos, y para afirmar sobre bases sólidas, la concordia, la paz y el orden interior en la República, sin cuyos bienes tampoco puede haber garantías para la propiedad, la seguridad y la libertad civiles:

»5.º Que atendiendo a los deseos que han manifestado desde el año anterior la mayor parte de las autoridades de los Estados, es conveniente que el Congreso y el Senado se reúnan en lugar distinto de esta ciudad:

»Teniéndolo todo en consideración; y animado el Presidente del constante deseo de no prescindir de medio ni de esfuerzo alguno, para terminar las desgracias públicas, restablecer el imperio de la ley, y dar nuevo ser a la Nación:

DECRETA:

»I.—Se convoca el Congreso Federal y el Senado, que se compondrán de Representantes y Senadores nuevamente electos en su totalidad, con arreglo a los artículos 55 y 89 de la Constitución.

»II.—Se excita a las primeras autoridades existentes de los Estados, para que a la mayor brevedad manden practicar las elecciones de los Representantes y Senadores que a cada uno de ellos corresponde.

»III.—Estos cuerpos se reunirán en la ciudad de Santa Ana el día 1.º de marzo del año de 1828, a cuyo efecto los Representantes y Senadores que sean electos, deberán concurrir a aquel punto con la debida anticipación. El Congreso determinará después el lugar de su residencia.

»IV.—El Gobierno asistirá a la apertura de las sesiones del Congreso, y le dará cuenta de su conducta.

»V.—Todos los sucesos que han ocurrido desde la disolución de los cuerpos deliberantes de la República, se someterán al conocimiento del Congreso, quedando únicamente sujetos a sus resoluciones.

»VI.—Desde la publicación de este decreto en cada Estado, deberán cesar las hostilidades, cualesquiera que sean las cuestiones que las motivan, puesto que todo queda sujeto y pendiente de las resoluciones del Congreso. En consecuencia, se restablecerán las comunicaciones interrumpidas: los correos seguirán sus rutas ordinarias; y tanto en esta parte, como en todo lo concerniente a la administración, se observarán las leyes.

»VII.—El Gobierno y los Jefes de los Estados dedicarán desde luego su atención a recoger las noticias y datos necesarios para calcular los gastos que se han causado durante las actuales disensiones, con el objeto de que, poniéndose este negocio en conocimiento del Congreso, pueda deliberar acerca del pago o indemnización que deban hacerse.

»Dado en el Palacio Nacional de Guatemala, a 5 de diciembre de 1827.—Manuel José Arce.—El Secretario de Estado y del Despacho de Relaciones Interiores.—Juan Francisco de Sosa.»

Sucedió, entre tanto ocurrían estos incidentes, que arribaron a San Salvador los tres hermanos Merino y un francés Sumaestre, que se decía cuñado de ellos. De estos cuatro hombres se mantuvo tranquilo uno, que administraba unos pocos géneros mercantiles pertenecientes a todos, para no exponerlos en caso de un mal suceso; los otros tres tomaron servicio en las tropas de Prado. Venían expulsados de Colombia por complicidad en una sublevación militar intentada contra el Libertador Bolívar en Guayaquil. Fueron recibidos con todo agrado, porque había una carencia total de Jefes y Oficiales y lograron las mejores colocaciones; tanto que el Sr. Rafael Merino obtuvo la Comandancia General de las Armas. Los nuevos guerreros valían muy poco y menos que nadie el Comandante en Jefe, pero traían los prestigios de ser militares colombianos y de ser unos fanfarrones que mataban a diestro y siniestro, y que cada uno prometía aventajar a Mucio Scévola.

Era cuanto Prado podía apetecer para no hacer la paz, a la cual solamente compelido por la necesidad se hubiera prestado, porque los que lo aconsejaban estaban empeñados en restablecer las autoridades del Estado de Guatemala, que fueron disueltas y abandonaron sus empleos en octubre de 1826, y en que volvieron a funcionar los miembros del Consejo y del Senado, que por la injerencia en la revolución, no pudieron continuar funcionando en el propio año. Deseoso el Presidente de la República de no omitir ningún arbitrio que tendiera a que fuese admitido el decreto propuesto por el doctor Delgado, hice que lo condujese a San Salvador el ciudadano Juan de Dios Mayorga y llevaba instrucciones análogas a este objeto. La esencia de su misión consistía en que hablase con el P. Obispo electo y le persuadiera lo mucho que interesaba a Centro América que tuviese fin la guerra civil, inclinándolo a esforzarse con los disidentes a que no evitasen aquella ocasión de entrar en reposo y tranquilidad. Mayorga era la persona más a propósito para manejar la negociación, por la intimidad que lo unía con Delgado, por la deferencia que debían tenerle Prado y sus directores, pues que siempre perteneció al partido exaltado y acababa de llegar de Méjico, por lo cual no había podido intervenir en los trastornos públicos, y porque estaba convencido de que era muy ilegítima la pretensión de que volviesen a los empleos de Diputados, Senadores y Consejeros unos hombres que el menor defecto que tenían era no ser ya apoderados de los pueblos por haber fenecido el tiempo para que fueron electos y de contado no podían representar la Nación ni el Estado de Guatemala, por falta de poderes. Mayorga escribió y había publicado un manifiesto sobre esta importante cuestión, demostrando con los principios de derecho público que los funcionarios por elecciones populares no pueden tener más duración en sus destinos que la señalada por la ley: que si no ejercen las funciones que les son anexas, sea cual fuese la causa que lo impida, concluyen al cerrarse el período en que debieron funcionar, y que de lo contrario los pueblos serían privados del uso de la soberanía, porque se les despojaba de la acción de elegir sus Representantes y mandatarios en las épocas en que debían nombrarlos. Trajo al intento las doctrinas y los ejemplos que otras veces arreglaron el proceder de otros países; y sobre esta materia tenía un conocimiento extenso.

Bajo tales conceptos marchó a San Salvador por una providencia reservada: tuvo la desgracia de encontrar al nuevo General Merino en el pueblo de Nejapa, en marcha, según vociferaba, para atacar al ejército federal; y faltó muy poco para que concluyesen allí su comisión y su existencia, porque aquel Jefe, a pesar de las credenciales de Mayorga, lo reputó espía y estuvo muy cerca de hacerlo fusilar. Le prohibió continuar su viaje y participó al Vice-Jefe lo que ocurría. Prado pasó a Nejapa y se impuso del decreto de 5 de diciembre: oyó al comisionado del Supremo Gobierno y le ofreció que al día siguiente partirían juntos para San Salvador, pero no verificó su ofrecimiento; otro día cuando todo estaba dispuesto para ir adelante, lo mandó regresar a Guatemala sin permitirle ver al doctor Delgado.

Coatepeque, diciembre 13 de 1827.—Al C. Juan Francisco Sosa, Ministro de Estado y del Despacho de Relaciones.—Con el objeto de dar cuanto antes noticia al Gobierno del resultado de mi viaje, me apresuro a poner éste con el correo que sale hoy mismo.

El 11 salí de este pueblo para San Salvador y encontré en Nejapa la división salvadoreña. Se me detuvo por el Comandante a pretexto de que no podía permitirme pasar adelante sin consultar al Gobierno. Llegó a poco por casualidad, o por previsión el Vice-Jefe del Estado, y convino en que al día siguiente marcharíamos los dos a San Salvador. En la noche se reunió el mismo Jefe, Comandante y Oficiales, y me pareció oportuno tratar del decreto de 5 del corriente que restablecía la Constitución, el Congreso y el Senado, y que este decreto llenaba el objeto que el Estado del Salvador se había propuesto en la presente cuestión. Hubo una larga discusión sobre el particular con todos. Yo sostuve las ventajas del decreto y que era el medio de terminar la guerra que exponía demasiado nuestra independencia y estaba arruinando de todo punto el país. Los de la oposición, que este acuerdo solo servía para detener sus operaciones militares en ocasión que tenían la preponderancia y seguridad del vencimiento. Se habló mucho sobre los particulares indicados, y se concluyó la sesión.

Ayer como a las ocho de la mañana le manifesté al Vice-Jefe que marcharíamos a San Salvador, cuando él lo tuviese a bien, y me contestó que había acordado que no convenía que yo pasase a aquella ciudad.

En atención a esto me he vuelto y llegué anoche, y continuaré mi viaje a esa capital, aunque con menos rapidez que cuando vine.

El Comandante de la división me dijo y lo mismo el Vice-Jefe del Estado que su intento era pasar cuanto antes. Es indudable que si Mayorga entra a San Salvador, se avoca con Delgado e informa al pueblo de mis intenciones, la paz se habría logrado; mas era puntualmente de lo que huían Merino y Prado, el uno por hacer su fortuna revolucionaria que principiaba en Centro América y el otro por acrecentar la suya, que a la sombra de los trastornos esperaba que llegaría a su mayor auge.

Marure dice que los Directores del Salvador no se equivocaban creyendo que los serviles no aceptarían expresamente ni de buena fe el último decreto del Presidente, y por eso ellos cometieron una falta inexcusable echándose sobre sí la odiosidad de una repulsa que podían endosar a sus enemigos. Al efecto cita fragmentos de cartas quitadas a los guatemaltecos, después de la toma de Santa Ana, en las que tanto el Jefe de Estado Aycinena, como su hermano el ex-Marqués y don Manuel Montúfar, «hacen duras apreciaciones de ese decreto que no parecen dispuestos a cumplir».—Marure.—Obra cit.—Pág. 72.—Tomo 2.

Cáscara permanecía en Coatepeque y antes de mucho fueron insultadas las avanzadas de su cuartel general. La ciudad de Santa Ana tenía una guarnición de 300 hombres al mando del Teniente Coronel Agustín Prado y en Sonsonate había un destacamento de 200 plazas. Varios días amenazó Merino las fortificaciones de Coatepeque y de repente hizo un movimiento de flanco, atravesando el penosísimo camino de la laguna, por el cual colocó su vanguardia a espaldas de Santa Ana, bajo las órdenes del Teniente Coronel Isidoro Saget. Como treinta horas estuvo ésta abandonada a una legua de distancia de la plaza, porque el grueso de las fuerzas se enredó tanto, que no pudo llegar oportunamente. Hubo tiempo sobrado para derrotar a Saget, cuya tropa no excedía en número a la que tenía Prado y era inferior en disciplina y armamento: lo hubo también para dar órdenes al destacamento de Sonsonate que inquietara la reserva de Merino, que se comprometió en sendas muy ásperas y demasiado lejos de su base, donde pudo ser acometido en detal y cortado por el ejército de la federación que era más numeroso, más instruido y mejor armado; pero un destino adverso que parecía íntimamente unido a la buena causa, no permitió que se obrara en regla. Instruido Cáscara de lo que pasaba a su retaguardia, emprendió una marcha retrógrada en auxilio de Santa Ana, mas no llegó en la ocasión precisa y Merino atacó y tomó la ciudad, luego que se reunió a Saget. Esta ciertamente no debía estimarse por ventaja y más bien era una situación muy peligrosa, porque los salvadoreños habían perdido en el ataque la mejor tropa y los oficiales más atrevidos, porque se encontraban en medio de pueblos enemigos, que peleaban en sostén del Supremo Gobierno, porque no podían sino con suma dificultad comunicarse con San Salvador y porque les restaba resistir el choque de fuerzas frescas, que venían a vengar a sus compañeros de armas y a resarcir un punto de toda importancia.

Fue así que entraron los federales, aunque en desorden, acometiéndolos por todas partes: que los rompieron en todos los encuentros: y que los obligaron a encerrarse en el corto recinto de la plaza. La gente del pueblo quitó el agua de la fuente, rompiendo la cañería; y en un clima cálido en medio de un sol abrasador y de un fuego vivo no podían resistir la sed que los sofocaba: les faltó parque y se vieron reducidos a implorar la paz, victoreando al Gobierno Supremo y a Guatemala. En un conflicto tan desesperado aconsejó Saget a Merino que pasara a las filas enemigas a tratar, ofreciendo acompañarlo: aquel no estaba en capacidad de pensar, era un autómata, y siguió sin conocimiento el dictamen de éste. Se presentaron juntos a los primeros oficiales que hallaron, llamándolos hermanos y pidiendo que todo se acabara: el Jefe salvadoreño entregó su espada, suplicando con humillación que lo condujeran a presencia del General Cáscara, quien impuesto de lo que ocurría, se negaba a escucharlo y dio repetidas órdenes para que siguiese el fuego: algunos de sus mismos Jefes y oficiales le instaron para que se suspendiese la acción, y cedió al fin, porque todos cayeron en el lazo, juzgando que de veras querían la paz los que con tanta reiteración la imploraban.

Tuvo lugar un tratado de armisticio en que sustancialmente se acordó: que el ejército federal se retirara al pueblo de Chalchuapa y el de Prado al de Coatepeque: que uno y otro se entregaran los prisioneros; y que por medio de comisionados que se reunirían en Santa Ana se haría el arreglo formal de paz, adhiriendo el Vice-Jefe de San Salvador al decreto de 5 de diciembre. Este convenio debía, según lo estipulado, efectuarse el siguiente día en lo relativo a la desocupación de la ciudad, y Cáscara lo cumplió con exactitud; pero Merino pretextó algunos embarazos para retirarse al punto que le fue señalado y se quedó en dicha ciudad. En el momento que no tuvo al enemigo al frente, se desatendió de cuanto acababa de estipular, y contestó insultante y burlescamente a las reclamaciones que tuvo por parte del General con quien había tratado, exigiéndole que no faltase a la fe de su compromiso. Mandó saquear Santa Ana, de suerte que los habitantes sufrieron indecibles vejaciones y estropeos en tan malhadada ocasión. Tomó más de mil fusiles que estaban almacenados, mucho parque, equipo y una pieza de a 3.

La Asamblea del Estado del Salvador abrió sus sesiones al tiempo que acababan de pasar las ocurrencias referidas: su primera atención la fijó en los males de la época, porque estaba persuadida que debía con toda preferencia remediar los desastres que sufrían los pueblos; y conociendo que en el decreto enunciado había todo lo que apetecían los disidentes para deponer las armas, acordó su admisión, previniendo al Vice-Jefe que procediera a celebrar un convenio de paz, bajo las seguridades de que era adoptada la medida propuesta por el Supremo Gobierno. Prado enfrentó la providencia de la Asamblea como quisiera el General Merino, que amaba la guerra por los medios que tenía en ella, sin importarle la sangre que vertía, que era centroamericana. Todas las combinaciones de los que lo conducían en la carrera de insurrección se hacinaron, tanto como sus deseos particulares, en un solo punto: destruir al Supremo Poder Ejecutivo para reponer en los negocios a los hombres que eran menos amigos de Centro América. Arrancó, pues, de todos los habitantes que estaban sujetos al despotismo o a la influencia revolucionaria con que dominaba, sacrificios muy costosos en hombres, en dinero y en toda clase de efectos para levantar un ejército suficiente a realizar su proyecto: en la villa de Ahuachapán se acantonaron las tropas que a viva fuerza se reclutaban en los pueblos. Merino las disciplinó con infatigable tesón y con un rigor que jamás probaron los salvadoreños anteriormente: las fusilaciones eran muy frecuentes sin proceso ni formalidad alguna: media hora bastaba para matar a cualquiera que a juicio de aquel Henriot, hubiese delinquido; y con semejante terrorismo forzó a servir bajo sus órdenes a los hombres que destinaba a perecer en los campos de Chalchuapa.

El Presidente de la República, que presenciaba los aprestos extraordinarios de Prado, apresuró la reorganización del ejército federal: la milicia activa y la de patriotas de Guatemala se incorporaron en él; y muy luego volvieron a experimentar los facciosos que las ventajas dolosas conseguidas en Santa Ana, nada habían podido sobre la constancia de los que sostenían la causa de las leyes. El Coronel Ramón Pacheco invadió el departamento de Chiquimula, cometiendo en él toda clase de agresiones: el comercio de Guatemala con especialidad padeció mucho por los saqueos de cargamentos enteros y valiosos que mandó hacer, remitiéndolos a San Salvador con toda la celeridad posible: marchó una división a arrojarlo de aquel territorio a las órdenes del Coronel Guillermo Perks, que después de la jornada del 17 de diciembre en Santa Ana tuvo colocación en las tropas federales; y ya se creían Merino y Prado conquistadores de los chiquimultecos, y esperaban el rico botín que el Comandante invasor les había anunciado, cuando supieron que este Jefe apurado por Perks tuvo necesidad de retirarse y de abandonar la mayor parte de la presa; no atreviéndose a esperar a los que le iban al encuentro, porque no ignoraba cuán cierta era su derrota, pues que tenía que habérselas con soldados instruidos y valientes. Se encontró en su evasión con el Coronel Indalecio Perdomo, que debía cerrarle el paso, pero no teniendo este Jefe la fuerza necesaria, lo forzó Pacheco, peleando en la proporción de diez contra uno, y pudo así evitar la total destrucción de su columna.

La decisión de los pueblos por el Gobierno Supremo y el pronunciamiento simultáneo de los hombres honrados y patriotas en toda la República hicieron aparecer en las llanuras de Ciudad Vieja un ejército mayor que los que se batieron en Milingo y en Santa Ana, bien disciplinado y aprestado, y entusiasta como siempre por defender el orden y las leyes que de continuo insultaba la facción contraria: partió en derechura a buscar a Merino en su mismo cuartel general; y ya vacilaban las esperanzas de Prado al través de las promesas y seguridades de vencer del Jefe y de los oficiales prófugos de Colombia, cuando se acogió al recurso acostumbrado de solicitar la paz, y dio cuenta al Presidente con el acuerdo de la Asamblea del Estado del Salvador mandando celebrar por medio de comisionados un arreglo definitivo, mediante la adopción del decreto del S. P. E. de 5 de diciembre. El Gobierno, desentendiéndose de las reiteradas veces en que fue burlada su invariable propensión a calmar el furor de las armas y a que le sustituyese el ejercicio de la ley, oyó con dignación y con agrado las palabras del hombre que repetía canciones sobre las ruinas de la patria, incendiada por su propia mano. Desde luego contestó que nombraría personas que de consuno con las que nombraba el Vice-Jefe de San Salvador tratasen definitivamente de la paz de la República: la Asamblea de Guatemala también eligió otras para que interviniesen en la negociación; y el pueblo de Jutiapa se asignó en los preliminares para que conferenciasen las partes contratantes.

En las instrucciones que el Gobierno dio a sus comisionados, se procuró cuanto más pude discurrir, facilitar la negociación a términos que no pudiera dejar de obtenerse un feliz resultado: otro tanto entendí que hizo la Asamblea con los suyos, y salieron unos y otros al lugar convenido con toda prontitud e interés: permanecieron en él varios días más de los que se ajustaron en los preliminares y regresaron a Guatemala con el pesar de no haber evacuado su encargo, porque faltaron los comisionados de Prado. ¿Y puede darse una conducta más falaz y atroz? Si se escribiera la historia de los engaños, tendría en ella una página muy notable el Vice-Jefe Mariano Prado. La Asamblea del Estado del Salvador ha recomendado al tiempo éste y otros pasajes en la contestación que dio al mismo Prado en 17 de diciembre de 1828. "Es preciso, le dijo, hablar ya con desembarazo en obsequio de la verdad y en beneficio de los pueblos. La Asamblea en sus períodos ordinarios y cuando ha sido convocada extraordinariamente, ha trabajado con tesón en cuantos medios ha creído oportunos para mejorar la administración pública, promover la felicidad general, y salvar al Estado de los riesgos que lo han amenazado: ha investido al Gobierno de cuantas facultades él ha querido, y se ha llegado a término en las épocas anteriores que la Asamblea no ha hecho sino lo que a él mismo ha parecido; y cuando en beneficio de la humanidad, y para aliviar el enorme peso de la guerra civil a Centro América, se propuso al Cuerpo Legislativo conciliar la paz que al fin ha tenido el Gobierno que proponer, se opusieron embarazos de todas las maneras imaginables, se habló sin rebozo contra el mismo cuerpo, y por último se consiguió la misión de los comisionados para tratar cuando vueltos los de Guatemala sólo fueron a presenciar la desgraciada jornada de Chalchuapa, y se llegó en esta época al extremo de atribuir la derrota a la Asamblea desde el mismo Gobierno, por no confesar la precipitación del General Merino, que al fin probó su imprudencia con hechos subsecuentes que le produjeron por último resultado la separación del mando". ¡Pueblos! Ved aquí la conducta del que hoy lleva el título de Benemérito. Si la Asamblea dictaba la paz, la desobedecía; y si era derrotado en el campo de batalla, calumniaba a la Asamblea atribuyéndole la derrota. ¿Se cumplen así las leyes? ¿No es una injuria hecha a ellas mismas, hecha a la República y hecha a todos los hombres, que se apropiase Prado el sagrado título de defensor de las propias leyes que infringía? ¿No es un insulto hecho a la moral burlarse con esta impudencia de la verdad? ¡Oh Centro América, patria mía! ¿Es posible que en tu órbita sacrosanta haya nacido y haya gobernado el hombre que para desgarrar tus entrañas unió a los crímenes la burla de la virtud que te distingue entre las naciones? ¡Centroamericanos! ¡Reconquistad las leyes y la verdad para que tengáis Patria!

CAPÍTULO XI: ¿QUIÉN ERA MORAZÁN?

Motivos que tuve para emitir el decreto de 14 de febrero de 1829. —Reclamo que hice al Vice-Presidente para que me devolviese el Gobierno. —Inteligencias que tuve con el Doctor Delgado y con el Vice-Jefe Prado en julio y agosto de 1828. —Atentado cometido por este funcionario contra mi persona y agravado por el General Francisco Morazán. —Sucesos de Honduras que hicieron aparecer a este hombre en la escena de la revolución.

La expedición que hizo el Coronel Perks contra Pacheco le granjeó la confianza, o mejor diré, aumentó la que ya tenían en él las autoridades de Guatemala. Hacía tiempo que el Jefe del Estado ciudadano Mariano Aycinena me propuso que lo empleara en las armas, y no me presté a sus deseos, porque no tenía el conocimiento correspondiente de este hombre, y temí que se convirtiese en otro Raoul: mas como guardase un comportamiento bastante prudente, y hubiera además necesidad de un Jefe de aptitud, en el supuesto de que él la tenía, lo coloqué y su colocación fue del beneplácito de todos. Cuando regresó a la capital di orden de que sirviera en el Estado Mayor, pareciéndome que las funciones que iba a ejercer eran las que desempeñaría mejor: con todo, el expresado Jefe Aycinena me insinuó que sería conveniente que se le confiriera el mando general para que marchara contra Merino con la actividad que acreditó en el ensayo que tuvo en el departamento de Chiquimula; vine en acceder, nombrándolo General en Jefe, por no separarme del Gobierno y aprovechar la ocasión de concluir la paz, de que debió tratarse en Jutiapa.

Desde los primeros días en que comenzó Perks a funcionar en el nuevo destino que le confié, suscitaron algunos Jefes quejas de mal carácter por haber dado inconsideradamente el nombre de Jefe de su Estado Mayor a un oficial que sólo era Teniente Coronel, sobreponiéndole a otros que le eran superiores en graduación. Yo ignoré lo ocurrido y la causa de ello hasta que todo era pasado; y desaprobé a Perks que hubiese excedido mis órdenes, pues que le previne fuese el enunciado oficial su Secretario y no otra cosa. Los que desconociendo los trámites prescritos en la ordenanza para indemnizarse de las postergaciones y agravios que les infirieran sus superiores, intentaron reparar por sí mismos el que recibieron aquella vez, quizá no previeron que preparaban con su precipitación nuevos lances que comprometerían en extremo la causa pública. Debieron acercarse a mí y exponerme el proceder de su General, y yo le habría ordenado que revocara la provisión que hizo, porque era justo improbarla: sin embargo, me desentendí de este suceso con relación a los malcontentos, porque juzgué que era bien no darle importancia, y tan luego como Perks se ajustó a mis prevenciones, no se volvió a hablar de lo acaecido, y todo fue como en tiempo de la buena disciplina.

El ejército se movió con dirección a Jalpatagua, donde fue preciso que estuviese estacionario durante las negociaciones de Jutiapa, y allí fermentando las pasiones, presentaron un comprobante de lo contradictorio que es el espíritu humano, pues los mismos que empuñaban la espada para reponer el orden invertido y para obligar al cumplimiento de las leyes a los que las violaran, no se detuvieron en poner con sus hechos el sello de la aprobación sobre la conducta de sus propios enemigos: y he aquí la razón de que exista la anarquía y de que haya penetrado entre nosotros; porque si el Gobierno estuviese de continuo bien obedecido, y las leyes bien cumplidas en una parte de la Nación, conteniéndose los funcionarios en los límites que les son señalados y desempeñando con puntualidad sus deberes, a una con los ciudadanos y habitantes, que deben siempre estar sumisos a la autoridad y reclamar sus derechos por las vías legales; en esta porción se encontraría el orden público y la observancia del pacto y tendría los títulos nacionales para reducir a los que se separaran del gremio indebidamente o perturbasen el régimen de la administración, al estado que les correspondiera según el pacto social. Por el contrario, si cada uno propende a hacer su voluntad, siguiendo el rumbo de sus preocupaciones o de sus conveniencias, se desata el nudo de los mutuos deberes, y deja de ser lícito hacer la guerra por defender las instituciones y por sostener el Gobierno; la sociedad toda entra en la anarquía, convirtiéndose en facciones que recíprocamente pueden decirse, vosotros violasteis la ley ¿con qué fundamento pretendéis compelernos a que la respetemos, si vosotros la infringís? Ya no es justo en tal caso ocurrir a las armas para restaurar el orden y sólo puede ser permitido emplearlas en la defensa local o personal, si un injusto agresor insiste en invadir el territorio o las personas radicadas en él, porque nunca puede privarse a los hombres del derecho que les dio la naturaleza de proveer a su propia seguridad.

El día 9 de febrero de 1828 se reunieron algunos Jefes y despojaron al Coronel Perks del empleo que ejercía, no obstante que estaba dispuesto a dejarlo voluntariamente dentro de pocas horas y encargárselo al Coronel Antonio José Irisarri: los motivos que se pretextaron para excusar esta demasía eran insignificantes, y ningunos podían ser poderosos para librar a sus autores de haber incurrido en una defección de gravedad; mucho más cuando el Jefe en quien se puso la autoridad militar que residía en Perks, no rindió, como debiera, el reconocimiento que correspondía al Supremo Gobierno, dándole parte inmediatamente de lo ocurrido y de ser él el sucesor del General depuesto; y solo se entendió con el Jefe de Guatemala, trastornando así la esencia de los negocios, que consistía en que el Gobierno Federal lidiaba con los que se sublevaron desde el año de 1826 para reponer las cosas al estado de la ley. Si ya no era reconocido el ejército, ya no podía tampoco insistirse en que Prado reconociera en este ejército la fuerza de la Federación de Centro América, porque era dado el último golpe sobre los restos de la existencia constitucional que habían conservádose en la conflagración de la República.

Mi primer sentir al ser informado de acontecimiento tan penoso fue negar mi connivencia con energía hasta el extremo de separarme enteramente de los negocios políticos y militares si era menester, para no incidir en la falta de convertirme en director de facciones, debiendo ser tan solo el Magistrado de la Nación; y en la amargura del pesar por tanta peoría en nuestras desavenencias, que llevaban la patria a la total ruina de que es susceptible un Estado que se abandona al frenesí de las pasiones, y con la conciencia, con aquella conciencia, que es bien llamar del buen ciudadano que entra a los puestos y los sirve, por espinosos que ellos sean, resuelto a sacrificarse si su sacrificio ha de coadyuvar al comunal provecho, manifesté a la Asamblea de Guatemala: "Que largo tiempo había meditado el Presidente sobre los medios de restablecer el orden en la República, que sus pasos en este respecto estaban a la vista de todos y consignados en documentos irrefragables: que en septiembre de 827 cuando mandaba el ejército, se separó de aquel mando por seguir firme en sus conatos de adquirir la paz, y volvió al ejercicio del Poder Ejecutivo para dictar el decreto de 5 de diciembre: que había ocurrido el más terrible estrago en el ejército federal, porque algunos Jefes desconocieron el Gobierno, y el que tomó el mando solo se dirigía al Jefe del Estado: que este era un golpe tremendo a la atribución principal del Presidente, quien no tenía en los otros Estados recursos para reparar tan funesto mal: que al saber el extraño acontecimiento de Jalpatagua, su primera inspiración había sido separarse enteramente del Gobierno: que solo lo detenía el temor de que su separación causase mayores males, y con particularidad a Guatemala: que firme en su constante conducta de no hacerlos y de procurar el bien, tenía suspensa su resolución y deseaba que la Asamblea le franquease su opinión, porque quería que nunca se le pudiese culpar en la catástrofe que inminentemente amenazaba: que otro tanto haría con las Asambleas de los otros Estados, si las circunstancias dieran tiempo y si las comunicaciones estuviesen expeditas, pues que de esta manera había obrado en los negocios importantes de la República, siempre que había sido posible: que nada era, a juicio del Presidente, desesperado: que se podía enmendar el suceso de Jalpatagua sin perjuicio de la causa pública, y podía asegurarse que con ventajas también; pero que nada se conseguiría sin que las autoridades de Guatemala sostuvieran el Gobierno Federal, y que era por esto necesario que la Asamblea dirigiera su atención a la medida que conviniese dictar; que el Presidente sabría aprovecharse de su dictamen, si le parecía oportuno".

La contestación que dirigió la Asamblea al Secretario de Relaciones estaba en todo conforme con la conducta de los Jefes que depusieron al Coronel Perks, porque desentendiéndose de este hecho asombroso, decía que el paso franco del Presidente previno en cierto modo a la misma Asamblea que meditaba aquel día excitar su patriotismo y natural desprendimiento para que ofreciendo a la Patria un nuevo sacrificio dictase la medida de su separación". Aventuró fundar su enunciativa, suponiendo que había desconfianzas de mi persona en el ejército y en los pueblos, lo que era del todo voluntario tomándose en un concepto general, y ningún documento ni indicio hubiera sido posible presentar en apoyo de semejante aserción. Nunca se vio un papel público, y menos una manifestación de algún pueblo que indicase lo que exponía la Asamblea, porque no existía sino en los que pensaron que era provechoso hacer valer aquella especie. Yo por la inversa, pudiera insertar aquí pruebas incontestables de que tanto en el ejército, como en los mismos pueblos colectivamente gozaba la confianza que ha de tener siempre el que en su carrera sigue el camino recto de sus obligaciones; pero me es mortificante tratar esta materia y a no requerirlo la satisfacción que debo a Centro América de las funciones que me encomendó, jamás la habría tocado, porque tengo que referirme a personas agobiadas por el infortunio.

Para mí no era sacrificio retirarme de los negocios considerando mi persona; mas sí lo era y muy costoso ver que el acrecentamiento de las novedades los complicaba al punto de desaparecer todo consuelo: solo la falta de experiencia en el curso de los grandes acontecimientos que forman la carrera de las naciones podía ocasionar que unos hombres que entraron a figurar para mantener el orden y las leyes, porque sus antecesores no pudieron guardarlas, y que aspiraban a sustraerse de una suerte dura que les estaba preparada, proscribiesen los medios de conseguirlo, extraviándose al extremo de pensar que se alejaban del precipicio, tomando el camino que más en breve los conducía a él. Yo preveía el desenlace que iban a tener las cosas, presentándose a mis ojos el fin funesto de la Patria y temí que estaba más cerca de la época en que se verificó. Merino tenía en Ahuachapán un ejército cual no se había conocido en San Salvador en toda la revolución: numeroso y bien armado, bien disciplinado y con una porción considerable de oficiales útiles, tránsfugas de las banderas de la Federación que se pasaron el 17 de diciembre en la jornada de Santa Ana; y esta fuerza física adquiría superioridad por la fuerza moral que le comunicaban las voluntarias innovaciones de los Jefes militares y de la Asamblea de Guatemala, que en proporción se debilitaron por los mismos medios que creyeron fortalecerse. Porque en verdad ¿podía facilitarse el restablecimiento del orden acabando de invertirlo? ¿Podría restaurarse el vigor de las leyes acabando de infringirlas? Era contradictorio, y es este el punto de vista en que yo examiné los hechos y por el cual juzgaba que igualándose los beligerantes en predicamentos por la inclinación del Supremo Poder Ejecutivo de parte de los que al principio lo sostuvieron, desaparecía la disciplina en el ejército federal, y todos los ramos del Gobierno se perderían en la enervación que hemos presenciado, mientras que Prado, mejorando en su causa, era siempre, no obstante su estolidez, el punto de concentración del partido revolucionario.

Yo busqué en la Asamblea un consejo que me ayudase a acertar en aquellas difíciles circunstancias, y ella me dirigió un pronunciamiento tan precipitado, que se atrevió a decir: que me sirviese comunicar mi resolución en todo el resto del día, para que en su vista pudiera dictarse por parte del mismo Cuerpo la que conviniera. Era necesario tomar algunas horas para deliberar en un asunto de tanta gravedad, y desde luego me ocupé de preparar una comunicación en que declaraba: "que la paz decretada por el Supremo Poder Ejecutivo estaba pendiente: que actualmente se trataba de ella, y que dentro de cinco días se sabría si se ajustaba o se comenzaban de nuevo las hostilidades: que el deseo de no interrumpir esta negociación, era el único motivo porque el Presidente no se resolvió a separarse totalmente de la administración cuando supo el fatal acontecimiento de Jalpatagua, y este mismo deseo era el que en el día le obligaba a no desprenderse voluntariamente del ejercicio del Poder".

Mas los miembros de la expresada Asamblea en su mayoría, no estaban en capacidad de conocer lo que hacían, y sin detenerse en ninguna consideración, pasaron un requerimiento a la Secretaría de Relaciones reclamando mi determinación, porque en el calor de sus errados cálculos la menor demora los consumía, y se me avisó al mismo tiempo que estaba dispuesto un decreto, separando el Estado, de la Federación de los demás, que equivalía a decretar la destrucción de la República. Como mi anhelo era hacer la paz, yo estaba decidido a no ceder a las pretensiones de los que daban estos pasos de perdición, y no habría convenido con sus errores, a no ser que en el mismo momento de negarme, se puso en mis manos una nota de Merino dirigida a Perks, en que, a vuelta de innumerables falsedades, aseguraba, que mandando otro que no fuese yo, la paz se haría. Creí que debía, por si era cierto lo que aseveraba, proveer mi separación de una manera que siquiera con respecto a las naciones extranjeras, salvara las apariencias legales de que existía un Gobierno en Centro América, y que pasado aquel torbellino de pasiones y de excesos me encontrase expedito para volver al ejercicio del Ejecutivo, si la paz de Jutiapa no se efectuaba. Emití, pues, el decreto siguiente:

"MINISTERIO DE RELACIONES.—El Presidente de la República se ha servido expedir el decreto siguiente:—El Presidente de la República de Centro América.—CONSIDERANDO: Que la negociación de paz que ha promovido la Asamblea del Estado del

Salvador a virtud de la aceptación del decreto de 5 de diciembre último, está adelantada cuanto el Presidente pudiera adelantarla en las actuales circunstancias:

"Que si esta negociación no tiene efecto, el Presidente que ha procurado por todos los medios evitar la guerra, no quiere que se tome por pretexto su persona para continuarla:

"Animado del constante deseo de ver terminados de cualquiera manera los desastres que afligen a la República: siendo el primero en practicar con este laudable fin todo lo que penda de su arbitrio; ha tenido a bien decretar, y

DECRETA:

"1° El Presidente se separa del ejercicio del Supremo Poder Ejecutivo, temporalmente.

"2° Volverá al desempeño de sus altas funciones, cuando el deber se lo exija.

"4° Mientras el Presidente no lo ejerciere, dejará de percibir las asignaciones que le corresponden.

"5° Queda obligado a dar cuenta de su conducta al Congreso Federal.

"Imprímase, publíquese y circúlese, comunicándose desde luego a las Asambleas y Jefes de los Estados de la Unión.

Dado en el Palacio del Gobierno, en Guatemala, a 14 de febrero de 1828.—Manuel José Arce.—El Jefe de Sección, encargado del Ministerio de Relaciones.—Francisco M. Beteta".

Conseguida la victoria de Chalchuapa[15], el ejército federal se situó en Mejicanos, a una legua escasa de San Salvador: hacía más de

---

[15] La batalla de Chalchuapa a que se refiere Arce, se verificó en ese lugar, el 1° de marzo de 1828. El ejército salvadoreño que constaba de 3.500 hombres según García Granados, y de 3.000 según Marure, estaba comandado por Merino y el guatemalteco que, según el mismo Marure, constaba también de 3.000 y según García Granados era de 2.400, era comandado por Arzú, quien ocupaba la plaza de Chalchuapa. A las 7 y media de la mañana los salvadoreños emprendieron el ataque con bastante denuedo, pero sin plan, orden, ni concierto alguno, dirigiéndose el grueso del ejército por la entrada del pueblo y una columna por un punto erizado de peñascos llamado El Platanar y detrás de los cuales los invasores eran fusilados casi impunemente. La acción duró unas pocas horas. El desastre de los salvadoreños fue completo. Dejaron en el campo como 350 muertos

un mes que permanecía en este punto como en ademán de sitiar la ciudad, de donde era molestado.

"Aun cuando Arce de buena fe se hubiera determinado a separarse del mando, los términos en que la Legislatura intrusa le contestó sobre este particular, lo habrían obligado a revocar su primera determinación; jamás sus enemigos le habrían hablado en un lenguaje más depresivo aunque revestido con las apariencias del decoro y de una falsa urbanidad. No quiso, pues, el Presidente añadir a la debilidad de sufrir el ultraje, la bajeza de ceder a la primera intimación, y acordó continuar con el Gobierno, fundándose en que la paz decretada por el Ejecutivo Nacional estaba aún pendiente, y que era preciso esperar el éxito de las negociaciones, que estaban ya iniciadas con la Asamblea del Salvador; declaró asimismo que no podía ni debía desprenderse voluntariamente del ejercicio del Poder, mientras subsistiesen las circunstancias extraordinarias que habían alterado la tranquilidad de la República. Sin embargo, la Asamblea había dado un paso demasiado atrevido para que pudiese volver atrás: instó, pues, al Presidente, para que hiciese efectivo su primer acuerdo y le instó tomándose la libertad de requerirlo oficialmente y de exigirle en un término estrecho y perentorio, su contestación definitiva: para que en su vista pudiera dictarse por parte de la misma Asamblea la resolución que más conviniese a los intereses del Estado. Al mismo tiempo el Secretario de Aycinena y los Ministros federales le estrechaban en lo privado, para que cediese a las instancias de la Asamblea, anunciándole que si persistía en su negativa, aquel cuerpo estaba resuelto a decretar la separación del Estado del pacto federativo y su absoluta independencia del Gobierno Nacional. Viendo que toda resistencia era inútil, Arce acordó inhibirse temporalmente del Poder Ejecutivo encargándole por segunda vez al

---

según García Granados, aunque según Montúfar eran 500, y toda su artillería y demás pertrechos de guerra. Como en esa triste época no se daba cuartel al vencido, muchos de esos muertos lo fueron cuando ya estaban rendidos. La culpa de esta infortunada acción la tuvo toda Merino. A su incapacidad militar se agregó entonces la circunstancia de que estaba ebrio. De ese hermoso ejército con que se soñaba llegar de triunfo hasta Guatemala, volvieron a San Salvador apenas 700 hombres.—Véase a Montúfar.—Obra cit.—Págs. 87 y 88.—García Granados.—Memorias.— Págs. 159 a 170.—Marure.—Obra cit.—Págs. 112 y 113.—Tomo 2.

Vice-Presidente Beltranena, sujeto de quien disponían ad libitum, las autoridades intrusas."

"La forzada aunque aparentemente voluntaria cesación de Arce en el mando, no debe considerarse como el resultado exclusivo de las amenazas e intrigas de los serviles; acaso tuvo más parte en ella, la astuta política de los liberales que en sus reclamaciones contra la permanencia de aquel funcionario en el Gobierno se propusieron la doble mira de privar a los serviles de un Jefe distinguido y valiente, y hacer recaer sobre ellos toda la culpabilidad de las ofensas que se hacían a la Nación en la persona de su Primer Magistrado. No se engañaron en sus esperanzas; y este acontecimiento debe señalarse como uno de los que influyeron más de cerca en el descrédito y vencimiento de la oligarquía guatemalteca."—Marure.—Obra cit.— Págs. 107 y 108.—Tomo 2.[16]

---

[16] Dice Marure que luego que Arce resignó el Poder, se retiró a la Antigua Guatemala bajo el pretexto de restablecer su salud, pero con el verdadero designio de avocarse con los liberales residentes en aquella ciudad y fomentar la reacción que se estaba preparando secretamente en el departamento de Sacatepéquez: que descubrió a Gálvez sus planes, pero este no quiso comprometerse expresamente, limitándose a ofrecimientos vagos, y que lo mismo hicieron otros liberales. Mas a renglón seguido dice, que de acuerdo con Arce y como consecuencia del complot de la Antigua, el Teniente Coronel C. Carlos Salazar preparaba en la nueva Guatemala una conspiración en la cual estaban comprometidos, el Senador Barrundia, el ex-Ministro Ibarra y otros liberales de la capital, así como los extranjeros Perks y Terrelonge. Perks denunció a Salazar, y el Jefe Aycinena le mandó aprehender y le desterró. Lo mismo hizo después con Perks, a pesar de su delación, pues su conducta vacilante y falaz lo había hecho odioso a todos los partidos.

No sabemos qué prueba tendría Marure de esa conspiración de Arce a que se refiere, pero notamos que hay alguna contradicción en sus afirmaciones, diciendo primero que los liberales desconfiaban de Arce, y después, que puestos de acuerdo con él y como consecuencia del complot de la Antigua, preparaban una conspiración en la capital. Pero lo extraño de todo esto es que, sabedor Aycinena de la complicidad de Arce, no hubiera dado ningún paso en contra suya.

Permitir a Prado abrir fosos y formar parapetos al frente de los vencedores, era perder la superioridad adquirida por el triunfo reciente, y bajar a la condición de necesitar de otro, de que se hiciese el debido uso. Yo sabía que el descalabro de Chalchuapa apuró el sufrimiento del pueblo, que ya

En fin, el curso de los sucesos había demostrado que no se lidiaba por mi persona, puesto que retirado a una vida privada, los desórdenes, los escándalos y las matanzas, aumentaron lejos de cesar o disminuir. Convencido, pues, de que los deberes que contraje en Centro América admitiendo la primera Magistratura, a más de las obligaciones que me impusiera la calidad solamente de Centro América, exigían de mí que volviese al ejercicio del Poder para insistir en tranquilizar la República, o en regularizar la guerra, si lo primero no era posible; con estas únicas intenciones reclamé el Gobierno al Vice-Presidente en quien lo deposité mientras me restituía a la administración. Se me contestó en frases no claras, rehusando devolverme las funciones que la Nación me confió; y como no pudiese ser que en este asunto faltara claridad, insté para que se me respondiera sí o no, con franqueza. Se me repuso en sustancia, que no había autoridad que decidiese si yo debía recobrar el mando. Hasta aquí llegaban mis deberes: los había llenado, y ni la ley ni el mundo pueden reconvenirme por los males de Centro América. Con semejante resolución determiné dedicarme a mis negocios particulares, y me retiré a la ciudad de Santa Ana para pasar en seguida a mis haciendas, lo que no pude verificar por algunos embarazos que se me opusieron.

He explicado como funcionario mi conducta pública con la ingenuidad del hombre que tiene conciencia, y que no pudiendo creerse exento de yerros, que son el patrimonio de los humanos, está cierto que no ha delinquido, ultrajando las leyes o siendo remiso en procurar con la dedicación de que soy capaz, la prosperidad de Centro América. Hallo en mi corazón que puedo decir con Aristias: "Sin

---

deseaba una transacción que finalizara los estragos de que era víctima y una nueva solicitud de paz debía ser el resultado de la disposición que tenía. Prado, aunque con su mala fe acostumbrada, se burló de la Asamblea del Salvador y del Supremo Gobierno, no mandando a tiempo los comisionados que debieron concurrir a Jutiapa; estaba amilanado y no podía sustraerse a la fuerza de la opinión pública. En sus alcances y en los de sus directores estaba fuera de las probabilidades sacar ventajas de la guerra, sin embargo de que no se les constreñía como pudo haberse hecho, y debían reputar por mejor tener un acomodamiento que ser vencidos. Además, yo observaba con pena que no había regularidad en las hostilidades, porque el mutuo encarnizamiento había desterrado las leyes que se guardan en las contiendas de armas, entre pueblos cultos.

duda es profanar la política, que debe hacer las sociedades dichosas y florecientes, dar nombre semejante a este corto manejo, siempre incierto, de astucias, enredos y engaños, que efectivamente no ha sido imaginado más que por hombres ignorantes e incapaces de elevarse a otras ideas más superiores, o por malos ciudadanos, que no consideraban en la administración de la República, sino la infeliz ventaja de satisfacer ellos mismos su ambición y avaricia." Hallo igualmente, que nunca he obrado sin convencerme antes de que debía hacer lo que he hecho, siendo por esto mis pasos tan firmes como la razón en que se han fundado: si alguna vez se me persuadió de que estaba errado, enmendé el error; si mis convencimientos han prevalecido, ha sido imposible doblegarme. Hallo por último, que jamás me he vengado de ningún agravio; y los que me han inferido en la carrera de los negocios, ni en mi memoria se han conservado, porque opino que la ruin venganza sólo puede agradar a los espíritus mezquinos y que la única que es noble tomar, ha de consistir en hacer que prospere la causa que se defiende: así se adquiere un verdadero honor y se confunde a los enemigos; en proporción que se envilecen esas almas rastreras, elevan a sus contrarios, cuando el día del triunfo gozan de las persecuciones que hacen o promueven, y se alimentan del dolor y de las lágrimas de los desdichados.

Después que se me negó el regreso al Gobierno, todavía aproveché la ocasión que se me presentó de intentar conciliar los ánimos, porque conservaba siempre fija mi atención en los males de unos pueblos por quienes tenía y conservaré durante mi vida el más sincero afecto.

En Santa Ana recibí una carta del Padre Obispo Delgado, y desde entonces comenzó de nuevo nuestra correspondencia, suspensa desde poco antes de la batalla de Arrazola: le hablé sobre las cosas de la guerra, y pasados algunos días, tuve su contestación y también una carta de Prado acerca del mismo asunto. Varias ocasiones nos escribimos, y en una de ellas se me habló claro, principalmente por el Vice Jefe, diciéndome, que pasara a San Salvador: respondí que para deliberar necesitaba que tuviésemos antes una entrevista en la que declararía mis intenciones; las que si parecían bien y eran adoptadas, iría a aquella ciudad a ejecutarlas. Mi plan era establecer en ella el Gobierno Federal e inmediatamente repetir el decreto de 5 de diciembre, mandando al mismo tiempo suspender las hostilidades; en el supuesto de que si el ejército acantonado en Mejicanos o el Estado de Guatemala no reconocían en mí al Presidente de la República, o se obstinaban en continuar la guerra, yo la hubiera dirigido a nombre de la Federación.

Este proyecto podía únicamente calmar las animosidades de los partidos y poner término a las calamidades públicas, o justificar la intervención de las armas para restablecer el orden, porque contenía una medida aprobada por las autoridades de Guatemala, que no pudieran sin incurrir en una falta inexcusable repugnar; y porque habiendo la Asamblea de aquel Estado sostenido la defección de los Jefes Militares, que en Jalpatagua depusieron a Perks y desconocieron al Gobierno Supremo de que dependían, y habiendo asimismo negádoseme el mando con infracción del decreto de 4 de febrero en cuya virtud lo ejercía temporalmente el Vice-Presidente, renacía la administración legal en cualquier Estado de los de la Unión, donde yo hiciese aparecer el Supremo Poder Ejecutivo con arreglo a la Constitución de la República; y a los que quisieran persistir en la confusión política en que estaban, era justo reprimirlos por la fuerza hasta que depusieran sus equivocaciones, concentrándose en la ley. Pero ¿es susceptible Prado de una combinación racional, en que él, así como todos los demás funcionarios quedasen sujetos a sus deberes, y que por ellos depusiera la ambición, la avaricia, la envidia, las venganzas que lo dominan sin que pueda contenerse, de la misma manera que los israelitas no podían contenerse en la observancia de la ley, sin embargo de tantos prodigios que Dios obró para arrancarlos de la idolatría, porque sus corazones estaban formados sobre los ídolos de Egipto y bajo la vara de los Faraones? No podía ser. Prado nació en el rigor del despotismo español: en el cieno de las ruines pasiones que inspiraba, formó su alma, adquirió su fortuna y fue todo lo que puede ser un hombre sin talento y sin cultivo; era pues imposible que en la edad avanzada, cuando los vicios están arraigados, pudiese cambiar repentinamente en un republicano virtuoso. No tuvo por tanto lugar la entrevista y posteriormente se me comunicó, que al convidarme Prado a que fuese a San Salvador, pretendía que tomase el mando militar bajo sus órdenes. ¿Es creíble este exceso de necedad? Es preciso confesar que el engreimiento es el producto de la ignorancia y de la torpeza.

"Estos planes deslumbraron a primera vista y muchos llegaron a creer que la presencia de Arce en San Salvador, produciría una alteración favorable en el estado de las cosas. Para acabar de alucinar a los salvadoreños, el Presidente ofreció presentarse en compañía de varios oficiales de crédito que le eran personalmente adictos, y atraerse a otros de los más distinguidos del ejército. Delgado era el que tomaba más empeño por que se aceptasen las propuestas de Arce, e hizo no pocos esfuerzos para comprometer al Vice-Jefe a que tuviese una entrevista con aquél; pero nada pudo conseguirse, porque Morazán, a quien se mandó consultar sobre el particular, se opuso a semejante resolución que también combatieron el Ministro Vasconcelos, Rodríguez y casi todos los emigrados guatemaltecos. La entrevista, pues, no llegó a verificarse, ni Arce quiso pasar a San Salvador, como se lo proponía Prado; porque estaba en la inteligencia de que solo se le llamaba para encomendarle el mando militar de la plaza, sobre lo cual, acaso, se le informó con poca verdad".— Marure.—Obra cit.—Págs. 138, 141 y 142.—Tomo 2.

Cuando la tropa de San Salvador ocupó la ciudad de Santa Ana en consecuencia de la capitulación de Mejicanos, me encontró en aquel lugar viviendo privadamente y muy ajeno de sospechar que debía temer, porque la regularidad de mis procedimientos mientras goberné, de que sólo podía juzgar la Nación representada en un Congreso legítimo, y el absoluto aislamiento de todo negocio público después que emití la providencia de mi separación del Supremo Poder Ejecutivo, debían darme garantías de seguridad; y en efecto nadie me molestó. Pero llegó el tiempo en que Prado compelido por los pronunciamientos de algunas Municipalidades y por la expresión de la opinión pública, dio un decreto citando el Estado a elecciones, y la voz de los pueblos comenzó a agitarse en virtud de las pretensiones opuestas que asomaron: el Vice-Jefe quería continuar en el mando, haciendo recaer en su persona los sufragios para Jefe; mas la confianza pública se decidía sin embargo en favor de otros sujetos; y por más que se hizo, recayó la mayoría de votos para la Jefatura en el ciudadano Antonio J. Cañas. Luego que se conoció el resultado de las elecciones, el Vice-Jefe que había expedido la convocatoria, manifestando para excusarse de haberla dictado, que era innecesario, pues al llegar al período designado debían los pueblos proceder a elegir sin excitación de la autoridad; tuvo por conveniente declararlas nulas, dando por causa que sólo la Asamblea o el Consejo podían convocar para ellas. Así se mofaban de la soberanía del pueblo los que aconsejaban, ejecutaban y aprobaban una conducta tan burlesca; y aunque varias Municipalidades del Estado representaron a la

Asamblea contra la política falaz con que se insultaba la ley y el decoro público por los que se arrogaron los inmerecidos títulos de patriotas, liberales y protectores de la propia ley que ultrajaban; y aunque esta Corporación no pudo disimular la justicia del reclamo, se vio no obstante compelida a dictar un decreto en que convocaba otra vez los pueblos para que reiteraran las elecciones. Como era natural, volvió a agitarse la opinión: se obró con mayor actividad por los que protegían las esperanzas de Prado; y concibiendo este pretendiente que yo ejercía influjo en el Estado y que había inclinado los ánimos por el ciudadano Cañas, se imaginó indispensable alejarme de aquel territorio, y dando un golpe de arbitrariedad dictó mi expulsión. El General Morazán quiso oficiosamente admitir el cargo de ejecutarla; y si bien Prado sólo me violentaba a dejar el suelo salvadoreño, Morazán puso un nuevo peso a esta medida de ambición y de escándalo, estrechándome precisamente a retirarme al Estado de Guatemala.

Los motivos con que se procuró cohonestar este hecho estaban reducidos a decir vagamente que yo era enemigo y dividía la opinión del Salvador, lo que valía tanto como manifestar impudentemente, que habiendo Prado anulado las primeras elecciones, porque en ellas no fue electo Jefe de Estado, y considerando que la influencia mía en aquellos pueblos era inconveniente para seducirlos o compelerlos a que lo eligiesen en las nuevas elecciones, disponía que yo dejase el territorio para poder con seguridad hacerse nombrar a pesar de que no obtenía la confianza pública; porque, en verdad, que ninguna otra división se advertía, y puede asegurarse que es la ocasión en que los habitantes de todo aquel país estuviesen más tranquilos, y más que tranquilos, aletargados por la consecución del triunfo de Mejicanos, que como por fuerza los lleva al reposo consiguiente a las fatigas en que Prado los tuvo desde que se rebeló contra el Supremo Gobierno en marzo de 1827. Todos los deseos, todas las pretensiones, todos los ánimos se reunieron en un solo punto, que era descansar y reparar los males de la guerra; y como para lograrlo fuera menester que tomara otro la administración del Estado, nadie disentía, a excepción de los perversos, de la resolución de no elegir a Prado sino a una persona enteramente opuesta al proceder de este hombre; de suerte que lo que él llamaba división, era en realidad una uniformidad de todos los salvadoreños, que aborrecían al autor de sus prolongadas desgracias, y sucedió que quedaron inutilizadas las ilegalidades, las intrigas y las amenazas que empleó el aspirantismo del Vice-Jefe, porque el voto de los pueblos no pudo ser sofocado, como otras muchas veces, y recayó en el ciudadano José María Cornejo, que hoy rige el Estado en paz y en orden.

Cuando el Coronel José María Gutiérrez me notificó las disposiciones de Prado y de Morazán en que atentaban contra mi persona, contesté: "que ninguno de los fundamentos que se expresaban para hacerme salir de aquel territorio era cierto: que jamás fui enemigo del Salvador ni podía serlo de ninguna comunidad; que lo fui únicamente de la sublevación que el primero cometió contra el Supremo Poder Ejecutivo en tanto que se restableciera el orden invertido: que se me atacó en la misma silla del Gobierno, y debí reprimir esta audacia: que los que me ultrajaban injustamente no escuchaban su conciencia, no respetaban la ley ni amaban la Patria; y que el insulto que se me hacía, atropellando mi comportamiento que en nada había comprometido la dignidad de mi carácter, debía ser reclamado por la Nación, que más que yo era ofendida." Pero como no se atendía al bien obrar sino a remover los óbices que pudieran oponerse a las intenciones de Prado, empleando la fuerza y todos los recursos que sugerían la ambición y la desvergüenza, yo tuve que ceder a las coacciones; porque no tenía otra fuerza que contrarrestara a la de los que escribían sus mandatos con la punta de la espada. Evacué, pues, la ciudad de Santa Ana y me dirigí a Guatemala.

Se presenta un hombre nuevo en nuestra revolución, que se ignora quién es, de dónde ha salido y cómo pudo apoderarse de la suerte de Centro América, que por algunos días estuvo en sus manos y que a no ser tan malo la hubiera hecho feliz en lugar de las desgracias que ha ocasionado: es menester hablar de este hombre que vino a poner el último gravamen en los sufrimientos públicos; y a la vindicación de las injurias más innecesarias y detestables, es preciso ofrecer el sacrificio de ocuparme de su aparición y de su depravada conducta, desde que asechó mi persona por un cálculo meditado con frialdad. A la historia corresponde el penoso cargo de retratar toda la vida política del General Francisco Morazán, para que nuestros descendientes lean en ella todas las perfidias y los estragos que ejerció en sus progenitores la inmoralidad de este hijo de la anarquía.

Las victorias conseguidas por el Coronel Milla debieron ser provechosas a la causa del Gobierno Nacional, y fueron adversas o a lo menos se inutilizaron, por no haber hecho de ellas el uso correspondiente. Las órdenes que tenía este Jefe eran terminantes para apoderarse del departamento de San Miguel luego que tomara a Comayagua, manifestando al mismo tiempo a los hondureños, que constante el Gobierno Supremo en no permitir alteraciones en la forma política, lejos de aprovechar los pronunciamientos de los pueblos que se ponían bajo su protección, para aumentar su autoridad, propendía al restablecimiento de todo lo que era constitucional, y que en este concepto debían elegir sus representantes y demás funcionarios, o llamar a los que Herrera había dispersado. En consecuencia se verificaron nuevas elecciones, y el Estado se reorganizó cuanto era posible; y entonces debió salir la fuerza federal y ocupar el departamento de San Miguel, ya que no lo había ejecutado inmediatamente que capituló Comayagua, porque los hombres de probidad y las principales poblaciones de aquel Estado temían que, en alejándose la tropa del Gobierno, promovieran reacciones los partidos de Herrera, y deseaban reorganizarse antes. Los directores de Prado conociendo lo riesgoso que era esta operación, le aconsejaron dirigir una división que entretuviese a Milla e impidiera su marcha, lo que ocasionó una nueva victoria para las armas del Gobierno y una derrota más para las de la revolución, porque en Sabana Grande fue batida la tropa de San Salvador completamente, haciéndose el referido Milla dueño de todo su parque y de parte de su armamento. Pero todavía se malogró esta ocasión de apoderarse de San Miguel, cuyos habitantes ofrecían engrosar la fuerza federal, y remitieron dinero para que por falta de socorros no permaneciera en Tegucigalpa, donde invernaba.

Cuando todo esto acontecía, el General Morazán no era aún militar ni era conocido en la República, y sólo se sabía en el Gobierno que un hombre llamado así firmaba en clase de Secretario de Herrera, durante la administración de éste en Honduras. El Coronel José María Gutiérrez, concuño de Morazán y que tampoco era nada, y se ignoraba si existía en aquella época, me dijo en Santa Ana, hablando sobre las cosas de la revolución, que Morazán fue preso de orden de Milla, después que capituló Comayagua, infringiendo el convenio celebrado: que su señora recibió del propio Jefe varias ofensas en la ciudad de Tegucigalpa: que habiendo resuelto Gutiérrez y Morazán trasladarse a Méjico por la caída de su partido, en el momento de embarcarse en el Realejo tuvieron avisos de que iban a ser perseguidas sus familias: que despechados por estas noticias determinaron buscar en León algunos hombres para ir en su socorro: que los consiguieron, aunque de los más depravados, en la anarquía de aquella misérrima ciudad: que con ellos se introdujeron en Choluteca, donde engrosaron su pequeña y funesta fuerza con las heces de aquellos lugares; y que deshicieron a Milla en la Trinidad, debilitado en gran manera por las deserciones y otras causas nacidas de su inacción en unos puntos en que ya no era necesario; porque, en verdad, si haciendo a un lado los temores de reacciones en Honduras, es ocupado San Miguel y se triunfa sobre las fuerzas de Prado en San Salvador, el fruto indispensable de esta victoria hubiera sido la general pacificación de la República, y Morazán no habría logrado el golpe de fortuna que lo sacó a figurar, y supo aprovechar desbaratando cuanto encontró regularizado, y poniéndolo todo de modo que le fuese útil. Milla se retiró a Guatemala, y su vencedor se hizo elegir Jefe del Estado prevalido de las bayonetas, que aumentó poniéndolas en las manos de cuantos malhechores encontraba.

Uno de los primeros compañeros de Morazán, y de los que mejor le han servido en sus correrías es Narciso Benítez, desertor de Colombia por delitos infames que cometió en Panamá: el Ministro Plenipotenciario de aquella República, señor Antonio Morales, me reclamó este hombre con arreglo al Tratado celebrado en Bogotá, y mandé ponerlo a su disposición. Lo remitió preso a su país para que se le juzgara y castigase por los grandes crímenes que había perpetrado, burlando la vindicta pública por medio de una evasión atrevida, y acostumbrado a fugarse, también se fugó del camino y fue a esconderse en las cercanías de Honduras, de donde salió para unirse a Morazán: en Comayagua asesinó a sangre fría a varias personas cuando los revolucionarios recuperaron esta ciudad. Tales son los compañeros de Morazán, cuyo número aumentó el Coronel Nicolás Raoul por la mal entendida misericordia con que se le concedió permanecer en Guatemala, aboliendo un decreto del Supremo Poder Ejecutivo que prevenía saliese de la República después que se le perdonó la vida; pues que si en beneficio de la humanidad y por su postración podía hacerse esto, por la tranquilidad y bien de Centro América era absolutamente necesario que no habitase entre nosotros; pero nuestras desgracias en una no pequeña parte han venido de no conocer a los hombres, y de tratar especialmente a éstos según sus exterioridades, no obstante lo que se debe a la autoridad y a la experiencia.

El Coronel Milla fue puesto en Consejo de Guerra de orden del Supremo Gobierno y por solicitud suya: se examinó su conducta, y fue absuelto por dictamen del abogado Larrave; mas ¿qué importaba que fuese inocente si Morazán quedaba figurando, y si la anarquía había renacido en Honduras y tomado un vuelo raudo por no haber ocupado en tiempo el departamento de San Miguel? La consecuencia ha sido una cadena de desgracias que aflige a Centro América y que el ojo más perspicaz no alcanza a divisar hasta donde se extenderá.

CAPÍTULO XII: "PEOR QUE ATILA"

Capitulación de Guatemala. —Primeras prisiones ejecutadas de orden de Morazán. —Prisiones posteriores. —Es anulada la capitulación por el acto más escandaloso de mala fe.

Yo vivía privadamente en la capital de Centro América, obligado a residir en este punto por los atentados del Vice Jefe Prado y del General Morazán, cuando las tropas de uno y otro al mando del segundo, se situaron en las inmediaciones de la ciudad: tiempo hacía que ninguna intervención tomaba en los negocios públicos, y en más de dos meses de asedio fui un espectador pacífico que lamentaba en silencio los males de mi Patria, víctima de la inexperiencia y de las pasiones.

El fin del ataque, estuve entre las tropas invasoras sin recibir ningún agravio de aquellos hombres, que en otras partes nada respetaban, y que vagaban las más veces por las inmediaciones con un sargento o cabo a lo sumo, que jamás pensaron en contenerlos.

"Art. I.—Desde esta hora habrá una suspensión de armas, y tanto el ejército del General Morazán, como el que se halla en la plaza, recogerán sus partidas a los puntos que ocupan, evitando todo acto de hostilidad.

"Art. 2.—Mañana a las 10 del día entrará el ejército sitiador a la plaza principal de esta ciudad.

"Art. 3.—Las tropas sitiadas se retirarán antes de este acto a sus cuarteles y se depositarán en la sala de armas todas las existentes en la misma plaza mayor.

"Art. 4.—El General Morazán, si lo tuviere por conveniente, incorporará a su ejército los individuos de las fuerzas capituladas que no quisieren ser licenciados, ya sean de las milicias del Estado o de la fuerza federal que existe unida a ellas.

"Art. 5.—Cuatro comisionados del ejército sitiador pasarán mañana a las 8 del día a la plaza para asegurarse del cumplimiento del artículo 3, y luego que se hayan recibido formalmente de todos los elementos de guerra y armas que existan en la plaza, darán aviso de ello para la ocupación de la misma plaza.

"Art. 6.—El General Morazán garantiza las vidas y propiedades de todos los individuos que existen en la plaza.

"Art. 7.—Les dará pasaporte, si lo tuviere por conveniente, para que salgan a cualquier punto de la República o fuera de ella.

"Art. 8.—El General Morazán y los comisionados a nombre del Jefe que representan, ofrecen bajo su palabra de honor cumplir esta capitulación en la parte que les toca. En Guatemala a 12 de abril de 1829.—Francisco Morazán.—Manuel de Arzú.—Manuel Francisco Pavón."

El mismo día a las 8 de la noche fue ocupada la plaza contra lo convenido en los artículos 2 y 5, y desde aquella hora todo y aun las cárceles estuvo a cargo y al arbitrio de las autoridades militares del ejército vencedor; lo cual provino de que habiendo entendido la tropa que la guarnecía que se había capitulado, se exaltó tanto que no pudo ser calmada ni contenida por sus Jefes que consideraba ya perdidos, y el desorden llegó a tal punto que el Jefe Aycinena se conceptuó en la obligación de enviar al cuartel general de Morazán al Sargento Mayor Pedro González a invitarlo para que ocupara la plaza en la misma noche; pero él se abstuvo de acceder a la demanda que se le hizo, pues que el Teniente Coronel Gregorio Villaseñor que la ocupó, fue poniéndose a las órdenes de Aycinena, y con este objeto lo buscó en el palacio del Arzobispo, prueba convincente de no haber sido admitida la invitación y que sólo se dio un auxilio: sin embargo, Aycinena no mandó más en lo interior de las fortificaciones, porque habiendo entrado Raoul poco después, se apoderó de todo.

El día 13 entró todo el ejército a las 10 de la mañana: Morazán fue en derechura a ocupar para su habitación el palacio del Gobierno que no era habitado desde que yo dejé el mando: allí encontró al Vice-Presidente, y sin la menor cortesía le intimó lo mismo que al Ministro de Estado ciudadano Juan Francisco Sosa, que fuesen presos a un cuartel, e hizo conducirlos por dos oficiales: otro tanto se ejecutó con el Jefe Aycinena y con su Secretario ciudadano Vicente del Piélago.

"La plaza fue ocupada al siguiente día de la capitulación, y yo me alojé en la casa de Gobierno. Pasados algunos minutos se me presentó el Ministro de Relaciones del Gobierno Federal y me entregó una nota del Vice-Presidente de la República, ciudadano Mariano Beltranena, en la que me preguntaba si debería continuar en el ejercicio del Poder Ejecutivo. Los que recuerden que el Vice-Presidente, apoyado en el ejército del Estado de Guatemala, había usurpado el mando al

Presidente de la República, burlándose de los repetidos reclamos que éste le hizo para obtenerlo, que era uno de los poderosos motivos de la guerra que se llevó hasta la capital de la República a nombre de la mayoría de los Gobiernos de los Estados que componen la Federación, se persuadirán fácilmente de que mi contestación fue por la negativa."—Morazán.—Memorias.

Yo fui informado de estos sucesos por el Coronel José Gregorio Salazar que se presentó en mi casa diciéndome: que tenía orden de su General para ponerme en prisión de la misma manera y en el propio lugar en que se hallaban las personas predichas: no me admiré de estos golpes de anarquía; pero sí quise exigir la orden escrita en que se le mandó que me apresara, y no pudo manifestarla Salazar, porque Morazán que había apropiádose para engañar los pueblos el pomposo título de protector de la ley, no hacía caso alguno del artículo 155 de la Constitución que previene, que nadie puede ser preso sino en virtud de orden escrita de autoridad competente; y dispuso verbalmente y sin la menor apariencia de autorización, de mi libertad. Tampoco atendió a los artículos 143, 144 y 149 que a la letra dicen: deberá declararse que ha lugar a formación de causa contra los Representantes del Congreso por traición, venalidad, falta grave en el desempeño de sus funciones, y delitos comunes que merezcan pena más que correccional: en todos estos casos y en los de infracción de ley y usurpación, habrá igualmente lugar a formación de causa contra los individuos del Senado, de la Corte Suprema de Justicia, contra el Presidente y Vice-Presidente de la República y Secretarios del Despacho: en las acusaciones contra el Presidente y Vice-Presidente, si ha hecho sus veces, declarará el Congreso cuando ha lugar a formación de causa, juzgará la Suprema Corte, y conocerá en apelación el Tribunal que establece el artículo 147. Y ¿era Morazán Congreso para declararme responsable, era Corte Suprema de Justicia para juzgarme?

¡Oh! que no. Sólo era un Jefe de soldados, peor que Atila, porque en sus agresiones no ha tenido como aquél más ley que la de la espada, y ha invadido lo mismo que los bárbaros, pueblos de su Patria para devastarlos. Fue por esto que declaré a Salazar que viéndome ajado y compelido por la fuerza, me era imposible excusar la prestación a un acto tan violento y ofensivo a la República y a las leyes; pero que me dejase algunas horas para preparar a mi esposa que estaba mala de un acceso de fiebre: me contestó que consultaría a su General, y a poco rato me dio la resolución cruel de que el estado de la salud de mi mujer no era obstáculo para que desde luego fuese a la prisión, respuesta muy apropiada a los sentimientos de una alma como la de Morazán, en la que ninguna virtud podrá nunca penetrar.

Cualquiera que sin conocimiento de nuestra historia hubiera leído lo que en la nota anterior transcribimos, en la que dice Morazán que la usurpación que Beltranena hizo a Arce del Poder Ejecutivo, era uno de los más poderosos motivos de la guerra que hacían los Estados, habría hallado como natural y lógica consecuencia el restablecimiento de Arce en el Poder; pero sucedió lo contrario. "Arce y otros funcionarios, dice el mismo Morazán a renglón seguido, fueron apresados en cumplimiento de las órdenes que había recibido de los Gobiernos de los Estados y en consonancia con mi opinión de reducir el número de los presos al menor posible, poniendo así en absoluta incapacidad de obrar a los principales Jefes que habían llevado la guerra a los otros Estados."

A una persona que como yo, ha visto el curso de las revoluciones, que ha gobernado en ellas y que está aleccionada en los extravíos del corazón humano, que en vez de escuchar la razón se abandona a los vicios y a las pasiones, no podía sorprenderle que las leyes del terror derogasen las leyes del pueblo por conseguir un fin: pero sí es muy repugnante, por muchas que sean las experiencias adquiridas en los trastornos políticos, que se haga mal sólo por el gusto de hacerlo. Yo estuve entre las tropas de Prado y Morazán, en la ciudad de Santa Ana, más de tres meses: estuve también entre ellas todo el tiempo que duró el ataque de Guatemala; y ni en una ni en otra ocasión se me apresó. Entonces duraba la lucha entre los partidos; y si de mí se temía, era una conveniencia ponerme en estado de no tomar parte en la cuestión: jamás hubiera sido legal ni decoroso a Centro América: siempre habría sido un atentado; mas a lo menos hubiera podido explicar Morazán lo que después hizo sin necesidad, y es posible que tenga cómo disculpar. Se acrecienta la maldad de este hecho, considerando que cuando el General Veerver, Ministro del Rey de los Países Bajos en Centro América, vio a Morazán en Mixco con el objeto de inclinarlo a la paz, le opuso como un motivo para no convenir con las autoridades de Guatemala, que se me había despojado del ejercicio del Supremo Poder Ejecutivo siendo yo la autoridad legítima que existía; y que cuando el ciudadano Manuel Francisco Pavón le pedía que las garantías que se ofrecían en la capitulación para las vidas de los sujetos que se hallaban en la plaza, se extendieran a favor de la seguridad personal, lo rehusó diciendo: que este requisito era innecesario porque sus intenciones estaban muy conocidas, como lo acreditaba el hecho de que nadie me había tocado, sin embargo de encontrarme entre sus tropas durante el ataque de la ciudad. Es, pues, indudable que Morazán me acechó con una intención detenida y fríamente meditada de descargar en mí un golpe sobre seguro, sin causa alguna pública ni privada, porque llevaba catorce meses de no funcionar, decidido a concluir mi vida apartado de los negocios, dando cuenta al momento que se reuniera la Representación Nacional, de mi conducta administrativa, cuyo conato consigné en los decretos de 1° de octubre de 1826, de 5 de diciembre de 1827 y de 14 de febrero de 1828, e igualmente porque este hombre apareció en la revolución después de haberme separado, y ningún encuentro he tenido con él, ni conozco siquiera su continente.

El día 19 mandó Morazán citar para que concurrieran a las 4 de la tarde al palacio donde habitaba, todos los Jefes y algunos oficiales militares, el Jefe Político, los Consejeros y Diputados de Guatemala, los Ministros de la Corte de Justicia, el Intendente y Auditor de Guerra y otros funcionarios del Estado y de la Federación, y varios vecinos particulares: todos presumieron que se les llamaba con una mira muy diversa de la que en realidad había; y unos pensaban que era para exhortarlos a la conformidad con el cambio político que acababa de suceder y a la unión con el partido dominante, proponiendo que se prescindiera de intereses privados, y que todos olvidaran sus agravios para que unidos trabajasen por la Patria; y otros creían que era para proponer alguna contribución, manifestando en aquel acto las razones que le arrancaban semejante medida. Todos muy gustosos se apresuraron a asistir poniéndose sus vestidos de lujo y ceremonia, y llevaban preparadas contestaciones generosas que dejasen satisfechos los deseos que suponían en el tramposo que los convidaba a su casa. ¡Cómo se engañan nuestros sencillos hombres! Y era menester que así fuese, porque nunca entre nosotros había resultado un falaz tan astuto y descarado que abusara del candor con que se concurre a los actos sociales para ejecutar prisiones engañosamente. Estaban reunidos todos en un salón esperando que Morazán se presentara, cuando en su lugar se presentó el Coronel Gutiérrez y dijo: Señores, tengo el disgusto de decir a UU. que el General ha dispuesto que vayan UU. presos al edificio del Congreso, y al instante los satélites del protector de la ley con ceñudas faces metieron en medio de un cuadro de bayonetas a los citados, y los condujeron con grande aparato de terror a la prisión, puestos de lujo y ceremonia. Ya había obscurecido cuando llegaron los nuevos presos al lugar señalado que estaba sin preparar para convertirlo en cárcel, ni se podía introducir trastos, porque lo prohibían los oficiales de la guardia que se puso, y pasaron la noche aquellos hombres rodeados de soldados, sin camas, sin asientos y hacinados en unas piezas en que abundaban las mortificaciones. Entre ellos se encontraban algunos ancianos enfermos que por su edad y mala salud no merecieron consideración en los primeros días, y otros que jamás la lograron: alguien hubo que consiguió salir para su casa sólo a fallecer.

La noche del 19 de abril era Guatemala un cuadro de dolor: la madre buscaba a su hijo: la esposa a su marido: la hermana a su hermano: la hija a su padre: y no quedó una familia decente que no tuviera un deudo por quien llorar, o a lo menos un amigo. En la calle del Congreso se agolparon las señoras y las niñas, que en tiempos tranquilos era raro que se presentaran en público a horas regulares, solicitando de los oficiales y soldados, que les concedieran alguna gracia para sus parientes, porque ningún hombre se atrevía a andar fuera de su habitación, y los más se escondieron al momento que se divulgaron los efectos de la citación de Morazán.

Este fue uno de los Astorias: murió luego que llegó a su casa.

"Los presos no fueron conducidos a bóvedas mortíferas, como el Dr. Molina, don José Mariano Vidaurre y otros muchos en tiempo de Carrera. Se les trasladó al Convento de Belén, donde recibían a sus familias, y tenían bastante espacio no sólo para vivir con desahogo, sino para ejercitarse en juegos higiénicos, que frecuentemente los entretenían".—Dr. Lorenzo Montúfar.—Reseña histórica.—Pág. 107.—Ciertamente, no puede parangonarse la conducta de Carrera con la de Morazán; pero aquél era un salvaje y éste un hombre culto; a aquel le rodearon hombres que no podían o no se atrevían a morigerar sus instintos, y a éste hombres que ejercían en él una influencia decisiva y a la cual, más que a la voluntad de Morazán, pudieran, acaso atribuirse las persecuciones de aquellos días.

El Vice Cónsul de Chile, señor Carlos Trumk, fue incluido en la encarcelación general a pesar de su carácter, que atropellándolo se agraviaba a una República de América hermana y amiga, que siempre ha conservado con el Centro relaciones de amistad y buena correspondencia, asegurando el interés que tiene por nuestro engrandecimiento: el señor Trumk no se comprometió en la menor cosa en la revolución, y a mí me consta que su comportamiento fue en todos los sucesos cual debía ser como funcionario de otro Gobierno; pero él había reclamado al Vice Jefe Prado las propiedades de varios chilenos que secuestró y de que dispuso bajo pretextos especiosos, y le hizo protestas muy enérgicas hasta obligarlo a declarar, que no reconocía el derecho de gentes. El señor Trumk elevó sus quejas al Gobierno Federal; mas ellas no pudieron tener un resultado favorable, porque Prado se sublevó en todos conceptos, y no entendía de leyes ni de relaciones ni de nada que fuese arreglado: éste ha sido el motivo de su prisión, pues que Morazán menos que Prado si cabe, reconoce derecho alguno o tiene más atrevimiento para violarlos; y era menester que vengara la ofensa inferida en su aliado de querer exigirle la devolución de unos haberes que ocupó sin ser suyos y sin ninguna otra facultad.

Hubo una circunstancia muy notable en esta medida, que no debe callarse, porque aclara bien las intenciones que animaban los procederes del Jefe y de los secuaces de la inmoralidad. Entre las personas aprisionadas, se comprendió a oficiales muy subalternos que por su destino debieron obedecer a sus superiores, sin pararse a examinar si en venciendo el bando anárquico, se convertiría en mala la causa del orden y de las leyes, y había hijos de familia y dependientes de casas que no tenían de qué responder en el Tribunal de los vencedores; pero se exceptuó a diversos sujetos que obtuvieron empleos del primer rango, y que toda su vida han pertenecido al partido que cayó, habiendo además empeñádose de varios modos en la guerra, y estos quedaron entre sus familias muy tranquilamente, porque en tiempo dieron su dinero, que era el punto a donde dirigían sus miradas ávidas los hombres rapaces, que invocaron libertad y Constitución para echarse sobre la riqueza del ciudadano industrioso, y que atisbaban la ocasión de avanzar sobre las de las comunidades regulares. Guatemala en esta época era más desgraciada que Roma en tiempo de Catilina, de quien dice Salustio: "que sin mayor trabajo congregó unas tropas de malhechores, y que rodeado de ellas estaba custodiado: que todos los licenciosos, adúlteros, desenfrenados, insolventes, parricidas, sacrílegos, condenados a muerte, o que temían serlo, los que para vivir se mantenían del perjurio o entregaban la sangre de sus compatriotas, y en fin todos los que por su gula, juego, deshonestidades, infamia, indigencia y remordimientos, se veían arrastrados a la desesperación, eran sus amigos y confidentes". Y ¿por qué razón Morazán en vez de tomar por modelo a Catilina no imitó al tribuno Marco Duellio que promulgó un edicto prohibiendo a todos sin excepción, delatar durante un año a ningún ciudadano, y así calmaron los encarnizados bandos de aquella República? Porque para desgracia de Centro América, Morazán tiene el alma de Catilina y no la de Marco Duellio.

El día 23 de abril se publicó por bando un decreto del 20, en que Morazán burlándose de Dios y de los hombres, anuló la capitulación, que celebró el 12, y por la cual se le rindió la plaza, que aún podía sostenerse un poco de tiempo más, y que quizá hubiera salvádose por uno de aquellos sucesos que están más allá de las previsiones, y que trastornan súbitamente los resultados que parecen indefectibles.

"COMANDANCIA GENERAL de los ejércitos aliados protectores de la ley.

"En la ciudad de Guatemala a 20 de abril de 1829. Vista la información sumaria mandada a instruir con el objeto de averiguar la conducta que observó el Jefe de las fuerzas enemigas que se hallaban en la plaza mayor de esta capital el día 12 del corriente, después que ésta se rindió a los ejércitos aliados por la capitulación celebrada en el mismo día: deduciéndose por el mérito de lo actuado, que varios Jefes y oficiales influyeron activamente a vista de su General, para que los soldados se retirasen con sus armas a los pueblos de los Altos: considerando que las deposiciones de los testigos intachables que han declarado, son confirmadas con el hecho de no haberse entregado más que 431 fusiles de los 1.500 que existían entonces en manos de los que se hallaban en la plaza, como lo acreditan los estados del día 8 de este mes, advirtiendo también que esto lo hacen más indudable las actuales vejaciones que experimentan los que transitan los caminos de estas inmediaciones, en donde varias partidas de infantería y caballería se hallan asesinando y robando: estando al mismo tiempo demostrada la ocultación de armas por haberse entregado al Jefe de Estado Mayor un número considerable de ellas después de reducidos a prisión los Jefes que existían en esta plaza, sin haberse podido lograr, antes a pesar del bando publicado el 13 del corriente: y observando por último que fueron inútiles las diferentes reconvenciones que con este objeto se hicieron a varios sujetos que tenían un interés en que se cumpliese la capitulación, he tenido a bien declarar y declaro:

"I° La capitulación celebrada con los Comisionados del Jefe Aycinena en concepto de Comandante de Armas de esta plaza, es en todas sus partes nula y de ningún valor y efecto.

"2° Que en consecuencia se haga publicar y circular esta declaratoria para los efectos convenientes.—Francisco Morazán".

Es menester examinar los fundamentos en que se pretendió apoyar este acto de escándalo para los hombres, sin exceptuar los cafres ni los iroqueses, y en que deshonrando al Ser Supremo que preside los convenios de sus criaturas, principalmente aquellos en que se interesa la humanidad, se ultrajó el respeto del cielo y de la tierra.

PRIMERA OBSERVACIÓN CONTRA ESTE FUNDAMENTO.—La pretendida información se siguió por el Coronel Raoul, hombre a la verdad de ningún crédito, porque indiferentemente cambia en las facciones tan luego que le conviene; y si no abundaran las constancias de sus inveracidades, serían sobradas para jamás creerlo las que imprimió en Guatemala en 8 de mayo de 1829: entre las muchas imposturas que contiene aquel escrito son notables las que copio. "Arce arrestó sin tener facultad al Jefe legítimo de Guatemala: desorganizó el Estado, y mandó hacer elecciones cuando estaban oprimidos los adictos a la ley. Influyó en la elección de Aycinena, y éste en la suya: fue una correspondencia recíproca de influjo". ¿Y puede probar algo un instrumento creado por quien así desprecia su conciencia? ¿Qué sería entonces de la justicia tan necesaria para el régimen de las sociedades?

SEGUNDA OBSERVACIÓN.—Si los Jefes y oficiales influyeron en que los soldados se retirasen con sus armas a los pueblos de los Altos, algunos de ellos hubieran sido aprehendidos por las partidas de Morazán que se cruzaban en todas direcciones, o los Jefes departamentales de Quezaltenango y de Totonicapán, tan enemigos del partido vencido, habrían aprehendido a varios, o en Guatemala hubiera declarado esto algún soldado de los que después de la publicación del bando de nulidad de la capitulación entregaron armas: semejante prueba era muy importante; no aparece ningún documento, no lo ha visto el público, y de consiguiente debe reputarse que no ha existido, y se infiere sin remedio que el hecho es falso.

TERCERA OBSERVACIÓN.—Testigos intachables son los que el derecho llama superiores a toda excepción: es decir, hombres de bien por todos lados; ¿y unas tales personas concurrirían con Morazán y Raoul a anular un tratado en que era preciso prostituirse al extremo de apostatar de toda virtud? ¿Podrían prescindir de los sentimientos naturales que sólo olvida el malévolo para poner a sus parientes, amigos y paisanos en manos de gente atroz? ¿Podrían agravar la desgracia de los desafortunados? ¿Podrían hacerse autores de las lágrimas y miserias de muchas familias virtuosas? ¿Y cuáles son sus nombres? ¿Por qué no se publican? ¿Por qué han quedado condenados a los oscuros misterios? ¿Por qué, en fin, procedieron Morazán, Raoul y sus dignos compañeros en un negocio de este tamaño, y en una Nación libre, de la misma manera que obraba la inquisición de España para saciar en sus víctimas los furores del fanatismo?

SEGUNDO FUNDAMENTO.—Dice Morazán: "que no se entregaron más que 431 fusiles de los 1500 que existían entonces en manos de los que se hallaban en la plaza, como lo acreditan los estados del día 8 de abril."

PRIMERA OBSERVACIÓN CONTRA ESTE FUNDAMENTO.—Luego que cesaron las hostilidades en consecuencia de la capitulación, se hizo en la plaza un depósito de armas de todas las que sirvieron en los días del ataque, bajo la inspección del Coronel José Valdés: se depositaron separadamente de las que estaban en la sala de armas; y en este depósito tomó Morazán 1.201 fusiles.—Documento N° 12.—Y aunque, como se verá, en él hay una nota expresamente que 770 eran inútiles, no se comprobó la inutilidad para que sobre ella pudiera recaer la anulación. Es verdad que debió haber muchos descompuestos, porque los soldados los golpeaban y los tiraban despechados de que se hubiese capitulado; pero no era éste un cargo en que pudiera fundarse la nulidad, pues que Aycinena al momento que entendió el desorden y que conoció que no podía contenerlo pidió auxilio al mismo Morazán, quien mandó a la plaza un batallón a las órdenes del Teniente Coronel Gregorio Villaseñor, y así se contuvo este mal y otros que amenazaban. Es menester también convenir en que algún armamento debió descomponerse en los continuos fuegos de tres días; y resulta de todo, que no fueron 431 fusiles los que entregó la plaza, sino 1.201, que no se hizo constar que de ellos hubiera 770 inútiles, y que suponiéndolo cierto, no pudo formarse un cargo para anular la capitulación.

SEGUNDA OBSERVACIÓN.—El estado de las fuerzas de la plaza por el cual reclamó Morazán 1.500 fusiles y corre impreso en los partes que dio Raoul a los Gobiernos aliados en 20 de abril, y en el informe que dirigió al expresado Morazán en 8 de mayo, es de 30 de marzo, y Morazán se contrae en su declaratoria a estados de 8 de abril que no se han publicado, y que sin aventurar se puede decir que no los hubo, porque por mucha que sea la torpeza que se le atribuya, no puede tener tanta que pretendiera acreditar un hecho existente con otro que existió diez días antes; mucho menos siendo innegable que en una plaza apurada por los que la invaden y mal sostenida por los que la defienden, se experimentan pérdidas considerables de hombres y armas en el espacio dicho. Véase el estado a que me refiero, presentado por Raoul en los documentos citados.—Documento N. 13.

TERCERA OBSERVACIÓN.—En el referido estado se encuentra que Guatemala tenía una fuerza disponible de 1.453 infantes y Morazán reclama 1.500 fusiles: hay un exceso de 47. Raoul ha dicho, "que el aguacero de balas que cayó sobre la ciudad todo el día 11 había provocado una deserción que se había manifestado desde la noche anterior y fue facilitada, según dijeron los desertores, por un oficial de la familia de Anguiano que tenía a su cargo una trinchera".[*] Calculando muy bajamente que la plaza perdiera en esta ocasión 100 fusiles, que, como se colige de las palabras copiadas, todos o la mayor parte fueron tomados por las partidas o

(*) Partes dados por Raoul a los Gobiernos aliados, núm. 6.

por los Jefes del ejército enemigo, [**] y calculando además que también se perdieran 153 en la toma del Guarda de Chinautla en la salida que hicieron los de la plaza sobre el Convento de San Francisco, y en otras muchas guerrillas que casi siempre fueron batidas y no volvían al recinto, resulta una disminución de 253 fusiles, de que no debió hacerse cargo y anular por ella la capitulación, porque fueron mermas necesarias e inevitables, cuya cantidad agregada a la de 1.201 fusiles que se encontraban en el depósito, hace la suma total de 1.453 que aparecen en el estado de 30 de marzo.

(**) Debe advertirse que los desertores de la trinchera de Anguiano, y generalmente todos los que desertaban en los 3 días del ataque, llevaban sus armas para presentarlas al enemigo.

TERCER FUNDAMENTO.—Dice Morazán: "que la conducta de Aycinena se hizo más indudable por las vejaciones que experimentaban los que transitaban los caminos de las inmediaciones de Guatemala, en donde varias partidas de infantería y caballería se hallaban asesinando y robando; demostrándose al mismo tiempo la ocultación de armas por haberse entregado al Jefe del Estado Mayor un número considerable de ellas, después de reducidos a prisión los Jefes que existían en la plaza".

PRIMERA OBSERVACIÓN CONTRA ESTE FUNDAMENTO.—Que hubiese partidas de infantería y de caballería asesinando y robando en las cercanías de Guatemala, quiere decir que no eran pocos los asesinos y ladrones y que eran frecuentes los asesinatos y los robos. ¿Y es creíble que estos delitos se ejecutasen por gentes del partido vencido, que estaban aterrados y perseguidos de mil modos? ¿Es creíble que anduviesen cometiendo excesos por los mismos lugares por donde transitaban las patrullas de los vencedores y que nunca se encontraran, que no se batieran y que alguna vez no fuesen aprehendidos los malhechores? ¿Es creíble que entre diversos asesinatos, no se supieran los nombres de algunos asesinados? ¿Es creíble en fin que de tantos robos no se averiguasen unos cuantos? Sólo un asesinato hubo en aquel tiempo, perpetrado en la persona del oficial Gutiérrez por Aparicio Pérez, natural del pueblo de Petapán y desertor del escuadrón del Coronel José Valdés; pero este hecho aconteció cuando puntualmente sucedía el ataque de la plaza, y el asesino fue aprehendido. Morazán lo mandó fusilar en Guatemala sin forma alguna de juicio. ¿Y cómo es que habiéndose sabido también este suceso, que mereció un castigo tan severo a pesar de todas las leyes que quieren se convenza y se defienda el reo, por horribles que sean sus crímenes, se ignoraron los demás y no se castigaron de ninguna manera? En punto a latrocinios es menester confesar que abundaban; mas no eran los soldados capitulados los que robaban en la capital, en los caminos y en los caseríos, sino los del ejército aliado y con exorbitancia los desertores que en bandadas salían de Guatemala para sus pueblos, llevándose no en pocas ocasiones las armas, y acometiendo con ellas a todos los que querían despojar, porque no se tuvo en esa parte el menor cuidado; y aconteció asimismo que no habiendo cumplido Morazán la oferta que hizo a la tropa en vísperas de atacar, de gratificar a cada individuo con una o dos pagas en consiguiendo el triunfo, ellos se creían autorizados a tomar lo que les gustaba de los particulares.

SEGUNDA OBSERVACIÓN.—Publicado el bando de la nulidad de la capitulación, se aumentó el terror, que mucho antes se había esparcido, y era natural que todos entregasen cualesquiera clases de armas que tuvieran para evitar las encarcelaciones y la insaciable persecución de los que por adular a los vencedores o por gozar sin miramiento de la voraz venganza, largo tiempo reprimida, atisbaban e inquirían incesantemente, y eran los perpetuos delatores y los inexorables verdugos del pueblo guatemalteco; pero el haber exhibido aquellas armas nunca probará que se ocultaron con quebrantamiento del tratado, porque es innegable que sin esta circunstancia había porción de fusiles regados por toda la ciudad desde el año de 1814, en que se formaron los cuerpos de Fernando VII; los había también desde las expediciones contra San Salvador en 1822 y 23; desde la creación de los cívicos en 1824 y 25, desde el principio de la guerra de 1827, y los había particularmente por la pérdida de los combates de San Miguelito y de las Charcas: después de tan desgraciadas acciones, muchos soldados se retiraron y conservaban en sus casas las armas y fornituras; y de todas estas épocas se reunieron cuando Morazán desarmó a Guatemala; y es muy injusto deducir de aquí una causa falaz para anular el contrato sagrado de la capitulación.

OBSERVACIONES GENERALES.—Raoul ha dicho bajo su firma: "yo ocupé la plaza a las nueve de la noche...... puse efectivamente en libertad las víctimas de la tiranía, que el usurpador ejercía sobre el desgraciado pueblo de Guatemala". [/] *Esta noche fue la del 12 de abril, antes con mucho de que la plaza estuviera por Morazán, que debió recibirla el 13 a las 10 de la mañana. ¿Cómo es, pues, que Raoul se introduce en ella y saca de las prisiones a los que encuentran gracia en él, suponiéndolos víctimas de la tiranía? ¿Es esta la exactitud con que se cumple un tratado, o es abusar de las armas para violarlo? Entonces aún mandaba Aycinena, o por lo menos debía mandar; pues que aunque por invitación suya entró el Teniente Coronel Gregorio Villaseñor a contener los desórdenes, este Oficial llevaba orden de Morazán de ponerse a la de Aycinena, y así lo practicó. ¿Cuál sería en este caso la autoridad de Raoul? Ninguna. Él infringió el tratado, y este hecho fue sostenido por Morazán, porque Aycinena lo reclamó en 26 de abril y no fue atendido su reclamo. Un poco más tarde de la misma noche entró un escuadrón de caballería, que no era perteneciente al auxilio pedido por Aycinena, y fue esta una segunda infracción del tratado. Por último, Raoul ocupó la referida noche todo el armamento recogido* *en la sala de depósito y el que estaba aún en las trincheras y en los cuarteles. ¿Y cómo era posible entregar otro día las armas, si las tomó Raoul anticipadamente? ¿Qué derecho podía conservar para exigir la entrega de 1500 fusiles, ni de 400 ni de uno siquiera, si él se posesionó de todo cuanto fue su voluntad sin constancia ni requisito alguno? Las garantías que anuló Morazán por el fingido quebrantamiento de la capitulación, eran en favor de las vidas y propiedades de todos los individuos que existían en la plaza; luego la intención que se tuvo con respecto a tanta gente era asesinarla y tomar sus bienes. Tal era en efecto, puesto que Raoul ha publicado el concepto siguiente de la misma manera que voy a copiarlo. "Sin la capitulación innecesaria para las armas vencedoras, y la República sería satisfecha. []* ¿Y quién confirió poder a Morazán y a Raoul para asesinar y empobrecer a los centroamericanos? Ellos peleaban con razón o con injusticia, con error o con sabiduría por una causa que es muy suya, que les pertenece: ¿y por esto matarlos y quitarles sus propiedades? ¿Y en qué tiempo? No fue por cierto en el de los antiguos normandos, pero es en el de Morazán y Raoul.

Informe dado por Raoul a Morazán, sosteniendo la nulidad de la capitulación.

Es indudable que si Mayorga entra á San Salvador, se avoca con Delgado é informa al pueblo de mis intenciones, la paz se habría logrado; más era puntualmente de lo que huían Merino y Prado, el uno por hacer su fortuna revolucionaria que principiaba en Centro América y el otro por acrecentar la suya, que á la sombra de los trastornos esperaba que llegaría á su mayor auge.

Nota   36
Marure dice que los Directores del Salvador no se equivocaban creyendo que los serviles no aceptarían expresamente ni de buena fe el último decreto del Presidente, y por eso ellos cometieron una falta inexcusable echándose sobre sí la odiosidad de una repulsa que podían endosar á sus enemigos. Al efecto cita fragmentos de cartas quitadas á los guatemaltecos, después de la toma de Santa Ana, en las que tanto el Jefe de Estado Aycinena, como su hermano el ex-Marqués y don Manuel Montúfar, "hacen duras apreciaciones de ese decreto que no parecen dispuestos a cumplir".—Marure.—Obra cit.—Pág. 72.—Tomo 2.

Cáscara permanecía en Coatepeque y antes de mucho fueron insultadas las avanzadas de su cuartel general. La ciudad de Santa

Ana tenía una guarnición de 300 hombres al mando del Teniente Coronel Agustín Prado y en Sonsonate había un destacamento de 200 plazas. Varios días amenazó Merino las fortificaciones de Coatepeque y de repente hizo un movimiento de flanco, atravesando el penosísimo camino de la laguna, por el cual colocó su vanguardia á espaldas de Santa Ana, bajo las órdenes del Teniente Coronel Isidoro Saget. Como treinta horas estuvo ésta abandonada á una legua de distancia de la plaza, porque el grueso de las fuerzas se enredó tanto, que no pudo llegar oportunamente. Hubo tiempo sobrado para derrotar á Saget, cuya tropa no excedía en número á la que tenía Prado y era inferior en disciplina y armamento: lo hubo también para dar órdenes al destacamento de Sonsonate que inquietara la reserva de Merino, que se comprometió en sendas muy ásperas y demasiado lejos de su base, donde pudo ser acometido en detalle y cortado por el ejército de la federación que era más numeroso, más instruido y mejor armado; pero un destino adverso que parecía íntimamente unido á la buena causa, no permitió que se obrara en regla. Instruido Cáscara de lo que pasaba á su retaguardia, emprendió una marcha retrógrada en auxilio de Santa Ana, mas no llegó en la ocasión precisa y Merino atacó y tomó la ciudad, luego que se reunió á Saget. Esta ciertamente no debía estimarse por ventaja y más bien era una situación muy peligrosa, porque los salvadoreños habían perdido en el ataque la mejor tropa y los oficiales más atrevidos, porque se encontraban en medio de pueblos enemigos, que peleaban en sostén del Supremo Gobierno, porque no podían sino con suma dificultad comunicarse con San Salvador y porque les restaba resistir el choque de fuerzas frescas, que venían á vengar á sus compañeros de armas y á resarcir un punto de toda importancia.

Fue así que entraron los federales, aunque en desorden, acometiéndolos por todas partes: que los rompieron en todos los encuentros; y que los obligaron á encerrarse en el corto recinto de la plaza. La gente del pueblo quitó el agua de la fuente, rompiendo la cañería; y en un clima cálido en medio de un sol abrasador y de un fuego vivo no podían resistir la sed que los sofocaba: les faltó parque y se vieron reducidos á implorar la paz, victoreando al Gobierno Supremo y á Guatemala. En un conflicto tan desesperado aconsejó Saget á Merino que pasara á las filas enemigas á tratar, ofreciendo acompañarlo: aquel no estaba en capacidad de pensar, era un autómata, y siguió sin conocimiento el dictamen de éste. Se presentaron juntos á los primeros oficiales que hallaron, llamándolos hermanos y pidiendo que todo se acabara: el Jefe salvadoreño entregó su espada, suplicando con humillación que lo condujeran á presencia del General Cáscara, quien impuesto de lo que ocurría, se negaba á escucharlo y dio repetidas órdenes para que siguiese el fuego: algunos de sus mismos Jefes y oficiales le instaron para que se suspendiese la acción, y cedió al fin, porque todos cayeron en el lazo, juzgando que de veras querían la paz los que con tanta reiteración la imploraban.

Tuvo lugar un tratado de armisticio en que sustancialmente se acordó: que el ejército federal se retirara al pueblo de Chalchuapa y el de Prado al de Coatepeque; que uno y otro se entregaran los prisioneros; y que por medio de comisionados que se reunirían en Santa Ana se haría el arreglo formal de paz, adhiriendo el Vice-Jefe de San Salvador al decreto de 5 de diciembre. Este convenio debía, según lo estipulado, efectuarse el siguiente día en lo relativo á la desocupación de la ciudad, y Cáscara lo cumplió con exactitud; pero Merino pretextó algunos embarazos para retirarse al punto que le fue señalado y se quedó en dicha ciudad. En el momento que no tuvo al enemigo al frente, se desatendió de cuanto acababa de estipular, y contestó insultante y burlescamente á las reclamaciones que tuvo por parte del General con quien había tratado, exigiéndole que no faltase á la fe de su compromiso. Mandó saquear Santa Ana, de suerte que los habitantes sufrieron indecibles vejaciones y estropeos en tan malhadada ocasión. Tomó más de mil fusiles que estaban almacenados, mucho parque, equipo y una pieza de á 3.

La Asamblea del Estado del Salvador abrió sus sesiones al tiempo que acababan de pasar las ocurrencias referidas: su primera atención la fijó en los males de la época, porque estaba persuadida que debía con toda preferencia remediar los desastres que sufrían los pueblos; y conociendo que en el decreto enunciado había todo lo que apetecían los disidentes para deponer las armas, acordó su admisión, previniendo al Vice-Jefe que procediera á celebrar un convenio de paz, bajo las seguridades de que era adoptada la medida propuesta por el Supremo Gobierno. Prado enfrentó la providencia de la Asamblea como quisiera el General Merino, que amaba la guerra por los medios que tenía en ella, sin importarle la sangre que vertía, que era centroamericana. Todas las combinaciones de los que lo conducían en la carrera de insurrección se hacinaron, tanto como sus deseos particulares, en un solo punto: destruir al Supremo Poder Ejecutivo para reponer en los negocios á los hombres que eran menos amigos de Centro América. Arrancó, pues, de todos los habitantes que estaban sujetos al despotismo ó á la influencia revolucionaria con que dominaba, sacrificios muy costosos en hombres, en dinero y en toda clase de efectos para levantar un ejército suficiente á realizar su proyecto: en la villa de Ahuachapán se acantonaron las tropas que á viva fuerza se reclutaban en los pueblos. Merino las disciplinó con infatigable tesón y con un rigor que jamás probaron los salvadoreños anteriormente: las fusilaciones eran muy frecuentes sin proceso ni formalidad alguna: media hora bastaba para matar á cualquiera que á juicio de aquel Henriot hubiese delinquido; y con semejante terrorismo forzó á servir bajo sus órdenes á los hombres que destinaba á perecer en los campos de Chalchuapa. El Presidente de la República, que presenciaba los aprestos extraordinarios de Prado, apresuró la reorganización del ejército federal: la milicia activa y la de patriotas de Guatemala se incorporaron en él; y muy luego volvieron á experimentar los facciosos que las ventajas dolosas conseguidas en Santa Ana nada habían podido sobre la constancia de los que sostenían la causa de las leyes. El Coronel Ramón Pacheco invadió el departamento de Chiquimula, cometiendo en él toda clase de agresiones: el comercio de Guatemala con especialidad padeció mucho por los saqueos de cargamentos enteros y valiosos que mandó hacer, remitiéndolos á San Salvador con toda la celeridad posible: marchó una división á arrojarlo de aquel territorio á las órdenes del Coronel Guillermo Perks, que después de la jornada del 17 de diciembre en Santa Ana tuvo colocación en las tropas federales; y ya se creían Merino y Prado conquistadores de los chiquimultecos, y esperaban el rico botín que el Comandante invasor les había anunciado, cuando supieron que este Jefe, apurado por Perks, tuvo necesidad de retirarse y de abandonar la mayor parte de la presa; no atreviéndose á esperar á los que le iban al encuentro, porque no ignoraba cuán cierta era su derrota, pues que tenía que habérselas con soldados instruidos y valientes. Se encontró en su evasión con el Coronel Indalecio Perdomo, que debía cerrarle el paso, pero no teniendo este Jefe la fuerza necesaria, lo forzó Pacheco, peleando en la proporción de diez contra uno, y pudo así evitar la total destrucción de su columna.

La decisión de los pueblos por el Gobierno Supremo y el pronunciamiento simultáneo de los hombres honrados y patriotas en toda la República, hicieron aparecer en las llanuras de Ciudad Vieja un ejército mayor que los que se batieron en Milingo y en Santa Ana, bien disciplinado y aprestado, y entusiasta como siempre por defender el orden y las leyes que de continuo insultaba la facción contraria: partió

206

en derechura á buscar á Merino en su mismo cuartel general; y ya vacilaban las esperanzas de Prado al través de las promesas y seguridades de vencer del Jefe y de los oficiales prófugos de Colombia, cuando se acogió al recurso acostumbrado de solicitar la paz, y dio cuenta al Presidente con el acuerdo de la Asamblea del Estado del Salvador mandando celebrar por medio de comisionados un arreglo definitivo, mediante la adopción del decreto del S.P.E. de 5 de diciembre. El Gobierno, desentendiéndose de las reiteradas veces en que fue burlada su invariable propensión á calmar el furor de las armas y á que le sustituyese el ejercicio de la ley, oyó con dignación y con agrado las palabras del hombre que repetía canciones sobre las ruinas de la patria, incendiada por su propia mano. Desde luego contestó que nombraría personas que de consuno con las que nombraba el Vice-Jefe de San Salvador tratasen definitivamente de la paz de la República: la Asamblea de Guatemala también eligió otras para que interviniesen en la negociación; y el pueblo de Jutiapa se asignó en los preliminares para que conferenciasen las partes contratantes.

En las instrucciones que el Gobierno dio á sus comisionados, se procuró cuanto más pude discurrir, facilitar la negociación á términos que no pudiera dejar de obtenerse un feliz resultado: otro tanto entendí que hizo la Asamblea con los suyos, y salieron unos y otros al lugar convenido con toda prontitud é interés: permanecieron en él varios días más de los que se ajustaron en los preliminares y regresaron á Guatemala con el pesar de no haber evacuado su encargo, porque faltaron los comisionados de Prado. ¿Y puede darse una conducta más falaz y atroz? Si se escribiera la historia de los engaños, tendría en ella una página muy notable el Vice-Jefe Mariano Prado. La Asamblea del Estado del Salvador ha recomendado al

207

tiempo éste y otros pasajes en la contestación que dio al mismo Prado en 17 de diciembre de 1828. "Es preciso, le dijo, hablar ya con desembarazo en obsequio de la verdad y en beneficio de los pueblos. La Asamblea en sus períodos ordinarios y cuando ha sido convocada extraordinariamente, ha trabajado con tesón en cuantos medios ha creído oportunos para mejorar la administración pública, promover la felicidad general, y salvar al Estado de los riesgos que lo han amenazado: ha investido al Gobierno de cuantas facultades él ha querido, y se ha llegado á término en las épocas anteriores que la Asamblea no ha hecho sino lo que á él mismo ha parecido; y cuando en beneficio de la humanidad, y para aliviar el enorme peso de la guerra civil á Centro América, se propuso al Cuerpo Legislativo conciliar la paz que al fin ha tenido el Gobierno que proponer, se opusieron embarazos de todas las maneras imaginables, se habló sin rebozo contra el mismo cuerpo, y por último se consiguió la misión de los comisionados para tratar cuando vueltos los de Guatemala sólo fueron á presenciar la desgraciada jornada de Chalchuapa, y se llegó en esta época al extremo de atribuir la derrota á la Asamblea desde el mismo Gobierno, por no confesar la precipitación del General Merino, que al fin probó su imprudencia con hechos subsecuentes que le produjeron por último resultado la separación del mando", ¡Pueblos! Ved aquí la conducta del que hoy lleva el título de Benemérito. Si la Asamblea dictaba la paz, la desobedecía; y si era derrotado en el campo de batalla, calumniaba á la Asamblea atribuyéndole la derrota.

¿Se cumplen así las leyes? ¿No es una injuria hecha á ellas mismas, hecha á la República y hecha á todos los hombres, que se apropiase Prado el sagrado título de defensor de las propias leyes que infringía? ¿No es un insulto hecho á la moral burlarse con esta impudencia de la verdad?

¿Qué concepto tiene Prado de las sociedades del siglo presente, puesto que las considera incapaces de discernir la enorme distancia que hay de sus procedimientos á las leyes? ¡Oh Centro América, patria mía! ¿Es posible que en tu órbita sacrosanta haya nacido y haya gobernado el hombre que para desgarrar tus entrañas unió á los crímenes la burla de la virtud que te distingue entre las naciones? ¡Centroamericanos! Reconquistad las leyes y la verdad para que tengáis Patria!!!

CAPITULO XIII: "ESTE HOMBRE…"

Motivos que tuve para emitir el decreto de 14 de febrero de 1829. —Reclamo que hice al Vice-Presidente para que me devolviese el Gobierno. —Inteligencias que tuve con el Doctor Delgado y con el Vice-Jefe Prado en julio y agosto de 1828. —Atentado cometido por este funcionario contra mi persona y agravado por el General Francisco Morazán. —Sucesos de Honduras que hicieron aparecer á este hombre en la escena de la revolución.

La expedición que hizo el Coronel Perks contra Pacheco le granjeó la confianza, ó mejor diré, aumentó la que ya tenían en él las autoridades de Guatemala.

Hacía tiempo que el Jefe del Estado ciudadano Mariano Aycinena me propuso que lo empleara en las armas, y no me presté á sus deseos, porque no tenía el conocimiento correspondiente de este hombre, y temí que se convirtiese en otro Raoul: mas como guardase un comportamiento bastante prudente, y hubiera además necesidad de un Jefe de aptitud, en el supuesto de que él la tenía, lo coloqué y su colocación fue del beneplácito de todos.

Cuando regresó á la capital di orden de que sirviera en el Estado Mayor, pareciéndome que las funciones que iba á ejercer eran las que desempeñaría mejor: con todo, el expresado Jefe Aycinena me insinuó que sería conveniente que se le confiriera el mando general para que marchara contra Merino con la actividad que acreditó en el ensayo que tuvo en el departamento de Chiquimula. vine en acceder, nombrándolo General en Jefe, por no separarme del Gobierno y aprovechar la ocasión de concluir la paz, de que debió tratarse en Jutiapa.

Desde los primeros días en que comenzó Perks á funcionar en el nuevo destino que le confié, suscitaron algunos Jefes quejas de mal carácter por haber dado inconsideradamente el nombre de Jefe de su Estado Mayor á un oficial que sólo era Teniente Coronel, sobreponiéndole á otros que le eran superiores en graduación. Yo ignoré lo ocurrido y la causa de ello hasta que todo era pasado; y desaprobé á Perks que hubiese excedido mis órdenes, pues que le previne fuese el enunciado oficial su Secretario y no otra cosa. Los que desconociendo los trámites prescritos en la ordenanza para indemnizarse de las postergaciones y agravios que les infirieran sus superiores, intentaron reparar por sí mismos el que recibieron aquella vez, quizá no previeron que preparaban con su precipitación nuevos lances que comprometerían en extremo la causa pública. Debieron acercarse á mí y exponerme el proceder de su General, y yo le habría ordenado que revocara la provisión que hizo, porque era justo improbarla: sin embargo, me desentendí de este suceso con relación á los mal contentos, porque juzgué que era bien no darle importancia, y tan luego como Perks se ajustó á mis prevenciones, no se volvió á hablar de lo acaecido, y todo fue como en tiempo de la buena disciplina.

El ejército se movió con dirección á Jalpatagua, donde fue preciso que estuviese estacionario durante las negociaciones de Jutiapa, y allí, fermentando las pasiones, presentaron un comprobante de lo contradictorio que es el espíritu humano, pues los mismos que empuñaban la espada para reponer el orden invertido y para obligar al cumplimiento de las leyes á los que las violaran, no se detuvieron en poner con sus hechos el sello de la aprobación sobre la conducta de sus propios enemigos: y he aquí la razón de que exista la anarquía y de que haya penetrado entre nosotros; porque si el Gobierno estuviese de continuo bien obedecido, y las leyes bien cumplidas en una parte de la Nación, conteniéndose los funcionarios en los límites que les son señalados y desempeñando con puntualidad sus deberes, á una con los ciudadanos y habitantes, que deben siempre estar sumisos á la autoridad y reclamar sus derechos por las vías legales; en esta porción se encontraría el orden público y la observancia del pacto y tendría los títulos nacionales para reducir á los que se separaran del gremio indebidamente ó perturbasen el régimen de la administración, al estado que les correspondiera según el pacto social.

Por el contrario, si cada uno propende á hacer su voluntad, siguiendo el rumbo de sus preocupaciones ó de sus conveniencias, se desata el nudo de los mutuos deberes, y deja de ser lícito hacer la guerra por defender las instituciones y por sostener el Gobierno; la sociedad toda entera en la anarquía, convirtiéndose en facciones que recíprocamente pueden decirse, vosotros violasteis la ley ¿con qué fundamento pretendéis compelernos á que la respetemos, si vosotros la infringís? Ya no es justo en tal caso ocurrir á las armas para restaurar el orden y sólo puede ser permitido emplearlas en la defensa local ó personal, si un injusto agresor insiste en invadir el territorio ó las personas radicadas en él, porque nunca puede privarse á los hombres del derecho que les dio la naturaleza de proveer á su propia seguridad.

El día 9 de febrero de 1828 se reunieron algunos Jefes y despojaron al Coronel Perks del empleo que ejercía, no obstante de que estaba dispuesto á dejarlo voluntariamente dentro de pocas horas y encargárselo al Coronel Antonio José Irisarri: los motivos que se pretextaron para excusar esta demasía eran insignificantes, y ningunos podían ser poderosos para librar á sus autores de haber incurrido en una defección de gravedad; mucho más cuando el Jefe en quien se puso la autoridad militar que residía en Perks, no rindió, como debiera, el reconocimiento que correspondía al Supremo Gobierno, dándole parte inmediatamente de lo ocurrido y de ser él el sucesor del General depuesto; y sólo se entendió con el Jefe de Guatemala, trastornando así la esencia de los negocios, que consistía en que el Gobierno Federal lidiaba con los que se sublevaron desde el año de 1826 para reponer las cosas al estado de la ley. Si ya no era reconocido el ejército, ya no podía tampoco insistirse en que Prado reconociera en este ejército la fuerza de la Federación de Centro América, porque era dado el último golpe sobre los restos de la existencia constitucional que habían conservádose en la conflagración de la República.

Mi primer sentir al ser informado de acontecimiento tan penoso fue negar mi connivencia con energía hasta el extremo de separarme enteramente de los negocios políticos y militares si era menester, para no incidir en la falta de convertirme en director de facciones, debiendo ser tan sólo el Magistrado de la Nación; y en la amargura del pesar por tanta peoría en nuestras desavenencias, que llevaban la patria á la total ruina de que es susceptible un Estado que se abandona al frenesí de las pasiones, y con la conciencia, con aquella conciencia, que es bien llamar del buen ciudadano que entra á los puestos y los sirve, por espinosos que ellos sean, resuelto á sacrificarse si su sacrificio ha de coadyuvar al comunal provecho, manifesté á la Asamblea de Guatemala: "Que largo tiempo había meditado el Presidente sobre los medios de restablecer el orden en la República, que sus pasos en este respecto estaban á la vista de todos y consignados en documentos irrefragables: que en setiembre de 1827 cuando mandaba el ejército, se separó de aquel mando por seguir firme en sus conatos de adquirir la paz, y volvió al ejercicio del Poder Ejecutivo para dictar el decreto de 5 de diciembre: que había ocurrido el más terrible estrago en el ejército federal, porque algunos Jefes desconocieron el Gobierno, y el que tomó el mando sólo se dirigía al Jefe del Estado: que este era un golpe tremendo á la atribución principal del Presidente, quien no tenía en los otros Estados recursos para reparar tan funesto mal: que al saber el extraño acontecimiento de Jalpatagua, su primera inspiración había sido separarse enteramente del Gobierno: que sólo lo detenía el temor de que su separación causase mayores males, y con particularidad á Guatemala: que firme en su constante conducta de no hacerlos y de procurar el bien, tenía suspensa su resolución y deseaba que la Asamblea le franquease su opinión, porque quería que nunca se le pudiese culpar en la catástrofe que inminentemente amenazaba: que otro tanto haría con las Asambleas de los otros Estados, si las circunstancias dieran tiempo y si las comunicaciones estuviesen expeditas, pues que de esta manera había obrado en los negocios importantes de la República, siempre que había sido posible: que nada era, á juicio del Presidente, desesperado: que se podía enmendar el suceso de Jalpatagua sin perjuicio de la causa pública, y podía asegurarse que con ventajas también; pero que nada se conseguiría sin que las autoridades de Guatemala sostuvieran el Gobierno Federal, y que era por esto necesario que la Asamblea dirigiera su atención á la medida que conviniese dictar; que el Presidente sabría aprovecharse de su dictamen, si le parecía oportuno".

La contestación que dirigió la Asamblea al Secretario de Relaciones estaba en todo conforme con la conducta de los Jefes que depusieron al Coronel Perks, porque, desentendiéndose de este hecho asombroso, decía que el paso franco del Presidente previno en cierto modo á la misma Asamblea, que meditaba aquel día excitar su patriotismo y natural desprendimiento para que, ofreciendo á la Patria un nuevo sacrificio, dictase la medida de su separación. Aventuró fundar su enunciativa, suponiendo que había desconfianzas de mi persona en el ejército y en los pueblos, lo que era del todo voluntario, tomándose en un concepto general, y ningún documento ni indicio hubiera sido posible presentar en apoyo de semejante aserción. Nunca se vio un papel público, y menos una manifestación de algún pueblo que indicase lo que exponía la Asamblea, porque no existía sino en los que pensaron que era provechoso hacer valer aquella especie. Yo, por la inversa, pudiera insertar aquí pruebas incontestables de que tanto en el ejército como en los mismos pueblos colectivamente gozaba la confianza que ha de tener siempre el que en su carrera sigue el camino recto de sus obligaciones; pero me es mortificante tratar esta materia, y á no requerirlo la satisfacción que debo á Centro América de las funciones que me encomendó, jamás la habría tocado, porque tengo que referirme á personas agobiadas por el infortunio.

Para mí no era sacrificio retirarme de los negocios considerando mi persona; mas sí lo era, y muy costoso, ver que el acrecentamiento de las novedades los complicaba al punto de desaparecer todo consuelo: sólo la falta de experiencia en el curso de los grandes acontecimientos que forman la carrera de las naciones podía ocasionar que unos hombres que entraron á figurar para mantener el orden y las leyes, porque sus antecesores no pudieron guardarlas, y que aspiraban á sustraerse de una suerte dura que les estaba preparada, proscribiesen los medios de conseguirlo, extraviándose al extremo de pensar que se alejaban del precipicio, tomando el camino que más en breve los conducía á él. Yo preveía el desenlace que iban á tener las cosas, presentándose á mis ojos el fin funesto de la Patria, y temí que estaba más cerca de la época en que se verificó. Merino tenía en Ahuachapán un ejército cual no se había conocido en San Salvador en toda la revolución: numeroso y bien armado, bien disciplinado y con una porción considerable de oficiales útiles, tránsfugas de las banderas de la Federación que se pasaron el 17 de diciembre en la jornada de Santa Ana; y esta fuerza física adquiría superioridad por la fuerza moral que le comunicaban las voluntarias innovaciones de los Jefes militares y de la Asamblea de Guatemala, que en proporción se debilitaron por los mismos medios que creyeron fortalecerse. ¿Porque en verdad podía facilitarse el restablecimiento del orden acabando de invertirlo? ¿Podría restaurarse el vigor de las leyes acabando de infringirlas? Era contradictorio, y es este el punto de vista en que yo examiné los hechos y por el cual juzgaba que, igualándose los beligerantes en predicamentos por la inclinación del Supremo Poder Ejecutivo de parte de los que al principio lo sostuvieron, desaparecía la disciplina en el ejército federal, y todos los ramos del Gobierno se perderían en la enervación que hemos presenciado, mientras que Prado, mejorando en su causa, era siempre, no obstante su estolidez, el punto de concentración del partido revolucionario.

Yo busqué en la Asamblea un consejo que me ayudase á acertar en aquellas difíciles circunstancias, y ella me dirigió un pronunciamiento tan precipitado, que se atrevió á decir: que me sirviese comunicar mi resolución en todo el resto del día, para que en su vista pudiera dictarse por parte del mismo Cuerpo la que conviniera. Era necesario tomar algunas horas para deliberar en un asunto de tanta gravedad, y desde luego me ocupé de preparar una comunicación en que declaraba: "que la paz decretada por el Supremo Poder Ejecutivo estaba pendiente: que actualmente se trataba de ella, y que dentro de cinco días se sabría si se ajustaba ó se comenzaban de nuevo las hostilidades: que el deseo de no interrumpir esta negociación era el único motivo porque el Presidente no se resolvió á separarse totalmente de la administración cuando supo el fatal acontecimiento de Jalpatagua, y este mismo deseo era el que en el día le obligaba á no desprenderse voluntariamente del ejercicio del Poder". Mas los miembros de la expresada Asamblea, en su mayoría, no estaban en capacidad de conocer lo que hacían, y sin detenerse en ninguna consideración, pasaron un requerimiento á la Secretaría de Relaciones reclamando mi determinación, porque en el calor de sus errados cálculos la menor demora los consumía, y se me avisó al mismo tiempo que estaba dispuesto un decreto, separando el Estado de la Federación de los demás, que equivalía á decretar la destrucción de la República. Como mi anhelo era hacer la paz, yo estaba decidido á no ceder á las pretensiones de los que daban estos pasos de perdición, y no habría convenido con sus errores, á no ser que en el mismo momento de negarme, se puso en mis manos una nota de Merino dirigida á Perks, en que, á vuelta de innumerables falsedades, aseguraba que, mandando otro que no fuese yo, la paz se haría. Creí que debía, por si era cierto lo que aseveraba, proveer mi separación de una manera que siquiera con respecto á las naciones extranjeras, salvara las apariencias legales de que existía un Gobierno en Centro América, y que pasado aquel torbellino de pasiones y de excesos me encontrase expedito para volver al ejercicio del Ejecutivo, si la paz de Jutiapa no se efectuaba. Emití, pues, el decreto siguiente:

"MINISTERIO DE RELACIONES.-El Presidente de la República se ha servido expedir el decreto siguiente:-El Presidente de la República de Centro América.-CONSIDERANDO: Que la negociación de paz que ha promovido la Asamblea del Estado del Salvador á virtud de la aceptación del decreto de 5 de diciembre último, está adelantada cuanto el Presidente pudiera adelantarla en las actuales circunstancias:

"Que si esta negociación no tiene efecto, el Presidente que ha procurado por todos los medios evitar la guerra, no quiere que se tome por pretexto su persona para continuarla:

"Animado del constante deseo de ver terminados de cualquiera manera los desastres que afligen á la República: siendo el primero en practicar con este laudable fin todo lo que penda de su arbitrio; ha tenido á bien decretar, y DECRETA:

"I° El Presidente se separa del ejercicio del Supremo Poder Ejecutivo, temporalmente.

"2° Volverá al desempeño de sus altas funciones, cuando el deber se lo exija.

"4° Mientras el Presidente no lo ejerciere, dejará de percibir las asignaciones que le corresponden.

"5° Queda obligado á dar cuenta de su conducta al Congreso Federal.

"Imprímase, publíquese y circúlese, comunicándose desde luego á las Asambleas y Jefes de los Estados de la Unión.

Dado en el Palacio del Gobierno, en Guatemala á 14 de febrero de 1828.-Manuel José Arce.-El Jefe de Sección, encargado del Ministerio de Relaciones-Francisco M. Beteta".

Conseguida la victoria de Chalchuapa, el ejército federal se situó en Mejicanos, á una legua escasa de San Salvador: hacía más de un mes que permanecía en este punto como en ademán de sitiar la ciudad, de donde era molesto.

"Aun cuando Arce de buena fe se hubiera determinado á separarse del mando, los términos en que la Legislatura intrusa le contestó sobre este particular, lo habrían obligado á revocar su primera determinación; jamás sus enemigos le habrían hablado en un lenguaje más depresivo aunque revestido con las apariencias del decoro y de una falsa urbanidad. No quiso, pues, el Presidente añadir á la debilidad de sufrir el ultraje, la bajeza de ceder á la primera intimación, y acordó continuar con el Gobierno, fundándose en que la paz decretada por el Ejecutivo Nacional estaba aún pendiente, y que era preciso esperar el éxito de las negociaciones, que estaban ya iniciadas con la Asamblea del Salvador; declaró asimismo que no podía ni debía desprenderse voluntariamente del ejercicio del Poder, mientras subsistiesen las circunstancias extraordinarias que habían alterado la tranquilidad de la República. Sin embargo, la Asamblea había dado un paso demasiado atrevido para que pudiese volver atrás: instó, pues, al Presidente, para que hiciese efectivo su primer acuerdo y le instó tomándose la libertad de requerirlo oficialmente y de exigirle en un término estrecho y perentorio, su contestación definitiva: para que en su vista pudiera dictarse por parte de la misma Asamblea la resolución que más conviniese á los intereses del Estado. Al mismo tiempo el Secretario de Aycinena y los Ministros federales le estrechaban en lo privado, para que cediese á las instancias de la Asamblea, anunciándole que si persistía en su negativa, aquel cuerpo estaba resuelto á decretar la separación del Estado del pacto federativo y su absoluta independencia del Gobierno Nacional. Viendo que toda resistencia era inútil, Arce acordó inhibirse temporalmente del Poder Ejecutivo encargándole por segunda vez al Vice-Presidente Beltranena, sujeto de quien disponían ad libitum, las autoridades intrusas."

"La forzada aunque aparentemente voluntaria cesación de Arce en el mando, no debe considerarse como el resultado exclusivo de las amenazas é intrigas de los serviles; acaso tuvo más parte en ella, la astuta política de los liberales, que en sus reclamaciones contra la permanencia de aquel funcionario en el Gobierno se propusieron la doble mira de privar á los serviles de un Jefe distinguido y valiente, y hacer recaer sobre ellos toda la culpabilidad de las ofensas que se hacían á la Nación en la persona de su Primer Magistrado. No se engañaron en sus esperanzas; y este acontecimiento debe señalarse como uno de los que influyeron más de cerca en el descrédito y vencimiento de la oligarquía guatemalteca."-Marure.-Obra cit.-Págs. 107 y 108.-Tomo 2.

Dice Marure[17] que luego que Arce resignó el Poder, se retiró á la Antigua Guatemala bajo el pretexto de restablecer su salud, pero con

---

[17] No sabemos qué prueba tendría Marure de esa conspiración de Arce á que se refiere, pero notamos que hay alguna contradicción en sus afirmaciones, diciendo primero que los liberales desconfiaban de Arce, y después, que puestos de acuerdo con él y como consecuencia del complot de la Antigua, preparaban una conspiración en la capital. Pero lo extraño de todo esto es que, sabedor Aycinena de la complicidad de Arce, no hubiera dado ningún paso en contra suya.

el verdadero designio de avocarse con los liberales residentes en aquella ciudad y fomentar la reacción que se estaba preparando secretamente en el departamento de Sacatepéquez: que descubrió á Gálvez sus planes, pero este no quiso comprometerse expresamente, limitándose á ofrecimientos vagos, y que lo mismo hicieron otros liberales. Mas á renglón seguido dice que, de acuerdo con Arce y como consecuencia del complot de la Antigua, el Teniente Coronel C. Carlos Salazar preparaba en la nueva Guatemala una conspiración en la cual estaban comprometidos el Senador Barrundia, el ex-Ministro Ibarra y otros liberales de la capital, así como los extranjeros Perks y Terrelonge. Perks denunció á Salazar, y el Jefe Aycinena le mandó aprehender y le desterró. Lo mismo hizo después con Perks, á pesar de su delación, pues su conducta vacilante y falaz lo había hecho odioso á todos los partidos[18].

Permitir á Prado abrir fosos y formar parapetos al frente de los vencedores era perder la superioridad adquirida por el triunfo reciente, y bajar á la condición de necesitar de otro, de que se hiciese el debido uso. Yo sabía que el descalabro de Chalchuapa[19] apuró el

---

[19] La batalla de Chalchuapa á que se refiere Arce, se verificó en ese lugar, el 1° de marzo de 1828. El ejército salvadoreño, que constaba de 3.500 hombres según García Granados, y de 3.000 según Marure, estaba comandado por Merino, y el guatemalteco, que, según el mismo Marure, constaba también de 3.000 y según García Granados era de 2.400, era comandado por Arzú, quien ocupaba la plaza de Chalchuapa. A las 7 y media de la mañana los salvadoreños emprendieron el ataque con bastante denuedo, pero sin plan, orden ni concierto alguno, dirigiéndose el grueso del ejército por la entrada del pueblo y una columna por un punto erizado de peñascos llamado El Platanar, y detrás de los cuales los invasores eran fusilados casi impunemente. La acción duró unas pocas horas. El desastre de los salvadoreños fue completo. Dejaron en el campo como 350 muertos según García Granados, aunque según Montúfar eran 500, y toda su artillería y demás pertrechos de guerra. Como en esa triste época no se daba cuartel al vencido, muchos de esos muertos lo fueron cuando ya estaban rendidos. La culpa de esta infortunada acción la tuvo toda Merino. A su incapacidad militar se agregó entonces la circunstancia de que estaba ebrio. De ese hermoso ejército con que se soñaba llegar de triunfo hasta Guatemala, volvieron á San Salvador apenas 700 hombres.--Véase á Montúfar.-Obra cit.-Págs. 87 y 88.-García Granados.-Memorias.-Págs. 159 á 170.-Marure.-Obra cit.-Págs. 112 y 113.-Tomo 2.

sufrimiento del pueblo, que ya deseaba una transacción que finalizara los estragos de que era víctima, y una nueva solicitud de paz debía ser el resultado de la disposición que tenía. Prado, aunque con su mala fe acostumbrada, se burló de la Asamblea del Salvador y del Supremo Gobierno, no mandando á tiempo los comisionados que debieron concurrir á Jutiapa; estaba amilanado y no podía sustraerse á la fuerza de la opinión pública. En sus alcances y en los de sus directores estaba fuera de las probabilidades sacar ventajas de la guerra, sin embargo de que no se les constreñía como pudo haberse hecho, y debían reputar por mejor tener un acomodamiento que ser vencidos. Además, yo observaba con pena que no había regularidad en las hostilidades, porque el mutuo encarnizamiento había desterrado las leyes que se guardan en las contiendas de armas entre pueblos cultos. En fin, el curso de los sucesos había demostrado que no se lidiaba por mi persona, puesto que, retirado á una vida privada, los desórdenes, los escándalos y las matanzas aumentaron, lejos de cesar ó disminuir. Convencido, pues, de que los deberes que contraje en Centro América admitiendo la primera Magistratura, á más de las obligaciones que me impusiera la calidad solamente de centroamericano, exigían de mí que volviese al ejercicio del Poder para insistir en tranquilizar la República, ó en regularizar la guerra, si lo primero no era posible; con estas únicas intenciones reclamé el Gobierno al Vice-Presidente en quien lo deposité mientras me restituía á la administración. Se me contestó en frases no claras, rehusando devolverme las funciones que la Nación me confió; y como no pudiese ser que en este asunto faltara claridad, insté para que se me respondiera sí ó no, con franqueza. Se me repuso en sustancia que no había autoridad que decidiese si yo debía recobrar el mando. Hasta aquí llegaban mis deberes: los había llenado, y ni la ley ni el mundo pueden reconvenirme por los males de Centro América. Con semejante resolución determiné dedicarme á mis negocios particulares, y me retiré á la ciudad de Santa Ana para pasar en seguida á mis haciendas, lo que no pude verificar por algunos embarazos que se me opusieron.

He explicado como funcionario mi conducta pública con la ingenuidad del hombre que tiene conciencia, y que no pudiendo creerse exento de yerros, que son el patrimonio de los humanos, está cierto que no ha delinquido, ultrajando las leyes ó siendo remiso en procurar, con la dedicación de que soy capaz, la prosperidad de Centro América. Hallo en mi corazón que puedo decir con Aristias:

"Sin duda es profanar la política, que debe hacer las sociedades dichosas y florecientes, dar nombre semejante á este corto manejo, siempre incierto, de astucias, enredos y engaños, que efectivamente no ha sido imaginado más que por hombres ignorantes é incapaces de elevarse á otras ideas más superiores, ó por malos ciudadanos, que no consideraban en la administración de la República sino la infeliz ventaja de satisfacer ellos mismos su ambición y avaricia." Hallo igualmente que nunca he obrado sin convencerme antes de que debía hacer lo que he hecho, siendo por esto mis pasos tan firmes como la razón en que se han fundado: si alguna vez se me persuadió de que estaba errado, enmendé el error; si mis convencimientos han prevalecido, ha sido imposible doblegarme. Hallo, por último, que jamás me he vengado de ningún agravio; y los que me han inferido en la carrera de los negocios, ni en mi memoria se han conservado, porque opino que la ruin venganza sólo puede agradar á los espíritus mezquinos y que la única que es noble tomar ha de consistir en hacer que prospere la causa que se defiende: así se adquiere un verdadero honor y se confunde á los enemigos; en proporción que se envilecen esas almas rastreras, elevan á sus contrarios, cuando el día del triunfo gozan de las persecuciones que hacen ó promueven, y se alimentan del dolor y de las lágrimas de los desdichados.

Después que se me negó el regreso al Gobierno, todavía aproveché la ocasión que se me presentó de intentar conciliar los ánimos, porque conservaba siempre fija mi atención en los males de unos pueblos por quienes tenía y conservaré durante mi vida el más sincero afecto.

En Santa Ana recibí una carta del Padre Obispo Delgado, y desde entonces comenzó de nuevo nuestra correspondencia, suspensa desde poco antes de la batalla de Arrazola: le hablé sobre las cosas de la guerra, y pasados algunos días, tuve su contestación y también una carta de Prado acerca del mismo asunto. Varias ocasiones nos escribimos, y en una de ellas se me habló claro, principalmente por el Vice-Jefe, diciéndome que pasara á San Salvador: respondí que para deliberar necesitaba que tuviésemos antes una entrevista en la que declararía mis intenciones; las que si parecían bien y eran adoptadas, iría á aquella ciudad á ejecutarlas. Mi plan era establecer en ella el Gobierno Federal é inmediatamente repetir el decreto de 5 de diciembre, mandando al mismo tiempo suspender las hostilidades; en el supuesto de que si el ejército acantonado en Mejicanos ó el Estado de Guatemala no reconocían en mí al Presidente de la República, ó se obstinaban en continuar la guerra, yo la hubiera dirigido á nombre de la Federación. Este proyecto podía únicamente calmar las animosidades de los partidos y poner término á las calamidades públicas, ó justificar la intervención de las armas para restablecer el orden, porque contenía una medida aprobada por las autoridades de Guatemala, que no pudieran sin incurrir en una falta inexcusable repugnar; y porque habiendo la Asamblea de aquel Estado sostenido la defección de los Jefes Militares, que en Jalpatagua depusieron á Perks y desconocieron al Gobierno Supremo de que dependían, y habiendo asimismo negádoseme el mando con infracción del decreto de 4 de febrero, en cuya virtud lo ejercía temporalmente el Vice-Presidente, renacía la administración legal en cualquier Estado de los de la Unión, donde yo hiciese aparecer el Supremo Poder Ejecutivo con arreglo á la Constitución de la República; y á los que quisieran persistir en la confusión política en que estaban, era justo reprimirlos por la fuerza hasta que depusieran sus equivocaciones, concentrándose en la ley. Pero ¿es susceptible Prado de una combinación racional, en que él, así como todos los demás funcionarios, quedasen sujetos á sus deberes, y que por ellos depusiera la ambición, la avaricia, la envidia, las venganzas que lo dominan sin que pueda contenerse, de la misma manera que los israelitas no podían contenerse en la observancia de la ley, sin embargo de tantos prodigios que Dios obró para arrancarlos de la idolatría, porque sus corazones estaban formados sobre los ídolos de Egipto y bajo la vara de los Faraones? No podía ser. Prado nació en el rigor del despotismo español: en el cieno de las ruines pasiones que inspiraba, formó su alma, adquirió su fortuna y fue todo lo que puede ser un hombre sin talento y sin cultivo; era, pues, imposible que en la edad avanzada, cuando los vicios están arraigados, pudiese cambiar repentinamente en un republicano virtuoso. No tuvo por tanto lugar la entrevista y posteriormente se me comunicó que, al convidarme Prado á que fuese á San Salvador, pretendía que tomase el mando militar bajo sus órdenes. ¿Es creíble este exceso de necedad? Es preciso confesar que el engreimiento es el producto de la ignorancia y de la torpeza.

"Estos planes deslumbraron á primera vista y muchos llegaron á creer que la presencia de Arce en San Salvador produciría una alteración favorable en el estado de las cosas. Para acabar de alucinar á los salvadoreños, el Presidente ofreció presentarse en compañía de varios oficiales de crédito que le eran personalmente adictos, y atraerse á otros de los más distinguidos del ejército. Delgado era el que tomaba más empeño porque se aceptasen las propuestas de Arce, é hizo no pocos esfuerzos para comprometer al Vice-Jefe á que tuviese una entrevista con aquél; pero nada pudo conseguirse, porque Morazán, á quien se mandó consultar sobre el particular, se opuso á semejante resolución que también combatieron el Ministro Vasconcelos, Rodríguez[20] y casi todos los emigrados guatemaltecos. La entrevista, pues, no llegó á verificarse, ni Arce quiso pasar á San Salvador, como se lo proponía Prado; porque estaba en la inteligencia de que solo se le llamaba para encomendarle el mando militar de la plaza, sobre lo cual, acaso, se le informó con poca verdad".-Marure.- Obra cit.-Págs. 138, 141 y 142.-Tomo 2.

Cuando la tropa de San Salvador ocupó la ciudad de Santa Ana en consecuencia de la capitulación de Mejicanos, me encontró en aquel lugar viviendo privadamente y muy ajeno de sospechar que debía temer, porque la regularidad de mis procedimientos mientras goberné, de que sólo podía juzgar la Nación representada en un Congreso legítimo, y el absoluto aislamiento de todo negocio público después que emití la providencia de mi separación del Supremo Poder Ejecutivo, debían darme garantías de seguridad; y en efecto nadie me molestó. Pero llegó el tiempo en que Prado, compelido por los pronunciamientos de algunas Municipalidades y por la expresión de la opinión pública, dio un decreto citando el Estado á elecciones, y la voz de los pueblos comenzó á agitarse en virtud de las pretensiones opuestas que asomaron: el Vice-Jefe quería continuar en el mando,

---

[20] El General don Francisco Morazán, en sus memorias escritas en David (Colombia) en 1841, explica el hecho á que Arce se refiere diciendo: que el Jefe Político don Juan Manuel Rodríguez recibió orden de hacer salir al señor Arce y que, en cumplimiento de esa orden, tenía aquél lista una escolta para hacerle conducir hasta el Río de Paz; que una persona afecta al Presidente Arce le suplicó á Morazán que le evitase este ultraje; y que éste, en consecuencia, mandó al Coronel Gutiérrez que comunicase al Presidente la orden del Gobierno, y le expresase los deseos de Morazán de evitarle el compromiso en que podía colocarlo su permanencia por más tiempo en Santa Ana. En vista de la discordancia en la relación de estos personajes, creemos posible que, como frecuentemente sucede, el Oficial haya dado una mala interpretación á la orden de Morazán.

haciendo recaer en su persona los sufragios para Jefe; mas la confianza pública se decidía sin embargo en favor de otros sujetos; y por más que se hizo, recayó la mayoría de votos para la Jefatura en el ciudadano Antonio J. Cañas. Luego que se conoció el resultado de las elecciones, el Vice-Jefe que había expedido la convocatoria, manifestando para excusarse de haberla dictado que era innecesario, pues al llegar al período designado debían los pueblos proceder á elegir sin excitación de la autoridad, tuvo por conveniente declararlas nulas, dando por causa que sólo la Asamblea ó el Consejo podían convocar para ellas. Así se mofaban de la soberanía del pueblo los que aconsejaban, ejecutaban y aprobaban una conducta tan burlesca; y aunque varias Municipalidades del Estado representaron á la Asamblea contra la política falaz con que se insultaba la ley y el decoro público por los que se arrogaron los inmerecidos títulos de patriotas, liberales y protectores de la propia ley que ultrajaban; y aunque esta Corporación no pudo disimular la justicia del reclamo, se vio no obstante compelida á dictar un decreto en que convocaba otra vez los pueblos para que reiteraran las elecciones. Como era natural, volvió á agitarse la opinión: se obró con mayor actividad por los que protegían las esperanzas de Prado; y concibiendo este pretendiente que yo ejercía influjo en el Estado y que había inclinado los ánimos por el ciudadano Cañas, se imaginó indispensable alejarme de aquel territorio, y dando un golpe de arbitrariedad dictó mi expulsión. El General Morazán quiso oficiosamente admitir el cargo de ejecutarla; y si bien Prado sólo me violentaba á dejar el suelo salvadoreño, Morazán puso un nuevo peso á esta medida de ambición y de escándalo, estrechándome precisamente á retirarme al Estado de Guatemala.

Los motivos con que se procuró cohonestar este hecho estaban reducidos á decir vagamente que yo era enemigo y dividía la opinión del Salvador, lo que valía tanto como manifestar impudentemente que, habiendo Prado anulado las primeras elecciones porque en ellas no fue electo Jefe de Estado, y considerando que la influencia mía en aquellos pueblos era inconveniente para seducirlos ó compelerlos á que lo eligiesen en las nuevas elecciones, disponía que yo dejase el territorio para poder con seguridad hacerse nombrar á pesar de que no obtenía la confianza pública; porque, en verdad, que ninguna otra división se advertía, y puede asegurarse que es la ocasión en que los habitantes de todo aquel país estuviesen más tranquilos, y más que tranquilos, aletargados por la consecución del triunfo de Mejicanos, que como por fuerza los lleva al reposo consiguiente á las fatigas en que Prado los tuvo desde que se rebeló contra el Supremo Gobierno en marzo de 1827. Todos los deseos, todas las pretensiones, todos los ánimos se reunieron en un solo punto, que era descansar y reparar los males de la guerra; y como para lograrlo fuera menester que tomara otro la administración del Estado, nadie disentía, á excepción de los perversos, de la resolución de no elegir á Prado sino á una persona enteramente opuesta al proceder de este hombre; de suerte que lo que él llamaba división, era en realidad una uniformidad de todos los salvadoreños, que aborrecían al autor de sus prolongadas desgracias, y sucedió que quedaron inutilizadas las ilegalidades, las intrigas y las amenazas que empleó el aspirantismo del Vice-Jefe, porque el voto de los pueblos no pudo ser sofocado, como otras muchas veces, y recayó en el ciudadano José María Cornejo, que hoy rige el Estado en paz y en orden.

Cuando el Coronel José María Gutiérrez me notificó las disposiciones de Prado y de Morazán en que atentaban contra mi persona, contesté: "que ninguno de los fundamentos que se expresaban para hacerme salir de aquel territorio era cierto: que jamás fui enemigo del Salvador ni podía serlo de ninguna comunidad; que lo fui únicamente de la sublevación que el primero cometió contra el Supremo Poder Ejecutivo en tanto que se restableciera el orden invertido: que se me atacó en la misma silla del Gobierno, y debí reprimir esta audacia: que los que me ultrajaban injustamente no escuchaban su conciencia, no respetaban la ley ni amaban la Patria; y que el insulto que se me hacía, atropellando mi comportamiento que en nada había comprometido la dignidad de mi carácter, debía ser reclamado por la Nación, que más que yo era ofendida." Pero como no se atendía al bien obrar sino á remover los óbices que pudieran oponerse á las intenciones de Prado, empleando la fuerza y todos los recursos que sugerían la ambición y la desvergüenza, yo tuve que ceder á las coacciones; porque no tenía otra fuerza que contrarrestara á la de los que escribían sus mandatos con la punta de la espada. Evacué, pues, la ciudad de Santa Ana y me dirigí á Guatemala.

Se presenta un hombre nuevo en nuestra revolución, que se ignora quién es, de dónde ha salido y cómo pudo apoderarse de la suerte de Centro América, que por algunos días estuvo en sus manos y que, á no ser tan malo, la hubiera hecho feliz en lugar de las desgracias que ha ocasionado: es menester hablar de este hombre que vino á poner el último gravamen en los sufrimientos públicos; y á la vindicación de las injurias más innecesarias y detestables, es preciso ofrecer el sacrificio de ocuparme de su aparición y de su depravada conducta, desde que asechó mi persona por un cálculo meditado con frialdad. A la historia corresponde el penoso cargo de retratar toda la vida política del General Francisco Morazán, para que nuestros descendientes lean en ella todas las perfidias y los estragos que ejerció en sus progenitores la inmoralidad de este hijo de la anarquía.

Las victorias conseguidas por el Coronel Milla debieron ser provechosas á la causa del Gobierno Nacional, y fueron adversas ó á lo menos se inutilizaron, por no haber hecho de ellas el uso correspondiente. Las órdenes que tenía este Jefe eran terminantes para apoderarse del departamento de San Miguel luego que tomara á Comayagua, manifestando al mismo tiempo á los hondureños que, constante el Gobierno Supremo en no permitir alteraciones en la forma política, lejos de aprovechar los pronunciamientos de los pueblos que se ponían bajo su protección, para aumentar su autoridad, propendía al restablecimiento de todo lo que era constitucional, y que en este concepto debían elegir sus representantes y demás funcionarios, ó llamar á los que Herrera había dispersado. En consecuencia se verificaron nuevas elecciones, y el Estado se reorganizó cuanto era posible; y entonces debió salir la fuerza federal y ocupar el departamento de San Miguel, ya que no lo había ejecutado inmediatamente que capituló Comayagua, porque los hombres de probidad y las principales poblaciones de aquel Estado temían que, en alejándose la tropa del Gobierno, promovieran reacciones los partidos de Herrera, y deseaban reorganizarse antes. Los directores de Prado, conociendo lo riesgoso que era esta operación, le aconsejaron dirigir una división que entretuviese á Milla é impidiera su marcha, lo que ocasionó una nueva victoria para las armas del Gobierno y una derrota más para las de la revolución, porque en Sabana Grande fue batida la tropa de San Salvador completamente, haciéndose el referido Milla dueño de todo su parque y de parte de su armamento. Pero todavía se malogró esta ocasión de apoderarse de San Miguel, cuyos habitantes ofrecían engrosar la fuerza federal, y remitieron dinero para que por falta de socorros no permaneciera en Tegucigalpa, donde invernaba.

Cuando todo esto acontecía, el General Morazán no era aún militar ni era conocido en la República, y sólo se sabía en el Gobierno que un hombre llamado así firmaba en clase de Secretario de Herrera, durante la administración de éste en Honduras. El Coronel José María Gutiérrez, concuño de Morazán y que tampoco era nada, y se ignoraba si existía en aquella época, me dijo en Santa Ana, hablando sobre las cosas de la revolución, que Morazán fue preso de orden de Milla, después que capituló Comayagua, infringiendo el convenio celebrado: que su Señora recibió del propio Jefe varias ofensas en la ciudad de Tegucigalpa: que habiendo resuelto Gutiérrez y Morazán trasladarse á México por la caída de su partido, en el momento de embarcarse en el Realejo tuvieron avisos de que iban á ser perseguidas sus familias: que despechados por estas noticias determinaron buscar en León algunos hombres para ir en su socorro: que los consiguieron, aunque de los más depravados, en la anarquía de aquella misérrima ciudad: que con ellos se introdujeron en Choluteca, donde engrosaron su pequeña y funesta fuerza con las heces de aquellos lugares; y que deshicieron á Milla en la Trinidad, debilitado en gran manera por las deserciones y otras causas nacidas de su inacción en unos puntos en que ya no era necesario; porque, en verdad, si haciendo á un lado los temores de reacciones en Honduras, es ocupado San Miguel y se triunfa sobre las fuerzas de Prado en San Salvador, el fruto indispensable de esta victoria hubiera sido la general pacificación de la República, y Morazán no habría logrado el golpe de fortuna que lo sacó á figurar, y supo aprovechar desbaratando cuanto encontró regularizado, y poniéndolo todo de modo que le fuese útil. Milla se retiró á Guatemala, y su vencedor se hizo elegir Jefe del Estado prevalido de las bayonetas, que aumentó poniéndolas en las manos de cuantos malhechores encontraba.

Uno de los primeros compañeros de Morazán, y de los que mejor le han servido en sus correrías, es Narciso Benítez, desertor de Colombia por delitos infames que cometió en Panamá: el Ministro Plenipotenciario de aquella República, señor Antonio Morales, me reclamó este hombre con arreglo al Tratado celebrado en Bogotá, y mandé ponerlo á su disposición. Lo remitió preso á su país para que se le juzgara y castigase por los grandes crímenes que había perpetrado, burlando la vindicta pública por medio de una evasión atrevida, y acostumbrado á fugarse, también se fugó del camino y fue á esconderse en las cercanías de Honduras, de donde salió para unirse á Morazán: en Comayagua asesinó á sangre fría á varias personas cuando los revolucionarios recuperaron esta ciudad. Tales son los compañeros de Morazán, cuyo número aumentó el Coronel Nicolás Raoul por la mal entendida misericordia con que se le concedió permanecer en Guatemala, aboliendo un decreto del Supremo Poder Ejecutivo que prevenía saliese de la República después que se le perdonó la vida; pues que si en beneficio de la humanidad y por su postración podía hacerse esto, por la tranquilidad y bien de Centro América era absolutamente necesario que no habitase entre nosotros; pero nuestras desgracias en una no pequeña parte han venido de no conocer á los hombres, y de tratar especialmente á éstos según sus exterioridades, no obstante lo que se debe á la autoridad y á la experiencia.

El Coronel Milla fue puesto en Consejo de Guerra de orden del Supremo Gobierno y por solicitud suya: se examinó su conducta, y fue absuelto por dictamen del abogado Larrave; mas qué importaba que fuese inocente si Morazán quedaba figurando, y si la anarquía había renacido en Honduras y tomado un vuelo raudo por no haber ocupado en tiempo el departamento de San Miguel? La consecuencia ha sido una cadena de desgracias que aflige á Centro América y que el ojo más perspicaz no alcanza á divisar hasta dónde se extenderá.

CAPÍTULO XIV: AMNISTÍA E INDULTO

La fuerza armada reúne las autoridades del Estado de Guatemala que funcionaban en 1826. —Ilegitimidad de estas autoridades. —Decretos memorables emitidos por la Asamblea.

Asediaba todavía Morazán la ciudad de Guatemala, cuando puso en la antigua una sombra de Jefe del Estado, encargando este empleo al ciudadano Mariano Centeno, que en 1826 era Consejero; no se pensó que esta política se dirigiese á otro fin que al de facilitar hombres y dinero para la guerra, porque en verdad que era lo que menos convenía á la tranquilidad ulterior de los pueblos y era asimismo muy ilegal restablecer unas autoridades, que á más de que fueron disueltas por sus comitentes, ellas igualmente abandonaron sus empleos, y por otra parte tantas veces aseguró este General que no las restablecería sin embargo de ser su restablecimiento el blanco de todas las operaciones del partido revolucionario, que se creyó que el ciudadano Centeno serviría tan solo para proporcionar medios de aumentar y sostener el ejército. Pero todos se engañaban miserablemente, y puede decirse que una de las causas que cooperaron á la rendición de la capital, ha sido la nimia credulidad que se tuvo en los ofrecimientos del que la invadía: no era posible que Morazán dejase de reunir á los mismos que iba á tomar de instrumento para practicar sus miras: él es un hombre que aparenta todo lo contrario de lo que quiere: las palabras de la sensibilidad, humanidad y filantropía, están siempre en sus labios, y al mismo tiempo carece de todo sentimiento, y tiene un alma fría como la de Tiberio, que calcula sobre lo que le conviene sin contar con afecciones ni con deberes; y para desempeñar su plan de disimulos, procurando que no recayesen en él las consecuencias de los procedimientos que se preparaban contra las fortunas y las personas, necesitaba de escudarse con la exaltación del partido que se sublevó en 1826 y 27. Si tuviera un corazón centroamericano no habría procedido así, porque es imposible que unos funcionarios inautorizados y que iban á recorrer el espacio del poder, armados con la cuchilla del exterminio para vengarse de los resultados que produjeron sus propios desaciertos, llegasen á fijar ningún orden de cosas: siempre avanzarían de error en error, y la República era preciso que acabara de zozobrar impelida por los huracanes de las pasiones, pues que la satisfacción de unas, provoca el deseo de satisfacer otras más ruines y destructoras, y divide necesariamente á los que antes obraron de acuerdo para hacer el mal. Es con exactitud lo que ha acontecido en Nicaragua, y lo que debe temerse en Honduras y en Guatemala y también en San Salvador, si volviere á caer este Estado en manos de un Jefe como Prado. Sólo Costa Rica será entonces la porción privilegiada de Centro América, por las virtudes de los mandatarios y de los pueblos.

Sin otro derecho que el que da una agresión feliz que pudo dominar el Estado de Guatemala, volvieron á aparecer aquellas mismas autoridades que en 1826 disolvieron los pueblos sin el auxilio de fuerzas extrañas, teniendo por el contrario las autoridades disueltas tropas de que disponer para sostenerse, y que lejos de emplearlas para hacerse respetar, abandonaron sus puestos, dejaron el Estado acéfalo, lo entregaron á un extranjero sin patria y comprometido con los delitos que cometió. Aquí se presentan varias contradicciones del partido exaltado: él dice que profesa el dogma de que los pueblos tienen el derecho de insurrección; y repone unas autoridades disueltas por la mayoría de estos propios pueblos, porque separándose del cumplimiento de las leyes los condujeron al desorden: él hace alarde de llamarse libre y despoja al pueblo de la libertad que tiene en virtud de las instituciones, para elegir sus representantes y mandatarios: él predica que la fuerza no es derecho, y con todo, la convierte en tal para restablecer unos funcionarios que solo por el lapso del tiempo ya no debían existir, y para quitar otros que no tenían esta nulidad.

Es incuestionable que ningún poder legal, ni un solo soldado de la Federación, ni de alguno de los otros Estados intervinieron en la disolución de la Asamblea y del Consejo y en la muerte del Vice-Jefe de Guatemala: los que para fomentar la revolución, proferían que estas autoridades fueron perseguidas por el Supremo Gobierno, faltaban á la verdad y no podrán jamás señalar el menor indicio de semejante conducta en mí. Muy al revés aconteció, pues aunque mandé arrestar al Jefe Barrundia por haberse sublevado contra el orden constitucional, mis primeras providencias después del arresto y sin perder un solo instante, se dirigieron á que el Vice-Jefe Cirilo Flores se encargara del mando del Estado con arreglo á la ley: esto es conservar y no destruir la autoridad. Nadie compelió ni indujo á la

Asamblea á salir del lugar en que residía: nadie la expulsó de San Martín, á donde se trasladó: nadie la arrojó de la ciudad de Quezaltenango donde finalizó: ella sola, sus propios desaciertos, sus frecuentes y enormes infracciones han sido las causas que de uno en otro peligro la arrastraron al último de que no pudo eximirse, y en que envolvió á todos los funcionarios. Tampoco puede someterse á cuestión que los Diputados y Consejeros que componían los cuerpos deliberantes en 1826, no obtuvieron unos destinos vitalicios, sino únicamente para el tiempo prescrito en la Carta: que esta previene como punto inalterable que se renueven por mitad cada año, pudiendo ser reelectos una vez: que en 1826 debieron mudarse las dos mitades más antiguas de los expresados cuerpos: que en 1827 debieron relevarse las otras dos que quedaron: que en 1828 ningún miembro de los que representaban anteriormente, podía continuar representando sin lograr una elección reiterada; y que no es posible imaginar un solo motivo que sea bastante á alterar estas disposiciones, porque no se acordaron en beneficio de los Diputados y Consejeros, sino á favor de los pueblos que ejercen su soberanía en el único acto de dirigir y renovar en el período designado, sus apoderados y mandatarios. Tratando del Jefe Barrundia, se encuentra una razón más, que persuade la inconsecuencia de su reposición: él era un funcionario ilegal por virtud de la Constitución del mismo Estado que presidía, porque fue nombrado antes de que ella existiera, y de consiguiente su nombramiento debió ser interino, puesto que cuando apareció se ignoraban los deberes de que se iba á encargar, y no se podía saber si era apto para desempeñarlos; y así hemos visto que los Jefes de Honduras y Nicaragua en quienes concurrió igual circunstancia de haber sido electos antes de formar la ley que creó sus obligaciones, fenecieron por declaratorias de sus respectivas Asambleas, tan luego como aquellos Estados se constituyeron. Si en Guatemala no se declaró la interinidad de Barrundia, no se deduce de ello otra cosa, que un nuevo atentado de su facción, que por conservarlo en el empleo violó el derecho de la soberanía del pueblo.

En las elecciones de Guatemala que se hicieron después de acordar la Constitución del Estado, la Junta electoral dispuso por sí misma, que se renovasen los individuos que componían el Consejo Representativo, por haber sido electos antes que se constituyese el Estado, y de hecho se eligieron otros nuevos. El procedimiento de la Junta electoral fue muy censurado por la imprenta y satisfaciendo los argumentos con que se improbó, el ciudadano Pedro Molina, que entonces fue elector y hoy es Jefe del referido Estado, dijo: que debió renovarse el Consejo porque era inconstitucional, puesto que existió antes que la Constitución. ¿No debió aplicarse la misma doctrina á Barrundia? Sí: ¿y por qué no se le aplicó? Porque una facción quiso conservarlo en el mando, no obstante lo que ella misma practicó con respecto al Consejo.

El faccionismo siempre injusto é inconsecuente, y en mil ocasiones ridículo, ha pretendido que se introdujeron ilegítimamente las autoridades que Guatemala se dio por la disolución y abandono de las que regían el Estado en 1826: parece que adolece del mismo mal de los monarcas absolutos que consideran á sus vasallos como una propiedad que nunca puede variar de dominación; y procede de este modo, sin perjuicio de execrar de continuo á todos los poderes que no residen en él, y no son de su opinión, injuriándolos con los epítetos de déspotas, tiranos, etc. etc. Pero como las injusticias, las contradicciones y las ridiculeces, no pueden formar convencimientos por más que el faccionismo reme y sude, han de convenir todas las personas imparciales que conozcan poco ó mucho la ciencia de las instituciones políticas, que un pueblo que adquiere el derecho de señalar sus oficiales, en llegando á faltarle, sea cual fuere la causa de su desaparecimiento, debe reponerlos, porque no puede estar sin ellos, y que los que pusiese, esos y no otros, son los encargados de la administración. El Estado de Guatemala, pues, se encontró sin directores á fin del año de 1826; pudo, debió y quiso elegirlos: hizo su primera elección el mismo año: la reiteró en 1827 y la repitió en 1828; de suerte que por la reproducción de tres actos distintos, y en las épocas y de la manera que la ley ha arreglado las elecciones, Guatemala había dádose sus funcionarios. No se me oculta que el partido exaltado vocifera: que desde que él cayó, no tuvieron los pueblos libertad: que las intrigas escogían los sujetos que habían de mandar, y no el espontáneo consentimiento público, con otros cien dislates despreciables que ya aburren; pero yo pregunto ¿qué sucedió en las votaciones de 1824 y 1825? ¿Qué ha sucedido en las de 1829? ¿Qué sucederá siempre que hubiere aspirantes? Sucederá lo que dice un Diputado al Congreso Federal de 1825, que siendo elector en Guatemala é intrigando para que los sufragios recayesen en sujetos de su devoción, manifestó á uno de sus colegas: que era preciso dar un bote a la Constitución. Él es exaltado, leerá sus palabras y no conocerá en ellas el valor de estas reconvenciones.

Si á cada miembro de la facción revolucionaria se le tomara, ó si se reunieran todos los que la componen para proponerles el problema de si la fuerza es derecho ó puede producirlo, sería muy curioso presenciar el alboroto que levantarían: Rousseau y Raynal circularían de boca en boca; y sin duda por fortuna ó privilegio si se quiere, de esta cofradía, no hubiera uno solo que no haya leído veinte veces á estos escritores, á Montesquieu y á todos los que de intento ó accidentalmente han tratado de los derechos y deberes de las sociedades y de la formación de los Gobiernos. Pero ¡oh, hombres que os habéis ilustrado con la lectura de los sabios, que entre vosotros no faltarán algunos, que en el concepto de su propia vanidad aventajen á los publicistas más consumados, presentaos y mostrad, decid el fruto de vuestro saber! ¿Cuál es? Toda la América lo ha visto: es que os sublevasteis contra el orden y las leyes; es que antes de vuestra sublevación no teníais miramientos para cometer infracciones: es que por tan fuertes motivos os granjeasteis las desafecciones de vuestros comitentes: es que ellas os produjeron la persecución pública: es que no pudiendo resistirla abandonasteis vuestros puestos: es que apenas convalecisteis del terror pánico que os obligó á huir, continuasteis revolucionando: es que sorprendisteis con vuestras arterías á varias personas de San Salvador, y os aprovechasteis de las malas disposiciones del Vice-Jefe Prado, para incendiar aquel Estado con la guerra civil: es que habéis abusado de la sencillez de todos los pueblos para fascinarlos con promesas de libertad é igualdad, que nunca cumplís: es que sin pudor ni remordimiento improperáis á los que no opinan como vosotros: es que si el Gobierno se niega á vuestras maquinaciones y no sirve á vuestros intereses y caprichos, lo calumniáis imputándole servilismo, tiranía y despotismo; y es, en fin, que no os desdeñáis de emplear los medios más ruines para apropiaros los mandos, y os creéis dueños exclusivos de Centro América. He aquí el fruto de vuestro saber. ¿Y cómo es que enseñando esos libros que blasonáis tener en las cabezas, lo contrario de lo que practicáis, es tan amargo el fruto de vuestra sabiduría? Es porque no tenéis virtudes, porque no tenéis virtudes, porque no tenéis virtudes. Es cierto que algunos entre vosotros han leído, pero que de nada hacen un uso regular, ó por explicarme con propiedad, que no han aprendido; pues que Montesquieu les ha enseñado que las Repúblicas sólo se sostienen por la virtud, y ni siquiera les ocurre adquirir las más comunes. Por mucho que sepan los que entre vosotros saben más, no alcanzan ni pueden llegar á lo que supieron Pericles y Alcibíades, y son constantes en la historia los males que estos grandes hombres causaron á Atenas y la Grecia toda, porque no tuvieron las mismas virtudes que Platón, Milcíades, Temístocles, Aristides y Foción; y si la Ática en manos de aquellos personajes tuvo que sufrir, ¿qué será de Centro América en las vuestras? Será una confusión, será un vórtice: porque en ocasiones el pueblo tendrá el derecho de insurrección, si vosotros quisiereis insurrecciones, y no lo tendrá, si la insurrección os fuere adversa: porque lo despojaréis de su soberanía para colocaros, y con este objeto anularéis las elecciones que no recayeren en vosotros: porque condenaréis la fuerza cuando se emplee en conteneros; y porque últimamente, vosotros la emplearéis para oprimir y enseñorearos de los empleos, á pesar de que la República se arda, se agote y perezca.

Aunque lo expuesto hasta aquí es suficiente para persuadir de la ilegalidad con que volvieron á funcionar la Asamblea, el Consejo y el Jefe del Estado de Guatemala que en 1826 fenecieron, volveré á tratar de este asunto cuando hable del Congreso y del Senado de dicho año y del Poder Ejecutivo Federal que han brotado de las bocas de los fusiles en 1829; porque respecto de unas y otras autoridades militan las mismas razones por la identidad de circunstancias que concurren en ellas; paso ahora á patentizar los primeros resultados de las reposiciones, deteniéndome á reflexionar brevemente sobre algunos lugares de estos abortos de la barbarie. Dos decretos emitieron á un mismo tiempo los cuerpos deliberantes de Guatemala, que concluyeron en 1826, después de su reposición en 1829: ellos merecen un lugar muy preferente en el catálogo de los grandes desaciertos. Principio del formulario:

"Ministerio General del Gobierno del Estado de Guatemala.- Departamento de Gobernación.-El ciudadano Jefe del Estado se ha servido dirigirme el siguiente decreto.

"EL JEFE DEL ESTADO DE GUATEMALA.

"Por cuanto la Asamblea Legislativa tuvo á bien decretar y el Consejo ha sancionado lo que sigue:

"La Asamblea Legislativa del Estado de Guatemala, considerando: que el mismo Estado es independiente y soberano en su Gobierno interior: que el Presidente de la República, sobreponiéndose á la ley, traspasando los límites de sus atribuciones, disolvió por la fuerza las legítimas autoridades en el año de 1826 y convocó á nuevas elecciones: que no obstante la nulidad de los jueces y magistrados que funcionaron en la época de la revolución, se seguirían graves inconvenientes si el Cuerpo Legislativo no subsanase los actos judiciales emanados de aquellos tribunales ilegítimos; ha tenido á bien decretar y DECRETA:

"1°-Se declaran nulos y contrarios á las leyes fundamentales de la República y del Estado, las elecciones practicadas en virtud del decreto anticonstitucional del Presidente de la República de 31 de octubre de 1826 y las siguientes de 27 y 28.

"2°-En consecuencia se declaran revolucionarios y usurpadores de la soberanía del Estado, todos los que en virtud de tales elecciones ejercieron los Poderes Legislativo, Moderador, Ejecutivo y Judicial en los años de 27, 28 y parte del 29.

"3°-Estos funcionarios y todos los que en la época referida coadyuvaron con actividad á sostenerlos, son reos de alta traición, y como tales, acreedores á la pena capital.

"4°-Son nulas y de ningún valor las determinaciones que con el nombre de leyes, decretos, órdenes, acuerdos, providencias y reglamentos, hayan sido dictadas por estos poderes intrusos, y quedan en su vigor y fuerza las emitidas por las legítimas autoridades hasta el 31 de octubre de 1826.

"5°-Se han por válidos y subsistentes los actos emanados de la Corte Superior y Jueces de 1. Instancia en lo civil y criminal en todas las causas, con excepción de las que versan sobre materias políticas; pero quedan expeditos á las partes en las causas puramente civiles, los recursos de nulidad é injusticia notoria, debiendo correr el término designado por la ley desde la publicación de este decreto.

"Comuníquese al Consejo Representativo para su sanción. Dado en Guatemala, á 4 de junio de 1829.-Eusebio Arzate, Diputado Presidente.-J. Gregorio Márquez, Diputado Secretario.-Quirino Flores, Diputado Secretario.

"Sala del Consejo Representativo del Estado de Guatemala, en la Corte á 12 de junio de 1829.-Al Jefe del Estado.-Mariano Centeno, Vice-Presidente.-José María Santacruz.-M. Julián Ibarra.-José Bernardo Escobar, Secretario.

"Guatemala, junio 13 de 1829.-Por tanto: ejecútese.-Juan Barrundia.-Por disposición del Poder Ejecutivo.-Mariano Gálvez."

Si de intento se pusieran los autores de este documento de exaltación á compilar las ideas de anarquía é injusticia, no pudieran asemejar la obra de sus pasiones. Declarar nulos los actos del Gobierno Supremo no puede ser facultad de un poder inferior: las Asambleas de los Estados en todos conceptos son inferiores al Supremo Poder Ejecutivo, porque, en primer lugar, él procede de la Nación, y ellas emanan de una parte muy pequeña comparándola con el todo, y en segundo, reside en él el ejercicio de la soberanía general, que consiste en hacer las leyes [] *y nunca ni de manera alguna en las Asambleas. Un escritor célebre dice: "Cuando hablo del Soberano entiendo aquella persona moral que ejercita el Poder Supremo; y el Poder Supremo es el Poder Legislativo. Si el Rey, por ejemplo, en Inglaterra no tuviese parte en el Parlamento, no tendría parte en la soberanía". [**]. La providencia librada por el Gobierno Supremo mandando hacer nuevas elecciones en el Estado de Guatemala, no partió de una voluntad arbitraria, sino que provino de la Ley Constitutiva que le encargó la conservación del orden político. ()* ¿Y podrá una Asamblea, la más legítima que se quiera concebir, declarar nulos los actos del Poder Soberano Nacional fundados en el cumplimiento de la Constitución de la República? No en verdad. ¿Y cómo, pues, podrá hacerlo una reunión de hombres que se denominó Asamblea por su propio capricho apoyado en la fuerza de las armas? Mas si desapareciesen estas razones que son de un peso irresistible, quedaba en pie otra de que no hubieran desentendídose los menos delicados, porque hiere mucho el decoro personal, y es, que se fallaba en una causa en que tanto interés tenían, y en que se suponían agraviados los mismos que se adjudicaron la facultad de decidir. ¡La Nación menos pundonorosa se avergonzaría de que pudiese haber en ella legisladores tan sin pudor! Solamente la furia de sentimientos frenéticos, que nada perdona, pudo sugerir á varios centroamericanos que se abandonaron hasta este extremo. Debo hacer al ciudadano Mariano Vidaurre la justicia á que es acreedor. Era Diputado, y tuvo una cooperación principal en los acontecimientos de 1826: por este motivo, y porque conocía cuan inútiles son las venganzas en política, se opuso á los decretos bárbaros de sus compañeros y sufrió algunas injurias por su comportamiento decoroso.

Fue una consecuencia de la decisión de nulidad que se pronunció contra las elecciones celebradas á virtud del llamamiento que el Presidente hizo á los pueblos para que repusiesen las autoridades que fueron disueltas é hicieron dejación de sus empleos el año de 1826, declarar revolucionarios y usurpadores de la soberanía del Estado á todos los que obtuvieron los poderes en 1827, 28 y parte del 29; pero ya se entiende que siendo los antecedentes tan pésimos, la inferencia no podía dejar de ser absurdísima. Revolucionarios son los que promueven, auxilian ó ejecutan los trastornos políticos: usurpadores son los que se arrogan la dignidad ó destino de alguien y usan de él como propio; así es que los funcionarios de Guatemala que se nombraron á fin de 1826 y duraron hasta abril de 1829, no promovieron, ni auxiliaron, ni ejecutaron las revueltas intestinas que empezaron, se aumentaron y concluyeron en el predicho Estado desde marzo del 26 hasta noviembre del mismo año, en cuyo período aun no existían; luego no pudieron ser revolucionarios. Así es también que no se arrogaron ninguna dignidad, porque cuando los destinaron á ellas estaban vacantes, y el voto general los colocó, y á algunos muy contra su voluntad; luego, no fueron usurpadores. En seguida se ofrece el ejemplo más espantoso de tiranía, pues que sin ningún examen ni detenimiento, ciegos de odio, y poseídos aquellos hombres del temor de que sus sucesores demostraran su inculpabilidad, lo que produciría el esclarecimiento de sus injusticias y de la positiva usurpación que cometieron, quedando por tanto muy expuesto su predominio; los condenaron á muerte bajo la hipótesis de alta traición, sin tomarse la molestia de mandar siquiera que se les interrogara previamente. Abundan estos hechos de singularidades que parece difícil explicar. ¿Por qué se juzgarían traidores á los que salieron electos, y cómo á tales se previno que se les aplicaría la pena capital y ninguna mención se hizo de los electores? Los unos entraron á ejercer unas atribuciones que se les confirieron y de que no podían excusarse: los otros procedieron por una deliberación espontánea, y pudieron haber sufragado en distintas personas; de haber, pues, causa para el castigo, sería en los que se eligieron, y de ningún modo en los electores; mas estos eran sujetos temibles para el partido vencedor, y semejante cualidad no aprovecha disimular á los que se apoderan de los pueblos. "De la misma manera cuando Sextus Tarquinus consultó á su padre, que nosotros llamamos Tarquino el Soberbio, sobre el modo con que debía conducirse con los gabianos, Tarquino, que se paseaba en su jardín, no le respondió más, que derribando las cabezas de las adormideras más altas. Su hijo lo entendió, é hizo morir á los ciudadanos principales. Y he aquí el emblema de la tiranía". (Voltaire, Diccion. Filosóf., tomo 4, pág. 234).

El decreto inserto sobre el cual quedan indicadas algunas reflexiones, se dio como un preliminar del que sigue, no obstante que ambos fueron datados en un solo día; y si el que ya se ha visto es un testimonio de lo que son capaces las pasiones desenfrenadas, el que se va á ver asombrará á los más desmoralizados y perversos; pero antes de transcribirlo es necesario advertir que temerosos sus autores de reportar más temprano ó más tarde el premio de sus injusticias, procuraron cubrirse con la efervescencia pública que desde el principio procuran de mil modos contra los presos, y finalmente se imprimieron papeletas y carteles en que se decía "Guatemaltecos, patriotas, se va á discutir la conducta de vuestros enemigos: se va á decidir la suerte de los tiranos: vais á ser vengados". El crimen en todas partes es el mismo: estas propias medidas tomaban en París las juntas revolucionarias para preparar los acontecimientos del 31 de mayo de 1793, en que estuvo amenazada la existencia de la Convención porque se negó á entregar al partido de los jacobinos los Diputados que eran aborrecidos por el sansculotismo. Pero el tranquilo pueblo de Guatemala, lejos de prestarse á tan detestables incitaciones, las miró con horror, y no quiso concurrir á las galerías, donde sólo unos pocos hombres marcados por sus vicios asistieron á gritar, mueran los tiranos. Del fondo de tan inicuos manejos brotó el siguiente decreto:

"Ministerio General del Gobierno del Estado de Guatemala.-Departamento de Gobernación.-El Jefe del Estado se ha servido dirigirme el siguiente

DECRETO.

"Por cuanto la Asamblea Legislativa tuvo á bien decretar, y el Consejo ha sancionado lo que sigue:

"La Asamblea Legislativa del Estado de Guatemala, considerando: que la vindicta pública, la seguridad y tranquilidad del mismo Estado demandan imperiosamente el castigo de todos aquellos que en los años de 1826 hasta el presente, atentaron contra el orden público, usurpando sus Altos Poderes, y de los que con más actividad y energía, coadyuvaron á sostenerlos y fomentar la revolución y el trastorno general, llevando por todas partes, con el incendio, la guerra, asesinatos atroces y violentas exacciones, el terror y la desolación: que por otra parte es conveniente y necesario para el restablecimiento del orden y consolidación de la paz, un olvido y perdón general en favor de los demás que en alguna manera cooperaron y se complicaron en la misma revolución; ha tenido á bien decretar y **DECRETA:**

"I.-Se concede una amnistía é indulto general á todos los habitantes del Estado que cooperaron á la revolución desde el año de 826 hasta el presente, ó tomaron las armas á favor de los intrusos.

"II.-Quedan excluidos de esta gracia:

"1° Los que usurparon y ejercieron los Poderes Legislativo y Moderador en los años de 827, 28 y parte del 29.

"2° Los que en la misma época usurparon el Poder Ejecutivo, y sus Secretarios.

"3° Los concitadores del pueblo de Quezaltenango en 13 de octubre de 826, y los que ejecutaron la muerte del Vice-Jefe, C. Cirilo Flores.

"4° Los que influyeron inmediatamente en la sublevación de la fuerza de Verapaz contra los Jefes Político y Militar, y los que de la misma manera influyeron en los asesinatos de Malacatán y los que los ejecutaron.

"5° Los que votaron pena de muerte en causas políticas, y los que han cometido asesinatos fríos.

"6. Los que funcionaron como Jefes Políticos, Jefes Militares, Inspectores, Auditores de Guerra, Individuos del Consejo Militar y Prefectos de Policía.

"7° Los españoles y demás extranjeros naturalizados no comprendidos en las excepciones anteriores que hayan tomado armas ó manifestado con hechos espontáneos su adhesión á la causa de los usurpadores.

"III.-Todos los contenidos en el artículo anterior serán juzgados y sentenciados con arreglo á las leyes de la materia.

"IV.-Ningún Juez podrá excusarse del conocimiento de estas causas, bajo la pena de quedar privado de su empleo é inhabilitado para obtener otro, ni podrá ser recusado por el reo, sino en el caso de parentesco dentro del cuarto grado, ó por enemistad contraída por asuntos particulares.

"V.-Los Jueces deberán sustanciar y fenecer dichas causas en 1. Instancia dentro de veinte días, en 2° dentro de quince, y en 3. dentro de doce perentorios é improrrogables, dándose cuenta á la Asamblea, y en su falta al Consejo, de haberse verificado así por los jueces, cada uno al expirar su término respectivo.

"VI.-Los reos ausentes, si no comparecieren dentro del término de 20 días contados desde la publicación de este decreto, serán juzgados y sentenciados en rebeldía.

"VII.-El Juez que entorpeciere el curso de una ó más causas, no desempeñare fiel y legalmente sus funciones, ó fuere sobornado para obrar en contravención al presente decreto, á más de incurrir en las penas del artículo 4 será confinado por dos años al Castillo de San Felipe.

"VIII.-Son comprendidos en la amnistía los empleados públicos que habiendo continuado en sus destinos ú obtenido otro durante la revolución, los sirvieron sin haber cooperado con actos positivos al sostenimiento del Gobierno intruso.

"IX.-Son igualmente comprendidos en ella los que, sin embargo de haber influido y coadyuvado á su permanencia, hayan desertado de su facción ó prestado servicios conocidos para el restablecimiento del orden y de las legítimas autoridades; pero si alguno, sin embargo de estar comprendido en la gracia del indulto, pusiese de nuevo actos en favor de los intrusos, se tendrá por no indultado, y será juzgado por los Jueces por sus hechos anteriores y posteriores.

"X.-Todos los individuos que por este decreto están exceptuados del indulto y deben ser juzgados, si quisiesen renunciar esta garantía y ser de hecho expatriados, ocurrirán dentro del término de diez días de la publicación de esta ley, al Gobierno, quien lo concederá, designándoles un punto de confinación que no sea de esta República, ni de la Mejicana, debiendo verificar su salida dentro de quince días.

"XI-No podrán renunciar el juicio los contenidos en las excepciones segunda, tercera, cuarta y quinta del artículo II, ni los que funcionaron como Comandantes Generales en la época de la revolución.

"XII.-Los españoles y demás extranjeros no naturalizados que hayan tomado armas ó manifestado con hechos espontáneos su adhesión á la causa de los usurpadores, serán expulsados perpetuamente del territorio del Estado, dentro de ocho días de la publicación de este decreto; solicitando el Gobierno, del Congreso Federal, tan luego como esté reunido, haga extensiva esta providencia fuera de la República.

"XIII-El Gobierno dispondrá que todos los que de cualquier manera fueren expatriados ó expulsados, costeen de su cuenta los gastos de custodia y fletes de buques, dejando además en depósito en la Tesorería del Estado, una tercera parte de sus bienes para amortizar la deuda contraída por el mismo Estado en la revolución.

"XIV.-Todos los comprendidos en las excepciones primera, segunda y sexta del artículo II y además los jefes de rentas nombrados después del 28 de octubre de 826, devolverán á la Tesorería los sueldos que como funcionarios hayan percibido hasta el 13 de abril del presente año.

"XV.-El Gobierno usará, con acuerdo del Consejo, por quince días, de la facultad económica gubernativa para hacer salir del Estado ó de un domicilio á otro, por término designado, á toda clase de personas que no hallándose excluidas de la amnistía é indulto general, se hayan distinguido en la época de la revolución en atropellamientos, allanamientos de casas y en haber prestado auxilios espontáneos y obrado activamente en favor de la causa de los intrusos.

"XVI.--Se faculta al Gobierno para que en cualquier caso en que por la permanencia de alguno ó algunos de los reos sujetos á los juicios, amenace peligro á la tranquilidad y al orden público, disponga inmediatamente su salida de acuerdo con el General en Jefe, fijándoles el punto y término de su confinación, sin perjuicio de la pena que deba imponérceles por sentencia judicial.

"XVII-Quedan fuera de la ley todos los que habiendo sido expatriados perpetuamente volviesen al territorio del Estado; y, asimismo, los que habiendo sido temporalmente volviesen á él, antes de expirar el término de su expatriación.

"XVIII-El Gobierno acompañará á este decreto una lista nominal de los que con arreglo al artículo XII deban ser expulsados del territorio del Estado.

"Comuníquese al Cuerpo Representativo para su sanción. Dado en Guatemala á 4 de junio de 1829.-Eusebio Arzate, Diputado Presidente.-J. Gregorio Márquez, Diputado Secretario.-Quirino Flores, Diputado Vice-Secretario.

"Sala del Consejo Representativo del Estado de Guatemala, en la Corte á 12 de junio de 1829.-Al Jefe de Estado.-Mariano Centeno, Vicepresidente.-J. María Santacruz.-M. Julián Ibarra.-José Bernardo Escobar, Secretario.

"Guatemala, junio 13 de 1829.-Por tanto: ejecútese.-Juan Barrundia.-Por disposición del Poder Ejecutivo.-Mariano Gálvez".

Me abstengo de hacer comentarios acerca de esta producción maligna, porque no son necesarios; pero no puedo omitir dos sucesos que son muy á propósito para acabar de conocer á los hombres que han revolucionado á Centro América. Se habían publicado las intenciones de los Diputados cuando se trataba de resolver sobre la suerte de los presos en la Asamblea repuesta por Morazán. Algunas familias de los pacientes, aturdidas con los peligros que amenazaban á sus deudos, empeñaron los ruegos más expresivos para conmover la sensibilidad de los proscriptores y lograr de ellos alguna compasión en los tremendos fallos que iban á dictar: no hubo uno solo á quien varias veces no se le suplicara, y todos contestaban: "nada depende de nosotros: por nuestra parte quisiéramos no hacer cosa alguna, pero el General es el alma de todo lo que se hace, y no podemos oponernos: que se le hable á él, que es hombre compasivo, y con una sola palabra suya todo se compondrá". En tal concepto se dirigían á Morazán las plegarias con la esperanza de que se ablandara y otorgase la conmiseración que afectaba; pero muy en vano, porque con mil exageraciones de pesar se negaba manifestando: "que no consistía en él lo que pensaban obrar los miembros de la Asamblea: que repetidas instancias les había hecho para que moderaran su ardor: que ya estaba cansado de indicarles lo que debían de hacer; y que él sentía muchísimo que no estuviera en su mano poder excarcelar á todos los presos, que seguramente eran las personas más estimables". Mas como se le repusiera que los diputados se excusaban de aplacarse por obsequiar sus miras, protestaba que eso decían, porque eran unos débiles que no tenían valor para proceder y querían escudarse con su nombre; y aconsejaba que se reiteraran las diligencias, que por él no se oponía embarazo alguno. Así quedaron las familias que interpusieron los ruegos en la desolación, burladas por los legisladores y el General, que se entendían recíprocamente para remitirse las personas afligidas y gozar de su dolor.

Persiguiendo siempre las fortunas de los propietarios, que era el objeto predilecto de los vencedores y que les inspiraba proyectos de exterminio, á más del deseo de vengarse y de quedar solos en el campo de la elevación, acordaron los famosos artículos XIII y XIV compelendo á los proscritos á costear sus viajes de mar y tierra, á dejar la tercera parte de sus bienes, y á devolver los sueldos que como funcionarios habían percibido: cuando se aproximaba el día señalado en los consejos tenebrosos de los que disponían de las vidas, libertad y hacienda de muchísimos centroamericanos notables para dar el último golpe, comenzaron á salir boletas de cantidades de pesos pagaderas entre pocas horas, por cuenta de las rentas satisfechas á los empleados; mas como las contribuciones del tiempo de la guerra, el saqueo de las tropas de Morazán, los quebrantos de la prisión y otras varias causas tuviesen á casi todos en estado de no poder exhibir dinero tan pronto, hacían sus protestas ó pedían plazo según la situación de cada uno. Las boletas tenían la condición de que si no se cubrían inmediatamente pasaran los supuestos deudores, del Convento de Belén donde estaban presos, á la cárcel pública: el 26 de junio á las tres de la tarde se notificaron á los Diputados, Dr. Antonio Croquer, Dr. Vicente Carranza, Dr. Ángel María Caudina, Dr. Mariano Domínguez, Licenciado Luis Pedro Aguirre, Lic. Manuel Arbeu y Lic. Manuel Pavón, y á los Consejeros Lic. Juan Esteban Milla y Lic. Valerio Coronado. Todas son personas condecoradas: el Sr. Croquer, Canónigo de la Catedral de Guatemala: el Sr. Carranza, Médico Decano: el Sr. Caudina, Cura del Calvario de Guatemala: el Sr. Domínguez, Promotor Fiscal del Arzobispado: el Sr. Aguirre, ha obtenido diversos empleos de rango: el Sr. Arbeu era un joven que comenzaba á sobresalir en la carrera de las letras: el Sr. Pavón fue Diputado en el primer Congreso Federal y Fiscal de la Corte de Justicia: el Sr. Coronado es un letrado de mérito, y el Sr. Milla fue Diputado en las Cortes de España; lo fue también en nuestra Asamblea Constituyente y en seguida miembro del Senado. No pudiendo estos sujetos reintegrar las asignaciones que les exigían en el corto término de cuatro horas, los llevaron á la cárcel escoltados de un grueso piquete de tropa y los hacinaron en la pequeña pieza que sirve de capilla para preparar al suplicio á los ajusticiados: allí pasaron la noche sin camas, sin cena y entregados á los pensamientos más atormentadores: el día siguiente exhibieron el dinero los Sres. Carranza, Aguirre y Croquer, y así salieron de aquel lugar y volvieron á Belén; los demás permanecieron en su nueva prisión. Al anochecer introdujo el alcaide en la misma capilla doce hombres medio desnudos, sacados de los calabozos y escogidos entre los más criminales: todos eran ladrones y asesinos, y los encerró bajo llave, en unión de los presos extraídos de Belén. Luego que entraron aquellos infelices (que tenían necesidad de cumplir las órdenes que recibieron) principiaron la función para que los habían preparado: hablaban palabras y hacían ademanes obscenos: retozaban arrojándose encima de los presos de Belén; y se tiraban latigazos, que algunos tocaban á éstos. Se adelantaba la noche en tan desagradables preludios, cuando uno de los asesinos descubrió con mucha reserva, que estaban allí para matar á los que se decían reos de Estado, y al efecto tenían armas ocultas. Considérese la impresión que haría este espantoso aviso en unos hombres absolutamente desacostumbrados á correr peligros! ¡Cómo no murieron de pena antes que intentaran acuchillarlos! En tan apurado conflicto ocurrió á los eclesiásticos rezar el rosario, y este acto de piedad calmó algo la borrasca, lo que advertido por los que eran destinados al sacrificio, cobraron ánimo y se insinuaron blandamente con sus temibles compañeros, ofreciéndoles dinero y que les favorecerían para que alcanzaran su libertad; finalmente, allá como á las 3 de la mañana lograron ganarlos del todo regalándoles cuanto tenían en numerario, la cena y algunas otras frioleras, bajo la promesa de que aumentarían las dádivas. Entonces se aquietaron y empeñaron su palabra de que nada harían: manifestaron que para ellos había sido sensible aquel lance, pero que no tenían la culpa: entregaron los látigos, huesos aguzados, unas navajas y un cuchillo, y declararon expresamente que los encerró el alcaide para que asesinaran á los de Belén. Sabido este acontecimiento en el público, se esforzaron las familias y los amigos de los presos para proporcionarles las cantidades que les cobraban, y sin pérdida de momento fueron entregadas: la que correspondía al Dr. Caudina se reunió en pocas horas en su curato por contribución generosa de sus parroquianos y le manifestaron que por dinero no lo llevarían otra vez á la cárcel!

Después de este hecho, quién no sacrificaría cuanto hay caro en la tierra para evitar que le pusieran en la capilla de los ajusticiados? Tal era la intención de los protectores de la ley y autoridades legítimas!!!!

CAPÍTULO XV: INESTABILIDAD

La fuerza armada reúne ilegalmente el Congreso y el Senado que funcionaban en 1826; sin embargo pedí que se me juzgara y se me negó. —Aspira Morazán á ejercer el Supremo Poder Ejecutivo. —Se establece un Gobierno arbitrario. —Primera proscripción. —Segunda. —Decreto memorable del Congreso sobre proscripciones. —Orden del actual Gobierno en cumplimiento de este decreto.

Estaban en ejercicio la Asamblea, el Consejo y el Jefe del Estado de Guatemala que acabaron en 1826, cuando se trató de reunir el Congreso y el Senado de la propia época: para que pudieran aparecer estas presuntas autoridades se encontraban dificultades que no hubo para la reunión de aquellas, porque varios Diputados habían muerto, y porque tampoco podían concurrir los de Nicaragua y Costa Rica por la guerra civil y total desorden del uno, y por la mucha distancia del otro Estado. Asimismo era necesario para los intereses del partido excluir la diputación de San Salvador, que en 1826 se retiró de las sesiones, no queriendo complicarse en los prevaricatos del Congreso; estas causas hacían que se sintiese una gran deficiencia de individuos para completar el número preciso de Representantes; más como la fuerza todo lo allana, si falta otra que la contenga, muy fácilmente se congregaron 25 ó 26 personas electas en distintas ocasiones, para que sirvieran en diversas legislaturas, y ninguna de ellas con misión legítima para legislar entonces.

El artículo I° de la Constitución Federal dice: el pueblo de la República de Centro-América es soberano é independiente: tiene, pues, un derecho incontrovertible de elegir y renovar sus oficiales. Escogítese el motivo que se quiera: si se llega á encontrar alguno por el cual los Diputados y Senadores puedan extender su duración más allá del término señalado en el pacto social que es la Ley Constitutiva del Estado, se encontrará ciertamente para que el pueblo alguna ocasión no sea soberano é independiente; se encontrará por tanto para dominarlo, y he aquí la existencia del dogma de la legitimidad de los reyes absolutos, y he aquí también legitimado el despotismo. Esto no puede decirse sin echar por tierra la justicia con que la América se emancipó, y sin abonar la conducta del Gobierno Español relativa á esta porción del globo; luego siempre, eternamente debe ser el pueblo soberano é independiente; luego en ningún caso puede perder el derecho de elegir y renovar sus oficiales. El art. 58 dice: el Congreso se renovará por mitad cada año, y los mismos representantes podrán ser reelegidos una vez sin intervalo alguno; no tienen, pues, si no son reelectos, en qué fundar que su duración sea de dos ó tres años. El artículo 59 dice: habrá un Senado compuesto de miembros elegidos popularmente en razón de dos por cada Estado: se renovarán anualmente por tercios, pudiendo ser sus individuos reelectos una vez sin intervalo; no pueden, pues, los Senadores permanecer cuatro años por su voluntad. Si fuera posible imaginar una causa para que los apoderados del pueblo retuviesen los Poderes más tiempo de aquel que prefijó el Soberano al conferirlos, ninguna pudiera discurrirse tan á propósito como el golpe de fuerza armada que descarga un usurpador ó un tirano sobre el régimen por la voluntad de la Nación; sin embargo, nunca ha prevalecido semejante opinión, porque es opuesta, diametralmente opuesta á la justicia; y encontramos en los acontecimientos de España del año de 1814 que Fernando VII abolió la Constitución, y que restablecida en 1820 no volvieron á las Cortes los miembros que las componían cuando el Rey las disolvió, sino que la Nación reasumiendo la soberanía, su primer cuidado fue ejercerla nombrando sus apoderados. Después de la independencia de nuestro Continente hemos presenciado un ejemplo semejante á éste, de que todos están impuestos y sería enfadoso referir. Si en Roma no había elección de Cónsules, ó si los designados no entraban á gobernar, los del año anterior no continuaban siéndolo, y se nombraba un Inter-Rex que rigiese la República. Los decenviros fueron perseguidos como tiranos porque prorrogaron su jurisdicción después de haber fijado las doce tablas, no obstante los cuidados de una guerra extranjera. Jamás los dictadores excedieron en la Dictadura prorrogándose los seis meses para que se les nombraba, cualesquiera que fuesen las circunstancias que ocurrían; y si Sila y César se mantuvieron más tiempo en esta suprema dignidad, la República dejó de existir, y ellos se convirtieron en tiranos.

Es fuera de toda duda que el Congreso, que á duras penas legisló el año de 1826, debió mudarse en la mitad de sus miembros en diciembre del mismo año (Constitución Federal, artículo 29). y la parte restante en el propio mes del año de 1827; de suerte que el

Congreso que representara la Nación en 1828 debía ser enteramente renovado. Es también fuera de toda duda que el Senado que se reunió en abril de 1825, era indispensable que se relevara en el primer tercio, en diciembre de 1826, en el segundo, en diciembre de 1827 y en el tercero, en diciembre de 1828; de suerte que en 1829 debía ser este Cuerpo de nueva elección en su totalidad.

Ningún motivo puede inventarse bastante á legitimar la permanencia de los apoderados del pueblo, pasado el período de su duración, aunque sean los de tiranía ó usurpación; luego los Diputados y Senadores cuyo término feneció en 1827 y 1828, no pudieron por causa alguna representar á Centro-América en 1829, sin embargo de que sus funciones hubiesen sido suspensas por un tirano ó por un usurpador. Pero si nadie ha inquietado en el ejercicio de sus atribuciones á los Cuerpos Representativos de 1826, y antes al contrario, los que los componían principiaron la revolución de la República, infringiendo la ley, cuyo depósito les encargó la Nación, pues que formaron un bando en el mismo seno de la Representación Nacional para destruir el Supremo Poder Ejecutivo, é introducir el desorden, y amalgamándose con los que conspiraban en unión del Jefe Barrundia, con el objeto innoble para Centro-América de proteger á un extranjero criminal, intentaron arrancarlo de manos de la justicia, siendo sus excesos tan extremados que cooperaron á la sublevación y ataque con fuerza armada que se ejecutó contra el Supremo Gobierno, lo cual produjo la guerra civil en el Estado de Guatemala, y posteriormente la anarquía general; si por otra parte, ellos han hecho la guerra sirviendo en destinos militares y tomando empleos civiles y eclesiásticos bajo la autoridad de Prado y de Barrundia, no obstante lo dispuesto en el artículo 62 de la Constitución, es evidente que solo por un acto de violencia apoyado en las armas que ha arrasado con el decoro de estos hombres, con los principios de justicia, con las leyes establecidas y con todo lo que hay de respetable entre los hermanos, han podido reunirse arrogándose las funciones del Congreso y del Senado para vengar sus agravios personales y para levantarse con la República, extirpando el dogma de la soberanía del pueblo y erigiéndose en tirano.

Todavía es preciso recorrer la línea de las arbitrariedades de la facción revolucionaria, aunque parezca que es sobrado lo que queda expuesto para poner en claro la nulidad de los actos que han emanado de los que tuvieron la imprudente audacia de apropiarse los poderes de Centro-América. Previene el artículo 62 de la Ley Fundamental, que los empleados del Gobierno de la Federación ó de los Estados, no podrán ser representantes en el Congreso ó en las Asambleas por el territorio en que ejercen su cargo; ni los Representantes serán empleados por estos gobiernos durante sus funciones. Quebrantando esta disposición sirvió de Secretario del Gobierno civil y militar del Vice-Jefe Prado, el Diputado ciudadano Doroteo Vasconcelos: fue Tesorero del ejército de San Salvador con grado de Teniente Coronel, el Diputado Ciudadano Manuel Franco: obtuvo destinos eclesiásticos el Diputado Presbítero Lorenzana: el Diputado Ciudadano Simón Vasconcelos, hermano del Secretario de Prado, fue también Secretario de Barrundia; y últimamente ocupó este empleo el Diputado Ciudadano Mariano Gálvez.

"Tirano tanto quiere decir, como señor cruel, que es apoderado en algún reino ó tierra, por fuerza ó por engaño, o por traición: et estos tales son de tal natura, que después que son bien apoderados en la tierra aman más de facer su pro, maguer sea á daño de la tierra, que la pro comunal de todos, porque siempre viven á mala sospecha de la perder, et porque ellos pudiesen cumplir su entendimiento más desembargadamente, dijeron los sabios antiguos que usaron ellos de su poder contra los del pueblo en tres maneras de artería: la primera es que punan que los de su señorío sean siempre necios et medrosos, porque cuando a tales fuesen non osarían levantarse contra ellos nin contrastar sus voluntades; la segunda, que hayan desamor entre sí, de guisa que non se fíen unos de otros, ca mientras en tal desacuerdo vivieren, non osarán facer ninguna fabla contra él, por miedo que non guardarien entre sí fe, nin poridat; la tercera razón, que punan de los facer pobres, et de meterlos en tan grandes fechos, que los nunca puedan acabar, porque siempre hallan que ver tanto en su mal, que nunca les venga á corazón cuidar de facer tal cosa que sea contra su señorío; et sobre todo esto siempre puñaron los tiranos de astragar á los poderosos, et de matar á los sabidores, et vedaron siempre en sus tierras cofradías y ayuntamientos de los homes; et puñaron todavía de saber lo que se decía o se facía en la tierra, et fían más sus consejos et la guarda de su cuerpo en los extraños." Ley 7, tít. 1°, pda. 2ª.

Está prevenido por los artículos 143, 144 y 145: que en todas las acusaciones contra los Representantes en el Congreso, declare éste que ha lugar á formación de causa para que queden suspensos en sus funciones. Los Diputados José Francisco Córdova, Policarpo Bonilla,

Miguel Alegría, Joaquín Durán, Higinio Sánchez, Juan José Funes y el Padre Cura Peña, no tuvieron parte en el Congreso repuesto, sin embargo de que eran miembros de la misma época, porque de hecho los excluyeron sin declaratoria previa de responsabilidad; otro tanto se practicó en el Senado con los Senadores Zelaya y Córdova, de manera que es menester decir respecto á los intrusos que en 1829 se apoderaron de los salones de los cuerpos deliberantes de la República para tener en ellos juntas que quisieron llamar sesiones del Congreso y del Senado sin otro derecho que el de la fuerza: que por todos aspectos y en cuantos conceptos se explore su conducta, infringieron y se burlaron de las cosas y de los hombres; porque ¿cuál era el privilegio que gozaban para representar la Nación, escogiéndose ellos mismos, y repudiando de su propia voluntad sin fórmulas ni requisitos á los que no eran de su beneplácito? ¿Hay en nuestra Constitución semejante facultad? ¡Oh pueblos de Centro-América! ¡Sois el ludibrio, sois el escarnio de los que tienen la destreza de engañaros!!!!!

Cuando este Diputado recibió el llamamiento de los que se juntaron en Ahuachapán para que concurriera a la reunión del Congreso convocado por Prado contestó: que su misión había concluido; y después ha proscrito como miembro del Congreso reunido por Morazán.

El menos aprensivo presumirá que estando yo preso y en manos de los que comenzaron y llevaron adelante la revolución desde el año de 1826, rehusaría ser juzgado por los mismos que para revolver la República me calumniaron de muy atrás, imputándome infracciones de ley y cuantos crímenes puede cometer un gobernante, adelantándose sus furores á introducirse en mi vida privada para manchar mi reputación con las imposturas más ofensivas, todo con el fin de arrancarme de la administración por la única causa de que no quise prestarme á sus solicitudes temerarias para anonadar á sus enemigos privados, disponer de los negocios y colocarse en los destinos; pero se equivoca: el sentido íntimo de mi inocencia valía más que las bayonetas y que las pasiones de mis enemigos, ó mejor diré, de los enemigos de la Nación; y como si fuesen unos funcionarios legítimos y justos los que se levantaron con las atribuciones del Congreso, el mismo día que se dieron por congregados, les pasé la nota que literalmente dice:

"CONGRESO FEDERAL-El que suscribe, ha podido entender desde antes que se le pusiera sin comunicación, que el 24 del corriente comienzan las sesiones del Cuerpo Legislativo de la Federación. Ya incomunicado nada ha podido saber sobre el particular, no obstante que le interesa mucho informarse de un suceso de que está pendiente; pero por si tuviere efecto la reunión del Congreso, como se ha anunciado dirige la exposición siguiente:

"Desde el 13 de abril me hallo preso por una orden verbal del General Francisco Morazán, que me fue comunicada por el Coronel Ciudadano Gregorio Salazar; yo me sujeté á esta orden como se sujetan todos los seres de la naturaleza á la ley del más fuerte, cuando los derechos son desatendidos y falta otra fuerza con qué resistir. El General Morazán no podía arrestar mi persona en el concepto de Presidente de la República, y como hombre privado no he intervenido en la menor cosa en la revolución.

"Al atacar esta ciudad el General Morazán me encontró en mi casa quieto y pacífico, y me quedé en medio de sus tropas durante el ataque: pudo haberme apresado entonces, si me creía sospechoso, puesto que así lo hizo con el Padre Aycinena y con otras personas: no me apresó, luego de mí estaba satisfecho.

"El encontrarme yo en Guatemala cuando esta Ciudad fue tomada, ha provenido de violencias y más violencias que se ejercieron en mí: el Vice-Jefe Prado dispuso arbitraria é injustamente que yo saliese del Estado del Salvador, á donde me había retirado, porque concibió que mi residencia en aquel territorio le perjudicaba para ser electo Jefe del propio Estado. El tiempo ha hecho ver que se engañó, porque yo salí y él no fue electo.

"El General Morazán tuvo orden de hacer ejecutar la providencia de Prado y me obligó á venir precisamente al Estado de Guatemala: me encontraba enfermo y necesitaba auxilios para curarme: en los pueblos pequeños no se hallan, y en aquel tiempo tampoco había seguridad; me fue, pues, indispensable llegar hasta esta Capital, donde permanecí sin mezclarme en nada.

"Verdaderamente no encuentro, atendiendo á lo dicho, cómo pueda explicarse mi prisión: por una medida política no podía dictarse, porque desde el día 14 de febrero del año pasado de 1828, no intervenía en los negocios de ningún modo, y me había retirado á vivir privadamente en la Ciudad de Santa Ana. De ser peligroso podía serlo durante la guerra, y entonces hubiera convenido ponerme en estado de no poder obrar: no se me apresó en Santa Ana, sino que al contrario fui compelido á trasladarme al teatro de las operaciones: no en Guatemala mientras duró la acción de armas, por la cual fue tomada. ¿Cuál, pues, podía ser el objeto de apresarme cuando todo era concluido?

"Conforme á las leyes tampoco podía decretarse mi prisión, porque para ello debía antes declarar el Congreso que soy responsable, y sólo la Suprema Corte de Justicia en virtud de la naturaleza de los cargos que me resulten, y de los documentos con que se comprueben, puede con su autoridad mandarme arrestar.

"Yo deseo satisfacer á la Nación sobre mi Gobierno: el Congreso puede hacerme las reconvenciones que tenga á bien, que contestaré; y aun ahora dirigiría una manifestación de mi conducta administrativa, si no me hubiera enfermado desde el principio de este mes; pero no quiero, ni el Congreso debe permitir, que se me degrade, que se me mortifique sin motivo: mis derechos de Ciudadano de Centro-América, no los he perdido y los reclamo, porque en la prisión en que se me tiene, soy tratado como reo, sin estar acusado siquiera.

"Así es que, si el Congreso se ocupare de los sucesos de la revolución, pido que se me oiga, para que en virtud de lo que exponga en mi defensa, se me declare la responsabilidad, ó se me absuelva de ella; y si sólo convocare á la Nación, como he oído decir que se piensa hacer, pido que se me mande poner en libertad, porque sería una injusticia inaudita que sin tener delito [pues no puedo tenerlo mientras no se me declare responsable] se me tenga preso más tiempo.

"Deseo al Congreso los mayores aciertos para el bien de la Patria, y le ofrezco mis respetos y aprecio. Dios, Unión, Libertad. Guatemala, 23 de junio de 1829.-MANUEL J. ARCE."

Todo lo que hasta aquí he escrito, sin temor del poder absoluto que me amenazara, hubiera dirigido á los que quisieron erigirse en Jueces, para confundir ante ellos mismos sus propias calumnias, y para presentarlas á la consideración de Centro-América tal como son: la expectación nacional fijaría entonces sus perspicaces miradas en la conducta pasada de los que me juzgaran y en la del Presidente de la República, que la manifestaba con toda la energía del justo y con la confianza del que ha de vencer: me atrevo á asegurar que no era posible que habiéndose enterado la Nación de la verdad de los acontecimientos, hubiese permitido á los que tuvieron la insolencia de intentar asesinarme, y que después me proscribieron, que ejercieran estos nuevos atentados; porque, ciertamente, aunque todos los sucesos que han transcurrido en el fatal período de tres años, han sido notorios; los ha visto la República desfigurados en el momento aciago de ocurrir, por las imposturas de los demagogos, y nunca han podido ser examinados, pues llamaba la atención pública la importancia de los presentes, y se descuidaba de los anteriores, porque en la calculación de los males es natural olvidar los pretéritos, por sentir los actuales y temer los futuros, cuya oportunidad aprovechaban los impostores para alucinar á los pueblos con las promesas de libertad, igualdad y ley, que nunca se han cotejado con el texto puro de las leyes, con los mutuos enlaces de las ocurrencias, y con la inteligencia de secretos que no podían estar al alcance de muchos, y menos al de la generalidad. Pero esto precisamente procuraban impedir los que me señalaron por víctima: sabían que eran perdidos si llegaban á publicarse sus tortuosas operaciones: sabían que si yo hablaba, se habían de publicar porque nunca me intimidó la iniquidad; les era, pues, necesario abrumar mi reputación con injurias de toda especie, y me injuriaban; les era necesario oprimirme, y me oprimían; les era necesario que callase, y no consintieron que me defendiese; les era, en fin, necesario arrancarme del suelo patrio, y no siéndoles posible matarme, me deportaron. Así es que estoy obligado á delatar todavía atentados que quisiera no referir y que los voy á someter al juicio de mi Patria, no para que los castigue, pues no aspiro á venganzas, sino para que en lo sucesivo los precava, y no otorgue que sus preciosos destinos se malogren, en las manos de los que la invocan para arruinarla.

Tan luego como se hicieron reconocer por el Congreso los Diputados que en su mayoría habían promovido la revolución, con todos los vicios de que he hablado, se ocuparon de poner un hombre que llevase el título de Presidente de la República para embaucar los pueblos, extraerles el fruto de su trabajo, y afianzar el dominio de la facción en que la inmoralidad era el único elemento: hubo un partido formidable, que estaba resuelto á colocar á Morazán en la silla del Gobierno. Se componía de los Jefes militares, oficiales y tropa de Honduras: de los individuos del Congreso más desalmados por sus opiniones políticas y sus procederes privados, y de algunos que mal de su grado se comprometieron con el pretendiente para evitar persecuciones. Otro partido se decidió por el Ciudadano José Francisco Barrundia, que había sido Senador, y cuyo período concluyó en abril de 1828: á éste se inclinaron las pocas personas de honor y próvidas que entraron á la farsa compelidas por sus mismos adversarios; porque de no ser así no habrían completado el número de miembros que requiere la Constitución para formar el Cuerpo Legislativo: conocían que tan nulo é ilegal era entregar la administración pública á Morazán, como á Barrundia, porque ambos eran absolutamente extraños á un destino de elección popular, y que sólo violentando la esencia de las cosas y burlándose de los centroamericanos, sería posible disponer de él á su antojo; pero estando forzados á escoger, entre los males el menor, se pronunciaron por Barrundia que tiene un carácter del todo destituido de acción, y aunque es uno de los Jefes de la revolución y sus pasiones son muy violentas, casi se inutiliza el ardor de ellas en la inercia que le domina; no es militar, ni tiene espíritu para serlo, y también por esta razón lo prefirieron los que suspiraban por una aurora que anunciase los días de paz, de orden y de prosperidad para la Patria. En el debate de estos dos partidos superó el que desaprobaba á Morazán, y Barrundia obtuvo el Supremo Poder Ejecutivo, porque expusieron sus parciales que la Constitución previene, que en falta del Presidente haga sus veces el Vice-Presidente, y que faltando los dos, el Congreso nombre un Senador que ejerza las funciones del Primer Magistrado: muy bien; mas á un hombre que hacía un año que había acabado de ser Senador, y que ya no existía en semejante concepto, ¿podría el Congreso atribuirle la Presidencia de la República en el supuesto de que actualmente es Senador? ¡Es extravagante, es ridículo, es burlesco! Pero la fuerza armada había de violentar las leyes y había de afrentar al sentido común para tener un mandarín á su gusto: no logrando que fuese Morazán, debía tomarse otro de los principales Jefes del desorden, que caminara íntimamente unido con él, y que á su sombra pudiera obrar todos los daños que conviniera y agradara hacer.

No obstante que el Ex-Senador Barrundia estaba en el Gobierno, todo corría por la dirección y bajo el poder militar: el día 8 de julio á las cuatro de la tarde se presentó en Belén, en donde permanecía la mayor parte de los presos, el Coronel José María Gutiérrez, y mandó al oficial de guardia que los reuniera en una sola sala: enterado que fue de esta novedad, salí de mi prisión y me dirigía al lugar designado, cuando me encontré con Gutiérrez, que me dijo: Señor Presidente, con U. no se entiende la citación. Regresé á mi encierro con una vivísima curiosidad por saber qué nuevo atentado se iba á ejecutar: á poco me informaron varias personas de las que fueron llamadas, que Gutiérrez intimó de orden de Morazán, que todos se dispusiesen para marchar aquella misma noche con inclusión del Vice-Presidente y del Secretario de Relaciones; y que únicamente el Jefe Aycinena y yo nos quedábamos. No vacilé en creer que se habían decretado los sacrificios, y que el mío era perder la vida. Permítaseme explicar este hecho, porque merece la atención de los pueblos de Centro-América y aún la de todos los hombres; mas antes debo prevenir, que aquella tarde fue muy cruel para Guatemala, pues que á la hora misma de la intimación se puso toda la tropa sobre las armas, se repartieron patrullas que apresaron á muchos que estaban en sus casas, y otras que se entraban en las de los presos á embargar lo que conservaban, so pretexto de exigir la tercera parte de sus bienes á que fueron condenados por la Asamblea repuesta, y otras en fin andaban quitando los caballos de los vecinos que no pertenecieran á la facción dominante. El estruendo pavoroso de las armas se escuchaba en la alcoba de los esposos y de las vírgenes sin ninguna consideración, no digo á las leyes, porque el despotismo las había abolido, pero ni á la decencia ni á la compasión, que jamás dejan de hacerse sentir, sino es en los corazones que se han del todo depravado: las familias lloraban sin consuelo: suplicaban por sus deudos, querían que las privasen de cuanto tuvieran por rescatarlos; y sus ruegos y ofrecimientos, sus lágrimas y su dolor irritaban á los bárbaros en vez de suavizarlos.

Una elección de un Emperador Romano (la de Constantino) hecha en York por cinco o seis mil hombres, casi no podía parecer legítima en Roma; á lo menos le faltaba la fórmula senatus populusque romanus. El Senado, el pueblo romano y las guardias pretorianas eligieron por consentimiento unánime á Maxencio, que ya era César. Este Maxencio es llamado tirano y usurpador por los que están siempre por las gentes felices. Voltaire, dicción filosófica, palab. Constantino.

No podrán el Congreso, las Asambleas ni las demás Autoridades, sino en el caso de tumulto, rebelión ó ataque con fuerza armada á las AUTORIDADES CONSTITUIDAS, dispensar las formalidades sagradas de la ley para allanar la casa de algún ciudadano ó habitante. Const. Fed. art. 176, parág. 3°.

Entre el gran número de presos que se destinó á sufrir aquella nueva y atroz venganza, se encontraban personas de muy diversas circunstancias: las había pertenecientes á la Federación, y sobre quienes ningún fallo estaba pronunciado: las había pertenecientes al Estado y que con arreglo al decreto de 4 de junio, inserto en el capítulo anterior, renunciaron los juicios y pidieron sus pasaportes: las había con causas pendientes, porque solicitaron ser juzgadas; y las había también de las que debieron gozar de la amnistía del expresado decreto, que jamás consiguieron que se les aplicara por más que gestionaron, porque todo fue arbitrario y engañoso, y se mofaban de los hombres y de los pueblos imprudentemente los que tuvieron el arte de alucinar llamándose liberales y adictos á la ley. Cómo, pues, deportar á tanto infeliz sin atender á los comprometimientos públicos y solemnes que contrajeron los autores de este golpe rudo por sus propias decisiones? Se inventó una conjuración que se dijo tenía el objeto de degollar á los presos: se arrestó para fingir mejor, á una mujer de la hez del pueblo y sumamente prostituida, tomándola por agente principal del movimiento: se arrestaron asimismo algunos oficiales y un Jefe militar, á quienes se atribuyó complicidad en el proyecto; y se hizo de manera que pudiese parecer que la violencia horrible que se cometía era en beneficio de los presos y no en su contra; ¡qué torpes! ¿Podía asentirse á un ardid tan grosero? ¿Por qué si se pudo descubrir la trama de los conjurados, si se pudo aprehenderlos, si se pudo evitar que efectuasen su intento, á qué venía arrancar de Guatemala á los presos sin permitirles siquiera el tiempo indispensable para disponer de lo más mínimo? ¿A qué venía embargarles sus bienes en aquel propio momento? Y los hombres que se levantaron contra el Gobierno legítimo proclamando la ley y orden, que tenían una fuerza numerosa de qué disponer ¿por qué no hacían respetar estas leyes, por qué no establecían este orden, por qué no empleaban estas fuerzas en conservar á los que debían servir de escarmiento, si en realidad resultaba de los juicios pendientes que habían delinquido? El éxito de tan inmoral intriga fue, que después de haber salido los presos de Belén y después de andar el proceso de la fementida conjuración de uno en otro fiscal, poco á poco iban poniendo en libertad á los arrestados, puesto que ya no era útil dilatar su encarcelamiento.

No fue posible ejecutar la expulsión la noche del 8 de julio; sin embargo en la nota que Morazán pasó al Congreso solicitando que aprobara su providencia, [sólo con Fernando VII podía hacerse una cosa como esta] manifestó que ya irían caminando los expulsos: en la misma nota pedía que se le diera facultad para hacer juzgar sumaria y militarmente á los más criminales, que por serlo, no habían marchado con los otros, pues debían satisfacer la vindicta pública: era decir que quería matarlos sin remedio, porque de otro modo no los habría excluido para escarmentar precisamente; debió decir que los destinaba á aterrar con su muerte y á coronar las venganzas. No expresó los nombres de los que habían de morir, temiendo sin duda que tuviesen defensores entre los mismos Diputados, y entre otras personas; de forma que todo era capciosidades, inmoralidad y crueldad. A las 10 de la noche se abrió la sesión del Congreso para deliberar acerca de tamaños acontecimientos: los miembros que cooperaron anticipadamente con Morazán á acordar las inicuas medidas que quedan relatadas, tenían ya formado el decreto de aprobación y autorización que pretendía, y luego que se leyó su mensaje, hablaron con vehemencia sosteniéndolo: procuraron intimidar á los que tuvieran intención de oponerse, y se desataron como unos energúmenos contra las personas separadas para saciar, si pudieran saciarse, las pasiones viles que hervían en los pechos de aquellos injustos. Pero los Diputados de probidad, y aun entre los malos algunos, pues que era imposible fuesen muchos los capaces de amoldarse á la iniquidad de los Morazanes, de los Barrundias, de los Vasconcelos, de los Flores y de unos cuantos más, se mostraron firmísimos en no convenir con las miras de los asesinos: la discusión fue muy reñida, y á las cuatro de la madrugada nada estaba resuelto, porque los que se opusieron á los asesinatos rehusaron aprobar la expulsión, sin que se desechara al mismo tiempo la pretensión de matar; y al fin consintieron en aquélla y se reprobó ésta. ¡Triste época para los pueblos! Los legisladores, los justos legisladores tenían que transigir con los depravados, tenían que prestarse á los menores crímenes para evitar los mayores! ¿Y es así como se restablecen y se protegen las leyes? ¡Qué inversión de ideas! El 9 de julio á las 11 de la mañana se efectuó la salida de los presos, escoltados por un batallón de 400 hombres: todos iban desprovistos: algunos á pie, aunque era en la estación de las aguas y actualmente llovía: se agolparon en Belén sus míseras familias para abrazarlos y decirles el último adiós; pero antes de que llegara este penoso trance, las despidieron los Ministros del Soldán de Guatemala: en la calle los esperaba multitud de gente para llorar al verlos separarse del suelo patrio; mas este desahogo les fue negado por los crueles, y á varias mujeres que no pudieron contenerse, las encarcelaron. Raoul y otros como él también asistieron á aquel espectáculo, pero con distintos sentimientos: fueron á gozar, á complacerse en la desgracia de los presos, entre quienes había varios que en los días de su felicidad y cuando Raoul era infeliz, lo socorrieron y le dispensaron generosa protección.

Pasó este lance que hubiera contentado á unos enemigos menos inexorables con los que no opinaban como ellos, y con quien no les permitió ingerirse en la autoridad que la Nación le confiara, ni revolucionar la República sin la menor oposición: á los liberales fingidos y de cálculo no pudo, sin embargo, entibiarlos, y todavía se hablaba entre los audaces de fusilar al Presidente y al Jefe Aycinena. No descansaban en proyectar males, y siempre los discurrieron lucrativos. A los tres días de haber marchado los presos, se echaron súbitamente y á media noche, sobre los frailes y sobre el Arzobispo: los sacaron de sus conventos y los hicieron caminar una legua á pie y bajo el agua: en la garita del Golfo los reunieron y en seguida los llevaron, escoltados por otro batallón á Gualán, y de allí á Omoa, donde los embarcaron para la Habana. Ya se había descargado el golpe, cuando se ocurrió al Congreso demandando la aprobación de los que, si hubiesen podido corresponder al carácter de que se invistieron, habrían sido los depositarios de las leyes, y en tal predicamento jamás sufrirían que se les pidiera más que si fuesen los treinta tiranos de Atenas. El Congreso aprobó ó reprobó, poco importaba; lo interesante fue avanzar á la riqueza de los frailes y cebarse en ella. Ricas haciendas: inmensidad de plata labrada: mucho oro: joyas preciosas: dinero: casi todo fue el premio de los revolucionarios, y nada tomó el pueblo, como falsísimamente dijo la Antorcha de Centro América en uno de sus primeros números, ni le tocó algo al soldado que expuso su vida. En la goleta norteamericana "Albany Pakett" metieron cuarenta y tantos frailes; buque en que después viajé yo á Nueva Orleans, y me cercioré de que fue inhumanidad introducir en él tanta gente: dieciséis días dilató de Omoa á la Habana, porque es malísimo, y cincuenta y dos del Golfo de Honduras á la capital de la Luisiana. En la navegación tuvieron los frailes, por cuenta del Gobierno que los proscribió, la ración de un marinero, y el agua que se les suministraba era muy corrompida porque no teniendo suficientes barriles el buque, se hizo la aguada en toneles de aguardiente y vinagre, y no habiéndolos lavado, se infectó el agua y resultó de un sabor infernal. Murieron á bordo cuatro, y once á pocos días de haber desembarcado, porque en verdad fue inconciliable este trato con el que se daban en sus conventos, y debían morir.

Otro sí decimos que magüer alguno hobiese ganado señorío de reino por alguna de las derechas razones que dijimos en las leyes antes de ésta, que si él usase mal de su poderío en las maneras que dijimos en esta ley, que le puedan decir las gentes tirano. Ca tornase el señorío que era derecho en torticero, así como dijo Aristóteles en el libro que habla del regimiento de las ciudades et de los reinos.-Ley 10, tít. 1°, partida 2.

CAPÍTULO XVI: LOS MALVADOS SE APODERARON DE LA REPÚBLICA

(Continuación del capítulo anterior).

Por fin se renunció del todo al intento de fusilarme: el Jefe actual del Estado del Salvador requirió oficialmente al General Morazán en 20 de julio, para que á nombre de aquel Gobierno recomendase al Congreso el cumplimiento de las leyes con respecto á mi persona; y si bien Morazán nada dijo al Congreso de oficio, es sin duda que la insinuación expresada así como algunas otras de personas, que si no eran queridas había necesidad de atenderlas, detuvo además, la cuchilla de los que consideraban mi vida embarazosa á sus aspiraciones y á sus deseos de ser solos en Centro América. El ex-Senador encargado del Supremo Poder Ejecutivo ocurrió con posterioridad al Congreso solicitando un perdón (de los delitos que ellos, y no yo, han cometido) en favor de las vidas de los que quisieron que sufriesen la muerte: se entiende que esta afectada gracia solo había de aprovechar á Aycinena y á Arce, porque eran los únicos que no estaban aún deportados de los que hubiera convenido matar; y en aquiescencia de la filantrópica solicitud del ciudadano Barrundia, se dictó el famoso decreto de 22 de agosto del año próximo pasado. El Senado rehusaba sancionarlo por lo execrable que es, á pesar de haberlo trazado una mano más ejercitada que la que trazó los de la Asamblea de Guatemala en 4 de junio. Para que se conozca con la puntualidad posible el espíritu de aquel tiempo, voy á copiar parte del artículo editorial del "Boletín de Guatemala" de 1° de septiembre. Dice: "Mr. Larriviere decía en la Convención Nacional de Francia: no fue por haber destronado á Tarquino, que Roma tuvo republicanos. Este nombre glorioso no perteneció á sus habitantes hasta en el instante en que con valor y fiereza nivelaron todas las cabezas, abatieron las que se elevaban, y prohibieron á la misma virtud de exceder los límites de la igualdad. Los solos hombres verdaderamente dignos de ser libres, y que siempre lo serán, son aquellos para quienes todo es sospechoso, y que se recelan de las mismas cualidades que admiran, y que no pueden sufrir que se les sirva con talentos superiores. Aristides fue desterrado en Atenas". En el párrafo anterior inculcaron los editores la necesidad del ostracismo. Pero los hombres que saben lo malo que se ha dicho de la revolución francesa, y cuyas consecuencias debieran buscar en las aguas del Sena y del Loira, que llegaron á teñirse con la sangre derramada por el ministerio de los verdugos; estos hombres, aseguro que no han aprendido lo que enseñan los filósofos y cuyas consecuencias debieran buscar en la felicidad y grandeza de las naciones. "Arreglad un Estado como se arregla una familia, y una familia no se puede gobernar bien sin darle ejemplo. La virtud debe ser común al labrador y al monarca. Ocúpate del cuidado de prevenir los crímenes, para disminuir el de castigarlos. Los chinos fueron buenos bajo los buenos reyes Yao y Xu, y bajo los malos reyes Kic y Chu fueron perversos. El pueblo no está bien gobernado si no está bien mantenido. Haz con otro como contigo mismo. Ama á los hombres en general, pero mucho más á los hombres de bien. Olvida las injurias, y nunca los beneficios". Estos son los preceptos de la sana política, necesarios en todas las formas de gobierno, más necesarios en las democracias, donde solamente la virtud puede sostener las instituciones y conducir el pueblo á su bienestar.

Por último sancionó el Senado el predicho decreto, en lo que nos interesábamos los mismos que hemos experimentado sus tremendos efectos, porque todo era menos peligroso que estar á disposición de los discípulos de Mr. Larriviere; tanto que en los ocho días últimos de prisión en Guatemala, continuamente estábamos amenazados de muerte, pues habiendo tramado una nueva intriga de contrarrevolución, que es preciso manifestar, tenían orden los centinelas que nos guardaban, de que si en la calle hubiese algún ruido ó algazara, nos fusilasen: para excitarlos á que perpetraran los homicidios, escribían algunos oficiales, que hacían la guardia, letreros infames tratándonos de tiranos, que siempre concluían con las sentencias de muera Arce, muera Aycinena; pero los soldados centroamericanos son muy valientes y no es posible que sean asesinos; siempre me aseguraron que no me matarían, aunque hubiese cualquier alboroto. Es menester hacer justicia: en las clases de sargentos, cabos y soldados, fue raro que hubiese quien agraviara á los presos, y entre la oficialidad había muchos que se hubieran expuesto á todo por salvarlos; otros, empero, no hay como ponderar su maldad, instigaban á la tropa para que nos insultara de todos modos.

Las órdenes enunciadas nacieron de una conspiración que se inventó: el Coronel Cayetano Cerda, Diputado á la Asamblea de Guatemala, encontró en la calle al señor Pedro González y le dijo: "es necesario que U. esté revolucionando, porque yo revolucioné constantemente mientras duró el anterior Gobierno, sin embargo que siempre lo negaba". A las 12 de la noche del día siguiente en que esto ocurrió, una patrulla cercó la casa de González, la allanó para buscarlo, y no habiéndolo encontrado tomó en rehenes á su hermano Agustín y lo condujo á la cárcel: enterado el señor González de lo que acontecía, fue al momento á ver al Jefe del Estado ciudadano Pedro Molina, quien lo mandó arrestar. El Capitán Manuel Laguardia y los alféreces Manuel y Miguel García Granados tuvieron la desgracia de ser comprendidos en esta intriga, y los encerraron en bartolinas sin comunicación: Molina comisionó al Diputado Cerda para que instruyera el proceso; tal era el estado de este negocio cuando se me deportó. Por cartas de Guatemala he sabido en Nueva Orleans que el Consejo de Guerra absolvió á los presos declarándolos inocentes: que se descubrió ser Cerda el que buscó testigos contra ellos; y que no obstante haberse comprobado su crimen, no ha sido castigado.

Me ha parecido conveniente no omitir los pasajes que precedieron á la ejecución del decreto en que se me proscribió, porque ellos conducen á esclarecer las intenciones que lo dictaron, y que sus autores obraban como enemigos y no como jueces: tengo necesidad de no entrar en una discusión especial de lo antiliberal y antipolítico que él es; mas sí demostraré que es absolutamente injusto y abusivo, insertándolo después de copiar el texto puro de la ley, lo cual es bastante para que el menos inteligente, el menos delicado en materia de justicia, descubra á la primera ojeada de este documento, lo que son los revolucionarios de Centro América, que se sublevaron contra el Presidente que gobernaba la República.

El artículo 175 de la Constitución Federal dice en el parágrafo cuarto y en el parágrafo octavo: que no podrán el Congreso, las Asambleas, ni las demás autoridades tomar la propiedad de ninguna persona, ni turbarle en el libre uso de sus bienes, si no es en favor público cuando lo exija una grave urgencia, legalmente comprobada, y garantizándose previamente la justa indemnización. Dar leyes de proscripción, retroactivas, ni que hagan trascendental la infamia. Y puesto que es retroactivo, es de confiscación y es de proscripción el decreto siguiente, es, pues, absolutamente injusto y abusivo:

"Ministerio de Estado y del Despacho de Relaciones, de Justicia y de Negocios Eclesiásticos. El Presidente de la República se ha servido dirigirme el decreto siguiente:

"El Presidente de la República Federal de Centro América. POR CUANTO el Congreso decreta, y el Senado sanciona lo siguiente:

"El Congreso Federal de la República de Centro América, restablecido especialmente para acordar las leyes represivas y preventivas que exige la seguridad y el bien de la Nación; y CONSIDERANDO:

"1° Que en la guerra civil que acaba ésta de sufrir, el objeto del Gobierno Federal, no fue otro que el de abolir la Constitución jurada por el mismo y proclamada por los pueblos:

"2° Que éstos, en todo sistema político que respete sus derechos, tienen el de resistir la opresión de sus gobiernos.

"3° Que cuando los mismos gobiernos se sobreponen á las leyes, sus actos administrativos no pueden ser reconocidos.

"4° Que si son dignos de consideración los derechos sagrados de los pueblos, los que maquinan para sofocarlos son dignos de castigo.

En todo delito, dice Beccaria, debe hacer el Juez un silogismo perfecto: la mayor debe ser la ley general: la menor, la acción conforme ó contraria á la ley; (bien comprobada) la consecuencia, la libertad ó el castigo. El Presidente pidió un juicio: el Congreso se lo negó: luego fue un acto despótico y tiránico proscribirlo para toda su vida.

"5° Que el que en tal concepto merecen los autores y cómplices de la guerra, es el de muerte con arreglo á las leyes que le imponen á todo el que se rebela contra el pacto fundamental y con arreglo á las leyes que la imponen á todo el que se rebela contra el pacto fundamental y conforme al artículo 152 de la Constitución, que reservando para los delitos atroces el uso de esta pena, la decreta respecto de los que atentan directamente contra el orden público.

"6° Que, sin embargo, el Gobierno ha propuesto se indulte de ella á todos los que debieran sufrirla: que ha hecho esta propuesta, considerándose en el caso en que la permite el artículo 118 de la Ley Fundamental, y que la ha apoyado en razones de conveniencia general, bastante sólidas y dignas de atención.

"7° Que además de las que expone el Gobierno, la multitud de personas complicadas en la guerra: las circunstancias de ser puramente políticas sus causas: la indulgencia con que en otras naciones se han visto las de esta especie en casos semejantes, y á la cual no pocas veces se han debido muy saludables efectos; y las luces mismas del siglo, que han sugerido ya ideas más filosóficas y humanas en todas las materias de la Legislación Criminal, ofrecerían hoy nuevos y poderosos motivos contra las ejecuciones capitales: que en fuerza de todo puede muy bien otorgarse el indulto de ellas; y que el Congreso por el párrafo 24, artículo 69 de la Constitución, está autorizado para concederla.

"8° Que dispensándose esta gracia, ella sin embargo no puede pasar de una conmutación de pena, por ser justo que todos sufran la que corresponde y que á cada uno se le imponga en proporción á su mayor ó menor culpa.

"9° Que á esta imposición en lo general, no es menester que preceda formal juicio, por cuanto se trata de hechos cuya criminalidad es bien pública y notoria, y de personas que abiertamente se rebelaron contra el pacto fundamental de la sociedad.

"10 Que no obstante, á los que puedan tener las excusas y excepciones calificadas en este decreto, la razón, la equidad y la justicia dictan se les dé lugar á producirlas, y que en caso de que justifiquen su conducta, se les modere ó remita la pena.

"11 Que después de señalarse las que deben sufrir los autores y cómplices de la guerra, es todavía muy debido obligarles al resarcimiento de los daños que causaron, sin desatender por otra parte la subsistencia de aquellos individuos, ni las de sus familias.

"12 Que para afianzar el acierto en las medidas y providencias relativas á este asunto, conviene las tome el Gobierno de acuerdo con el Senado.

"Y finalmente: que dada en estos términos la resolución general del Congreso, deben quedar subsistentes, en cuanto no la contraríen, así las de las autoridades particulares de los Estados, como los juicios fallados en sus tribunales: resuelve y decreta lo siguiente:

"Art. I.-Se declara injusta la guerra que el Gobierno de la Federación hizo á los Estados que la componen, desde fines del año de 1826, hasta principios del de 1829; y legítimo el uso que los mismos Estados hicieron del derecho inherente á los pueblos libres, de resistencia a la opresión.

"Art. II.-Son nulos todos los actos emanados del Gobierno Federal desde el día 6 de septiembre de 1826, hasta el 12 de abril del corriente año; y quedan sujetos á la revisión del Poder Legislativo, ó la del Ejecutivo legítimo, según su naturaleza respectiva.

"Art. III.-Se concede indulto general de la pena de muerte á todos los habitantes de la República que la mereciesen conforme á la ley, por haber sido autores ó cómplices de la guerra civil que acaba de experimentar la Nación.

Este artículo no es serio, sino burlesco é insultante, porque para castigar de muerte a todos los que se complicaron en sostener el orden establecido y el Gobierno de la República, era necesaria una epidemia en que la implacable Parca discurriendo por Guatemala, por El Salvador, por Honduras, por Nicaragua y por Costa Rica, matara interminablemente. A la gran mayoría de presos no podía aprovechar, porque ya estaba fuera de Centro-América deportada tiránicamente; á los frailes tampoco, porque también estaban deportados; ¿á quiénes, pues, pudiera convenir? ¿á Arce y Aycinena?; pero es un insulto inaudito, que á un preso que reclama ser juzgado con arreglo a las leyes y se le niega: que se hace todo lo posible para asesinarlo, y no se consigue; digan sus mismos enemigos que lo relevan de la pena de muerte, por los delitos que sólo ellos han cometido, y lo proscriban para toda su vida, que era cuanto mal podían hacerle.

"Art. IV.-Serán expatriados perpetuamente, y confinados fuera de la República al país que designe el Gobierno, de acuerdo con el Senado:

"1° El ex-Presidente y ex-Vice Presidente de la República, Manuel José Arce y Mariano de Beltranena.

"2° Los ex-Secretarios de Estado y del Despacho de Relaciones, Juan Francisco de Sosa, y de Guerra Manuel de Arzú.

"3° Los Jefes de sección que funcionaron como Secretarios en los mismos ramos, Francisco María Beteta y Manuel Zea.

"4° Los primeros y segundos Jefes del ejército federal que sirvió á disposición del Gobierno durante la Revolución, Francisco Cáscara, Manuel Montúfar y José Justo Milla, pues los demás quedan incluidos en este artículo bajo otros respectos.

"5° El que se tituló Jefe de Estado de Guatemala, Mariano de Aycinena.

"6° Los que le sirvieron en calidad de Secretarios: Agustín Prado, José Francisco de Córdova, Antonio José de Irizarri, José de Velasco, Vicente Domínguez y Vicente del Piélago.

"7° El Comandante General que fue de las armas de la Federación y del Estado, Antonio del Villar.

"8° Todos los Jefes militares desde sargentos mayores inclusive, que no siendo originarios de América, hayan servido en el ejército de la Federación ó en el del Estado durante la guerra.

"9° Los españoles no naturalizados que hubiesen tomado armas en favor del Gobierno intruso, á menos que acrediten haber sido forzados á este servicio.

"10 Los individuos del Consejo Militar creado en el Estado de Guatemala en el año de 1827, que como tales hubiesen votado pena capital en causas políticas; y los magistrados de la Corte Superior de Justicia del mismo Estado que hubiesen confirmado las sentencias del Consejo, en que se imponía esta pena.

"Art. V.-Serán expatriados temporalmente y confinados fuera de la República, al país que designe el Gobierno de acuerdo con el Senado:

"1° Los Diputados que abandonaron sus asientos y desacreditaron al Congreso ante el Gobierno del Estado del Salvador, y que de uno ú otro modo influyeron en la disolución de la Representación Nacional en el año de 1826.

"2° Los Senadores que por haberse retirado en el citado año de 26 de sus respectivos asientos, ocasionaron la falta del Senado.

"3° Los Jefes militares originarios de América, desde Teniente-Coroneles inclusive, que hayan servido en el ejército de la Federación ó del Estado, durante la guerra.

"4° Los españoles naturalizados que hubiesen igualmente servido en el ejército desde alférez inclusive, á menos que acrediten haber sido forzados al servicio:

"5° Los españoles naturalizados que voluntariamente hayan servido como sargentos, cabos ó soldados, si habiendo sido casados con americana, no tuvieren mujer ó hijos; pues en caso de haber lo uno ó lo otro, no serán expatriados, á menos que el Gobierno de acuerdo con el Senado, juzgue peligrosa la residencia de alguno de ellos en el territorio de la República:

"6° Los Diputados elegidos para la Asamblea del Estado de Guatemala después del 6 de septiembre de 1826, que hubiesen servido en ella, en cualquier período del corrido hasta que cesó la guerra:

"7° Los individuos elegidos desde igual fecha para el Consejo Representativo del Estado, que hubiesen servido en él, en cualquier período del que expresa el párrafo anterior:

"8° Los Jefes departamentales que hubiesen funcionado en el mismo tiempo:

"9° Los prefectos de policía:

"10° Los que á juicio del Gobierno, de acuerdo con el Senado, hayan hecho servicios positivos y acreditados durante la revolución, contra la justa causa de la República ó los Estados.

"Art. VI.-El máximum de la expatriación, respecto de las que deben ser temporales, será de ocho años, y el mínimum de dos, según la mayor ó menor culpabilidad de cada individuo, y su mayor ó menor influencia en el pueblo.

"Art. VII.-Serán exceptuados de la pena de expatriación:

"1° Los Diputados y Senadores que se retiraron del Congreso Federal y del Senado, y que por este motivo impidieron la continuación de uno y otro Cuerpo en 1826, si después de su retiro y durante la revolución, acreditaron adhesión al sistema constitucional, y no recibieron de las autoridades ilegítimas, empleo, comisión ni oficio de ninguna clase; dando sobre uno y otro punto pruebas plenas á juicio del Gobierno de acuerdo con el Senado. Pero aun en este caso, quedan en virtud del presente artículo, declarados indignos de la confianza pública, y esta pena durará hasta que dando pruebas plenas de patriotismo, ó de haber hecho posteriormente servicios importantes á la causa pública, el Congreso los rehabilite en vista de ellas:

"2° Los Diputados, Senadores, Magistrados ó funcionarios legítimos, que comprueben plenamente á juicio del Gobierno de acuerdo con el Senado, haber hecho en el ejercicio de sus destinos y oficios, ó fuera de ellos, servicios importantes á la causa de la Nación ó de los Estados.

"3° Los Diputados, Consejeros y demás funcionarios elegidos ó nombrados ilegalmente durante la revolución, que acrediten plenamente á juicio del Gobierno de acuerdo con el Senado: los dos puntos siguientes: 1° Haber renunciado el cargo, destino ú oficio á que se les llamaba, y que á pesar de su renuncia fueron obligados á admitirlo: 2° No haber hecho en el servicio de su cargo, oficio ó destino, acto alguno hostil ó directamente contrario á la causa de la Nación ó de los Estados.

"4° Todos los que presenten pruebas plenas á juicio del Gobierno de acuerdo con el Senado, de haber prestado servicios importantes á la causa de la Nación ó de los Estados, cuya excepción comprende así á los funcionarios y empleados, como á simples particulares, y tendrá lugar aun cuando los primeros no hayan hecho la renuncia de que habla el párrafo 3°, y sea que hayan prestado los servicios en el ejercicio de sus destinos, ó fuera de ellos.

Los que hoy sirven á los actuales gobernantes del Estado de Guatemala y de la Federación de Centro América, deben tener muy presente este artículo, porque es regular que llegue el caso de que les aproveche.

"Art. VIII.-Los comprendidos en este decreto que tengan impedimento físico, no saldrán de la República mientras dure el impedimento.

"Art. IX.-Los ancianos mayores de sesenta años, que á juicio del Gobierno, de acuerdo con el Senado, no pudieren salir de la República sin peligro de su vida, serán destinados al lugar de la misma República que parezca conveniente al Gobierno, de acuerdo también con el Senado.

"Art. X.-Los que deban salir expatriados, dejarán apoderado que rinda las cuentas de los empleos que hayan servido.

"Art. XI.-Los funcionarios ilegítimos que según los artículos anteriores, deban sufrir la expatriación, devolverán los sueldos que hubieren percibido.

"Art. XII.-Los funcionarios ilegítimos que también deban sufrir la misma pena, devolverán igualmente los que hubiesen devengado y percibido durante la revolución.

"Art. XIII.-Los Diputados al Congreso y los individuos del Senado, por cuya causa no pudo uno y otro Cuerpo continuar sus sesiones, devolverán también las dietas que hubiesen devengado y percibido después que abandonaron sus sillas.

"Art. XIV.-Los expatriados perpetua ó temporalmente son responsables á la indemnización de gastos ó daños ocasionados por su causa á la Nación ó á los Estados; y para cubrirlos en parte, se les hará exhibir el tercio de su capital ó propiedad, y se hará el entero con la cuenta y razón correspondiente.

"Art. XV.-A consecuencia de lo dispuesto en el artículo anterior, el Gobierno dictará las medidas que estime más justas y prudentes para averiguar el capital efectivo de los expatriados, y del que resulte tener cada uno de ellos, mandará exigir la tercera parte.

"Art. XVI.-Esta tercera parte no se podrá compensar con sueldos ó dietas que hayan devengado los expatriados.

"Art. XVII.-Tampoco será compensable con suplementos pecuniarios hechos al Gobierno ilegítimo durante la revolución: lo será solamente con los que se hayan hecho antes de ésta, entendiéndose en la parte que designa el artículo 2 del decreto de la Asamblea Nacional de 16 de noviembre de 1824; y podrá ser compensada en el todo con los suplementos hechos para auxiliar á la justa causa de la Nación ó los Estados.

"Art. XVIII.-La compensación en los casos en que haya lugar según los artículos anteriores, sólo podrá declararse respecto de los créditos activos personales del mismo interesado que la pidiere.

"Art. XIX.-En caso de justificarse que los expatriados han ocultado bienes ó supuesto créditos pasivos imaginarios, el Gobierno les hará exhibir los dos tercios de su capital.

"Art. XX.-En el mismo caso se dará, por vía de gratificación, la décima parte de las dos que debe exhibir el culpado al denunciante que haya descubierto la ocultación de bienes, ó la suposición y falsedad de los créditos imaginarios.

"Art. XXI.-El Gobierno hará también exigir el duplo del crédito imaginario: 1° Al que se finja acreedor del que ha de sufrir la pena pecuniaria: 2° Al escribano que á sabiendas otorgue la escritura pública en que se suponga la deuda, ó se atrase la verdadera fecha de su otorgamiento: 3° A los testigos que teniendo noticia cierta del fraude, firmen el documento privado en que se finja. Y estas penas serán sin perjuicio de las que por Juez competente se deban imponer, con presencia de las circunstancias del caso y con arreglo á las leyes.

"Art. XXII.-Pero si ocurrieren acreedores efectivos, alegando prelación á la Hacienda Pública, el Gobierno tendrá presentes las leyes, y deberá arreglarse á lo dispuesto en ellas.

"Art. XXIII.-Quedan inhabilitados para continuar su servicio en el ejército, los oficiales militares desde Capitanes inclusive que lo hubiesen prestado al Gobierno ilegítimo; pero si durante la revolución los hubiesen hecho importantes á la causa de la Nación ó los Estados, serán restablecidos en las plazas ó destinos que obtenían.

"Art. XXIV.-Aquellos que debiendo ser expatriados según este decreto, no se presentaren para su cumplimiento dentro de treinta días contados desde su publicación en la capital de cada Estado, quedarán fuera de la ley.

"Art. XXV.-Quedarán igualmente fuera de la ley, todos los que, contraviniendo á este decreto, volvieren al territorio de la República después de haber salido de él.

"Art. XXVI.-El Gobierno dispondrá que la salida del territorio de la República, de los que deban ser expatriados de ella conforme á este decreto, se verifique á la mayor brevedad posible, y con la seguridad correspondiente: que se haga á expensas de los que pudieren costearla, y por cuenta de la Hacienda Pública la de aquellos que no pudieren erogar los gastos de su expulsión. Encargará especialmente á los Comandantes de los puertos el cumplimiento del artículo XXV, y celará y hará se castigue conforme á derecho, toda correspondencia sospechosa con los expatriados.

"Art. XXVII.-Quedan en su vigor y fuerza los decretos que acerca de esta materia hayan expedido las Asambleas de los Estados, en todo lo que no se opongan al presente.

"Art. XXVIII.-Los que con arreglo al de la Asamblea de este Estado, de 4 de junio último, hayan sido juzgados como autores y cómplices de la revolución, y tengan ya fenecidos sus juicios, quedarán sujetos á las sentencias pronunciadas en ellos.

Art. XXIX.-Lo quedarán á las disposiciones contenidas en este decreto, aquellos que aún no hayan sido juzgados conforme al de dicha legislatura; ó cuyas causas no estén fenecidas, ó hayan sido declaradas nulas por tribunal competente.

"Art. XXX.-Los individuos respecto de quienes haya habido resolución particular de la Asamblea ó del Gobierno de este Estado, quedarán sometidos á ella, si no fuere contraria á alguno de los artículos del presente decreto.

"Art. XXXI.-Al circularlo el Gobierno hará le acompañe una lista de todos los comprendidos en él, con expresión de sus condenas respectivas.

"Art. XXXII.-Oportunamente dará también cuenta ó razón individual de su cumplimiento, y lo mandará imprimir, publicar y circular.

"Pase al Senado.-Dado en Guatemala á 22 de agosto de 1829.-Mariano Gálvez, Diputado Presidente.-Simón Vasconcelos, Diputado Secretario.-Francisco Flores, Diputado Secretario.

"Sala del Senado.-Guatemala, 5 de septiembre de 1829.-Al Poder Ejecutivo.-José Antonio Alcayaga.-José Miguel Álvarez, Secretario.

"Por tanto: ejecútese.-Palacio Nacional de Guatemala á 7 de septiembre de 1829.-José Barrundia.-Al Secretario de Estado y del Despacho de Relaciones, Justicia y Negocios Eclesiásticos.

"Lo comunico á U. para su inteligencia y efectos correspondientes, acompañándole competente número de ejemplares para su circulación.-Dios, Unión, Libertad.-Palacio Nacional, en Guatemala á 7 de septiembre de 1829.-Ibarra.

Ese decreto es un ejemplo triste y desconsolador del extravío de la razón, del envenenamiento del alma, que producen las pasiones de partido!

Por él se condena a centenares de hombres sin forma ni figura de juicio y por quien siendo Legislador no podía ser al mismo tiempo Juez; se les impone pena después que el hecho no la tenía ó tenía otra; se confiscan bienes y se dispone la expatriación perpetua y la proscripción! Así se pretendía cimentar el nuevo orden de cosas y regenerar las instituciones! Contrista saber, que el sabio José Cecilio del Valle fue el autor de ese monumento de ceguedad, de ira y de venganza, y que liberales como Gálvez y Barrundia lo sancionaron!

Como un destello de seguridad y de días más tranquilos para mí, llegó finalmente el instante apetecido de salir del poder de los hombres que arruinaron á Centro América. El día 7 de septiembre á las 10 de la noche entró á mi prisión el Coronel Isidoro Saget, y me notificó la providencia que literalmente copio: "Al ciudadano Comandante de la Federación.-El Secretario de Estado y del Despacho de Justicia y Relaciones, me ha dirigido el decreto siguiente: El Presidente de la República Federal de Centro América. A consecuencia del cumplimiento que con esta fecha se le ha puesto al decreto expedido por el Congreso Federal, de 22 de agosto último, que indulta de la pena capital á los que dieron impulso y tomaron una parte activa en la revolución y guerra desastrosa que acaba de terminarse, y conmuta dicha pena en confinación perpetua y temporal, considerando que la permanencia por más tiempo de los reos que por dicha causa se hallen arrestados en esta ciudad, es arriesgada para la tranquilidad pública, y aun á la seguridad de sus propias personas, principalmente la del ex-Presidente Manuel José Arce y la del que se nombró Jefe del Estado de Guatemala, Mariano Aycinena; en esta virtud y habiendo oído previamente el dictamen del Senado, acordó: 1° Que la confinación perpetua de los expresados Manuel José Arce y Mariano Aycinena, sea en cualquier punto de los Estados Unidos de Norte América: 2° Que antes de su salida nombre cada uno de los referidos individuos un apoderado con quien deba entenderse el Gobierno en la tercera parte de sus bienes, y para que rindan las cuentas de su administración conforme al artículo X del expresado decreto: 3° Que no podrán salir de la República del Norte, porque de lo contrario los perseguirá el Gobierno hasta lograr su captura, haciéndoles sentir todo el peso de las leyes, principalmente si tocan en la República Mexicana: 4° Que conforme al artículo XXV del mismo decreto, quedarán fuera de la ley si volvieren á cualquier punto de Centro América: 5° Que el Comandante General de la Federación disponga que en la noche del día de hoy, haga marchar con una escolta competente á los expresados ex-Presidente Arce y Aycinena para el puerto de Omoa, en donde se embarcarán en el primer buque que se proporcione, cuidando que el Comandante de dicha escolta trate á los referidos presos con la suavidad y moderación que sea compatible á la seguridad de sus personas: 6° Que el propio Comandante General acompañado de un escribano les notifique esta providencia: 7° El Secretario de Relaciones y Justicia queda encargado de este decreto. Dado en el Palacio Nacional de Guatemala, á 7 de septiembre de 1829.-José Barrundia.-Por disposición del Presidente-Manuel Julián Ibarra. Y lo traslado á U. para su cumplimiento en la parte que le corresponda.-Dios, Unión, Libertad.-Palacio Nacional de Guatemala, 7 de septiembre de 1829.-Espinoza.

Centro América debe avergonzarse de que se publique esta disposición, porque es tan bárbara tanto en el lenguaje, como en los conceptos y en las intenciones, que descubren una ignorancia supina de los hombres que están al frente de los negocios, y el pueblo más abyecto se creería muy ofendido en su orgullo de que lo gobernasen; pero debo publicarla para darlos á conocer en la República, pues que hasta ahora han deslumbrado con pomposas é insignificantes ofertas que todos deben saber que son incapaces de cumplir. Cómo pudieron pensar que la tierra clásica de la libertad de los Estados Unidos de Norte América puede ser la cárcel de los proscritos por los anarquistas del Centro? Y cuáles son las leyes con cuyo peso me amenazan si salgo de estos Estados? En Centro América no existen, ni han existido en Nación alguna, porque no puede ser que existan, pues ni los cafres ni los hotentotes son tan bárbaros que pudieran dar semejantes leyes; á los únicos que les ocurrió perseguir á los que no pueden proteger, porque ya no son ni ciudadanos, ni habitantes, ni pertenecen al país mientras reine la tiranía, es á los revolucionarios de mi desgraciada patria. Y por qué temen que vaya á Méjico? Pero no...... no insistamos en estas barbaridades. Ya es tiempo de levantar la pluma y dejar á los hombres que mediten y juzguen.

Antes de mi última adversidad estuve siempre resuelto á dar cuenta á mi Nación de mi conducta administrativa, ya en el Gobierno, ya en el ejército, y este paso hubiera cerrado mi carrera política llenando el último deber que todo funcionario tiene. Calumniado y preso por hombres inmorales y procaces, pensé en defenderme, y hubiera expuesto ante la ley la serie de mis acciones públicas, para que ella pronunciara mi absolución ó mi castigo; pero habiéndome robado este derecho los mismos que han atentado contra mi honor y mi persona, me pusieron en la necesidad de imprimir esta memoria justificativa de mis procederes, que comprende desde la época á que se remontan las calumnias, y que hubiera presentado para defenderme á mis propios enemigos; porque hallándome sin fortuna, pues en 18 años de revolución no he podido ni he sabido adquirirla, y antes sí he perdido el patrimonio que me legaron mis mayores, mi honor es toda mi riqueza, y la única herencia que hasta ahora tienen mis hijos. Centro América que me encomendó sus destinos: yo que acepté tan grave encargo: y mis descendientes que es indispensable participen de lo que yo soy, exigen de mí que defienda mi reputación y buen nombre. Cometería una falta insubsanable si con tan poderosos motivos callara, por más que en mi interior esté seguro de la pureza con que me he conducido: en este arduo empeño no me ha sido posible omitir la manifestación de los procedimientos de mis detractores, puesto que ellos me han provocado á una lid de hechos, intentando, para lograr sus fines, mancillar mi vida y ensalzar sus feas acciones; poner pues mis procederes y los suyos en su verdadero punto de vista, fue el único recurso que ellos mismos me dejaron en la contienda.

Otra razón también muy más poderosa todavía me indujo á tomar la pluma, no obstante mis pequeños talentos, y es, el sentimiento vivo que devora mi corazón por los males de Centro América: la veo desacreditada por su total dislocación interior: agotadas las instituciones fundamentales: desatendida la enseñanza: decaída la industria: debilitada la moral, fuentes de la civilización y riqueza, y sin las cuales serán siempre efímeras cuantas formas gubernativas se discurran; y últimamente la veo destrozada por las facciones que creó la ambición, que han alimentado las venganzas y que han de perpetuar las desavenencias de los mismos que vencieron, porque después del triunfo no cambiaron los vicios que tienen con las virtudes que debieran tener; no han abandonado sus propios intereses para ocuparse de los de la Nación; han continuado siendo ambiciosos, y no han sabido ser patriotas. Este cuadro tan aflictivo me causa un pesar intenso, y me ha parecido que debía instruir á Centro América en lo malo que han ejecutado algunos centroamericanos, con el objeto de que entrando en la consideración de sus errores, levante su voz soberana y ordene el remedio que urgentemente reclama la deplorable situación á que la han arrastrado.

Al qui sunt ü qui rempublicam ocupavere? Hominis sceleratissimi, inmani avaritia, nocentissimi üdemque superbissini.- SALUSTIO. Pero ¿quiénes son los que se apoderaron de la República? Los malvados, los avarientos, los hombres que en todo hacen mal, y los que tienen un orgullo comparable únicamente con ellos mismos.

Yo no quiero exceptuarme de este juicio, y no sólo deseo, sino que invito á todos los hombres á que detesten mis defectos: he expuesto todo lo que he practicado con una fe ingenua para sujetar mi vida como funcionario á un examen rígido; y exijo, absolutamente exijo que se condenen mis yerros, tanto, si es posible, como yo los condeno.

Para llenar mis ideas en este respecto, comencé mi memoria indicando las causas porque tuve un lugar preferente en la revolución, é hice reminiscencia de la expedición que llevé á Nicaragua, con el intento de fijar el verdadero motivo de haber sido electo Presidente de la República; porque rebaja muchísimo el crédito de una Nación el que los destinos, y mayormente los del primer rango, se adquieran por manejos sórdidos que á la par infaman á los que, desnudos de mérito y de virtud, los ejercen, pervirtiendo la moralidad pública. Consigné mis opiniones relativas al sistema político que se adoptó en la Constitución Nacional: señalé los primeros pasos que di siendo miembro del Supremo Poder Ejecutivo, y declaré el abuso que se ha hecho entre nosotros de la ilimitada libertad de imprenta, quizá más por una indiscreción pueril en aquella época, que por malicia.

Aunque fueron pequeñas y despreciables las primeras desavenencias de las autoridades del Estado de Guatemala con el Supremo Gobierno, no pude pasarlas en silencio porque era necesario dar á conocer quiénes fueron los que empezaron á infringir las leyes y á concitar al desorden. Yo debía descubrir el fondo de mi administración: lo que hice para que la República estuviese á toda hora en posibilidad de defenderse, y mis conatos por cerrar nuestros puertos al comercio de España. Porque, ciertamente, sin poseer estos datos no pudiera formar la Nación un concepto exacto del bien y del mal que se ha obrado, y de las personas que han procurado servirla, distinguiéndolas de las que han ido solamente en pos de su aprovechamiento particular; y sería muy difícil que meditara en las precauciones que deben impedir se reiteren en la marcha ulterior, las inexperiencias y los crímenes de la marcha pasada.

Me interné en el provincialismo, que por desgracia reina entre nosotros, por ser este un origen de los más fecundos de que han provenido los desastres generales, y que con relación á mi persona ha tenido una influencia palpable en Guatemala: estoy cierto que si los hombres que en lo sucesivo dirijan los negocios, no abjuran la manía añeja de pertenecer exclusivamente cada uno á la provincia en que la casualidad lo hizo nacer, y no se refunden todos en la condición de centroamericanos, no puede ser que haya Nación, porque los que hoy están divididos en provinciales, después se subdividirán en departamentales, y más adelante en municipales: no es nimio ni afectado este temor, puesto que ya en Nicaragua las diferencias locales han contribuido á derramar torrentes de sangre, y á que aquel infeliz Estado fluctúe mortalmente en el desorden y en la inmoralidad.

Haciendo mención de las disposiciones del Congreso Federal y de las autoridades del Estado de Guatemala referentes al Salvador, me propuse despertar la atención de los salvadoreños al punto importante de que los mismos hombres que acababan de ser contrarios á sus intereses, los alucinaron fingiéndose adictos á las opiniones de su Estado, y los excitaron á una guerra injusta que les ha traído daños irreparables: no he intentado, al tocar esta materia, atizar las desconfianzas, sino inculcar la prudencia con que es necesario se comporte El Salvador.

Si toqué las elecciones de Diputados para el Congreso Federal de 1826 me propuse en ello hacer ver que la revolución que después se efectuó era un mal preparado con anticipación, y que el Presidente fue asestado desde entonces por los mismos que lo han cubierto de negras y calumniosas acusaciones. Las raíces de esta planta mortífera se encuentran en los artículos 14 y 61 de la Constitución de la República, porque el primero es muy vago en la calificación de los ciudadanos que pueden sufragar, y los demagogos y aspirantes han abusado facilísimamente de su vaguedad, y porque el segundo es escandaloso y ridículo, pues llama á legislar á toda clase de ciudadanos sin exigir virtudes ni saber, y á los jóvenes de veintitrés años en cuya edad teniendo talento, aplicación y recogimiento están adecuados para aprender lo que son las leyes y no para hacerlas. La ley de Solón prohibía perorar en la plaza pública antes de los 50 años, y por una infracción ó privilegio se permitió á Demóstenes decir su primera Filípica á los treinta. ¿Y cuáles son los Demóstenes que tiene Centro América? A formar idea por el artículo 61 de nuestra Ley Fundamental, todos los centroamericanos dejan muy atrás al orador griego! Es por esto que disuelta la Asamblea Constituyente se inundaron nuestros cuerpos deliberantes de toda especie de hombres, y más todavía de jóvenes fogosos, inexpertos y pedantes que dieron con la nave del Estado en los escollos destructores de las revoluciones: ellos sí, serían útiles en los colegios ó en el ejército, pero perniciosos en la casa de la madurez, de la templanza, de la imparcialidad, del desinterés y de la sabiduría. De aquí partió el grado de exaltación á que vinieron los ánimos durante las sesiones del Congreso de 1826: de aquí las prevaricaciones cometidas dentro del propio santuario de las leyes por la persona del extranjero Nicolás Raoul: de aquí, de una vez, el trastorno político y la disolución de la República.

Dos razones me movieron á recordar la convocatoria promovida por el Supremo Gobierno para la reunión extraordinaria del Congreso en octubre de 1826: la una fue acreditar que la cuenta de los gastos públicos, por la cual tanto se ha injuriado al Presidente, estaba concluida y expedita para que la revisaran los autores de las infundadas injurias, y la otra fue patentizar que sin embargo de las elecciones que me dieron los miembros del Cuerpo Legislativo que formaban la oposición; preferí el curso de los negocios á todas las demás consideraciones. Se advertirá en esta conducta, que perpetuamente he solicitado que se expulguen mis funciones administrativas sin recelar de la animadversión de los que me han calumniado, y que mi primer cuidado como funcionario ha consistido en procurar la conveniencia pública, desentendiéndome de la mía.

Mi anhelo vehemente ha sido publicar mi administración, porque estoy cierto de que el centroamericano ha de conocer el contraste que presenta, comparándola con los sucesos que por la persona del Coronel Nicolás Raoul tuvieron lugar en el Gobierno del Estado de Guatemala, y comparándola al mismo tiempo con la conducta de todos los que en distintas épocas y por diversos motivos de la revolución, se declararon contra el Presidente de la República. Este cotejo es de justicia; y yo lo reclamo, y es también muy importante para conocer quiénes son los que han errado, quiénes los que han delinquido y quiénes los que han acertado:

el pueblo debe hacerlo, porque de él reportará la ventaja de saber en lo sucesivo á qué sujetos debe encomendar sus negocios y á cuáles debe desechar.

Si las constituciones políticas no son unos cuadernillos de papel, sin virtud ni poder alguno: si las leyes no son unos fárragos escritos para engañar la multitud: si los funcionarios deben contenerse en la valla que la misma ley ha fijado: si los que son inferiores deben respetar á los que son superiores: si la administración de justicia ha de ser cumplida porque ella es la garantía positiva de los gobiernos y de los pueblos; y en fin, si el que se burla de la Constitución, el que infringe las leyes, el que excede sus facultades, el que no acata á sus superiores, el que impide la recta administración de justicia y el que trastorna el orden público en la sociedad, es un criminal que se hace merecedor de que en él se emplee la fuerza de las propias leyes; yo obré como debía conteniendo al Jefe Barrundia y disponiendo que fuese juzgado por los tribunales competentes. Para Centro América es muy bochornoso y humillante, que se publiquen los excesos de un magistrado del rango de Barrundia, cometidos por un extranjero indiferente á los intereses de la patria, y que con posterioridad ha manifestado cuán inútil y malo es para el público, y que sólo es bueno para sus conveniencias personales; pero por la misma razón que es tan degradante un accidente de esta naturaleza, es indispensable que se recojan las lecciones que presenta para no malograr el sufrimiento y la vergüenza de tantos extravíos é ignominias.

El proceder del Vice Jefe Cirilo Flores y de la Asamblea de Guatemala después del arresto de Barrundia, es un cúmulo de desaciertos provenientes de la naturaleza de nuestras instituciones y de la educación y demás cualidades personales de los individuos que componían aquella Corporación: se encuentran en él perceptibles diferencias, pues Flores era un hombre bastante desemejante de los miembros de la Asamblea que fue arrastrado á obrar por el movimiento revolucionario de unos cuantos jóvenes inexpertos y ardorosos, que tenían el difícil y tremendo encargo de hacer leyes, y que algunos de ellos ya se han arrepentido y enmendado de sus enormes faltas. Los centroamericanos es necesario que examinen con atención lo que practicaron los Representantes del Estado de Guatemala para perderse y para perder la República, porque es inconcuso que ellos ocasionaron su disolución y que fueron la causa de las desgracias de Quezaltenango, que empeñaron á Pierson en los delitos que á poco le trajeron una muerte violenta, que estorbaron en gran parte la reunión del Congreso, convocado por el Senado á excitativa mía, para sesiones extraordinarias, y que si hubiesen procedido como debieran, se habría podido omitir ó dilatar el llamamiento á la Nación del decreto de 10 de octubre de 1826. Remediar para lo venidero tan funestos males, deben ser los conatos de un pueblo que aspira á ser libre y grande.

Reprimir las turbulencias que introdujeron en la Nación las autoridades particulares de Guatemala, era en mí una obligación sagrada en que no debía descuidarme: la Asamblea y el Jefe del Estado del Salvador estaban muy penetrados de esta verdad, y aun fui excitado oficialmente por el ciudadano Juan Vicente Villacorta para que empleara las armas, una vez que los medios de armonía y prudencia no habían tenido efecto; pero súbitamente se cambió el Gobierno del referido Estado, en consecuencia del influjo que ejercieron en él algunos guatemaltecos diestros en desfigurar los hechos y en abrirse la senda que los ha llevado á los puestos elevados, pasando sobre cadáveres y desorganizando la República. Hubo también salvadoreños que por los propios motivos contribuyeron á la calamidad nacional, y que fueron los más aparentes para pervertir la opinión de unas poblaciones que tienen espíritu público, y sus habitantes son de una fibra fuerte: todos han logrado en mucho sus miras y proyectos á medida que los pueblos han recogido por único fruto de su prestación, incendios, muertes, pobreza y la orfandad y viudez de las esposas y de los hijos. Si es cierto que en Centro América hay una voluntad general, decidida á formar una Nación libre bajo un sistema republicano; que se ocupen los centroamericanos con más atención todavía de observar lo que en El Salvador han practicado Prado y su facción, que de lo que hicieron en Guatemala Barrundia, Flores y la Asamblea: que vean al sustituto del Jefe Villacorta convertir contra el Supremo Gobierno en una misma causa, las armas que acababan de auxiliarlo y sostenerlo: que lo vean convocar al Congreso ordinario á la villa de Ahuachapán y valerse de este medio para reunir tropas con que sublevarse; y que lo vean por último, ser el perseguidor más tenaz del orden establecido y del Ejecutivo Federal, por haber dispuesto que el Estado de Guatemala eligiese nuevos representantes y oficiales, cuya medida fue acordada por la Asamblea del Salvador y comunicada al Presidente de la República por el propio Prado. En todo acto se encuentra un principio de inmoralidad que amenaza las instituciones republicanas, que hasta ahora no han podido ni nunca podrán prosperar, si no es por la verdad y la virtud.

No concitar desconfianzas era uno de los primeros objetos que se propuso el Supremo Gobierno, y á pesar de que penetraba las intenciones de la política mañosa de Prado, consultando esta idea, se mantenía sin tropas para resistir una agresión; falta grave en tiempos de anarquía y cuyas consecuencias han sido muy costosas. De la poca guarnición que tenía Guatemala, marcharon 200 hombres al departamento de Gracias para precaver los efectos de las tentativas que en Honduras se atribuían al Jefe Dionisio Herrera. Este funcionario se decidió contra la Federación, y la guerra brotó por aquel lado al mismo tiempo que Prado lanzó sobre la capital de la República las fuerzas que anticipadamente había preparado: en ellas obtuvo colocación el Coronel N. Raoul, que estaba en San Salvador preso y tratado como reo, á la disposición del Juez de su causa, en el concepto de que Prado lo entregaría al momento que se le previniese. Toda la República y con más razón el Estado del Salvador, deben reclamar esta invasión alevosa, que produjo la mortandad de Arrazola, la marcha del ejército federal contra el pérfido invasor, la catástrofe de Milingo, la porfiada guerra que ha afligido á Centro América, y la desorganización y exterminio en que continúa el país, y cuyo fin se pierde en los abismos del tiempo.

La mala suerte que los federales tuvieron en Milingo, se reparó con increíble facilidad: al comenzar de nuevo la campaña, recuperaron el departamento de Sonsonate, y eran muy lisonjeras las esperanzas que se presentaban, pero el rigor de los destinos, injusto y ciego, se opuso á que se hiciera la paz en Izalco, y como un resultado de aquel desacierto, fue en Santa Ana vencido por la astucia, el valor ya victorioso del ejército de la Federación. Antes de aquella jornada emití el decreto de 5 de diciembre de 1827, que adoptó la Asamblea del Salvador y que, desobedeciéndola, rehusó Prado, porque se creyó capaz de rendir á Guatemala: un nuevo ejército aparecido en las llanuras de Ciudad Vieja le impuso miedo, y entonces abrió las negociaciones de paz, que no se efectuaron por la mala fe y engaños con que procedió. Hay en todo lo referido un conjunto de falsedades, de malas intenciones de maleficios que ha gravitado sobre la Nación y especialmente sobre San Salvador; y debe despertar la vigilancia, y debe crear las precauciones del pueblo: cuanto han ejecutado sus engañosos demagogos ha sido en su perjuicio; y será feliz si la experiencia de lo pasado lo alecciona para lo futuro.

Luego que arreglé lo necesario para asegurar la paz en las conferencias de Jutiapa, que frustró Prado, dicté el decreto de 14 de febrero de 1828 por la defección de los jefes que en Jalpatagua depusieron a Perks, y porque tanto para cohonestar aquel suceso, como porque el General Merino quería retirarme de las operaciones de la campaña, la Asamblea de Guatemala y el jefe del ejército salvadoreño convinieron en que yo me separara del ejercicio del Poder: quise dar una prueba de que no estimaba este Poder, conferido legalmente por la Nación, como una propiedad que, sin embargo de los padecimientos públicos, me había de pertenecer; quise también que los resultados dijesen si era o no mi persona la causa de la guerra; y cuando ninguna duda podía caber en estas grandes cuestiones, porque durante mi separación los asuntos políticos y militares empeoraron notablemente, intenté recobrar el mando y me fue negado por el Vicepresidente. Habiendo cumplido con el último deber que me impusiera el carácter de Presidente, me retiré a la ciudad de Santa Ana, donde procuré aún aprovechar la oportunidad que se me asomó de finalizar la guerra; mas lejos de conseguirlo, me arrojaron hacia Guatemala los proyectos de Prado y Morazán, por el acto más injusto y escandaloso que pueden cometer unos hombres calculados para todo género de males.

La debilidad con que los gobernantes residentes en aquel punto defendieron su propia morada puso la plaza en manos de Morazán, a poco de haberla asediado el ejército aliado: se rindió por una capitulación celebrada para anularla; y Dios ha sido testigo de la perfidia con que se violó el sagrado compromiso.

Los que pertenecen a la facción que triunfó se erigieron en autoridades del Estado: llamaron intrusos a sus antecesores y decretaron su muerte. También se erigieron en autoridades de la Federación, apropiándose el poder que un tiempo tuvieron como diputados: que había fenecido porque concluyó el período de sus funciones; que no podían volverlo a ejercer porque era atentatorio contra los principios y contra las leyes; y que, obrando como lo hicieron, se transformaron en unos verdaderos y perfectos tiranos.

Necesitaban de un hombre a quien ataviar con los resplandores de la gran Magistratura, y no pudiendo subir hasta esta eminencia al General Morazán, pusieron en ella al exsenador José Barrundia, a quien ni la fuerza de las bayonetas ni las ilusiones de los sofismas podrán eximirlo de ser un Ejecutivo tiránico.

Obraron bajo el despotismo militar la expulsión de todos los que cargaban el encono de los vencedores: asestaron sus bienes; les exigieron los sueldos que ganaron con su trabajo; acecharon a los frailes y al Arzobispo; sorprendiéronlos al silencio de la noche; los deportaron y se han enriquecido con sus caudales.

Cobardes en la ejecución del crimen e insaciables en venganzas, quisieron asesinarme; pero pretendieron cubrir su delito con el barniz de la ley: concibieron mal su plan, porque lo concibieron con injusticia, y encontraron obstáculos invencibles; decretaron entonces un indulto bárbaro y burlesco en que sistemaron las proscripciones, que de antemano estaban ejecutadas.

Se disolvieron, quedando Barrundia en posesión de la regencia de la República, y la conserva en calidad de senador, aun después de haberse renovado el Senado, sin obtener él reelección para miembro de este cuerpo. ¿Es así como se restablecen las leyes?

Centroamericanos: reparad en el cuadro que presenta vuestra patria: en ella se han recopilado las desdichas y se carece de todo bien, debiendo ser únicamente la residencia de la felicidad. Entre tanto padezcáis en vez de gozar, no estáis gobernados por los sanos principios de la política, sino por el impulso de la revolución y de los intereses particulares: no sois libres, sois esclavos de los mismos que os alucinan. Ellos no os pueden sacar de la funesta situación a que os han reducido, porque no tienen virtudes para desprenderse de sus aprovechamientos y reducirse a vuestras conveniencias: estaréis siempre en revolución, porque a vuestros actuales directores les falta grandeza y generosidad para elevarse a la esfera del recto proceder; y aunque de todo corazón procurarán introduciros en las vías del orden, adquiriendo por un milagro capacidad, buenas inclinaciones y mejores hábitos, han llevado su obra a tales extremos, que están destinados a presentar al mundo la incontestable prueba de la verdad que ha dicho Maquiavelo: ***nadie piense promover una revolución creyendo que la apaciguará según quiera.***

NOTA FINAL

Arce ha sido objeto de la saña del liberalismo guatemalteco, como Morazán el blanco de los odios del partido conservador de Guatemala.

Se ha acusado a Arce de traición al partido liberal por la prisión que ejecutó del jefe liberal del Estado de Guatemala, señor don Juan Barrundia, y por haberse echado en brazos del partido conservador.

Esta acusación, lanzada en los escritos de aquella época, se ha repetido copiándose en obras y artículos de periódico, hasta en estos últimos años.

Juzgando desapasionadamente, creemos injusto ese cargo.

Ante todo debemos hacer observar que, aunque en Guatemala figuraba la mayoría de los hombres prominentes del liberalismo, también eran liberales entonces, y con ejecutorias irrefragables, los hombres que dirigían la política del Gobierno del Salvador, como el P. Matías Delgado, P. Menéndez, Vasconcelos, etc.

Cuando Arce apresó a Barrundia, procedió de acuerdo con los liberales del Salvador y aun a sus instancias; pues estaban indignados por la conducta hostil de ese jefe hacia el Gobierno Federal. El Salvador envió fuerza a Arce para apoyar sus providencias.

APÉNDICE (DOCUMENTOS)

En carta de 15 de junio del corriente año, el doctor don José María Paredes se sirvió rectificar los siguientes puntos tocados en el prefacio de esta Memoria: 1.º La casa en que murió don Juan Manuel Arce. 2.º El estado de miseria en que murió. 3.º El lugar donde fue enterrado.

El señor Paredes dice que Arce murió en la casa del General don Fermín Paredes, asistido por éste, Fermín, Ángel, José María, Policarpo y Agustín Paredes, y un señor Francisco Navas; que aunque murió en la miseria, no lo mantuvieron vivanderas, y que fue enterrado en la iglesia de San Francisco, convertida hoy en cuartel de artillería.

En carta de 4 de julio del corriente año, el señor don Pedro Arce, sobrino del General Arce, confirma lo dicho en el prefacio sobre la asistencia que dieron las vivanderas a dicho General Arce. He aquí sus palabras:

"Recuerdo que una vez que la criada de Arce no fue al mercado, por motivos que se comprenden, fueron varias señoras de la plaza [mercado] a informarse de la causa de aquella falta, y al rato llegó una canasta provista de todo lo necesario, obsequio que continuó todos los días."

En la necrología de Arce, publicada por el periódico oficial de esta República en 1842, se asegura que los restos de aquel hombre ilustre fueron depositados en la iglesia de la Merced, y que sus funerales se hicieron en la de San Francisco.

(DOCUMENTO N.º 1)

DICTAMEN
DE LA COMISIÓN ESPECIAL

Nombrada por la Asamblea Legislativa del Estado del Salvador, reunida extraordinariamente en 18 de octubre de 1826, para examinar los documentos remitidos por el Supremo Gobierno de la Federación al del Estado, relativos todos a la posición peligrosa de la República en cuanto al orden interior y exterior de ella, aprobado por la Asamblea.

Asamblea Legislativa

La Comisión especial nombrada para examinar los expedientes remitidos por el Gobierno, relativos al estado interior y exterior de la República, y para dar a este cuerpo legislativo su dictamen sobre todo, los ha examinado con la detención que le ha permitido la premura del tiempo: ha oído al secretario de Gobierno en sus conferencias, ha acumulado las luces de las personas que pudieran dárselas: ha visto todos los papeles públicos que dicen relación a uno y otro objeto, y ha reunido los documentos y noticias que pudo haber, y en vista de todo, procede a proponer las medidas que a su juicio conviene adoptar.

Es inmenso el campo que se presenta a la comisión. Una pluma diestra lo recorrería en todos sus ángulos, pero los que suscriben no son filósofos ni sabios.

Amaestrados en la escuela del infortunio, y con los pocos conocimientos que les proporciona el manejo de algunos negocios, se atreven a proponer las medidas que contiene este dictamen.

Para proceder con orden hablará la comisión, primero del estado interior de la República: después, de los motivos que hacen temer una agresión extranjera; y por último propondrá los proyectos que convenga adoptar, y las razones principales en que se funden.

Estado interior

El Estado de Guatemala se halla en completa anarquía y en una hostilidad abierta contra el Gobierno Federal. —En el de Nicaragua parece que amenaza muy próximamente la guerra civil que causó tantos estragos en el año de 24.

Las ocurrencias de Guatemala han tomado un aspecto bastante serio, y no parece sino que el genio del mal ha podido sembrar la discordia entre los pueblos y las autoridades del Estado, y entre éstas y el Presidente de la República. Es sensible referir hechos escandalosos o ilegales y descubrir el origen, progresos y estado actual de dichas ocurrencias. Poco acostumbrados los salvadoreños a censurar la conducta ajena, se limitan a arreglar a la ley la suya propia. Si nuestra posición no nos obligase, nada diríamos de las autoridades de un Estado que por tantos títulos nos merece consideración y aprecio, ni de una capital que es el centro del Gobierno. Queremos que nuestras autoridades se respeten, y sabemos que el medio de conseguirlo es respetar las ajenas. No diremos, pues, sino lo absolutamente preciso, sin que nos arredren las invectivas que contra nosotros pueden hacerse. Nada ambicionamos y mañana volveremos gustosos a adquirir nuestra subsistencia con la labranza y el ejercicio de nuestra industria.

Admitido al servicio de la nación el coronel N. Raoul, francés, por consideraciones legales hacia nuestro enviado cerca del gobierno de Colombia, se le nombró comandante de artillería e individuo de la junta consultiva de guerra: en ésta hizo que se trasladase al cuerpo de su mando el oficial de infantería C. Pedro Molina, que estaba destinado por el Presidente para que fuese a traer el cupo de Costa Rica. El gobierno desaprobó el procedimiento de la junta, y previno que el oficial nombrado marchase a su destino. Nombró en seguida al coronel Raoul para que pasase a las costas del Norte a evacuar ciertos reconocimientos militares. Se hizo en el Congreso una proposición del momento, y en virtud de ella se previno al Gobierno suspendiese la marcha de Raoul, entre tanto informaba sobre si era absolutamente necesaria. Se pasó la orden directamente al Gobierno sin sanción del Senado. Aquél consultó a este alto cuerpo manifestándole que en su concepto la orden atacaba la Constitución, coartándole sus facultades, y que además necesitaba la sanción del Senado por contener una verdadera resolución. Sabedores los diputados de dicha consulta, acordaron al siguiente día, se sujetase la orden a la sanción del Senado, pero sin recoger entre tanto la que obraba en el Gobierno. El Senado negó la sanción a la orden y el Congreso no la ratificó. Este incidente indispuso sobremanera los ánimos de los diputados, senadores y Presidente de la República, y cada cual sostuvo con ardor el extremo que creía o justo o arreglado a sus opiniones.

A pocos días nombró el Congreso comisionados que pasasen a los Estados a inculcarles la necesidad de que aprontasen el cupo que la ley les designaba. Nombró, en efecto, para el de Guatemala al coronel Raoul (que se hallaba a la sazón en la costa del Norte), para el del Salvador al coronel Ordóñez, y para el de Costa Rica, al teniente Campero, oficiales todos veteranos y del servicio de la Federación. Se comunicó el nombramiento al Gobierno, y éste manifestó al Congreso que no era de su resorte nombrar militares que había destinado a comisiones militares importantes: que a él corresponde distribuir la fuerza; que el nombramiento coartaba sus facultades y que producía además un deservicio nacional. Fueron muy ardientes las discusiones del Congreso sobre este incidente, y acordó que el Gobierno pusiese a la orden la fórmula constitucional, y que representase por separado con decoro lo que creyese conveniente. El Gobierno contestó que desde el recibo de la orden estaba puesta la fórmula, e insistió en las reflexiones que tenía hechas. Hubo en el Congreso declamaciones bastante fogosas, y cada cual de los diputados protectores de Raoul parece que se propuso traspasar los límites del decoro.

Entre tanto los representantes de este Estado que observaban en el Congreso una mayoría que todo lo precipitaba a su antojo; que había inconstitucionalmente cuatro diputados suplentes por el de Guatemala; que sus reclamaciones para que saliesen eran desoídas; que Guatemala tenía él solo más representantes que todos los Estados juntos; que a la preponderancia de derecho agregaba la de hecho, y en fin, que un cúmulo de circunstancias fatales anunciaban un próximo rompimiento, manifestaron a este Gobierno en 22 de mayo próximo pasado hallarse resueltos a retirarse del Congreso por las razones expuestas. El Jefe del Estado, de conformidad con el parecer del consejo, acordó contestarles, manifestándoles el muy particular aprecio a que eran acreedores; pero que solo en el caso de que la mayoría o la mitad del Congreso se compusiese de diputados del Estado de Guatemala, pudiesen retirarse. Era efectivamente así, y por esta causa y porque las circunstancias se hacían en cada momento más críticas, se retiraron y publicaron un manifiesto de su conducta.

El Presidente de la República comunicó a este Gobierno las ocurrencias sobredichas, a que se le contestó que quedaba penetrado de la rectitud y legalidad de sus procedimientos y que su conducta merecía el aprecio de este Gobierno.

El mismo se dirigió también al Congreso excitándole, pidiéndole y suplicándole que se limitase al ejercicio de sus atribuciones constitucionales y evitase lances desagradables. Se hace reparable que no mereció este Gobierno contestación alguna del Congreso, y esto prueba el espíritu que animaba a su mayoría.

Entró el Congreso en receso y al expirar, designó sin la concurrencia de nuestros representantes, la ciudad de Guatemala para la reunión de la próxima legislatura.

Entre tanto, Raoul había cometido excesos que lo hacían acreedor a un severo castigo. Contra una orden del Presidente regresó del Golfo, y se situó en Gualán y pidió su licencia absoluta en términos desacatados. El Presidente no se la concedió porque tenía causa pendiente. El juez de ésta mandó prenderlo y llevarlo a Omoa: se encomendó la prisión al capitán José María Espínola, que la verificó y condujo al reo a su destino.

Se dice que Espínola allanó una casa en Chiquimula: que el Jefe departamental ocurrió al del Estado de Guatemala y éste a su Asamblea, la que lo autorizó extraordinariamente para que sostuviese los derechos del Estado. Lo cierto es que Espínola y su tropa fueron atacados por trescientos soldados del Estado al mando del C. Cayetano Cerda, y que por mutuos miedos e intercesiones de algunas personas, celebraron una especie de convenio. No se batieron y dieron cuenta a sus respectivos gobiernos.

En Guatemala se publicó un parte de Espínola en que decía que se había unido a Cerda. La realidad fue que Espínola apareció en Chiquimula como en especie de arresto. A poco tiempo llegó Espínola y su tropa a Guatemala. Se ha dicho que en Chiquimula se divulgó la noticia de que estaban en Esquipulas quinientos salvadoreños: que Cerda entró en temor y que dejó ir a Espínola.

El Presidente tuvo noticia de que el Jefe departamental de Chiquimula había dado orden de prender a Espínola, y de que se tramaba una conspiración para deponerlo. Manifestó entonces al Jefe del Estado de Guatemala estos avisos, y le excitó para que si Espínola había infringido las leyes, hiciese instruir la correspondiente justificación, y se la pasase para hacerlo castigar.

En nota de 22 de agosto próximo pasado, el Presidente se dirigió a este Gobierno manifestándole el estado desagradable en que se hallaban las cosas. El Jefe, que advirtió se aproximaba el día en que debía estallar ya la revolución forjada por una facción, le contestó que era llegado el caso de obrar con la fuerza, pues estaban agotados los recursos de armonía y prudencia; que el Gobierno del Salvador apoyaría sus procedimientos legales, sin omitir sacrificio de ninguna clase; y que desde luego preparaba mil hombres que marcharían al primer aviso.

El 5 de septiembre próximo pasado recibió el Presidente el parte oficial de Espínola de haber sido atacado por una fuerza del Estado de Guatemala. Fue igualmente informado de que estaba preparada una conspiración para deponerle, y en su consecuencia dictó en la misma fecha su acuerdo, en virtud del cual fue el día siguiente arrestado el Jefe del Estado y recogidas las armas que tenía la milicia activa acuartelada y otras pertenecientes al mismo Estado. El acuerdo se cumplió puntualmente y sin la menor efusión de sangre. El Jefe de Guatemala fue puesto en el término constitucional a disposición de su autoridad respectiva y el segundo jefe tomó el mando. El Presidente requirió a éste, para que previniese a Cerda depusiese las armas; cuya nota no fue contestada.

La Asamblea del Estado se trasladó a San Martín, y se dice que decretó su traslación a Quezaltenango. Ella y el Gobierno del Estado se ocupan en hacer armas contra el de la Federación.

Mientras estos sucesos sobrevenían, el Estado de Guatemala se apropió la renta del tabaco, y la Asamblea ha concedido al Gobierno y aun a los jefes departamentales de aquel Estado facultades extraordinarias desconocidas en la Constitución. Contra una ley terminante ha admitido al servicio del Estado oficiales veteranos que se hallaban al de la Federación: se preparan tropas en Chiquimula al mando de Cerda y en Totonicapán al de Teniente coronel N. Pierson.

Con infracción de una ley general, se fabrica pólvora en aquel Estado y se han hecho tentativas para fundir cañones y para reunir fusiles.

Aquellos pueblos, entre tanto, comienzan a conmoverse. En Verapaz hubo una escisión verdaderamente hostil. En San Juan Sacatepéquez se presentó una conmoción y los síntomas que se dejan ver en Chiquimula y Quezaltenango hacen temer que en ellos se harán ver iguales faltas según el orden natural de cosas, y que los partidos de aquel grande Estado irremisiblemente se conmoverán.

Estas escisiones de los pueblos respecto de sus superiores legítimos, y de las autoridades del Estado respecto al Presidente de la República, son demasiadamente perjudiciales y de una trascendencia general: reclaman, por tanto, altamente la atención de la Asamblea; y la comisión cree que el medio de sofocarlas es adoptar los proyectos que propone. En esta difusa narración, se observa un hecho sencillo de que la comisión no puede prescindir.

Espínola obraba en la prisión de Raoul como agente del Gobierno: Cerda lo ataca con tropas; hay, pues, en este suceso un verdadero ataque con fuerza armada a la autoridad constituida. Poca lógica se necesita para el conocimiento de esta verdad.

Es asimismo informado el Presidente de que se tramaba una conspiración y de que amenazaba un próximo riesgo del orden público, en que tenía mucha parte el Jefe del Estado de Guatemala. Todos los antecedentes, y el hecho de Cerda, daban a estos informes demasiada fuerza. Recogiendo, pues, las armas, y arrestando al Jefe, obró conforme a la Constitución. Se aproximaba una insurrección, y preparó las armas para contenerla. Su conducta fue arreglada a los artículos 120, 127 y 176 de la Constitución Federal.

Si los espíritus no estuvieran acalorados, nadie negaría la verdad de lo expuesto, mas, por desgracia, las pasiones son las que han obrado en este negocio, y ellas precipitarían a la República si El Salvador no estuviera de por medio. La comisión supone que Espínola allanó casas y cometió delitos de gravedad: el orden legal exigía que se instruyese el correspondiente sumario y que se hiciese juzgar en consejo de guerra.

No cree la comisión que el Estado de Guatemala haya podido usar de la fuerza para castigar los excesos de militares sujetos a la federación. Si el hecho fuese así, no habría orden ni Constitución. El Presidente no puede castigar a un súbdito del Estado; debe quejarse de él a la autoridad respectiva. El jefe del Estado no puede por sí reprimir los excesos de un súbdito de la federación, sin contrariar la ley fundamental. No hagamos elástica la Constitución. Amemos y sostengamos de buena fe el sistema, y no se repetirán sucesos que nos desacrediten.

Aun cuando el superior respectivo no hiciese castigar a sus súbditos, sufrir esto sería menos mal que tomarse por sí la venganza. Estos son sacrificios indispensables en todos los pueblos; y mientras los hombres compongan las naciones habrá infracciones de ley, injusticias y defectos.

Ningún Estado de la federación puede quejarse más sobre este punto que el del Salvador; y su conducta ha comprobado que está resuelto a sostener el sistema a costa de sufrimientos.

En Jutiapa se formó un club de personas enemigas de este Estado, que desde allí perturbaba la tranquilidad pública. El director del Estado denunció a la federación dicha junta, y pidió que se entregaran las personas a las autoridades de este Estado para hacerlas castigar, y que de no, mandaría una partida de tropa a prender a los delincuentes: la federación vio con desprecio esta justa solicitud, y el Estado sufrió, guardó silencio.

El Padre Arzobispo, por sí y por medio de los clérigos y frailes, sus agentes, ha soplado de continuo el fuego de la discordia, y ha agotado sus arbitrios para sembrar entre nosotros la guerra civil. El Gobierno del Estado requiere a las autoridades de la federación y a las del Estado de Guatemala; y sin embargo de que antes el exhorto de un alcalde era cumplido; que la Constitución establece que los Estados deben entregarse mutuamente los reos que se reclamen, y que la comunicación se hizo en el orden constitucional, los reos no han sido entregados y el Estado ha tenido que sufrir. Baste esto, porque siempre es odioso referir hechos de esta naturaleza. Lo cierto es que El Salvador ha hecho sacrificios de toda especie por sostener el sistema adoptado.

En Nicaragua se ve aproximar la guerra civil que lo destruyó: la Asamblea y Gobierno de aquel Estado se desconocen mutuamente y los preparativos amenazan un rompimiento hostil. Si hubiese permanecido allí una fuerza neutral, no se verían renovar males que horrorizan a la humanidad. Debe gobernarse a los hombres como son en sí y no como quisiéramos que fuesen. La ciencia del Gobierno no consiste en vanas teorías: éstas han influido demasiado en nuestros negocios, y hoy experimenta Nicaragua sus efectos. Es regular que el Estado de Guatemala auxilie a nuestros hermanos nicaragüenses. El Salvador lo hizo así, y lo hará con placer, siempre que lo permitan sus circunstancias.

Estado exterior

Noticias oficiales nos indican que se aproxima una invasión contra las Américas independientes: han arribado a la Habana veinte mil hombres sobre la guarnición ordinaria, y se esperaba una escuadra que debía conducir cuarenta mil hombres más. El Dr. Francia, dictador del Paraguay, mandó a Madrid al Coronel Yegres a ofrecerle a Fernando VII aquel territorio y doce millones de pesos para la reconquista de sus colonias. Se dice que se había propuesto por los ministros de la liga un acomodamiento al Gabinete de S. James en que se exigía que Inglaterra no favoreciese a las Américas, aunque la España fuese auxiliada por las potencias extranjeras; ofreciendo en recompensa a la Inglaterra el reconocimiento de los tratados que había celebrado con las naciones americanas independientes, y que su comercio respecto de ellas quedaría in statu quo. De forma que todas las probabilidades nos anuncian un inminente riesgo, y se cree que por este motivo se ha trasladado la Dieta Americana a Tacubaya. Entre tanto, nuestros puertos no se hallan en el mejor estado de defensa: el Presidente se ve sin tropas bastantes, sin rentas y hostilizado, y los Estados de Guatemala y Nicaragua presentan un orden de cosas nada halagüeño. ¿Hasta cuándo conocerán los americanos sus verdaderos intereses? La mayoría del último Congreso se ocupó de fruslerías; y aunque el Gobierno lo excitó repetidas veces, solo despertaba de su letargo para proteger a determinadas personas. La mayoría del penúltimo Congreso, por distintos principios, obraba de la misma manera. Los partidos de Guatemala han sido en todo tiempo nuestra cuchilla y nuestro cadalso, y ya es llegada la ocasión de que nosotros obremos con más decisión.

Se deduce de lo expuesto que es preciso que El Salvador se maneje con la franqueza y energía que le son características: ha hecho sacrificios por la independencia absoluta; ama de buena fe el sistema adoptado y quiere la Constitución. La sangre salvadoreña derramada en el campo de batalla es la columna que sostiene nuestras instituciones. Sabemos ser libres y sabremos imitar a nuestros ilustres guerreros que murieron con las armas en la mano en defensa de nuestra libertad.

El Estado, pues, debe hacer una declaratoria solemne que garantice la Constitución, las leyes y las autoridades constituidas, y que asegure el orden y la tranquilidad pública: nuestro Estado no verá con indiferencia que la Asamblea de un Estado no obre libremente; que su jefe sea desconocido de sus súbditos o que el Gobierno de la federación sea hostilizado.

El Estado debe hacer saber a los crueles españoles que no es este el siglo de las conquistas: que los americanos amamos de corazón nuestra independencia, y que sabemos ya empuñar la espada y manejar el fusil: que nos harán sentir males, pero que nosotros les haremos beber el cáliz amargo de una guerra denodada y el de la muerte. Sí, señor: los salvadoreños no transigimos con los españoles: moriremos en hora buena, pero moriremos como libres con las armas en la mano y regaremos con nuestra sangre el árbol de la libertad para que nuestros hijos gocen de sus opimos frutos.

Nuestros puertos hasta el día siguen abiertos al comercio español, al paso que otras potencias de nuestro continente, tiempo ha que cerraron los suyos: esta es una medida dictada por la naturaleza, apoyada por la justicia y sostenida por la necesidad de velar mucho sobre la conservación de nuestra independencia.

Los puertos deben cerrarse para los súbditos de la España; pero esta providencia ha de ser acordada por el Gobierno de la federación; por esto se propone el proyecto de ley número 8.

He aquí los principales fundamentos de los proyectos número 1, 2, 3, 4 y 5.

En el primero, además de la declaración de que se ha hablado, se proporciona a la federación y a los Estados los auxilios que necesiten; se evitan las escisiones de los pueblos y se dan al Gobierno facultades extraordinarias que lo coloquen en aptitud de obrar con energía y respetabilidad, y que le proporcionen los auxilios que necesite para defender nuestra independencia y sostener el orden público.

El Gobierno ha dado pruebas repetidas de liberalidad y patriotismo, y de que sus providencias tienden al bien público. Fundada en esto la comisión, le concede facultades extraordinarias, temibles siempre en manos de los gobernantes. Pero las ha coartado cuanto la salud de la patria lo ha permitido, y ella confía en que el jefe del Estado sabrá hacer un uso prudente de estas facultades, y que las empleará sólo en beneficio de los pueblos.

Sin tropa organizada no puede sostenerse la independencia ni cuidarse del orden. Existe en el Estado una legión organizada, armada y con todos los equipos de guerra; mas esta no es suficiente en las circunstancias actuales. Por otra parte, la experiencia ha acreditado que la milicia cívica no produce saludables efectos bajo el reglamento actual, fuera de que su institución tiene por objeto defender en lo interior nuestros hogares.

Por esto propone la comisión, en el proyecto número 2, que la legión se aumente a doble número del que hoy la compone. Para la designación de los lugares en que deben organizarse los cuerpos militares, ha tenido presente la mayor o menor disposición de los habitantes, y que las cargas graviten con la igualdad posible.

Existe en el almacén del Estado suficiente número de fusiles de superior calidad: poco más de seiscientos deteriorados, y pronto serán introducidos en él mil trescientos nuevos. Hay, pues, un armamento abundante en toda clase de armas; y si este armamento no fuese suficiente, queda el Gobierno autorizado para proporcionar el más que se necesite.

Pero con soldados y armas nada se ha hecho si no hay rentas suficientes. El tabaco, la alcabala marítima, la pólvora y correos están aplicados a la federación, y el Estado no las toca. Las rentas ordinarias apenas bastan a cubrir el presupuesto de la misma especie; es preciso, pues, acudir a contribuciones extraordinarias. En ningún Estado es más respetada la propiedad que en el del Salvador; los propietarios son testigos de esta verdad, y ellos saben que a pesar de las urgencias del Estado, no se les ha gravado con nuevas contribuciones, y que han sido religiosamente reintegrados de los préstamos que han hecho.

Sólo la dura necesidad obliga a la comisión a proponer el proyecto de ley número 3; en él no se hace más que hacer se lleve a debido efecto la contribución decretada por la Asamblea Nacional Constituyente en 7 de febrero de 824, sobre las fincas eclesiásticas, aumentando la cantidad de siete al quince por ciento. Estas fincas y establecimientos que han estado exentas de contribuciones, que se hallan en manos muertas, que poco producen a la agricultura y a sus mismos poseedores, que no pertenecen a particulares sobre quienes ha recaído siempre el peso de las contribuciones, que la sociedad garantiza y que tienen objetos piadosos, deben justamente contribuir con la cantidad considerable para la libertad e independencia de la patria y para el sostén del orden público.

El quinto proyecto contiene un decreto para que nuestros diputados concurran al Congreso al solo acto de fijar el lugar de su residencia, y que si acordase ser éste Guatemala, se retiren y no se reconozcan las providencias de las autoridades federales.

La imperiosa necesidad obliga a la comisión a proponer esta medida. Guatemala es el foco de la discordia y el centro de los partidos. Aún no olvida su antigua dominación. Trescientos años fuimos sus esclavos, y quisiera que lo fuésemos aún.

Aquí recuerda la comisión, no sin dolor, los ominosos escándalos del memorable 4 de octubre de 823, cuando una facción, o llámese mayoría de la A. N., echó por tierra leyes fundamentales de la República y artículos de su reglamento interior, tan sólo por colocar en el supremo gobierno individuos que tenía preparados para embarazar la entrada en Guatemala de las armas salvadoreñas, que volaban con el solo objeto de destruir a los rebeldes que en 14 de septiembre anterior desconocieron toda autoridad y se dieron por jefe al execrable Ariza y Torres. No quiere la comisión continuar recorriendo esta época, porque los hechos entonces ocurridos cubrirán para siempre de ignominia a los que tuvieron la avilantez de figurar como caudillos.

Los hombres del Estado de Guatemala reducen su atención únicamente a la ciudad; los partidos se hallan bastantemente encarnizados; la ruina y la destrucción de un partido es la patria y el patriotismo de los partidarios del otro; no tratan más que de acuchillarse mutuamente, entre tanto que la nación fluctúa en medio de los mayores peligros.

Los funcionarios no pueden allí obrar con energía e imparcialidad. Entre las oscilaciones de los partidos y sus mutuas pretensiones, se paraliza la acción del Gobierno. El aspirantismo es excesivo y produce desafectos. La masa del pueblo no ha tomado parte en los negocios, y los pocos que los manejan lo hacen según sus pasiones. Pocos hombres hay en Guatemala verdaderamente centroamericanos. Entre tanto no se acaben los prestigios de la antigua capital, y los partidos no se amortigüen, Guatemala será el peor punto para la residencia de los gobernantes.

Fundado en estas razones el Gobierno de este Estado, instruyó a los Diputados para que promoviesen en el Congreso variase de residencia. La Asamblea lo excitó con este mismo objeto, y sin embargo de todo, el Congreso acordó que la próxima reunión se verificase allí. Mientras el Congreso exista en Guatemala, este Estado nada tiene que esperar de las autoridades federales. Una triste experiencia le ha dado esta lección. El Congreso dominado por serviles le ha inferido males. El Congreso dominado por liberales guatemaltecos se los ha hecho igualmente: sirva de ejemplo la orden de cupos que fijó el uno y ratificó el otro. Acaba de observarse esto mismo respecto del Senado de una manera bastante ostensible. Convoca extraordinariamente al Congreso, y como si fuera ordinario, le llama la atención a negocios de poco momento y no urgentes, y no se olvidó de colocar entre ellos el montepío de cosecheros de añil y las reclamaciones de algunos santanecos para separarse de este Estado. Hay todavía otras más reflexiones que hacer. El clima de Guatemala es regularmente perjudicial a los provincianos: por esto y por la distancia concurren pocos Diputados. El Estado de Guatemala tiene diez y ocho representantes, así es que ellos disponen a su arbitrio de los negocios. Es, pues, necesario que los poderes federales fijen su residencia fuera de Guatemala para que de esta suerte obren en beneficio de la nación.

Con el fin de que se halle plenamente instruido de las ocurrencias que diariamente sobrevienen en Guatemala, y que el Estado pueda obrar con imparcialidad, se le autoriza en la orden N.º 7 para que pueda nombrar algún agente secreto que resida en aquella capital.

Cree también conveniente la comisión que el Padre Obispo electo se dirija a los pueblos por medio de una pastoral que dé a los curas párrocos, exhortándoles sobre la obligación de conservar la tranquilidad pública: de servir a la patria con las armas, y de contribuir para los gastos públicos. Este es el fin de la orden número 8 que propone la comisión.

Por último, se ha pasado también a la comisión la reclamación del Presidente de la República, y documentos que la acompañan sobre haber traspasado la Asamblea de Guatemala los límites constitucionales. El negocio debía venir por conducto del Senado, pero constando oficialmente que dicho cuerpo no se halla reunido, y urgiendo por otra parte la resolución, hizo el Presidente dirigiéndose a este Estado, lo que las circunstancias le permitieron. Aunque el expediente suministra bastantes luces, no está bien que se resuelva sin oír a la Asamblea de Guatemala.

En consecuencia de lo expuesto la comisión opina: 1.º Que la Asamblea pueda servirse decretar los proyectos que le presenta con los números 1, 2, 3, 4, 5, 6 y 7. —2.º Que se manifieste al Jefe del Estado que ha sido de la aprobación de la Asamblea su conducta y procedimientos de que queda hecho mérito; y 3.º Que se pase el expediente sobre haber traspasado la Asamblea de Guatemala los límites constitucionales a informe de la referida Asamblea, manifestándole que si entre tanto evacuase su informe, se reúne el Senado, pase a este alto cuerpo el expediente para los efectos que asigna el artículo 194 de la Constitución. —San Salvador, Octubre 21 de 1826. —Rodríguez. —Meléndez. —Castro.

Los decretos que se anuncian, se omiten por no aumentar el volumen, no siendo necesarios, porque aquí se expresan sus objetos.

[DOCUMENTO N.º 2]

LOS REPRESENTANTES

Del Estado del Salvador en el Congreso Federal de Centro América a los pueblos que los constituyeron.

El 2 del corriente dejamos nuestros asientos, retirándonos del Congreso Federal, y debemos dar cuenta a nuestros comitentes de las razones que han dirigido nuestra conducta política como diputados del Estado libre del Salvador. Ni las pasiones ni los intereses han tenido parte en nuestra retirada, sino que huimos de unas y otros desde que los vimos apoderarse del Santuario de las leyes, y desde que pudimos convencernos de que la Constitución federal no era observada en la organización del Congreso y en el ejercicio de las atribuciones que la ley fundamental ha determinado para cada uno de los poderes constitucionales.

Desde que en el mes de marzo abrió sus sesiones el Congreso federal se observó una tendencia decidida en la mayoría de sus miembros a organizar ella misma, y por su elección, el cuerpo legislativo como un cuerpo aristocrático. Se vieron, pues, reprobarse escandalosamente varias credenciales, dándose otras tantas resoluciones contradictorias, según lo exigían los intereses y las circunstancias del momento. Un hijo del Estado de Honduras, que no reside ni ejerce en dicho Estado, y que fue electo representante, es repelido por una interpretación violenta y arbitraria del art. 62 de la Ley fundamental. El Estado de Costa Rica, que no tenía en el Congreso sino un representante, eligió constitucionalmente otro que le correspondía, y bajo el pretexto de no haberse verificado la elección a virtud de una convocatoria del Congreso anterior, sino como dispone la ley fundamental en el título 3.º, fueron desaprobadas las credenciales, habiendo el electo regresado con desaire de sus comitentes después de un largo camino, y con la certeza de que su país no tendría completa su representación en esta legislatura, por la distancia que separa a Costa Rica de esta capital.

Entre tanto, hallándose el Estado de Guatemala con más de los dos tercios de sus representantes, siendo estos mayores en número que los de cualquiera de los otros Estados de la Federación, y no faltándole para su totalidad sino dos o tres propietarios, se creyó la mayoría autorizada para llamar suplentes, sin arreglarse al art. 57 de la Constitución. Si el Congreso no tenía en marzo el número constitucional para estar constituido y funcionar como tal Congreso, no debió abrir sus sesiones; pero si tuvo completa la mayoría absoluta de los miembros que deben componerle, si no ocurrieron en caso de muerte o imposibilidad en algunos diputados propietarios, sino falta de elecciones, o falta de concurrencia en los elegidos o nulidad de los nombrados, no se estaba en el caso de llamar suplentes, y fue un procedimiento diametralmente opuesto a la Constitución, y por tanto arbitrario, abuso de poder, dirigido a formar el Congreso por elección del mismo como un cuerpo aristocrático, y no como un cuerpo legislativo popular y constitucionalmente organizado.

Pero aun suponiendo que los suplentes se hubiesen llamado por faltas de los propietarios, como imposibles de vencer de otra manera; suponiendo que la misión de los suplentes fuese legítima, porque un Estado como el de Guatemala no tuviese completa su representación; suponiendo que estas faltas fuesen al principio de la legislatura necesarias de llenarse por medios extraordinarios; después que tomaron asiento otros propietarios debieron salir los suplentes, que ni la necesidad ni la Constitución autorizaban ya su permanencia. La ley fundamental la resiste, y resistiéndola, invalida todos los actos del Congreso que tengan lugar con la concurrencia al cuerpo Legislativo de unos hombres sin representación legítima, sin misión constitucional. Esta infracción es más notable respecto del suplente por el Estado de Nicaragua, ciudadano Cayetano Bustamante, cuyas credenciales no fueron vistas ni aprobadas por el Congreso, sino que fue llamado por un acuerdo dictado sin solemnidad alguna constitucional, y sin salvarse al menos las apariencias o las fórmulas constitucionales.

Esta conducta del Congreso chocaría aun en un cuerpo constituyente de facultades menos expresas o más amplias; pero en un cuerpo constitucional, con una ley expresa y terminante, infringida ésta, sin resultado nuestra proposición dirigida a que saliesen los suplentes; despreciada también otra que se hizo sobre que el ciudadano Bustamante se hallaba en el Congreso sin credenciales aprobadas, no nos ha dejado dudar que esa mayoría del Congreso, compuesta con la concurrencia de los suplentes, ha tenido el objeto de formar y mantener el Congreso como un cuerpo aristocrático. Que hay también el de trastornar y destruir las autoridades constituidas de la federación, y llenar así los votos y los planes de la ambición y de la venganza, que se abrigan en el seno mismo de esa mayoría anticonstitucional.

En febrero de 825, y por la existencia de un solo suplente en la Asamblea constituyente del Estado de Guatemala, abandonaron sus puestos los diputados que sostenían en aquel cuerpo el partido de la libertad: quedaban reunidos diez representantes incluso el suplente; eran la mayoría de la legislatura compuesta de diez y nueve miembros; tomó asiento otro representante cuyas credenciales estaban aprobadas por la Asamblea antes del retiro de aquéllos; y, sin embargo, la existencia de aquel solo suplente en un cuerpo constituyente, hizo desconocer su autoridad por el jefe del Estado y por los mismos que se retiraron: ellos protestaron la nulidad de todos los actos de la Asamblea durante su ausencia, y en efecto no se ejerció ninguno hasta su vuelta. Si esto fue considerado legítimo y justo, no hay razón alguna para que bajo el orden constitucional, y determinados por él los casos en que un suplente puede ocurrir, permanezcan cuatro cuya existencia no autoriza la Constitución, sino que vienen y funcionan por la designación que han hecho los que a su arbitrio, y por miras más extensas y menos sanas, han querido y logrado organizar discrecionariamente el Congreso para dominar en él y tiranizar los otros poderes.

Tal es el plan de la ambición y de la venganza y a cuya cooperación nos hemos resistido, abandonando nuestros asientos por último recurso, y con nosotros el representante único de Costa Rica, cuyos esfuerzos fueron vanos para que aquel Estado tuviese en el Congreso la representación que le corresponde. Nosotros observamos de qué espíritu está animada la mayoría inconstitucional del Congreso. Veíamos dentro de ella al ciudadano que, habiendo aspirado a la presidencia de la República y sostenido en papeles públicos que él es el presidente legítimamente electo por los pueblos, quitándose la máscara y sin disfraz alguno, cuando los medios empleados para insurreccionar toda la nación no tuvieron efecto, buscar otros en el seno del Congreso para derribar al electo del puesto que ocupa y a que lo elevaron los votos de los pueblos, y la elección legítima y constitucional del anterior Congreso, fundada también sobre la opinión pública por los servicios que ha prestado a la causa de la independencia y de la libertad. Fácilmente se formó una alianza entre la rivalidad ambiciosa y los resentimientos de los mismos que sufragaron por el actual Presidente, designándole como el llamado al puesto que ocupa por sus servicios y por la opinión pública.

Para llenar el objeto indicado, la legislatura no se ocupó de otra cosa en los tres meses corridos hasta fin de mayo que en pedir informes al Ejecutivo para descubrir los caminos que conducen a la responsabilidad. Entre más de cien órdenes o resoluciones que se han expedido, apenas pueden señalarse unas pocas que se refieran a un objeto legislativo, y en las más de ellas aparecen medidas gubernativas o que tienden a un objeto ejecutivo. La nación no ha visto el resultado de los trabajos de los representantes en tres meses de sesiones. La responsabilidad del Presidente parecía ser el objeto de esta legislatura, y para prepararla era preciso dictar resoluciones que no siendo conformes a la Constitución no fueran cumplidas por el Ejecutivo; o que siendo cumplidas, anulasen sus atribuciones o le presentasen a la República ya como el cómplice de la infracción de la ley, o como un poder débil y despreciable que se deja arrebatar sus atribuciones y abandona el depósito que le confió la Constitución. Los patriotas mismos, olvidándose de todos los antecedentes y de todos los principios que han sostenido y están consignados en la ley fundamental, han venido a ser los cómplices de un solo hombre, para servir a sus personales miras. Han cerrado los ojos sobre los peligros de la patria, confiándose tal vez demasiado de los que no tienen interés en sostenerla, acaso también de los que trabajan por un trastorno cuyas consecuencias, después de desgracias muy dolorosas, vendrían a ser cuando menos la variación del actual sistema de gobierno, cuya doble mira abrigan y ocultan los que han buscado y buscan un trastorno en las autoridades constituidas.

El Poder Ejecutivo, que por la Constitución tiene facultades muy limitadas, se vio contrariado al destinar a las costas al desempeño de una comisión al coronel francés que está al servicio de la República, N. Raoul. Se opuso el Congreso a su marcha bajo el pretexto de estar destinado para auxiliar a la comisión de guerra, y mandó suspender dicha marcha hasta tanto informase el gobierno sobre el objeto de ellas; pero como ésta era una resolución y debía ser sancionada, el Congreso después de comunicarla al gobierno tuvo que recogerla y pasarla al Senado, que negó la sanción.

Por los mismos días fue destinado un subteniente a otra comisión: ocurrió al Congreso y su recurso fue acogido, pidiéndose informe al gobierno para exigirle la responsabilidad, que no pudo encontrarse. Otro medio proporcionó después la ocasión de exigirla. El Ejecutivo propuso al Congreso que para recabar los cupos de hombres de los Estados nombrase comisiones de su seno compuestas de aquellos diputados de mejor opinión de los pueblos. Creyó el Congreso que adoptando la medida del gobierno se disolvía el cuerpo legislativo, y acordó éste nombrar él mismo los comisionados de fuera de su seno. Los nombró, en efecto, y para inutilizar las medidas militares y gubernativas del Ejecutivo, fue electo el Coronel Raoul para el Estado de Guatemala, el coronel Ordóñez para el Estado del Salvador, y el Teniente Camperos para el de Costa Rica. Prescindimos ahora de haberlo sido para el de Honduras el Director del Crédito Público, sin que este establecimiento útil y necesario haya llegado a organizarse, pues está bajo la inspección del Cuerpo Legislativo; pero el gobierno no podía prescindir de que tiene empleados a los tres militares, uno en el golfo, otro en la junta de guerra, y otro en el fuerte de San Carlos: conocía el gobierno que correspondiéndole por el artículo 119 de la Constitución la facultad de dirigir la fuerza armada, si el Congreso podía disponer de los militares empleados, variándoles los destinos que les ha dado el que dirige la fuerza, no solo paraliza y enerva el Cuerpo Legislativo las medidas gubernativas, sino que se introduce a dirigir la fuerza armada, que se forma de individuos, pues el que puede disponer de tres puede disponer de ciento y de mil; burlando bajo cualquier pretexto el principio constitucional relativo a las facultades del gobierno. Sucede otro trastorno, y es el de que la subordinación y obediencia militar se pierden desde que el soldado encuentra recursos en el cuerpo legislativo para desobedecer a sus superiores.

Esto ha sucedido también, y es tanto más escandaloso, cuanto que la mayoría inconstitucional del Congreso, por humillar y despreciar al Gobierno supremo de la República, ha protegido la desobediencia de un militar extranjero que contrató sus servicios con la República, y que ha dejado el puesto que se le destinó contra todas las órdenes que se le habían dado, y después de esta falta ha cometido el crimen de insultar al Gobierno en términos que ningún hijo de la República, ninguno de los que le han hecho servicios, se habían atrevido a hacerlo respecto de la última de las autoridades.

En tales circunstancias, y cierto el Presidente de la República de que envilecería el puesto que ocupa, si consintiese en el desprecio de su autoridad, puso por respeto al cuerpo legislativo la fórmula constitucional a la orden en que se le comunicaron los nombramientos, y en la que sin haberse pasado a sanción, se le manda llamar a los nombrados para que desempeñen la comisión, cuya segunda parte, por ser una resolución, y resolución que se introduce en las facultades que tiene el Ejecutivo para destinar a los militares, está sujeta a lo que dispone el artículo 77 de la Constitución, es decir, que para ser válida debe tener la sanción del Senado, pues que no es de los casos terminantemente exceptuados en el mismo artículo. Pero al mismo tiempo representó el Gobierno al Congreso sobre que el nombramiento hecho en los militares infringía los principios de la Constitución, coartaba las facultades del Gobierno, paralizaba sus medidas gubernativas y anulaba todas las que pudiese tomar sobre la defensa de la República, y concluyó con pedir al Congreso hiciese nuevos nombramientos.

Esta representación, concebida en los términos en que un poder puede hablar a otro, y en que es permitido y debido hablar bajo nuestro sistema republicano, se tomó por una ofensa a la representación nacional, y por ella quiso exigirse la responsabilidad al Presidente; pero por entonces se limitó el Congreso a mandar que manifestase haber ordenado el cumplimiento de la orden, y representase con el decoro correspondiente lo que le ocurriese. Al tomarse esta medida se nos hizo entender, y se nos ofreció, que serían variados los nombramientos, en vista de las razones que expusiera el Gobierno. Manifestó éste que la orden estaba diligenciada desde el día de su recibo, y representó de nuevo y esforzadamente todas las razones de hecho y de derecho que le impiden cumplirla respecto de los militares. Ellas son convincentes, claras, justas y arregladas a la ley; las notas oficiales son decorosas al cuerpo legislativo y decorosas a la autoridad que las dirige: se estaba en el caso de hacer los nuevos nombramientos; pero en vez de ellos se hizo proposición indicando la responsabilidad, y sin duda alguna se había extendido el dictamen en que se pide la declaratoria de haber lugar a formación de causa contra el Presidente.

Antes de este paso, la Asamblea de este Estado dio orden al jefe para que en caso de que el Presidente no obedeciese la del Congreso se desconociera su autoridad, y al mismo tiempo se mandó poner sobre las armas la milicia cívica. En la Asamblea del Estado juegan y obran las mismas pasiones que en la mayoría anticonstitucional del Congreso, y tal vez se mueven por otros resortes que hacen menos honor a algunos representantes. Se ha dicho con generalidad que el Coronel Raoul, desobedeciendo las órdenes del Gobierno, estaba en Chiquimula, y que allí se reunía la milicia provincial que debía ponerse bajo las órdenes del mismo Coronel. El deseo de derrocar al Presidente se manifestaba sin embozo: todas las pasiones y todos los intereses se habían reunido en la mayoría del Congreso, sobre este punto: la revolución debía ser su consecuencia, y nosotros hemos querido evitarla, dejando nuestros asientos. Nosotros no podemos concurrir a un acto nulo por todas sus circunstancias, pero de resultados muy trascendentales. Nulo, porque el acuerdo va a ser la obra de una mayoría formada por suplentes que, sin misión legítima y contra la Constitución, se hallan funcionando a pesar de nuestros reclamos, y nulo porque el agitador más activo de la responsabilidad es el mismo que ha pretendido ser Presidente de la República, y ni por su concepto ni por el del Congreso, ni por delicadeza, se ha abstenido de tomar parte en un negocio en que es recusable, como que se refiere a juzgar a su competidor, y al ciudadano con quien siendo colega en el gobierno provisorio, chocó abiertamente por los negocios de Nicaragua, hasta obligarle a renunciar la silla.

Nosotros no podíamos concurrir a la obra de las pasiones: no debíamos autorizar actos nulos; estábamos y estamos seguros de sus consecuencias, para no evitarlas; la Legislatura había terminado el 31 de mayo: el acuerdo de prorrogarla por otros 30 días del presente se dio con el objeto de continuar tratando este asunto: no ha podido lograrse que se despachen otros del interés general de la República, tales como el presupuesto de gastos del año entrante, cupos de los Estados, etc.; las comisiones más importantes están compuestas de aquellos Diputados que tienen interés en la caída del Presidente: no se ha tratado sino de esto; ninguna Legislatura ha trabajado menos, ninguna ha comprometido más los intereses de la República, y es imposible que en los 30 días de prórroga despache los grandes negocios que reservó para el fin de las sesiones.

Apartándonos del Congreso hemos creído evitar a la patria males de mucha trascendencia y elegir el menor; no hemos hecho más que realizar lo que muchos de los representantes que están reunidos iban a practicar al fin de las sesiones del año último, cuando se trataba de exigir la responsabilidad a los senadores que abiertamente se negaron a poner la fórmula de sanción en un decreto constitucionalmente ratificado por el Congreso. Entonces no se atendió al honor y respeto de éste, al cumplimiento de la ley y al decoro del cuerpo legislativo, insultado en todos conceptos por los senadores. Nosotros hemos sostenido una causa justa, hemos combatido contra los que arbitrariamente y contra la ley fundamental organizaron a su antojo el Congreso: hemos sostenido al Gobierno que, constituido con arreglo a la Constitución, usa de las facultades que ésta le da: nos hemos opuesto a la desorganización de la República, oponiéndonos al juicio tumultuario de las pasiones: y por último hemos seguido el espíritu de los pueblos, nuestros comitentes, no queriendo que un Estado que excede legalmente a los demás en representación, haga más sensible este exceso, aumentando sus Diputados inconstitucionalmente con sólo el objeto de derribar del puesto que ocupa un hijo del Salvador.

Los pueblos que nos eligieron juzgarán nuestra conducta, que les manifestamos franca y sinceramente, protestándoles que no volveremos a nuestros puestos, mientras que el Congreso no esté organizado con arreglo a la Constitución, y mientras que todas las leyes y el gobierno patrio sean sacrificadas al interés de un extranjero y al de la venganza.

Guatemala, 8 de junio de 1826.

José Miguel Alegría. —Buenaventura Guerrero. —Mariano Funes. —José Antonio Peña. —Marcelino Menéndez. —José Higinio Sánchez. —Joaquín Durán.

NOTA

Aunque siempre nos propusimos dar cuenta al público, y especialmente a nuestros comitentes, de los motivos que nos obligaron a dejar nuestros asientos en el Congreso, este manifiesto no se había dado a luz por no contribuir por nuestra parte al descrédito del mismo Congreso y por consiguiente al de la República a quien debe representar; pero una vez que en el número 35 del mal titulado Liberal de 17 del corriente se ha hablado de nuestra retirada, pintándose con los colores negros de que usa siempre el tosco pincel de sus editores, entre los cuales se halla uno de los suplentes cuya permanencia se ha reclamado: se halla otro de los que han dirigido en la Asamblea de este Estado los pasos tortuosos que todos saben en este negocio, y por miras harto vergonzosas; una vez, en fin, que los que aparentan tanto interés por la República no lo tienen en su buen crédito, y hablan en un lenguaje tan indecoroso o tan soez, como ellos llaman, nosotros no debemos vacilar más nuestra justicia.

Que sea honroso el permanecer en un Congreso organizado caprichosa y anticonstitucionalmente; que lo sea sostener en él a un extranjero que ha venido a trastornar todo el orden, prometiendo ser el apoyo y el sostén de hombres mal contentos y ambiciosos: que ha venido a insultar toda la República, haciéndolo a su legítimo Gobierno: que lo sea, sirviendo a las miras personales de un particular que quiere burlarse de toda ella por no haber sido su Presidente y vengarse del que lo es; el juzgar de estos y mil escandalosos hechos corresponde a los pueblos y no a los editores del llamado Liberal, que se cuenta entre esos Diputados que se quedaron reunidos y que se nombran con tanto elogio por la heroicidad de haber seguido concurriendo al edificio. Es bien sabido que después del día 1.º del corriente estos Diputados han completado el número de 22, sin nuestra concurrencia ni la del Diputado de Costa Rica y otro de Nicaragua, y pueden ahora ejercer [tan legalmente como todo lo que hagan y se ha hecho con los suplentes] todos esos actos de justicia contra lo que ellos llaman aristocracia de nuestro Estado del Salvador.

Es bien notable que estos mismos sujetos han sido antes de ahora los más adictos a esa aristocracia del Salvador; los que han sostenido con energía esa mitra, los que no han visto libertad sino en el Salvador, los que no han contado con otro apoyo para ella que con las fuerzas del Salvador, los que creyeron muy justo que esas mismas fuerzas intervinieran en octubre de 823 en los actos legislativos de la A. N. C., los que llamaron la fuerza para este objeto y los que quisieron entonces, y han amenazado siempre, con la preponderancia de nuestro Estado.

Este no ha tenido, ni tiene, ni pretenderá tener tal preponderancia: la que quiere es la intervención constitucional que debe tener en los negocios de la República; no quiere que inconstitucionalmente tenga otro Estado más preponderancia, por la mayoría de votos de suplentes, que terminantemente excluye la ley, y que con desprecio de ésta no quieran soltarse, porque son de aquellos votos que se prestan a todo.

Entre los editores del Liberal hay uno que por igual motivo de existir un suplente, se retiró de la Asamblea del Estado de Guatemala en la ocasión de que habla este manifiesto, y no lo hacía por sostener al jefe del Estado, y ¿por qué en un caso más claro, con mejores motivos y con una Constitución como la que tenemos habrá cambiado de parecer?

Es muy distinto el caso del ciudadano Bonilla y del ciudadano Sánchez, del de los cuatro suplentes. Bonilla era suplente del diputado Zamora: no vino éste a tomar asiento, porque era diputado y ejercía en la Asamblea del Estado de Nicaragua: el Congreso lo declaró en imposibilidad de ejercer en su seno, y fue llamado Bonilla a ejercer constitucionalmente como propietario. El ciudadano Menéndez estaba ejerciendo la diputación; fue nombrado Senador, salió a ejercer este cargo; no podía obtener a un mismo tiempo ambas representaciones; se le declaró en imposibilidad de ser Diputado, y entró su suplente el ciudadano Sánchez a ejercer como propietario. Esto sucedió desde el anterior Congreso, y como todo se hizo constitucionalmente, no se mandaron hacer nuevas elecciones. ¿Y es esto igual al caso de llamarse caprichosamente los suplentes que mejor convinieron con el pretexto de que no habían llegado propietarios, o cuyas elecciones no se habían verificado; o se habían dado por nulas las practicadas sólo porque se temía que los electos no convendrían a sus planes?

El artículo 57 de la Constitución dice: Los suplentes concurrirán por falta de los propietarios, en caso de muerte o imposibilidad a juicio del Congreso. Cuando no hay propietarios porque no se han electo, o cuando se han mandado repetir las elecciones porque no acomodaron los electos, ¿se estará en el caso de imposibilidad de un propietario? ¿Quién es el imposibilitado cuando éste no existe? ¿Quién es el perverso y el injusto, el que se atiene al texto de la Constitución, o el que la interpreta como conviene a sus miras e intereses? Cuando no hay elección legítima y constitucional, no hay Diputado propietario a quien suplir. Este es el sentido literal de la Constitución. Así lo interpretaron y practicaron constantemente la Asamblea Nacional Constituyente y el Congreso anterior.

El descaro, la insolencia y la grosería del Liberal, justifican la del semanario político del Salvador: nosotros no somos sus editores y podemos asegurar que no hemos visto el papel a que se refiere aquel periódico; pero sea el que fuere, nada autoriza al Liberal para decir sin pruebas que un primer funcionario es un dilapidador, un ladrón, un tirano infractor de las leyes: que nosotros somos perversos e injustos: que dos representantes continuaron en el edificio en calidad de espías, y menos para nominar a un ciudadano con apodos vulgares y groseros. El que escribe para el público está en el deber de hablar con justicia, con decoro y sin ese indecente lenguaje, que ofende al que lo usa y desacredita sus principios y sus sentimientos tanto como a la causa que defiende.

Nosotros presentamos a los pueblos los hechos que son notorios, les recordamos la ley con que están en oposición los contrarios, y que justifica nuestra conducta, y despreciamos los insultos de una facción anárquica.

La aristocracia también está aquí en su rigor y fuerza; no ha hecho más que mudar de manos, y nosotros presentaremos al público el árbol de sus enlaces, a que ha querido darse el sacrosanto nombre del árbol de la Libertad. En el Congreso Federal, en el Senado, en el Gobierno del Estado, y sus dependencias, allí están las raíces, el tronco, las ramas, el jugo; y los amargos frutos para la República.

Como el Liberal, o su farsa, vaya presentando al público sus groseras imposturas, contestará la representación del Salvador. — Guatemala, Junio 19 de 1826. —Guerrero. —Alegría. —Funes. — Peña. —Menéndez. —Sánchez. —Durán.

[DOCUMENTO N.º 3]

C. Comandante José María Espínola. La municipalidad de este pueblo, en junta extraordinaria que celebró hoy, acordó el acta que a la letra copio:

"En la sala municipal de Gualán, estando reunidos los individuos que componen el cuerpo, con asistencia del Padre cura, Administrador e interventor de alcabalas, diputado del comercio, y demás sujetos visibles del pueblo; atendiendo a la fatal noticia que con toda reserva se ha comunicado al alcalde 1.º de que vienen tropas de Chiquimula en número considerable, con el objeto de proceder a la prisión de los ciudadanos oficiales principales que se hallan acantonados en este pueblo, y sabiendo de positivo que dichos oficiales tienen la misma noticia, y están preparados con un fortín que han puesto en el cabildo que se está construyendo en la plaza pública para esperar la tropa, con soldados disciplinados, y dispuestos a rechazar cualquier ataque que se intente darles; teniendo al mismo tiempo en consideración que en el caso que sea efectiva esta ocurrencia, son de esperarse muy malas consecuencias, pues en tal evento llegará el caso de hacerse fuego por una y otra parte, y de consiguiente serán víctimas desgraciadas muchos de los vecinos del pueblo, cuyas casas las más son pajizas o de palma, y por consiguiente estar muy próximas a un incendio, cuyo irresarcible mal, unido con la peste del sarampión que tanto ha cundido en este vecindario, produciría su ruina y total desolación; acordaron: que inmediatamente se pase oficio al comandante del cantón, para que sin pérdida de momento se sirva levantar dicho fortín, y si le parece, situarse en otro punto fuera del pueblo, en que este vecindario de ninguna manera pueda peligrar con los dolorosos movimientos de una guerra intestina, que la prudencia podría cortar; y con lo que conteste, que se dé cuenta con el testimonio de esta acta al jefe P. departamental de Chiquimula, a quien como tan interesado en el sosiego y tranquilidad de su territorio, se suplique que interponga su respeto, a efecto de que no llegue a ponerse por obra el plan que se dice se ha proyectado. Esto acordó la municipalidad con todos los sujetos mencionados que suscriben en Gualán, a treinta y uno de agosto de 1826.

Rafael Quiñones, Francisco Campos, Francisco Lina, José Fernández, por mí y demás regidores, Francisco Sagastume, Manuel Reyna, Ángel Valenzuela, Silvestre Sánchez del Cueto, José de Egoscue, Francisco Castejón, Francisco Jordán, Remigio Sagastume, José Frijola, Manuel Vargas."

Lo transcribo a U. para que en su vista determine lo que juzgue conveniente; esperando me conteste de su resolución. —Dios, unión, libertad. Gualán, 31 de agosto 1826. | Rafael Quiñones.

Junta de guerra. —Reunidos en la casa del Comandante de este cantón José María Espínola, los oficiales que suscribimos, e impuestos por el expresado Comandante de las dudas que le ocurren sobre la determinación de ponerse en marcha para Guatemala, respecto a habérsele dicho al Comandante general con fecha 27 del pasado agosto, que para dejar bien puesto el honor de las armas y hacer respetables las órdenes del Supremo Gobierno se mantendría en este punto con la fuerza de su mando, sosteniéndose hasta el último caso, acordamos:

1.º Que habiendo variado infinitamente las circunstancias que mediaban en aquella fecha y debiendo procurar por nuestro propio honor y opinión evitar un rompimiento, que quizá será principio de la destrucción del sistema y de una anarquía, se retire de este punto el Comandante Espínola con el ayudante Manuel Calderón, y el subteniente Francisco Roldán, con toda la fuerza de su mando al paraje de los Plátanos, desde donde dará parte al Comandante General de la federación de todo lo ocurrido, contestando antes a la Municipalidad de este pueblo el oficio que con fecha de ayer le pasó, y en el que inserta el acuerdo de ella en orden a las ocurrencias presentes, haciéndole ver que su retirada de este punto no tiene por objeto sino el bien general y particular de este suelo, mantener la paz y evitar que se derrame la sangre de nuestros conciudadanos.

2.º Que no habiendo tiempo para disciplinar la partida de Costa Rica, que se compone de hombres bisoños, sería comprometer la acción, entendidos de que la fuerza destinada para atacarnos es por lo menos triple, haciéndose de esta manera ilusorias las órdenes superiores, y la promesa del Comandante Espínola quedaría sin efecto.

3.º Que habiendo marchado para Omoa el coronel N. Raoul, objeto principal y causa primaria de los disturbios, el capitán Espínola debe tener por concluida su comisión, y que mantener la fuerza en este punto no hace más que excitar los deseos de los funcionarios del Estado, cuyas miras no se nos ocultan.

4.º Que el teniente coronel Antón Cea se mantenga en este pueblo, para continuar su marcha a Omoa; de la misma manera que el teniente Francisco Colmenares, Comandante de este resguardo, hasta el regreso del teniente José Jurado, que según orden del Comandante general deberá relevarlo.

Por último, que se hagan presentes al Comandante general todas estas observaciones, para que en su vista tenga a bien aprobar esta determinación. Gualán, septiembre 1.º de 1826. —José María Espínola, Antón Cea, Francisco Colmenares, Manuel Calderón.

[DOCUMENTO N.º 4]

Ministerio de Guerra y Marina. —Al Vice-Jefe del Estado de Guatemala. | El Presidente de la República, estrechado por las más amargas circunstancias a dar cumplimiento al art. 127 de la Constitución Federal, ha dictado orden de arresto del Jefe del Estado, Juan Barrundia, y en cumplimiento igualmente del art. 176 ha mandado recoger las armas que tenga el Gobierno del Estado, hasta que la tranquilidad se afiance de una manera estable. Llamado U. por la ley a tomar el Gobierno en caso de imposibilidad del primer Jefe, el Presidente me previene informar a U. de los incidentes referidos para que arregle su conducta a ellos. —Dios, unión, libertad. Palacio Nacional de Guatemala, septiembre 6 de 1826.

Es copia fiel del original a que me refiero. Secretaría de Guerra y Marina, Guatemala, abril 1.º de 1829.

Cea.

SECRETARÍA DE GUERRA Y MARINA.

Al Comandante General de la Federación. —El Presidente de la República se ha servido acordar que las tropas de la Federación den las guardias a la Asamblea del Estado, al Vice-Jefe, y los auxilios que éste pidiere para la conservación del orden. Dios, unión, libertad. — Palacio Nacional de Guatemala, septiembre 6 de 1826. Comunicado este acuerdo al expresado Vice-Jefe, contestó por medio de su Secretario lo siguiente:

Ministerio General del Gobierno del Estado de Guatemala. Al C. Secretario del Estado y del Despacho de la Guerra. Dada cuenta a la Asamblea Legislativa con la nota de U. de esta fecha, se ha servido acordar que no teniendo temor alguno de parte del pueblo porque se halla garantida por la ley[21], desde luego no admite la guardia que se le ofrece, de tropa de la federación. De orden del Vice-Jefe del Estado, tengo el honor de decirlo a U. en contestación. —Dios, unión, libertad. Guatemala, septiembre 6 de 1826. | Juan José de León.

---

[21] Esta era una arrogancia ridícula, y muy luego se vio que el pueblo se pronunció contra la Asamblea, porque no hubo ley que no violara.

Es copia fiel del original a que me refiero. Secretaría de Guerra y Marina, Guatemala, abril 1.º de 1829.

Cea.

(DOCUMENTO N.º 5.)

Circular a los Jefes de los Estados.

Fiel el Presidente de la República a sus deberes con la Patria, ha dispuesto informar a U. de su conducta últimamente observada, para sofocar la guerra civil que desgraciadamente comenzó a brotar en este Estado de Guatemala. Las circunstancias estrechas en que se encuentra el Gobierno en este momento y la inmediación a la salida del correo ordinario, que no puede diferirse, porque la ley lo prohíbe, acaso no permitirán que U. se imponga menudamente del principio y progresos de la desgraciada y amarga situación en que han puesto al Gobierno los acontecimientos que han dado lugar a la providencia que le han arrancado estos mismos acontecimientos, sensibles para el Presidente a par de su alma; pero la única que la ley le permite para cortar los mayores desastres a la República. U. persuádase que para el Presidente es sagrado el carácter de un Jefe del Estado: que lo ama y venera como una parte integrante de nuestro adorado sistema constitucional: que antes de ofender este carácter, nada ha omitido para mantenerlo en todo su esplendor: que con sumo pesar, ha visto que todos sus conatos, que su prudencia y aun su tolerancia no han alcanzado a desarmar los proyectos del C. Barrundia; y que últimamente este funcionario lo ha puesto en el conflicto de proceder contra él para salvar la patria.

Cuando el coronel de artillería N. Raoul, de origen francés, tomado al servicio de la República, por nuestro Plenipotenciario en Colombia C. Pedro Molina, a virtud de una ley que le autorizó al efecto, cometió los primeros desacatos contra el Gobierno y los primeros excesos de facultades en el desempeño de sus funciones, el Jefe de este Estado y algunos pocos hombres que se han unido con él, para trastornarlo todo, bajo los auspicios del nombre sagrado de libertad, protegió a Raoul descaradamente para impedir que el Gobierno lo redujese a sus deberes.

Avisos de personas verdaderamente patriotas y otros datos de gran crédito llegaron al Presidente informándole que se meditaba una revolución para destituirlo del empleo que la Nación le confirió, y que al frente de esta revolución debía ponerse el coronel Raoul.

Compelido el Gobierno por la ley a cortar los desastres que la ejecución de este plan debía ocasionar en la República, pues ni el Estado de Guatemala, ni menos todavía una facción formada de la capital, ni ninguna reunión de hombres, en particular, pueden variar las autoridades que ha constituido y puesto el pueblo entero de Centro América, creyó prudente y necesario apartar a Raoul de esta ciudad para quitar el instrumento de una facción liberticida. Así fue que lo destinó al Golfo con una comisión científica, dándole orden de que se mantuviese en aquel punto hasta nueva disposición.

La facción, que había de obrar por medio de Raoul, se había introducido lamentablemente en el soberano Cuerpo Legislativo; y miembros del Congreso hicieron de manera que compelieron a la Representación nacional a infringir terminantemente el artículo 119 de la Constitución, emitiendo al Ejecutivo una orden para que no dispusiese de Raoul.

El Presidente que no tiene más opinión, ni más regla que la voluntad del pueblo, expresada en la ley, se negó a obedecer este decreto, que después de comunicado fue a sanción del Senado, y este Alto Cuerpo se la negó.

Ido Raoul de la capital, se comenzó a maquinar el modo de sacarlo de su destino y ponerlo otra vez en el foco de la revolución. Con este objeto se dio el famoso decreto nombrando comisionados a los Estados para que les exhortasen a la defensa de la Patria y recogiesen los cupos de hombres con que deben contribuir para el ejército. Raoul fue nombrado para este Estado y debía venir a residir en Guatemala; pero siendo igualmente atentatorio este decreto al artículo 119 citado, el Ejecutivo se negó a su cumplimiento y participó a U. todas las circunstancias ocurridas en aquella época, teniendo el placer de que su contestación fue en consonancia con la ley y con la conducta del Gobierno.

Sin embargo, los empeñados por Raoul, o más bien por la revolución, insistieron en el Congreso en que su jefe viniese a Guatemala, y su obcecación llegó a tal grado que todo lo minaron para declarar la responsabilidad al Presidente y deponerlo; y si no tuvieron éxito sus maquinaciones, fue debido al patriotismo y firmeza de los diputados por el Estado del Salvador y Costa Rica, que testigos de la conducta del Gobierno y del Congreso abandonaron sus asientos para que se disolviera la representación nacional, y así se contuvieron los procederes de los patronos de un extranjero enemigo de la nación. Triste es, pero es preciso decirlo: la revolución había penetrado en el santuario de la ley, y solo el patriotismo de unos pocos diputados pudo contener sus progresos.

Entre tanto Raoul abandonó indebidamente su destino y se trasladó a Gualán, para estar pronto al primer aviso. De allí insultó al Gobierno Supremo, con notas dirigidas al Secretario de Estado y del Despacho de la Guerra, en que lo ajaba en los términos más viles y de la manera más oprobiosa.

Sus notas fueron pasadas al Juez militar, y éste decretó su arresto. Para ejecutarlo se comisionó al capitán José María Espínola, que marchó de esta ciudad al punto donde se hallaba Raoul. Instrucciones muy expresas llevó Espínola del juzgado militar para que observase en todo la Constitución y las leyes. Según el expediente que formó de sus operaciones, en nada faltó a sus deberes.

Sabida la comisión de Espínola por el jefe de este Estado, libró órdenes al departamental de Chiquimula para que lo apresase e impidiera la captura de Raoul. Pero circunstancias aglomeradas en favor de la justicia escaparon al comisionado y pusieron en sus manos al delincuente. Este, cuya aprehensión fue ejecutada en Jalapa, huyendo para esta ciudad, fue vuelto a Gualán, en donde se mantuvo en arresto mientras continuaba su causa; porque se creyó siempre peligroso introducirlo en esta ciudad, pues aquí existía el foco de la revolución que había de efectuar Raoul. Los trámites de la ley fueron exactamente llenados en el curso de su proceso, y siempre se ha procurado con el mayor esmero no faltar ni aun en el trámite más minucioso.

Cualquiera creerá cansado hasta aquí el empeño de la facción liberticida que protegía al jefe destinado para la revolución: él estaba en manos de la justicia; su causa seguía el orden de la ley; y no podía ser extraído sin infringir y sin alterar el orden social. Pero todo lo contrario ha acreditado la experiencia más amarga: se instó hasta apurar depravadamente el sufrimiento de la ley y hasta inutilizar la lenidad del Gobierno.

El Jefe de este Estado, movido por la facción de Raoul, repitió órdenes al alcalde de Gualán, para que con el pueblo y veinte hombres de tropa, ejecutase la prisión de Espínola, agregando que comprendiesen en ella al capitán Antón Cea, que no intervino en la captura del reo. El alcalde se negó a obedecer y francamente contestó: que no podía comprometer al pueblo atacando las providencias de la federación.

Deseoso el juez de la causa, de acuerdo con el Ejecutivo, de eludir de un modo indirecto las intenciones de los revolucionarios, dispuso prevenir a Espínola: que si observaba nuevos preparativos para atacarlo, trasladase el reo al Golfo, y de allí a Omoa, para precaver un encuentro entre las tropas, que diese la señal de la guerra civil.

El C. Juan Barrundia, por otra parte, terco en su propósito de derramar sangre centroamericana por el extranjero Raoul, hizo salir de esta ciudad al oficial Cayetano Cerda con órdenes de invadir la fuerza de la federación. El Gobierno lo supo, y dictó providencias para evitar todo encuentro, y para no permitir que en caso de invasión, quedasen impunes los agresores. Creyó que trasladado Raoul a Omoa, el mejor medio de evitar todo peligro era darle orden a Espínola para que se regresase a esta ciudad, y ella fue comunicada oportunamente.

En consecuencia, Espínola regresaba con 50 hombres de los que habían servido para la custodia de Raoul, y en el camino se encontró con una fuerza de 300, armada y equipada militarmente al mando de Cerda, que había tomado una posición ventajosa donde esperaba a Espínola para batirlo.

Este oficial, con un número de tropa débil en extremo, no se resolvió a seguir su marcha, y procuró formar un tratado con el comandante de la tropa invasora, en que convinieron suspender toda hostilidad, hasta nuevas órdenes de sus respectivos gobiernos.

Al mismo tiempo que rodeaban estas circunstancias al Ejecutivo, se recibieron avisos de la antigua Guatemala de que en la capital se trabajaba en una combinación ramificada en aquella ciudad, en la de Quezaltenango y en el partido de Totonicapán, para deponer a viva fuerza al Presidente y conferir su empleo a persona del agrado de los facciosos. Que con este designio había la Asamblea del Estado mandado retener los fondos de la renta de tabaco para que la federación no tuviese auxilios, y proporcionárselos al Jefe del Estado para levantar y sostener tropas; debiendo dar principio a la revolución por el ataque que Cerda había de hacer a la fuerza del capitán Espínola.

El Presidente llama la atención de U. a este estado de cosas, y quiere que se sirva reflexionar si el Gobierno Supremo podría condescender con semejantes procedimientos.

La guerra civil estaba comenzada: cualquiera clase de contestaciones la fomentaría: era preciso elegir entre los dos extremos dolorosos, de o permitir que a pesar de la ley se degüellen los centroamericanos, o cortar de raíz el mal.

Eligió el segundo medio, y para ello examinó los deberes del Jefe del Estado, y después las atribuciones del Ejecutivo federal. Encontró que el artículo 94 atribución 5 de la Asamblea de este Estado, designada en su Constitución, dice así: "Permitirá o negará la introducción de tropas de otros Estados, para guarnición interior del de Guatemala, cuando dichas tropas no estén al servicio del Gobierno de la federación, o destinadas por éste a alguno de los objetos de sus atribuciones, con respecto a la seguridad general de la República." De aquí dedujo que ni la Asamblea ni el Jefe del Estado pueden impedir que las tropas de la federación hagan servicio en cualquier ángulo del mismo Estado.

Encontró también que el artículo 146 de la propia Constitución dice así: "Hará cumplir el Poder Ejecutivo, en el Estado, las leyes y órdenes emanadas de los poderes de la federación, pasando a la Asamblea copia de aquéllas entre las 24 horas, después de su recibo; y en el receso de la legislatura, con dictamen del consejo, representará a los mismos poderes sobre aquellas que excedan los límites constitucionales, o ataquen los derechos del Estado."

De aquí dedujo igualmente que ninguna facultad reside en el jefe para resistir con fuerza armada las órdenes de la federación: que la ley lo limita únicamente a dar cuenta de ellas a su legislatura, para que las reclame; y en el receso de ésta, reclamarlas por sí con consulta del consejo; pero de ninguna manera puede, si no es saltando por la ley, oponerse usando de la fuerza.

Aquí es preciso advertir que, en vez de haber representado el C. Juan Barrundia contra las órdenes de la federación, fue requerido por ésta, desde que comenzó a obrar hostilmente, para que reformase su conducta arreglándola a la ley, y el requerimiento del Gobierno jamás tuvo la menor contestación, y menos se prestó a modificar sus providencias.

Repasando sus atribuciones halló el Presidente: que está estrechamente encargado por el artículo 113 de la Constitución federal de cuidar de la observancia del orden público: por el 120 está autorizado para usar de la fuerza para repeler invasiones o contener insurrecciones, dando cuenta inmediatamente al Congreso o en su receso al Senado: por el 127 puede dar órdenes de arresto, cuando sea informado de alguna conspiración o traición a la República, y de que la amenaza un próximo riesgo; pudiendo interrogar a los que se presuman reos, poniéndolos a disposición del juez respectivo, dentro del término de tres días: por el artículo 176 puede, en caso de tumulto, rebelión o ataque con fuerza armada a las autoridades constituidas, recoger las armas y hacer todo lo que este artículo permite.

Asegurado con la ley el Gobierno Supremo y estrechado hasta el último extremo por sus más sagrados deberes, después de haber agotado todos los recursos imaginables con el mismo Jefe de Estado; después de haber consultado al Senado, pidiéndole consejo, para salir de un modo pacífico del caos de dificultades en que se encontraba, y que este cuerpo, en vez de resolver la consulta, se afectó del partido de Raoul, y se disolvió sin dar la menor contestación; y después de no haber hallado otro recurso que el de emplear sus facultades para contener la guerra civil que ha principiado: deseoso de que la patria no comprometa su crédito en el exterior, y no experimente en el interior lo que sufrió en el Estado de Nicaragua el año de 24: con el sentimiento más profundo de su corazón, y solamente compelido por sus obligaciones, dictó conforme a la ley órdenes para arrestar al jefe del Estado y para recoger las armas que tenía.

Estas órdenes han sido cumplidas con la mayor precaución, prudencia y decoro; y U. debe estar satisfecho de que el pueblo de Guatemala que gemía en la mayor aflicción, porque veía sobre sí el mayor de los males, que es la guerra civil, ha recibido la providencia del Gobierno como la única égida de su salvación. En todo se están tomando las más eficaces medidas de moderación, para que en lo demás del Estado no se altere la tranquilidad.

El Presidente ocurre a U. en este momento pidiéndole sus consejos: desea obrar en todo con el mayor acierto; y sabrá aprovecharse de los dictámenes que U. le diere. Fía en la ilustración y patriotismo de U., y en esta confianza me ha ordenado manifestarle francamente su conducta. Fía también y muy particularmente en la sabiduría y patriotismo de la Asamblea de ese Estado, que sabrá penetrarse de la gravedad de unos acontecimientos, que afectan toda la masa de la República: y por esto es que el Presidente estima de la mayor urgencia que dé U. parte al Cuerpo Legislativo de ese Estado de todo lo que ha ocurrido, insertándole copia de esta nota para que se sirva tomar en consideración que la residencia de las autoridades federales en esta ciudad enferma de facciones, que pugnan entre sí con un encarnizamiento capaz de atemorizar el espíritu más impávido, se ha hecho y se hace cada día más inconveniente: porque siendo imposible que los funcionarios públicos se mantengan inmóviles en medio de la oscilación de los partidos, pues es raro un carácter que sea inaccesible a las pasiones e intereses privados, se resienten vivamente del mal general, y apartándose de sus deberes, entran aun sin sentirlo ni conocerlo, a ser parte de la facción a que pertenecen sus parientes y conexionados.

Este es un asunto de la mayor importancia; y si la Asamblea no está reunida, merece que U. la convoque por los medios que la ley ha establecido. El Gobierno de la federación casi se halla en orfandad: no hay Congreso, no hay Senado; y no estando en el plan del Presidente gobernar por sí solo la República, busca en las actuales circunstancias las partes del sistema adoptado por la nación, que son las Asambleas y jefes de los Estados, para que le ayuden a conducir la patria hasta ponerla en el grado de seguridad que debe tener.

Lo digo a U. en cumplimiento de su orden, ofreciéndole mis respetos y consideraciones.

Dios, unión, libertad. —Palacio Nacional de Guatemala, 7 de septiembre de 1826.

Arzú.

[DOCUMENTO N.º 6]

ALCANCE A LA GACETA DEL GOBIERNO
NÚMERO 2. OCTUBRE 17 DE 1826.

PARTES OFICIALES

C. Ministro de Guerra de la Federación. —En este día se ve el pueblo de Quezaltenango en la mayor consternación con motivo de las desgracias que han ocurrido en él.

Indispuesto el vecindario contra las autoridades del Estado por creer que atacaban nuestra santa religión, por los empréstitos forzosos que se estaban exigiendo, y por otras muchas ocurrencias de que no es posible dar a U. idea por ahora, solo aguardaba se tocase a los religiosos para alarmarse, lo que se verificó por el hecho siguiente:

Teniendo que salir el Comandante Pierson a Pasum con un piquete de caballería, y no habiendo caballos para montarla, se ordenó a la Municipalidad por el Gobierno los quitase por la fuerza, amenazándola con graves penas si no completaba el número de caballos, en el estrecho término que se le señaló. La municipalidad comenzó a desempeñar la comisión hasta las seis de la tarde del día de ayer, procediendo en asunto tan odioso con la mayor moderación y prudencia, mas después el mismo Gobierno, por conducto del Comandante Pierson, comisionó a algunos particulares escoltados, quienes sorprendieron y allanaron varias casas a deshoras de la noche, sacando con violencia a los vecinos sus caballos.

Luego pasaron al convento y cometieron igual tropelía, cuya ocurrencia sabida el día de hoy, hizo se agolpase el pueblo a dicho edificio, en donde actualmente se hallaba el Vicejefe Cirilo Flores[22] quien trató de persuadir que no se atentaba contra la religión: mas el pueblo enfurecido se echó sobre él: se refugió a la iglesia, subiéndose por temor al púlpito, acompañado del cura, que hacía los mayores esfuerzos por defenderlo, hizo poner patente al Divinísimo y que le trajesen el Copón; con él en las manos exhortó y suplicó al pueblo por más de tres horas le libertase la vida, prometiendo que en el instante saldría del lugar; pero ni las persuasiones, ni las súplicas, ni las amenazas eran bastantes para contener a la multitud que agolpada en el púlpito pedía a gritos su cabeza: en el atrio de la iglesia y en la plaza era inmenso el gentío; frente al templo se habían apostado más de sesenta hombres de infantería y caballería para mantener el orden: el C. Antonio Corso comandaba esta tropa, y al ver agolparse la multitud mandó hacer fuego, y entonces más enfurecida se echó sobre la tropa: la desarmó, la apedreó y mató a algunos. Entonces la gente que estaba en el templo ya no se contuvo, sacó a un patio inmediato del convento al C. Jefe Cirilo Flores, y le dio cruelmente la muerte.

En seguida se esparció por las calles gritando: viva la religión; y rompiendo las puertas de su casa al C. Corso, buscábanle animosamente para quitarle la vida, y creyendo que se había refugiado en casa del C. Juan Antonio López, pasó a forzar las puertas de su casa, para que les entregara a dicho Corso y las municiones y

---

[22] Él ejerció el Poder Ejecutivo del Estado desde el 6 de septiembre último.

armas que tuviese: el C. López salió a la ventana, con el objeto de persuadirles que se retirasen y aquietasen, en cuyo acto le proclamaron Comandante y al que suscribe jefe departamental; amenazándonos que de no aceptar, procederían contra nosotros. Nos vimos en la estrecha necesidad de ceder, con la precisa condición de que guardarían orden. El Comandante nombrado salió con el pueblo, quien le juró se mantendría en el mejor orden; que le obedecerían cuanto les mandase, con tal que de todo diese cuenta al Presidente de la República. Se dictaron las providencias más activas para sosegar al pueblo retirándose las mujeres a sus casas, y los hombres se acuartelaron, formando tres compañías a quienes se les nombraron sus respectivos oficiales. Las autoridades locales en unión del ciudadano Comandante no cesan de procurar por la tranquilidad y seguridad de los vecinos.

Es cuanto la premura del tiempo me permite comunicar a U., para que elevándolo al conocimiento del Supremo Gobierno, dicte las providencias que estime convenientes en tan críticas circunstancias.

Dios, unión, libertad. —Quezaltenango, octubre 13 de 1826. — Pedro Ayerdi.

C. Comandante general. —Por la relación del jefe departamental de este distrito, nombrado por el pueblo reunido tumultuariamente, vendrá U. en conocimiento del modo como se nombró por el mismo pueblo al Comandante, cuyo nombramiento admití en obsequio de la humanidad, porque de no hacerlo corría riesgo mi vida.

Los hice formar en la plaza, les previne que nombraran capitanes y subalternos: les exigí juramento de que guardasen orden y obediencia, y que a ningún ciudadano se le hiciera el más mínimo perjuicio en sus personas y bienes, lo que ofrecieron cumplir.

Observando la buena disposición de aquietarse, y reunida la municipalidad y jefe, que nombró en este acto de unánime conformidad, se tomaron las medidas que se creyeron convenientes, y mandé al primer puente una fuerza de cien hombres al mando del ciudadano Blas García, para contener cualquiera invasión que pueda intentar el Comandante general José Pierson, que esta madrugada salió de aquí con una pequeña escolta con dirección a Pasum, y se teme que seduzca a aquella tropa y venga sobre este pueblo.

Con esto se logró que se aquietara algún tanto el pueblo, sin embargo que no dejan de continuar algunos pelotones pidiendo armas y municiones con algún desorden; y como yo ignoro si las hay o no, no dejo de estar receloso de que puedan atentar contra los ciudadanos diputados, que están encerrados en sus posadas, o algún otro vecino.

Las voces más comunes que se oyeron durante el tumulto fueron: viva la Religión: viva Guatemala y muera el Congreso.[23]

Lo comunico a U. para que según lo que disponga el Supremo Gobierno, se sirva nombrar un Comandante y Jefe de prudencia e instrucción, a efecto de que se tranquilice todo este departamento y obedezcan las autoridades constituidas.

Dios, unión, libertad. —Quezaltenango, octubre 13 de 1826. —Juan Antonio López.

(DOCUMENTO N.º 7.)

Ministerio General del Gobierno del Estado del Salvador. — Departamento del Gobierno. —C. Srio. de Estado y del Despacho de la Guerra del Supremo Gobierno de la Federación. | Con detenimiento se impuso el jefe de este Estado de la estimable nota de U. de 6 del corriente en que circunstanciadamente y de orden del Supremo Gobierno informa de su conducta últimamente observada para sofocar la guerra civil que desgraciadamente comenzaba a brotar en ese Estado de Guatemala: las circunstancias estrechas en que se encontraba el Gobierno en aquel momento, y la situación desgraciada y amarga en que le tenían los acontecimientos que dieron lugar a la providencia que le arrancaron, sensible para el Presidente a par de su alma, pero la única que la ley le permite para evitar los mayores desastres a la República.

Es muy satisfactoria para el Jefe de este Estado la confianza y consideración que le dispensa el Presidente, y se comprueba en la dilatada relación que ha tenido a bien hacerle de lo ocurrido, y tanto más cuanto que la energía con que ha obrado en este negocio para hacer valer su autoridad y conservar la quietud pública, camina en consonancia con los sentimientos que en otras veces ha tenido el

---

[23] Debe entenderse, la Asamblea del Estado de Guatemala.

honor de insinuarle, y ahora le manifiesta que para deliberar acerca de la reunión de la Legislatura del Estado, ha dispuesto que se reúna el Consejo a continuar sus sesiones que por acuerdo del mismo tenía en suspenso por un mes; y que por lo que pueda convenir al mismo Consejo, se dirigirá a pedírselo, dándole cuenta de todo. Es lo que me previene diga a U. en respuesta a su citada nota. Dios, unión, libertad. —San Salvador, septiembre 15 de 1826. —José Ignacio Marticorena.

Es copia fiel del original a que me refiero. Secretaría de Guerra y Marina, Guatemala, abril 10 de 1829.

(DOCUMENTO N.º 8)

Copias de exposiciones y actas de varias ciudades, villas y pueblos del Estado de Guatemala, en que se ponían bajo la protección del Presidente de la República, protestando que no obedecerían a las autoridades del mismo Estado que funcionaban en octubre del año de 1826.

C. P. de la R. —La municipalidad de Quezaltenango, después de haber rendido al Gobierno Supremo y a las tropas federales las gracias más expresivas por haber libertado a esta ciudad y a todo el departamento de la opresión bárbara en que la tenía un extranjero a quien el Gobierno del Estado confió las armas, y le dio todo el poder hasta el de suspender la ley, y poner fuera de ella a los hijos de Guatemala, no pueden ahora prescindir de hacer presentes al Supremo Gobierno los temores en que se halla este pueblo, y las continuas representaciones que se hacen a esta municipalidad y al jefe del departamento, para que la tranquilidad se afirme de un modo seguro, y para que jamás sus perturbadores vuelvan a ejercer poder alguno sobre unos pueblos que de todas suertes han manifestado no les quieren por sus gobernantes, y que habiendo tomado las armas contra ellos, es seguro que si volvieran a mandar reducirían a pavesas estas infelices poblaciones.

Es constante que las autoridades del Estado que funcionaron hasta el mes de octubre último, no solo prepararon la guerra civil, sino que efectivamente se realizó contra el Supremo Gobierno de la Nación, que con este objeto fueron infringidas las constituciones federal y la del Estado, y cuantas leyes existían a favor de los derechos del pueblo; que el Poder Ejecutivo del Estado se convirtió en una dictadura con facultad de delegar las extraordinarias que se le concedieron: que las delegó en efecto, no solo en los jefes departamentales, sino en un extranjero desertor del ejército federal y traidor a su gobierno: que el derecho sagrado de propiedad fue atacado bárbaramente, exigiéndose préstamos forzosos y contribuciones de todas las clases sin proporción a las facultades de los contribuyentes, y con una arbitraria y apasionada desigualdad: que los ciudadanos fueron forzados a tomar las armas contra sus propios intereses, y contra el Gobierno Supremo de la República que sostenía el orden.

El gobernador del Estado obligó a los CC. a alistarse bajo las banderas revolucionarias que había levantado un criminal extranjero: dejó al arbitrio de éste el cobro y la distribución de las contribuciones extraordinarias y forzosas, y el sudor de los hijos de la República estaba destinado y se empleó en efecto en enriquecer a los aventureros que habían ofrecido destruir al Gobierno Nacional.

Todas estas medidas y todas estas facultades atroces que venían a parar en fiar la ejecución de ellas, con toda la fuerza del Estado a un extranjero de quien justamente se temía fuese un agente oculto de los enemigos de la independencia; todo este desorden y todas estas infracciones de la ley, fueron decretadas por la Asamblea del Estado, y sancionadas por el Consejo representativo.

Este cuerpo había sido compuesto revolucionariamente contra todo lo dispuesto por la Asamblea Constituyente del Estado, y contra lo determinado en la Constitución.

Todos los consejos que dio al jefe y al vicejefe del Estado eran contrarios a ésta, y sin otro objeto que encender por todas partes la guerra civil.

Como no eran representantes legítimos de los pueblos, sino hijos de las facciones y agentes de la discordia, no vieron en la dirección de los negocios otro interés que el de la venganza; esta municipalidad oyó en su seno al que ejercía el Poder Ejecutivo esta sentencia tremenda: no hay propiedad: no hay ley, estoy facultado y facultado extraordinariamente: todo, hasta mi casa, debe invertirse en sostener los derechos del Estado. Al pronunciar esta sentencia, estaba a su lado el extranjero que debía ejecutarla, y ninguno se consideró ya seguro, ni en su vida, ni en su hacienda, sino los infelices seducidos y los que se habían propuesto tomar parte en la propiedad que ya estaba destruida con la suspensión de la ley, y con las facultades extraordinarísimas de que se comenzó a hacer uso.

Entonces el pueblo exasperado y temiendo no sólo por su propiedad, sino por su religión, levantó el grito el 13 de octubre, y destruyó el poder que le amenazaba, que ya había comenzado a sentir con el ataque a su propiedad.

Los excesos son consiguientes a un tumulto popular, y la opresión se venga de un modo doloroso; pero la causa de este mal y de los que siguieron después, es sin duda alguna la Asamblea, el Consejo representativo, el Poder Ejecutivo del Estado y los agentes inmediatos que cumplieron sus órdenes.

Muerto el Vice-Jefe que ejercía el Poder Ejecutivo, disuelta la Asamblea y el Consejo, el primer Jefe del Estado que existía en Sololá nombró comisionados para pacificar esta ciudad, ofreciéndoles enjugar sus lágrimas, y no tratar sino de conciliación y de paz; pero al mismo tiempo dio orden al extranjero Pierson para ocuparla por la fuerza; y después de los bárbaros asesinatos cometidos el día 18 en la villa de Salcajá, Pierson ofreció reducir a cenizas a Quezaltenango.

Entró el 19 y estableció un gobierno militar que despobló la ciudad, buscando los vecinos su seguridad en los montes, y despoblándose también la villa de San Marcos, y otros pueblos que no quisieron prestarle auxilios.

Entonces el Gobierno federal tomó bajo su protección este departamento, y sus tropas destruyeron al tirano, y aprisionaron la mayor parte de sus cómplices, que son más culpables, porque siendo hijos y vecinos del país les prestaban tantos auxilios, y a su sombra satisficieron sus venganzas y sus pasiones.

El pueblo ha pedido contra ellos e incesantemente reclama los perjuicios que ha sufrido: odia y teme a los funcionarios que le hicieron perder su tranquilidad y sus propiedades; los ha desconocido y teme que si vuelven a ejercer algún poder sobre estos pueblos, serán destruidos o arrasados del todo, o se verán sus vecinos obligados a expatriarse.

Aunque hay varias representaciones para que este departamento quede sujeto y bajo la protección inmediata del Gobierno federal, la municipalidad conoce y respeta las leyes del sistema de gobierno adoptado para no apoyar lo que no está arreglado a la Constitución.

Se están practicando las elecciones para el Congreso nacional extraordinario, y para la renovación absoluta de todos los poderes del

Estado en virtud de los decretos de 1.º y 31 de octubre último, y 3 del corriente.

Los pueblos los han adoptado y reconocido: están nombrando nuevos representantes, y entre tanto no reconocen otro Gobierno que el supremo de la Nación; pero protestan solemnemente, y lo protesta esta municipalidad, que mientras no se halle reunido el Congreso general extraordinario, y mientras no lo estén la nueva Asamblea, el Consejo, el Poder Ejecutivo del Estado que se han convocado nuevamente, no obedecerán ni reconocerán otro gobierno que el Supremo federal, ni otros agentes o funcionarios que los que él nombre, y que de ningún modo prestarán obediencia a los funcionarios que existan en el Estado y que funcionaron hasta el mes de octubre.

Esta resolución no es hija de la desobediencia a las leyes, sino una consecuencia precisa de los males que han sufrido los pueblos, y que se van terminando con las sabias providencias del Gobierno federal. Los pueblos no pueden tener confianza de unos funcionarios que han promovido la revolución y el desorden, y que han puesto el cuchillo y los caudales en manos de un extranjero.

Si ellos volvieran a ejercer alguno de los poderes del Estado, la revolución comenzaría otra vez y no acabaría con la felicidad con que terminó en el mes último: la despoblación será una consecuencia precisa, porque nadie esperaría en su casa, con tranquilidad, a los que vinieran a vengar sus pasiones.

Deseando, pues, evitar estos males, espera la municipalidad que el Gobierno Supremo se digne continuar dando a esta ciudad y su departamento la protección que le ha dispensado, y sostenerlo en la resolución firme de no reconocer otras autoridades que las supremas de la federación, y las que se nombren en virtud de las elecciones que se están practicando con arreglo a los decretos citados.

Sala Municipal: noviembre 27 de 1826. —Teodoro Rivera. —Tiburcio Méndez. —José Antonio Paniagua. —Francisco Limón. —Tomás Cadena. —Pablo José Fuentes. —José Antonio Nuño. —Joaquín León, Srio. —Es copia.

Sosa.

Del común de indígenas de Quezaltenango, presentada el 18 de noviembre de 1826.

C. G. D.

Los CC. Alcalde 3.º Tomás Coyoy, alcaldes pasados Lucas Casas, Pedro Jícara, José María Jícara, Alejandro Pol, Ventura Chubac, Isidro Pacafof, Nazario Talión, Esteban Coyoy, Gregorio y Manuel de Jesús Osorio, José Quixibix; Regidores, Manuel Rancancox, Cauz Ordóñez, Pedro Aguilar, Mariano Popa, Fermín Nimatas, Tiburcio Racacox, José Nimatus, Vicente Yas, Marcelino Quixibix, Esteban Josol, Martín Jucum, Miguel Pol, Evaristo López, Ponciano y Victoriano Estrada, Pablo y Severino Zacalcot, Manuel Pae, Mateo Tepas, Matías Martín y José Cayax, Ventura Quixibix, Jesús Talión, Gregorio Gómez, Marcelino Chubac, Santiago y Rafael Chubac, Francisco y Juan Racancox, Francisco Ziquin, Vicente Gómez, Claudio y Miguel Xob, Esteban Istacuy, Francisco Pisquill, José María y Mariano Cotosa, Graciano Hulin, Tiburcio y Francisco Rojas, Pablo Velasco, Félix Gusalo, Mariano Coyoy, José María Excot, Juan Cujulum, Manuel Yas, Patricio Reyes, Manuel López, Julián Ziquin, Cipriano Martín, Gregorio Sitalán, Juan Afanel, Francisco Yas, Juan Josol, Seferino Zacalcot, Manuel Trinidad Gómez, Pedro Jícara, Francisco Jícara y Bartolo Jícara, Baltasar Zacalxot, Isidro Chaschalac, Feliciano Cotom, Albino Jacinto, Manuel Ostum, Sebastián Coyoy, Patricio Istaquis, Luis Chávez, Marcelino Chostan, Diego Sesal, Pascual Alonso, Salomé y Mariano Casas, Eusebio Reyes, Tomás González, Mariano Chávez, Sebastián Nimatus, Miguel y Manuel Tay, Vicente Laureano y Mateo Choxlan, Dionisio Pac, Martín Quixibix, Albino Cubaj; Maceguales, Bartolo Pac, Matías Nimatus, José Choxlan, Juan Gómez, Victoriano Pol, Marcos Tunay, Feliciano Xin, Simeón Coyoy, Nazario Cos, Juan Cug, Apolinario Safquin, y Quirino y Juan Osorio, todos y cada uno por sí, y a nombre de todos los demás vecinos naturales de esta ciudad como mejor lugar haya ante U. y con el más profundo y sumiso respeto parecemos y decimos: que nuestra ciega obediencia y subordinación que hemos tenido y guardado a las autoridades superiores y a los gobernantes subalternos han sido notorias, y siempre hemos procurado generalmente cumplir y obedecer a todo cuanto se nos ha ordenado, teniendo por timbre y ornato este nuestro sencillo carácter en obsequio de la paz y tranquilidad de nuestro vecindario, y que este buen nombre se eternice en nuestras descendencias para los tiempos venideros; pero la mala conducta de algunos pocos sujetos ha querido trastornar este orden tan honroso como respetable para nosotros. Sírvase U. C. Jefe, atender esta nuestra sencilla narración, que le hacemos con todo el espíritu de nuestro corazón, condolidos de las vejaciones, hostilidades y demás abusos que hemos sufrido en nuestras personas, familias y posesiones.

Desde el instante que tuvimos el honor de que se nos declarara el goce de nuestra libertad, tuvimos también la suerte de que se formaran partidos, prevaleciendo en esta ciudad el de los Flores; desde luego que se gritó la independencia del tirano yugo español, fue consiguiente tratarse de elecciones populares y electorales, y en ellas salían electores los mismos del partido, y por consiguiente las diputaciones solo recaían en los Flores y en los del partido, de suerte que en todas las elecciones salían electos unos mismos. Ya parecía que eran inútiles las votaciones, pues antes de proceder a la elección ya se sabía quiénes iban a ser los diputados. Bastante prueba de esto es la notoriedad, pues a cualquiera que se le pregunte dirá lo mismo; y cuando el finado Cirilo Flores fue de diputado al imperio mexicano, una semana antes de la elección ya tenía compuesto su viaje, de modo que habiendo sido ésta el primer domingo de enero salió ya en marcha el martes siguiente, cuando necesitaba lo menos ocho días para habilitarse para un viaje tan dilatado; y de este modo las elecciones se hacían a su antojo, rolando solo entre ellos los mandos, abatiendo con intrepidez a los que no eran de su farsa.

Lograron a fuerza de intrigas, sobornos y cohechos, completar el Congreso del Estado del carácter de aquellos mismos condescendientes que hacían lo que el Jefe o Vice-Jefe determinaba sin contradicción, como que en ellos precedía el Poder Ejecutivo y Legislativo.

Trataban ya de destruir nuestra santa religión, como que nos habían puesto mandatarios extranjeros, apóstatas de ella, concedido públicamente a los francmasones para que por medio de éstos la juventud se fuera trastornando. La voz general y pública ya decía mucho de la irreligiosidad que se observaba en la casa de Flores, y muchas ocasiones no hallaba quien les sirviera porque no querían tomar ejemplo, y así lo decían.

Se dictó en la villa de San Martín Jilotepeque aquel decantado decreto de 26 de septiembre último, que cada uno de sus artículos provocaba una guerra civil, para aniquilar así la estimada sangre americana, y oponiéndose a las justas y sabias determinaciones del C. Presidente de la República: y habiéndose radicado en esta ciudad el Congreso, daba principio con tesón a darle cumplimiento a dichos artículos, y se estaba ya levantando la milicia voluntaria por el término de cuatro meses, creyendo que en ellos sería batida la tropa federal; y ya se trataba con ahínco de la deposición de los religiosos y demás funcionarios civiles y militares, sin consideración alguna a sus circunstancias y buen patriotismo, y de este modo hacer que perezcan muchas familias. No, C. Jefe, no se trataba ya de religión ni caridad; íbamos a quedar en el mayor abatimiento; pero el gran Dios de los ejércitos que ve y pulsa los corazones, hizo cortar de raíz este contagio por un caso extraordinario, para que quedáramos libres, y en su reconocimiento abrazáramos con más amor su sagrada religión.

Estamos persuadidos de que aunque por ahora gocemos de tranquilidad, es imposible que dejen de formarse partidos, y estos atraerán el disgusto general con sus intrigas y sobornos. Ya vimos el estrago que nos causó un Congreso egoísta, hasta el caso que podíamos haber perecido con nuestros hogares a manos de un tirano. Evitando esto, hacemos esta nuestra humilde y reverente narración, y al mismo tiempo suplicándole que para librarnos en lo sucesivo de otro igual o peor acontecimiento, se nos concediera el que nunca vuelvan a mandarnos los mismos sujetos, pues a más de que han perdido los pueblos, vendrán a vengarse de nosotros y de nuestros hijos. Tampoco queremos que vuelvan los que han sido causa de la revolución y van presos, y otros que se han ido libres, pues dicen que el tiempo se muda y que han de venir a acabar con nosotros después que nos hayan quitado nuestras tierras.

Estamos confiados en que el C. Presidente ha de proteger este pueblo, que ha de tener la tropa para librarnos de nuestros enemigos, y que la Asamblea y el Jefe que vinieron de San Martín, y los que hicieron fuego al pueblo y a la iglesia, nunca han de mandar ni vivir aquí, sino que tendremos justos jefes nombrados por el gobierno que protejan a los naturales, y que nos traten como padres y por nuestras costumbres.

A U. suplicamos se sirva mandar hacer como pedimos, pasando nuestra humilde súplica al C. Presidente de la República, que la llevará un principal a sus manos, en lo que recibiremos bien y merced, etc. —Martín Quixibix. —El C. Alcalde pasado José Quixibix y Aldama. —Cleto Nimatus. —Pedro Nimatus. —Gregorio Yas. Y por

no saber firmar los demás del común lo hizo el C. escribiente. —
Martín Quixibix. —Es copia.

Sosa.

S. P. E.

Si en todo tiempo los males y las desgracias dan un derecho a los
pueblos para elevar sus quejas a las autoridades supremas que saben
remediarlas, y lo tienen igualmente para protestar contra los autores
de sus males: la villa de Totonicapán con una razón más justa dirige
hoy al Gobierno supremo de la Nación sus sentimientos, sus protestas
y la resolución firme que ha tomado por virtud de las ocurrencias
desgraciadas que acaban de preceder.

Es la municipalidad de Totonicapán la que hace esta
manifestación. En su territorio es que ha visto derramar la sangre
inocente de los hijos de Centro-América por inhumanos extranjeros
que jamás tuvieran entre nosotros los intereses preciosos que atan a
los hombres en la sociedad.

Pero la osadía y el descaro de éstos no habría llegado a un término
tan fatal si las autoridades de este Estado, sobre dejar impunes estos
crímenes, no les hubiesen puesto las armas en la mano para derramar
la sangre que hoy lloramos.

Salcajá y Malacatán han sido los sangrientos teatros de estas
desgracias. La municipalidad no refiere el pormenor de ellas porque
son bien conocidas al gobierno, así como los principales autores de
tales infortunios, que llamados por ministerio de la ley a hacer la
felicidad y bienestar de los pueblos, no les han acarreado otra cosa
que desgracias, quebrantos, desolación y orfandad.

Es por esto que la municipalidad que representa protesta
decididamente al gobierno de la nación no reconocer autoridad alguna
de las del Estado que existan en el día, hasta que reorganizado el
mismo y sustituidas aquellas por las mandadas elegir en decreto de
1.º del pasado, y que serán la expresión libre de los pueblos, hagan
ellas la felicidad positiva de sus comitentes. Estos son los
sentimientos que animan al cuerpo que representa, y los mismos que
tiene la honra de elevar al conocimiento del Gobierno Supremo de la
Nación. Sala municipal de Totonicapán: 24 de noviembre de 1826.
—José María Sulecio. —Basilio Córdova. —Ambrosio Collado. —

Estanislao Enríquez. —Hilarión Zapata. —Juan Yusendia. —Miguel Lima. —Es copia.

Sosa.

S. G. DE LA R.

Estanislao Mota, de primer voto y encargado de la primera vara, Antonio Tactic, Alcalde segundo en unión de la municipalidad, Manuel Cabrera, Severino Brisar, Baltasar Suluque, Miguel Ibate, Gregorio Chazchazni, y Síndico Quirino Solórzano, reunidos en la sala municipal de esta villa en junta extraordinaria, y estando en esta sala municipal de esta villa vimos llegar al pueblo en numerosísima multitud a la casa nacional en solicitud del C. Jefe departamental Dr. José Antonio Solís, el que salió inmediatamente para la municipalidad; reunida la municipalidad, el pueblo en voces altas dijo: que hasta la fecha goza de la paz y tranquilidad que este vecindario disfruta a favor de las armas de la federación que las restablecieron en estos altos a donde se hallaba alterada por los sucesos de Quezaltenango que no han sido demasiadamente públicos por causa de las autoridades del Estado; existentes hasta el mes de octubre dejaron los pueblos a la anarquía, a la guerra civil, que sobre ser tan perjudiciales y de tan funestas consecuencias, esta villa la detesta y dice que para no verse en caso alguno a ella, desde luego dice se pone bajo la protección del Supremo Gobierno de la República, protestando que de ninguna manera, dice este vecindario, que ni quiere ni debe obedecer aquellas autoridades que se disolvieron sin dar parte a los pueblos que las eligieron, y que por causa de ellos propendieron a la guerra civil unos extranjeros puestos a la cabeza de la fuerza armada, derramando la sangre de nuestros hermanos, como se sabe sucedió en el valle de Salcajá, y en otras partes que con exacciones pecuniarias, empréstitos forzosos y terror que infundían en los vecinos para que tomasen las armas, causaron muchos males en los pueblos, como sucedió en esta villa, que en este tiempo en que existieron estas autoridades anduvieron muchos y todos casi huyendo por las montañas, los que hasta la fecha varios aun no han vuelto; y últimamente ha hecho presente esta villa que las autoridades subalternas que ponían, como aquí sucedió, carecían de la moralidad y conocimientos necesarios para empleos de tanta delicadeza, como que en ningún tiempo se había visto en esta villa que una autoridad subalterna o propietaria saliera montada a caballo con armas de fuego en busca de los individuos, prometiendo que al que encontrara en los montes que a balazos los había de hacer obedecer para coger las armas contra sus hermanos, y para que se vean las ingratitudes y sufrimientos que ha padecido esta villa.

Por medio de esta corporación suplica y reclama al supremo gobierno de la República se sirva dispensarle su protección para que las autoridades referidas, caso que en algún punto llegaren a reunirse, les vuelva a mandar, y para continuar libremente haciendo las elecciones de nuevos funcionarios que organicen el Estado, que sean sujetos de la confianza de los habitantes de esta villa.

Dios, Unión, Libertad. —Sala de la villa de Sololá, noviembre 18 de 1826. —A ruego del alcalde primero en depósito de vara, Florencio de León. Por el segundo alcalde y regidores. —Teodoro Jiménez. —Quirino Solórzano, síndico. —Juan José Jiménez, Srio. —Ildefonso de León. —Bernardo Corso. —Carmen Baquín. —José Tranquilino de la Roca Ibón. —José María España. —José Domingo de León. —Lucas Sánchez. —Andrés Ramírez. Por los CC. indígenas. —Felipe Bosel. —Es copia.

Sosa.

Gerónimo Paniagua, secretario de la municipalidad de la villa de Mazatenango, cabecera del partido de Suchitepéquez, etc. —Certifico: que en el libro de actas de esta corporación, se halla el acta del tenor siguiente, que a la letra dice así:
Sala capitular de la villa de Mazatenango, noviembre 20 de 1826. —En cabildo extraordinario de este día acordaron lo siguiente:
Que se manifieste al C. presidente de la República que los sentimientos de sus individuos son conformes a las ideas liberales que generalmente se han adoptado, que por lo mismo de la mejor voluntad admiten y obedecen las órdenes y decretos que emanen del Supremo Gobierno en atención a hallarse disuelto el Estado, no reconociendo ninguna providencia de la asamblea que lo componía, hasta tanto se organice arreglada a la ley y a las novísimas disposiciones de la materia; protestándole que primero sufrirán la muerte que faltar a los sagrados deberes que les impone la Patria, y por lo mismo suplicarán

al C. Presidente tome bajo su protección a esta villa, manteniéndola en paz y justicia, como lo esperan de sus filantrópicos principios; y por último acordaron se le den las gracias muy debidas al C. Pdente. por las distinguidas atenciones de que le es deudor este vecindario, y que de este acuerdo se saque copia por el C. secretario de esta municipalidad y se pase a nuestro C. Jefe Político y Comandante de Armas de estos distritos, José Ignacio Córdova, para que en su vista se sirva elevarla a nuestro reconocido Gobierno de la Federación, que certifico. —Apolinario Ávila, Juan Mocox, Eustaquio Ruiz, Juan Gil Obregón, Casimiro Oaxaca. Por los CC. que no saben firmar, Alcalde 2.º Jorge Palencia. Regidores: Clemente Cacrum, Luciano Noriega, José Cubillas, y por mí, Gerónimo Paniagua, Secretario.

Es copia fiel de su original al que me remito, de donde la saqué por orden de esta municipalidad a 20 de noviembre de 1826. — Gerónimo Paniagua, Secretario. —Es copia.

Sosa.

C. P. de la R.

Estimulados de nuestros propios sentimientos y de los de la villa a que pertenece esta Corporación, hacemos esta exposición al Gobierno de la República. Ha sido general en esta villa el placer con que se ha recibido la noticia de que van a renovarse los Jefes departamentales, porque esperan todos sus vecinos mejorar su suerte, teniendo jefes que observen una conducta diversa de la de los anteriores.

Pero sus deseos no se han fijado en solo este punto: quieren además que el Presidente les asegure los bienes que ha principiado a darles: quieren que se remuevan las autoridades del Estado que han procurado tan decididamente encender en el Estado la guerra civil. Sin esto nada se ha logrado, y sí puede decirse que se ha empeorado todo, porque si estos hombres que las ejercían no teniendo hasta aquí más que motivos de reconocimiento, se condujeron como tiranos de los pueblos que los habían honrado con su confianza, con lo que posteriormente ha ocurrido ¿qué sería de los pueblos? Principiarían las venganzas y los sufrimientos de muchos honrados vecinos a cuyo influjo se atribuiría, lo que ha sido efecto de la voluntad general más decidida.

Este vecindario se halla muy sobresaltado con las noticias de Quezaltenango en que se ha puesto al frente de las tropas del Estado un extranjero, y esto ha sido lo que más lo ha obligado a pedirnos hagamos al Gobierno esta exposición. Es tal la disposición en que nos hallamos con las noticias, ya de Cerda, ya de Pierson, que si no contáramos con la protección del Gobierno, ya nos habríamos ido a los montes, o dispuesto nuestra defensa de alguna manera, porque no hemos visto en el Estado más que enemigos. ¡Quién sabe hasta dónde habrían llegado nuestros pasos impulsados de la desesperación! Mas ya que felizmente tenemos dentro de nosotros mismos una autoridad constituida a quien ocurrir pidiendo el remedio de nuestros males, adoptamos este medio primero que cualquiera otro.

De diversas maneras han manifestado los pueblos, y éste de una nada equívoca, que si desea continuar independiente y regirse por el sistema liberal, no quieren ser gobernados por hombres que han provocado de todos modos envolvernos en una guerra civil, que bajo el pretexto de sostener el sistema, que nadie más que ellos atacaba, no hacían más que dar rienda suelta a sus pasiones, valiéndose de la autoridad pública para vengar sus resentimientos privados.

Además, si la Asamblea del Estado no es responsable más que a los pueblos del ejercicio de su poder, es llegado el caso de que sea efectiva esta responsabilidad, puesto que se ha excedido del poder que recibió del pueblo, infringiendo como ha infringido la constitución federal y del Estado.

Por todo pedimos sean renovados en su totalidad los funcionarios del Estado que han tomado una parte activa en la guerra civil que ha principiado, y que se vuelva a los pueblos el derecho de elegir sus funcionarios, puesto que los que había electo han abusado de la confianza que en ellos se depositó.

Dios, Unión, Libertad. —Sala Constitucional de la Villa de Salamá, octubre 26 de 1826. —Benito de Vargas, Carlos Antonio Leal, Hilario de Meza, Francisco Peláez, Bernardino Leal, Atanacio Morles, Valeriano Gómez, José María Oliva, Esteban Valdés. —Es copia.

Sosa.

Ciudadano Secretario y Ministro del señor Presidente:

Nosotros, los justicias de esta ciudad de Cobán, que sabemos que nuestra principal obligación es hacer que la gente de esta ciudad se mantenga fiel y obediente a los señores que nos den órdenes terminantes que le prohibían detenerse, y no tener necesidad de esperar otras nuevas: el 21 de este mes se acercó a esta ciudad: el día siguiente intentó ocuparla, y fue rechazado por las tropas que la defendían; y por fin el día de hoy se empeñó la acción, y terminó por la más completa derrota de las tropas agresoras.

¡Pueblos de Centro-América! La justicia ha sido coronada por la victoria. —Los virtuosos hijos del Salvador han sido arrastrados a la guerra civil por el capricho de sus gobernantes, y por las pérfidas instigaciones de los hijos desnaturalizados de la república, que desde fines del año pasado desnudaron la espada contra ella y su gobierno, y ahora querían saciarse en venganzas. —Lloremos sobre la sangre inocente de nuestros hermanos que se ha derramado; pero no olvidemos jamás que nunca se han levantado armas contra la república y sus autoridades legítimas, sin que los conspiradores hayan encontrado en sus mismas operaciones el castigo de su crimen.

Palacio nacional de Guatemala, 23 de marzo de 1827. —7.º— 5.º—M. de Beltranena.

CONTENIDO

www.ingramcontent.com/pod-product-compliance
Lightning Source LLC
Chambersburg PA
CBHW072208150726
48002CB00005B/1719